de Gruyter Studienbuch

Grundlagen der Kommunikation

Herausgegeben von
Roland Posner

D1865352

Sprachwandel

Reader zur diachronischen Sprachwissenschaft

Herausgegeben und eingeleitet

von Dieter Cherubim

W DE G

Walter de Gruyter · Berlin · New York
1975

Cip-Kurztitelaufnahme der Deutschen Bibliothek

Sprachwandel: Reader z. diachron. Sprachwiss.
(de-Gruyter-Studienbuch: Grundlagen d. Kommunikation)
ISBN 3-11-004330-0
NE:Cherubim, Dieter [Hrsg.]

© Copyright 1975 by Walter de Gruyter & Co., vormals G. J. Göschen'sche Verlagshandlung — J. Guttentag, Verlagsbuchhandlung — Georg Reimer — Karl J. Trübner — Veit & Comp., Berlin 30. Printed in Germany —
Alle Rechte des Nachdrucks, der photomechanischen Wiedergabe, der Herstellung von Photokopien — auch auszugsweise — vorbehalten.
Satz: IBM-Composer Walter de Gruyter & Co., Berlin, Druck: Rotaprintdruck Hildebrand, Berlin, Bindearbeiten: Wübben & Co., Berlin

Vorwort

Ein Sammelband mit älteren und ins Deutsche übersetzten Beiträgen zu einem Gebiet, das z. Zt. noch nicht (wieder) als eigenständiger Forschungsbereich gilt oder sich zumindesten gerade erst zu etablieren beginnt, bringt nicht nur technische Probleme mit sich. Das Fehlen einer einheitlichen oder wenigstens feststehenden Terminologie erschwert sowohl die Einsicht in die Kompatibilität der Beiträge untereinander wie ihre Übersetzbarkeit im einzelnen. Wir glauben nicht, daß wir in diesem Band alle damit zusammenhängenden Probleme zufriedenstellend lösen konnten. Die Kompatibilität der Beiträge untereinander versuchen wir in der Einleitung unter primär historischem Aspekt zu verdeutlichen; für das Problem der Übersetzbarkeit soll sich auch das Sachregister als nützlich erweisen. Die Literaturangaben zu allen Beiträgen wurden so weit wie möglich überprüft, fremdsprachige Zitate ins Deutsche übertragen. Beispielsätze oder Belege aus anderen Sprachen als dem Deutschen wurden nicht übersetzt, um ihren intendierten Aussagewert zu erhalten. Alle Literaturverweise in den Anmerkungen und im Text beziehen sich auf die in den Literaturverzeichnissen zuletzt angeführte Auflage oder Übersetzung, wobei das Jahr der Erstauflage oder der erstmaligen Publikation als Kennzahl fungiert. Eventuell vorhandene weitere Auflagen oder Übersetzungen sind in eckigen Klammern hinzugefügt. Ein Gesamtliteraturverzeichnis wurde nicht erstellt, da die einzelnen Beiträge nicht nur solche Literatur verarbeiten, die für die Thematik des Bandes zentral ist. Eine Art Forschungsbibliographie enthält jedoch die Einleitung.

Der vorliegende Band wurde zwar von einem Herausgeber geplant, verdankt aber seine Realisierung der Mitarbeit vieler. Zu danken ist vor allem den Übersetzern Regina und Herbert Blume (Braunschweig), Hans Dieter Kreuder (Marburg), Wolfgang Näser (Marburg), Helmut Rehbock (Braunschweig), Brigitte Zander-Lüllwitz und Friedrich Hübner (Kiel/Marburg), die über ihre Übersetzungsarbeit hinaus zur Fertigstellung dieses Bandes beitrugen. Die gute Zusammenarbeit mit ihnen war mir eine große Hilfe. Für zahlreiche sachliche und sprachliche Probleme bei den Übersetzungen leisteten mein anglistischer Kollege Dieter Mindt (ehemals Braunschweig, jetzt Berlin) und mein romanistischer Kollege Karl Ludwig Müller (Braunschweig) Hilfestellung. Von größtem Nutzen für die Übersetzungen war die ständige Diskussion mit meinem Kollegen Helmut Rehbock (Braunschweig). Zu danken ist auch denjenigen Autoren, die die Übersetzungen durchsahen und so halfen, Verständnisfehler zu beseitigen: Roman Jakobson (Harvard University), Paul Kiparsky (M. I. T.), André Martinet (Universität Paris), Elizabeth C. Traugott (Stanford University) und Josef Vachek (Universität Prag). Für den verstorbenen Alf Sommerfelt unterzog sich dankenswerter Weise Magne Oftedal (Universität Oslo) dieser Mühe. Auch Eugenio Coseriu (Universität Tübingen), Horst Isenberg (Akademie der Wissenschaften der DDR) und William Labov (Pennsylvania Universität) halfen uns durch Vorschläge und Anregungen. Zahlreiche Diskussionen mit Helmut Henne (Braunschweig) kamen der Gesamtkonzeption des Bandes und insbesondere der Einleitung zugute. Roland Posner (Berlin) danke ich für die Aufnahme des Bandes in die Reihe *Grundlagen der Kommunikation* und Heinz Wenzel (Verlag Walter de Gruyter & Co.) für die Herstellung als de Gruyter Studienbuch.

Braunschweig, Dezember 1974 *D. Ch.*

Inhaltsverzeichnis

Quellenverzeichnis

1. M. Kruszewski, *Očerk nauki o jazyke,* Kazan 1883, dt. Fassung u. d. T.: „Prinzipien der Sprachentwicklung", übers. von F. Techmer, *IZAS* 1 (1884) 295–307; 2 (1885) 258–268; 3 (1887) 145–187; 5 (1890) 133–144, 339–360. [Hier wiederabgedruckt: 1 (1884) 295–307].
2. R. Jakobson, „Prinzipien der historischen Phonologie", *TCLP* 4 (1931) 247–267, frz. Fassung u. d. T.: „Principes de phonologie historique", übers. von J. Cantineau, in: R. Jakobson, *Selected Writings,* 6 Bde., The Hague/Paris: Mouton 1962f., I: Phonological Studies, The Hague/Paris 1962, [2]1971, 202–220. [Der hier abgedruckte Text beruht auf der dt. Fassung von 1931, berücksichtigt aber die Veränderungen, die in der frz. Fassung vorgenommen wurden].
3. W. v. Wartburg, „Das Ineinanderergreifen von deskriptiver und historischer Sprachwissenschaft", *Berichte über die Verhandlungen der Sächsischen Akademie der Wissenschaften zu Leipzig,* phil.-hist. Kl., 83/1 (1931) 1–23.
4. M. M. Guchmann, „Ponjatie sistemy v sinchronii i diachronii", *VJa* 11/4 (1962) 25–35.
5. E. Coseriu, „Sincronía, diacronía y tipología", in: *Actas del* XI *Congreso Internacional de Lingüística y Filología Románicas,* Madrid 1965, I: Madrid 1968, 269–283, dt. Fassung u. d. T.: „Synchronie, Diachronie und Typologie", übers. von U. Petersen, in: E. Coseriu, *Sprache. Strukturen und Funktionen,* XII Aufsätze zur Allgemeinen und Romanischen Sprachwissenschaft (Tübinger Beiträge zur Linguistik 2), Tübingen 1970, 71–85 [Diskussion a. a. O. 85–88].
6. A. Martinet, „Phonetics and Linguistic Evolution", in: L. Kaiser (ed.), *Manual of Phonetics,* Amsterdam: North-Holland Publ. Co. 1957, 252–273, [2]ed. B. Malmberg, Amsterdam 1968, 464–487. [Der hier abgedruckte Text orientiert sich an der 2. Aufl. 1968.]
7. A. Sommerfelt, „Le point de vue historique en linguistique", *AL* 5 (1945–1949) 113–124, wiederabgedr. in: A. Sommerfelt, *Diachronic and Synchronic Aspects of Language,* 's-Gravenhage: Mouton & Co. 1962, [2]1971, 72–80.
8. J. Vachek, „On the Interplay of External and Internal Factors in the Development of Language", *Lingua* 11 (1962) 433–448.
9. H. Isenberg, „Diachronische Syntax und die logische Struktur einer Theorie des Sprachwandels", *Studia grammatica* 5, Berlin: Akademie-Verlag 1965, [4]1971, 133–168.
10. P. Kiparsky, „Linguistic Universals and Linguistic Change", in: E. Bach/R. Harms (eds.), *Universals in Linguistic Theory,* New York/Chicago/San Francisco [. . .]: Holt, Rinehart and Winston, Inc. 1968, 170–202.
11. E. C. Traugott, „Towards a Grammar of Syntactic Change", *Lingua* 23 (1969) 1–27.
12. W. Labov, „On the Mechanism of Language Change", in: Ch. W. Kreidler (ed.), *Report of the Sixteenth Annual Round Table Meeting on Linguistics and Language Studies* (Georgetown University Monograph Series on Languages and Linguistics 18), Washington, D. C.: Georgetown University Press 1965, 91–114,

wiederabgedr. in: W. Labov, *Sociolinguistic Patterns,* Philadelphia: University of Pennsylvania Press 1972, 160–182.

13. J. J. Gumperz, „On the Ethnology of Linguistic Change", in: W. Bright (ed.), *Sociolinguistics,* Proceedings of the UCLA Sociolinguistics Conference, 1964, The Hague: Mouton & Co. 1966, ²The Hague/Paris 1971, 27–38.

Herausgeber, Übersetzer und Verlag danken den Autoren und Verlagen für die Erlaubnis zur Übersetzung und zum Abdruck der Beiträge.

DIETER CHERUBIM

Einleitung

1. Zum wissenschaftlichen Stellenwert des Readers

1.1 Sprachbegriff und Sprachwissenschaft

Die Geschichte der Sprachwissenschaft kann als Folge von Versuchen verstanden werden, spezifische, d. h. dem jeweiligen Erkenntnisinteresse entsprechende Aspekte von Sprache herauszuarbeiten und sie ohne Berücksichtigung anderer möglicher Aspekte zu beschreiben. Seit jenem Neubeginn der Sprachwissenschaft, der im allgemeinen mit den posthum veröffentlichten Vorlesungen F. de Saussures in Verbindung gebracht wird, rückte zunehmend ein sprachtheoretisches Konzept in den Vordergund des Interesses, das eine primär methodologisch begründete Idealisierung des Gegenstandes enthielt, deren Funktion vor allem in der Legitimierung einer durch dieses Konzept bestimmten sprachwissenschaftlichen Praxis bestand: der Begriff des s t a t i s c h e n und h o m o g e n e n Sprachsystems. Dem entsprach die bevorzugte Entwicklung einer synchronischen und auf den „inneren Bezirk" konzentrierten Sprachwissenschaft bis in die Gegenwart.[1]

Wie Saussure jedoch selbst bemerkte, begründeten seine Thesen keinen völligen Neubeginn in der Sprachwissenschaft.[2] Mit der Annahme statischer und homogener Systeme hatte die Sprachwissenschaft implizit schon lange gearbeitet. Wichtiger scheint, daß Saussures Ansichten auch eine konsequente Reaktion auf eine Periode der Sprachwissenschaft darstellten, die zumindestens im wissenschaftlichen Bereich von einem anderen sprachtheoretischen Konzept bestimmt war: Sprache als h i - s t o r i s c h e s Gebilde.[3] Damit war einerseits die Dynamik oder Entwicklung von Sprache herausgehoben; andererseits war mit „historisch"

---

[1] Zu Saussures Stellung in der Geschichte der Sprachwissenschaft vgl. jetzt Koerner (1973).

[2] Saussure (1916) 97f.

[3] In diesem Zusammenhang wird meistens auf Paul (1880) 20 hingewiesen [die zitierte Stelle ist allerdings erst in den späteren Auflagen hinzugekommen], doch darf das Zitat nicht aus dem Zusammenhang gerissen werden. Vgl. auch Paul (1880) 29. Koerner (1973) 112 spricht in diesem Zusammenhang von einer „over-reaction" auf Pauls Ansichten. Vgl. auch Misteli (1882) 399f.

die Einbettung von Sprache in ihren (jeweiligen) empirisch-konkreten Kontext gemeint. Dem entsprach die Zusammenarbeit von Sprachwissenschaft und Kultur- bzw. Gesellschaftswissenschaften (bes. Geschichte, Volkskunde, Psychologie) im 19. Jh. Kennzeichnend für diese Periode war ferner das Interesse an der inneren Heterogenität der einzelnen Sprachen sowie an ihren vielfältigen Beziehungen untereinander.[4]

In der heutigen Situation, über ein halbes Jahrhundert nach den Vorlesungen Saussures, läßt sich ein neues Interesse an der H i s t o r i z i t ä t und damit an der D y n a m i k ebenso wie an der kontextuellen Einbettung und inneren H e t e r o g e n i t ä t natürlicher Sprachen beobachten. Zudem wächst die Einsicht in den Bedingungszusammenhang dieser Aspekte.[5] Dem korrespondiert die Ablösung einer verkürzt als „Systemlinguistik" apostrophierten Richtung der Sprachwissenschaft, deren idealisierende Gegenstandsbestimmung nur noch sehr bedingt legitimierbar erscheint.[6] An ihre Stelle tritt einerseits eine Richtung, die die Heterogenität natürlicher Sprachen als n o t w e n d i g e Vorbedingung ihrer Funktionalität betrachtet und sie in der sozialen Einbettung von Sprache begründet. Damit wird der Systembegriff von Sprache entscheidend modifiziert, nicht aber aufgehoben. Auf der anderen Seite zeigt sich immer mehr die Notwendigkeit, den synchronisch-statischen Ansatz in der Sprachwissenschaft durch einen diachronisch-evolutiven zu ergänzen, um die spezifische Dialektik vom „Werden der Sprache im Sprechen" (Coseriu) adäquat zu erfassen.

In diesem Zusammenhang entbehrt es nicht einer gewissen Paradoxie, daß auch durch diejenige neuere Richtung der Sprachwissenschaft, die aus methodologischen Gründen glaubt, konsequent von jeder synchronen wie auch diachronen Variabilität konkreter Sprache abstrahieren zu müssen, die Einsicht in die Historizität von Sprache gefördert wurde. Die generativ-transformationelle Dynamisierung des Sprachsystems als System von Regeln, das die virtuellen sprachlichen Fähigkeiten von idealen Sprechern/Hörern einer Sprache spezifiziert, führte jedoch zunächst nur zur Operationalisierung einer durch Regeln geleiteten, noch nicht regelverändernden sprachlichen Kreativität.[7] Unterstützt wurde diese Hinwendung zum dynamischen Charakter von Sprache durch die Verwendung prozeßhafter Beschreibungsmodelle (z. B. der Theorie rekur-

---

4 Gegen Ende des 19. Jh. entstehen auch die Forschungsrichtungen „Sprachgeschichte" und Dialektologie; in diesem Zusammenhang wird bereits der Terminus „soziallinguistisch" gebraucht. Vgl. Wiegand/Harras (1971) bes. 22f.

5 Vgl. Schlieben–Lange (1973) 97 und unten 2.6.

6 Vgl. unten 2.5 zu Kanngießer und Cherubim (1974).

7 Vgl. Chomsky (1964) 22.

siver Funktionen, der Algorithmentheorie) sowie durch die nachträgliche Anknüpfung dieses Ansatzes an Traditionen, die die Möglichkeit natürlicher Sprachen, „von endlichen Mitteln unendlichen Gebrauch zu machen“ (Humboldt), herausgestellt hatten.[8]

1.2 Funktion und Inhalt des Readers

In einer Situation, in der die Aspekte der Heterogenität und Dynamik natürlicher Sprachen und damit ihre Historizität zunehmend an Interesse gewinnen, scheint es sinnvoll, sich derjenigen Impulse zu vergewissern, die trotz des Vorherrschens synchronischer Theorie und Praxis seit Saussure die Entwicklung einer diachronischen Sprachwissenschaft bestimmt haben. Dazu werden im vorliegenden Sammelband 13 Beiträge zusammengestellt, deren Auswahl und Anordnung zu rechtfertigen ist.

Wie schon die bisherigen Ausführungen andeuten, ist die Motivation für die Auswahl und Anordnung der Beiträge primär *forschungsgeschichtlicher* Art; ihre Begründung liegt in der vorher skizzierten Forschungssituation. Damit hat der Sammelband zunächst die Funktion, die Entwicklung der diachronischen Sprachwissenschaft vom Ende des 19. Jhs. bis in die unmittelbare Gegenwart zu *dokumentieren*. Diese Funktion kann allerdings nur dann voll gewährleistet werden, wenn zugleich der Stellenwert der einzelnen Beiträge, d. h. ihr Bedingungs- und Wirkungskontext erläutert wird (vgl. unten 2.).

Ein forschungsgeschichtliches Interesses läßt sich u. E. jedoch nur rechtfertigen, wenn es nicht allein um seiner selbst willen besteht, sondern auch einen Nutzen für die *systematische* Erfassung des betroffenen Gegenstandes in der Gegenwart nachweisen kann. Die geordnete Zusammenstellung der unterschiedlichen in der Forschungsgeschichte entfalteten Ansätze soll daher, wenn sie auf die Ebene heutiger Theorien projiziert wird, auch eine vorläufige, heuristische Systematik liefern, deren Brauchbarkeit durch die künftige Forschungspraxis zu überprüfen ist.

Eine systematische Zusammenstellung der forschungsgeschichtlich relevanten Ansätze stellt darüber hinaus neue Möglichkeiten einer wissenschafts*kritischen* Reflexion bereit: Sprache als historisch konventionalisierte und damit immer vorliegende Technik des Sprechens, die einer ständigen Stabilisierung und Veränderung im Prozeß ihrer Anwendung unterliegt, kann nur dann in ihrer Bedeutung für die Verständigung, die Erkenntnis und das Handeln von Menschen beschrieben bzw. erklärt werden, wenn auch ihre Historizität als fundamentale Kategorie

---

[8] Vgl. Humboldt (1827–1829) 477, Chomsky (1964) 17ff., Chomsky (1965) 9.

Berücksichtigung findet. Insofern kann eine Zusammenstellung diachronischer Forschungsansätze eine umfassendere Reflexion sprachwissenschaftlicher Theorie und Praxis ermöglichen, als sie bisher im Rahmen idealisierender Sprachtheorien gelingen konnte.[9]

Schließlich soll der Band helfen, eine Lücke zu füllen, die trotz des „linguistischen Booms" in den letzten Jahren noch immer besteht: Das Forschungsgebiet der diachronischen Sprachwissenschaft wird in den Kompendien der Geschichte und Theorie der Sprachwissenschaft nicht zusammenhängend dargestellt;[10] wichtige Beiträge sind oft verstreut oder finden sich als Anhängsel innerhalb vorwiegend synchronischer Darstellungen;[11] andere sind sprachlich nur schwer zugänglich oder an entlegener Stelle veröffentlicht worden.[12] Forschungsberichte und Bibliographien sind ebenso selten wie brauchbare Hand- oder Einführungsbücher der diachronischen Sprachwissenschaft.[13] Daher soll der vorliegende Sammelband auch einen ersten b i b l i o g r a p h i s c h e n Zugang eröffnen.

Die Auswahl der Beiträge für den vorliegenden Sammelband orientiert sich vorwiegend an drei zentralen Problemfeldern, die als Verhältnis polarer Begriffe formuliert werden:

(1) das Verhältnis von Theorie und Empirie, von Erklärung und Beschreibung in der diachronischen Sprachwissenschaft;
(2) das Verhältnis von Synchronie und Diachronie in der Sprachbeschreibung, bzw. von funktionaler Statik und historischer Dynamik in der Sprache;

---

9 Vgl. auch Cherubim/Henne (1973).

10 Vgl. z. B. Arens (1955), Dinneen (1967), Helbig (1970), Ivič (1963), Lepschy (1966).

11 Vgl. z. B. Sapir (1921) 138ff. Bloomfield (1933) 346ff., Wartburg (1943) 125 125ff., Porzig (1950) 271ff., Martinet (1960) 160ff.

12 z. B. die in diesen Band aufgenommenen Beiträge von Kruszewski, Jakobson, Wartburg.

13 Forschungsberichte finden sich z. B. bei L'Hermitte (1954), Baldinger (1963), Juilland (1967), Malkiel (1972), Lecointre/le Galliot (1973), Girke/Jachnow (1974), Nöth (1974). – Einen Forschungsüberblick und eine Bibliographie zur diachronischen Phonologie gibt Juilland (1953); bibliographische Hinweise sich vor allem in den Handbüchern und Monographien zur diachronischen Sprachwissenschaft: z. B. Paul (1880), Jespersen (1922), Martinet (1955), Coseriu (1958), Hoenigswald (1960), Sturtevant (1917), Samuels (1972), Anttila (1972). – Vgl. auch die Sammelbände: Lehmann (1967), Lehmann/Malkiel (1968), Sprache, Gegenwart und Geschichte (1969), Tsiapera (1971), Vennemann/Wilbur (1972), Stockwell/Macaulay (1972), Keiler (1972), Hoenigswald (1973), Anderson/Jones (1974). – Einführungsbücher sind Lehmann (1962), Penzl (1972), Anttila (1972), Burgschmidt/Götz (1973), Fritz (1974); vgl. ferner Lehmann (1973).

(3) das Verhältnis von „externen“ und „internen“ Ursachen/Bedingungen für die Entstehung, Weiterentwicklung oder Blockierung von Sprachwandel bzw. einzelnen sprachlichen Veränderungen.

Alle drei Problemfelder überschneiden sich in gewisser Weise, doch treten sie in der Entwicklung der diachronischen Sprachwissenschaft an unterschiedlicher Stelle besonders hervor und können daher bestimmten Stadien dieser Entwicklung vereinfachend zugeordnet werden. Solche Stadien sind:

1. Die Theorieentwürfe des ausgehenden 19. Jhs.;
2. Saussures Neukonzeption der Sprachwissenschaft;
3. Der (europäische) Strukturalismus.

Die Zuordnung von Problemfeldern, Stadien der Entwicklung der diachronischen Sprachwissenschaft und Beiträgen des Sammelbandes verdeutlicht *Grafik 1*.

Problemfeld	Stadium	Beiträge
Theorie und Empirie, Erklärung und Beschreibung	Theorientwürfe des 19. Jhs.	Kruszewski
Synchronie und Diachronie/Statik und Dynamik	Saussures Neukonzeption der Sprachwissenschaft	Jakobson Wartburg Guchman Coseriu
Externe und interne Ursachen/Bedingungen des Sprachwandels	Der (europäische) Strukturalismus	Martinet Sommerfelt Vachek

Grafik 1: Zuordnung von Problemfeldern, Stadien der diachronischen Sprachwissenschaft und Beiträgen des Readers

Zwei weitere Stadien werden durch die beiden neueren Ansätze: 4. die generative Transformationsgrammatik und 5. die Soziolinguistik gebildet; ihnen entsprechen die Beiträge von Isenberg, Kiparsky und Traugott bzw. Labov und Gumperz. Hier tauchen zwar auch die Probleme von (1) bis (3) wieder auf, zusätzliche Dimensionen treten jedoch hinzu: Einerseits weil die neuen methodologischen Standards und spezifischen Darstellungsformen immanente Probleme enthalten, die jenseits des theoretischen Horizonts früherer Stadien liegen, und andererseits dadurch, daß Saussures Bestimmung des Gegenstandes der Sprachwissenschaft im Rahmen der heutigen empirischen Ansätze erneut zum Problem wird. Da die einzelnen Beiträge nur sehr begrenzt die entsprechenden Stadien bzw. Problemfelder repräsentieren können, werden in dieser Einleitung ausführlicher die Grundlegung der diachronischen Sprachwissenschaft (2.1) und das erste, nur durch Kruszewski vertretene Stadium (2.2) sowie die Verbindungen zwischen den übrigen Stadien rekonstruiert.

Mit der positiven Kennzeichnung der Gesichtspunkte der Auswahl und Anordnung der Beiträge sind zugleich Abgrenzungen impliziert: Da es weder möglich noch sinnvoll erscheint, im begrenzten Rahmen eines Sammelbandes die Fülle der Detailuntersuchungen auf dem Gebiet der diachronischen Sprachwissenschaft – und sei es auch nur exemplarisch – repräsentieren zu wollen, sollen nur solche Untersuchungen aufgenommen werden, die am Detail allgemeinere Gesichtspunkte erörtern und somit in einem weitergefaßten Sinne als Bausteine einer Theorie des Sprachwandels gelten können.[14]

Keine Berücksichtigung finden auch Beiträge aus dem Gebiet der historisch-komparativen bzw. rekonstruierenden Sprachwissenschaft, da es sich hier um ein besonderes, durch seinen methodischen Ansatz gekennzeichnetes Teilgebiet der diachronischen Sprachwissenschaft handelt, das einer eigenen, umfassenderen Repräsentation bedarf;[15] außerdem werden in diesem Ansatz allgemeinere Gesetzmäßigkeiten der sprachlichen Entwicklung zwar rekonstruierend vorausgesetzt, nicht aber systematisch entwickelt oder begründet.

Auch die Klassifizierung der einzelnen Veränderungen nach den sprachlichen Ebenen, auf denen sie untersucht werden können, scheint uns keine geeigneten Gliederungsgesichtspunkte abzugeben. Obwohl ohne Zweifel Kategorien wie „Lautwandel", „Bedeutungswandel" und „syntaktischer Wandel" ein heuristischer Wert zuerkannt werden

---

[14] Unter Theorien sollen geordnete Mengen von (metasprachlichen) Sätzen bzw. Aussagen über einen Objektbereich verstanden werden, die erklärende Funktion haben und – im Idealfall – prediktive Aussagen erlauben. In einem weniger strengen Sinne kann von Theorien bereits gesprochen werden, wenn (geordnete) Mengen von generellen Hypothesen, Prinzipien oder „Gesetzen" vorliegen, die einen Forschungsprozeß bestimmen. In diesem Sinne entspricht der Begriff „Theorie des Sprachwandels" in etwa dem Begriff „general diachronic linguistics", vgl. Malkiel (1972).

[15] Vgl. z. B. Pedersen (1924), Haas (1966), Lehmann (1962), Lehmann (1973), Hoenigswald (1960), Jankowsky (1972), Anttila (1972); weitere Literatur bei Schneider (1973).

muß, bleibt doch die analytische Trennung der sprachlichen Ebenen nicht unproblematisch; zudem erweist sich im konkreten Falle der faktische Zusammenhang der Ebenen von größerer Wichtigkeit. In der Forschung wurden die einzelnen Ebenen unterschiedlich bearbeitet: Während Untersuchungen zum Lautwandel das Übergewicht haben, treten Arbeiten zum Bedeutungswandel,[16] erst recht aber zum syntaktischen Wandel[17] dahinter zurück. Vielversprechend erscheinen neuere Versuche, die unterschiedlichen Arten sprachlichen Wandels nach zeichentheoretischen Kriterien zu klassifizieren, zumal dabei die Zusammenhänge zwischen den einzelnen sprachlichen Ebenen nicht aus dem Blick geraten.[18]

Schließlich wäre es möglich gewesen, Beiträge zu spezifischen Typen (bzw. Klassen von Erklärungen) des sprachlichen Wandels zusammenzustellen: so finden sich etwa zahlreiche wichtige Beiträge zum Problem des analogischen Sprachwandels vom 19. Jh. bis in die unmittelbare Gegenwart.[19] Doch scheint es uns im Hinblick auf die skizzierten Funktionen des Sammelbandes sinnvoller zu sein, zunächst anhand allgemeiner Gesichtspunkte einen Einblick in die Probleme der diachronischen Sprachwissenschaft zu gewährleisten als von vornherein spezielle Probleme in den Vordergrund zu stellen.

2. Zur Entwicklung einer Theorie des Sprachwandels

2.1 Historismus, Teleologie und naturwissenschaftliche Orientierung

Sprachwandel und Sprachveränderungen werden Gegenstand wissenschaftlichen Interesses erst im 19. Jh., zur gleichen Zeit, als sich die Sprachwissenschaft von der Philosophie und Philologie zu lösen und als selbständige Einzelwissenschaft zu etablieren beginnt.[20] Die vorangehende Beschäftigung mit Problemen der Etymologie, des Sprach-

---

16 Die wichtigsten Arbeiten sind aufgeführt bei Fritz (1974).

17 Hier wird man immer noch auf die Arbeiten der psychologischen Sprachwissenschaft zurückgreifen, bes. Paul (1880) und Wundt (1900); vgl. auch unten 2.5.

18 Dieser Zusammenhang wird vor allem bei Anttila (1972) bes. 179ff. hergestellt.

19 So z. B. die klassischen Arbeiten von Kuryłowicz und Manczak; einen Überblick versucht jetzt Best (1973), Kritik daran und Ergänzungen finden sich bei Mayerthaler (1974).

20 Ähnlich wie Coseriu (1958) 68 zwischen „Sprachwandel" und „Neuerung" unterscheidet, soll auch hier zwischen dem punktuellen Einsetzen von Veränderungen und dem Prozeß ihrer Durchsetzung (bzw. deren Ergebnis) unterschieden werden.

vergleichs und des Ursprungs der Sprache(n) hatte jedoch ein gewisses Vorverständnis geschaffen und erste vortheoretische Konzepte bereitgestellt.[21] Mit Friedrich Schlegels 1808 veröffentlichter Schrift *Über die Sprache und Weisheit der Indier* wird die Entwicklung der diachronischen Sprachwissenschaft eingeleitet; die Namen Franz Bopp, Rasmus Kristian Rask und Jacob Grimm stehen für den eigentlichen Beginn.

Drei Ansätze zur Beschreibung und Erklärung von Sprache bestimmen die neue Wissenschaft bis über die Mitte des 19. Jhs. hinaus:

(1) Die primäre Verwendung der „historischen" Methode;
(2) die teleologische Deutung des Sprachwandels als Evolution;
(3) die verstärkte Übernahme und Anwendung naturwissenschaftlicher Kategorien und Methoden.

(1) J. Grimm setzt sich zwar im Vorwort zum ersten Teil seiner *Deutsche*(n) *Grammatik* (1819) mit den verschiedenen sprachwissenschaftlichen Ansätzen seiner Zeit auseinander, liefert aber keine explizite Begründung dafür, warum er selbst aus der herkömmlichen Reihe ausschert und sich für den historischen Ansatz entscheidet.[22] „Historisch" wird bei ihm ebenso unproblematisch mit „wissenschaftlich" gleichgesetzt wie vorher schon bei Schlegel.[23] Implizit ergeben sich Grimms Argumente jedoch aus seiner Kritik an den anderen Ansätzen. Dabei wird deutlich, daß der zentrale Begriff „historisch" mehrdeutig verwendet wird. Erstens in dem Sinne, daß damit die Herkunft oder Entwicklung des untersuchten Gegenstandes angesprochen wird; mit der primären Verwendung der historischen Methode in der Sprachwissenschaft ist so impliziert, daß Struktur und Funktion von Sprache nur in ihrer Entwicklung begründet und nur von dorther erklärbar sind.[24] Zweitens ist mit dem historischen Ansatz Grimms ein e m p i r i s c h e s Vorgehen gemeint, daß sich bewußt im Gegensatz zum spekulativen oder (rein) theoretischen Vorgehen weiß,

---

[21] Zur diachronischen Sprachforschung in der Antike vgl. z. B. Uhlfelder (1963); zu den Forschungen auf dem Gebiet der Etymologie, des Sprachursprungs und des Sprachvergleichs bis zum 19. Jh. vgl. z. B. Arens (1955) bes. 66ff., 71ff., 96, 136, ferner Steinthal (1863), Humboldt (1827–1829) 145ff., Leroy (1949).

[22] Vgl. Grimm (1819) 29ff., 38. – Telegdi (1966) 225 nennt dieses Vorwort das „Manifest der historischen Sprachwissenschaft".

[23] Vgl. Schlegels Äußerung (nach Arens 1955, 163): „[. . .] jene etymologischen Künste und Gaukeleien [. . .], denen man zuvörderst ohne alle Ausnahme den Abschied geben sollte, wenn man die Sprache und ihre Entstehung wissenschaftlich, d. h. durchaus historisch, betrachten will."

[24] Vgl. Grimm (1819) 44.

wie es vor allem durch die sog. allgemeine oder philosophische Grammatik der Zeit repräsentiert wird.[25]

(2) Die teleologische Deutung des Sprachwandels als Sprachentwicklung kann als Umkehrung der Frage nach dem Ursprung der Sprache(n) verstanden werden. Sie liegt nahe, wenn man über die bloße Konstatierung von zeitlich bedingten Unterschieden oder die Herstellung einfacher historischer Korrelationen hinausgehen will. Zwei alternative Positionen werden vertreten: Während Schlegel, Bopp, Grimm und vor allem A. Schleicher die Sprachentwicklung vorwiegend als Sprachverfall auffassen, deuten sie W. v. Humboldt und andere nach ihm wesentlich als positive Weiterentwicklung. B e i d e Ansätze tendieren jedoch dazu, Sprachen als autonome „Organismen" zu hypostasieren, indem sie ihnen immanente Entwicklungsgesetze unterlegen.[26]

(3) Die zunehmende Orientierung der Sprachwissenschaft an den Naturwissenschaften zeigt sich am deutlichsten darin, wie der für das

---

[25] Vgl. Grimm (1819) 32f., 37. – Den Gebrauch des Terminus „historisch" i. S. von „empirisch" belegt ausführlich Telegdi (1966), Telegdi (1967), vgl. ferner Lerov (1949), Kandler (1954), Heinimann (1967). – Zur allgemeinen Grammatik vgl. auch den Überblick bei Pott (1884) 9ff., ferner Telegdi (1967) 228ff. und Arens (1955).

[26] Zu Schlegel vgl. Arens (1955) 163, 166. – Klassisch ist Bopps Äußerung von 1836 (nach Arens 1955, 219): „Die Sprachen sind als organische Naturkörper anzusehen, die nach bestimmten Gesetzen sich bilden, ein inneres Lebensprinzip in sich tragend sich entwickeln und nach und nach absterben [. . .]"; sie wird öfters wieder aufgegriffen. – Grimms Position ist zumindestens ambivalent; obwohl seine Sympathie mehr bei den älteren, formenreichen Sprachstufen ist (vgl. auch Beneš 1958, 56ff.), kommt er doch 1848 aufgrund seiner sprachhistorischen Forschungen zu folgendem Ergebnis: „Aus der geschichte der sprachen geht zuvorderst bedeutsame bestätigung hervor jenes mythischen gegensatzes: in allem findet absteigen von leiblicher vollkommenheit statt, aufsteigen zu geistiger ausbildung" (Grimm 1848, 5). Vgl. auch Grimm (1851) 269, 281f., 290, Grimm (1819) 46. Ähnliche Gedanken tauchen übrigens auch innerhalb der rationalistischen Sprachforschung auf, vgl. z. B. Hoffmeister (1830) 21–44. Grimm sieht die Sprache nicht nur als Organismus an, der sich nach inneren Gesetzen entwickelt, sondern erkennt auch andere Einflüsse, vor allem von Seiten der Sprachbenutzer an, vgl. Grimm (1854) 299, Grimm (1851) 294f., 276. – Selbst Schleichers Verfallstheorie der (historischen) Sprache wird noch durch die Annahme einer positiven Entwicklung der Sprache in prähistorischer Zeit ergänzt, wobei die sprachtypologischen Ansätze der Vorgänger (bes. A. W. Schlegel und W. v. Humboldt) als Entwicklung vom isolierenden zum flexivischen Sprachtyp uminterpretiert werden: Schleicher (1850) 11ff, vgl. auch Leroy (1949) 348ff., Cassirer (1923) 109ff. – Zu Humboldt vgl. Humboldt (1827–1829) 151, Humboldt (1830–1835) 391, 472, vgl. auch Beneš (1958) 15, 107, 126. – Auch Scherer (1890) XIII f. lehnt die Verfallstheorie ab: „[. . .] Ich meinerseits habe überall nur Entwicklung [. . .] wahrgenommen." Vgl. ferner Jespersen (1894), Jespersen (1922) 311.

19. Jh. zentrale Begriff des Sprachorganismus gebraucht wird. Was bei Schlegel und Grimm noch als Analogie oder Modell verstanden wurde, wird von deren Nachfolgern in den Gegenstand selbst hineinprojiziert.[27] Ein Höhe- und zugleich Wendepunkt dieser Auffassung ist mit A. Schleicher erreicht:[28] Die bisher vertretenen idealistischen Positionen (Grimm, Humboldt) werden zugunsten eines naturwissenschaftlichen Materialismus aufgegeben, das empirische Vorgehen wird konsequent an der positivistischen Methodologie der Naturwissenschaften ausgerichtet,[29] und der biologische Evolutionismus Darwins unmittelbar auf die sprachlichen Verhältnisse übertragen.[30] Zugleich werden die beobachteten empirischen Regelmäßigkeiten der Sprachentwicklung zu Gesetzen im Sinne der Naturwissenschaften umgedeutet, wodurch der Einfluß der Sprachbenutzer auf die Sprachentwicklung vollständig eliminiert wird. Schleichers Neufassung des oben (Anm. 26) angeführten Zitats von Bopp, wie sie sich in seiner programmatischen Schrift *Die Darwinsche Theorie und die Sprachwissenschaft* (1863) findet, läßt diesen Wandel in der Auffassung von Sprache und Sprachentwicklung deutlich erkennen:

> „Die Sprachen sind Naturorganismen, die o h n e v o m W i l l e n d e s M e n s c h e n b e s t i m m b a r z u s e i n , entstunden, nach bestimmten Gesetzen wuchsen, und sich entwickelten und wiederum altern und absterben (Sperrung von uns D. Ch.)".[31]

Mit Schleicher wird aber auch jene Diskussion über die Gesetzmäßigkeiten der Sprachentwicklung und deren Status eingeleitet, die durch Brugmanns und Osthoffs Thesen in ihrer Schrift *Morphologische Untersuchungen auf dem Gebiete der indogermanischen Sprachen* (1878) ausgelöst wird und als Lautgesetzkontroverse das Ende des 19. Jhs. beherrscht.[32]

---

[27] Zur Rolle des Organismusbegriffes vgl. Cassirer (1923) 109, Schneider (1973) 21 und vor allem Rensch (1967).

[28] Zu Schleichers Sprachbegriff und Schleichers Rolle in der Sprachwissenschaft vgl. Arens (1955) 248ff., Beneš (1958) 85ff., Leroy (1949) 344ff. und aus zeitgenössischer Perspektive Whitney (1874).

[29] Schleicher (1850) 2f., 21. – Wie Schleicher (1850) 10f., Anm. zeigt, vollzieht sich diese Umdeutung der Sprachwissenschaft von einer Geisteswissenschaft zu einer Naturwissenschaft bei Schleicher zwischen 1848 und 1850.

[30] Schleicher (1863).

[31] Schleicher (1863) 6.

[32] Vgl. Arens (1955) 250, Beneš (1958) 103, 122. – Zur Diskussion um die Lautgesetze, die bis in die Gegenwart fortgeführt wird, vgl. jetzt insgesamt Schneider (1973).

2.2 Empirie und Theorie

Kennzeichnend für die beginnende Sprachwissenschaft waren besonders die „historische" Methode sowie die Orientierung an den Naturwissenschaften; hier setzen auch die entscheidenden Veränderungen in der folgenden Zeit an. Zwar bleiben weiterhin die Naturwissenschaften das Modell, an dem sich die Sprachwissenschaft orientiert – was nicht zuletzt in der mechanistischen Konzeption der Lautgesetze zum Ausdruck kommt –, doch erfolgt zugleich unter dem Einfluß der Psychologie, die vor allem durch Steinthals Arbeiten in der Sprachwissenschaft wirksam wird[33], eine Hinwendung zu geistes- und sozialwissenschaftlichen Betrachtungsweisen. Daraus ergeben sich zwei, in gewissem Sinne entgegengesetzte Tendenzen: Anstelle der physischen werden nun die psychischen Mechanismen der Sprachentwicklung herausgearbeitet, und im Gegensatz zu Schleichers materialistischem Ansatz wird die Entwicklung der Sprache wieder ausdrücklich mit den kommunikativen Bedürfnissen der Sprachbenutzer in Zusammenhang gebracht. Ebenso bleibt die historisch-empirische Methode ein entscheidendes Merkmal der Sprachwissenschaft in der 2. Hälfte des 19. Jhs., doch setzen sich spätestens mit den methodologischen Diskussionen, die durch die junggrammatischen Arbeiten ausgelöst wurden, Richtungen innerhalb der Sprachwissenschaft durch, die eine theoretische Begründung der empirischen Praxis fordern und erste systematische Ansätze im Rahmen ihrer historischen Forschung entwickeln.[34]

Der Unterschied zwischen den Exponenten der beiden Entwicklungsphasen in der Geschichte der Sprachwissenschaft, J. Grimm und H. Paul, dokumentiert den Fortschritt: Grimms empiristische Position ist nicht zuletzt durch seine negative Einstellung zur allgemeinen oder philosophischen Grammatik rationalistischer Provenienz bedingt;[35] das führt ihn dazu, den Wert theoretischer Kategorien und Erörterungen herabzusetzen und stattdessen die „reine" Beobachtung der empirischen Fakten als angemessene Methode der Sprachwissenschaft in den Vordergrund zu stellen.[36] In dem Maße, wie diese Einstellung in der Sprachwissen-

---

33 Vgl. Steinthal (1855), Steinthal (1871).

34 Vgl. Brugmann (1897) 76ff., Schneider (1973) 11f., Malkiel (1972) 84f. und Anm. 5 sowie Putschke (1969) 45: „Der methodische Inhalt der junggrammatischen Grundsätze stellt die ersten wissenschaftlichen Axiome der Sprachforschung dar, die als theoretische Modelle für die Erklärung sprachlicher Veränderungsvorgänge aufzufassen sind." (Sperrung von uns D. Ch.).

35 Vgl. bes. Grimm (1819) 32f. – Vgl. auch Haselbach (1966) 36ff.

36 Das entspricht auch Grimms Praxis, vgl. Beneš (1958) 41, Telegdi (1967) 227. – Grimm selbst macht das ganz deutlich: „Allgemein logischen begriffen bin ich in der grammatik feind; sie führen scheinbare strenge und geschlossen-

schaft durchdringt, wird die sprachtheoretische Reflexion verpönt und setzt sich, im Gefolge der antimetaphysischen Tendenzen des 19. Jhs., von vornherein dem Verdacht apriorischer Spekulation aus.[37] Demgegenüber betont H. Paul die Notwendigkeit einer theoretischen Fundierung der empirischen Forschung[38] und zeigt, welchem Irrtum die ältere Sprachwissenschaft erlegen war:

> „Man befindet sich in einer Selbsttäuschung, wenn man meint das einfachste historische Faktum ohne eine Zutat von Spekulation konstatieren zu können. Man spekuliert eben nur unbewußt, und es ist einem glücklichen Instinkte zu verdanken, wenn das Richtige getroffen wird. Wir dürfen wohl behaupten, daß bisher auch die gangbaren Methoden der historischen Forschung mehr durch Instinkt gefunden sind als durch eine auf das innerste Wesen der Dinge eingehende allseitige Reflexion. Und die natürliche Folge davon ist, daß eine Menge Willkürlichkeiten mit unterlaufen, woraus endloser Streit der Meinungen und Schulen entsteht. Hieraus gibt es nur einen Ausweg: man muß mit allem Ernst die Zurückführung dieser Methoden auf die ersten Grundprinzipien in Angriff nehmen und alles daraus beseitigen, was sich nicht aus diesen ableiten läßt."[39]

Doch Pauls berechtigte Kritik an den unsystematischen und intuitionistischen Begründungen der älteren Sprachwissenschaft unterschlägt die theoretischen Vorarbeiten, auf die er sich selbst hatte stützen können. Maßgebend für die Entwicklung einer Theorie des Sprachwandels sind vor allem die Ansätze W. v. Humboldts und W. D. Whitneys;[40] H. Steinthals Arbeiten stellen daneben das Fundament einer allgemeinen Sprachtheorie auf psychologischer Grundlage dar.[41]

---

heit der bestimmungen mit sich, hemmen aber die beobachtung, welche ich als die seele der sprachforschung betrachte (Vorrede zur Deutschen Grammatik ²I, S. IV, zit. nach Beneš 1958, 41).

37 Das zeigt noch Pauls auffällige Betonung des empirischen Charakters seiner Prinzipienwissenschaft (Paul 1880, 1 – vgl. auch Dittrich 1899, 553 und Misteli 1882, 376ff.) ebenso wie sein Bemühen, – im Unterschied zu Humboldt – die Termini „Philosophie" oder „philosophisch" zu vermeiden, vgl. Paul (1880) 1ff., 12 Anm. 1.

38 Paul (1880) 3ff.

39 Paul (1880) 5.

40 Daß Paul weder Humboldts noch Whitneys sprachtheoretische Ansätze ausdrücklich würdigt (letzterer wird nur mit einer Arbeit zur Sprachmischung erwähnt: Paul 1880, 390), ist erstaunlich angesichts des Einflusses beider auf sein Werk. Auch die Neubearbeitungen ab der zweiten (1886) bis zur fünften Auflage (1920) ändern daran nichts.

41 Mit Steinthals völkerpsychologischen Ansichten setzt sich Paul zwar auseinander (Paul 1880, 8ff.), nicht aber ausdrücklich mit dessen sprachtheoretischen

W. v. Humboldts sprachtheoretischer Ansatz zeichnet sich dadurch aus, daß er im Unterschied zu demjenigen Grimms historische Forschung mit philosophischer Reflexion zu verbinden versucht:

> „Denn aufzusuchen, wie das Besondre in seinem geschichtlichen Daseyn ein durch die Idee gegebenes Ganzes bildet, ist der Zweck jeder historisch philosophischen, vorzüglich aber der Sprachuntersuchung (Sperrung von uns D. Ch.)."[42]

Die Notwendigkeit einer solchen Verbindung leitet er unmittelbar aus dem Wesen des Gegenstandes der Sprachwissenschaft ab: Sprache ist ein historisches Phänomen und an den historischen Menschen gebunden; doch zugleich steht sie als allgemeine Erscheinung auch außerhalb des historischen Menschen und muß daher mit allgemeinen Kategorien erfaßt werden.[43] Dementsprechend bestimmt Humboldt die Zielsetzung des eigenen Ansatzes: historische Untersuchung zu sein, die eine allgemeine Sprachwissenschaft vorbereitet, nicht aber vorwegnimmt oder ersetzt.[44]

Im Zentrum der Humboldtschen Sprachtheorie steht die Bestimmung von Sprache als Tätigkeit:

> „Die Sprache in ihrem wirklichen Wesen aufgefasst, ist etwas beständig und in jedem Augenblicke Vorübergehendes [. . .] Sie selbst ist kein Werk (Ergon), sondern eine Thätigkeit (Energeia). Ihre wahre Definition kann daher nur eine genetische seyn [. . .]"[45]

Ansätzen, obwohl auch sie einen großen Einfluß ausgeübt haben. Gerade für die Einleitung Pauls scheint Steinthals Erörterung des Verhältnisses von empirischer (aposteriorischer, synthetischer) und rationaler (apriorischer, analytischer) Erkenntnis (Steinthal 1871, 1ff.) und die Anwendung dieser (Kantschen) Kategorien auf die Sprachwissenschaft nicht ohne Wirkung geblieben zu sein. Als Lehrer von Paul fungierte Steinthal zudem als Vermittler zu Humboldt, dessen sprachphilosophische Schriften er herausgab und psychologisch uminterpretierte. Steinthals Arbeiten beschäftigen sich nicht zentral mit Problemen des Sprachwandels, erörtern aber die grundlegenden Mechanismen, die später vor allem von Paul und Wundt zur Erklärung der Phänomene des Sprachwandels herangezogen werden. Vgl. Wundt (1900) bes. I,373ff., II, 459ff. Wir gehen auf Steinthal nicht weiter ein.

42 Humboldt (1827–1829) 218, vgl. auch a. a. O. 181f. und Telegdi (1966) 231.

43 Vgl. Humboldt (1827–1829) 155: „Wie also der Begriff der Sprache richtig gefaßt wird, ist auch die Notwendigkeit allgemeiner historischer Sprachkunde gegeben, der Begriff der Wissenschaft unmittelbar mit dem ihres Gegenstandes."

44 Grundsätzlich ist seine Einstellung zur allgemeinen Grammatik positiv. Er selbst bezieht sich gern auf die Arbeit A. F. Bernhardis (vgl. Humboldt 1827–1829, 202f., Anm. 1). Vgl. auch Telegdi (1966) 230ff.

45 Humboldt (1830–1835) 418, vgl. auch a. a. O. 431 und Humboldt (1827–1829) 184.

Sprache erzeugt sich ständig neu, sie ist immerwährender zeichenkonstituierender Prozeß, der nicht nur bei der Sprachschöpfung und Spracherlernung durch die nächste Generation, sondern in jedem Kommunikationsakt neu stattfindet.[46] Sie ist

> „die sich ewig wiederholende Arbeit des Geistes, den articulirten Laut zum Ausdruck des Gedankens fähig zu machen“,[47]

die unendliche Möglichkeiten sprachlicher und damit auch geistiger Entwicklung miteinschließt.[48] Doch Sprache ist nicht nur die freie, kognitiv-kommunikativen Zwecken dienende Tätigkeit derer, die sprachlich handeln; sie ist auch durch ihr jeweiliges historisches Produkt bestimmt, das sich gegenüber dem Prozeß verselbständigen und durch Abstraktion aus ihm herausgelöst werden kann.[49] Sie ist zugleich die unendliche Fähigkeit und das endliche (= historische) Mittel ihrer eigenen Reproduktion.

W. v. Humboldts Beitrag zur diachronischen Sprachwissenschaft ist demnach keine Theorie, die konkrete Fakten des Sprachwandels zu erklären oder sogar vorherzusagen vermag. Er liefert vielmehr eine allgemeine Bestimmung des Wesens von Sprache, die ihren fundamental dynamischen Charakter hervorhebt und dabei ihre Systematizität miteinschließt.[50]

Wie W. v. Humboldt ist auch W. D. Whitney einer der einflußreichsten Sprachwissenschaftler des 19. Jhs.[51] Mit seinen theoretischen Werken *Language and the Study of Language* (1867) und *The Life and Growth of Language* (1875) begründet er jene Reihe von Prinzipienlehren und Einführungen in die allgemeine Sprachwissenschaft, die noch

---

46 Humboldt (1830–1835) 480, vgl. auch Humboldt (1827–1829) 219 und Humboldts „Relativitätsprinzip der Kommunikation“: „Alles Verstehen ist daher immer zugleich ein Nicht-Verstehen, alle Uebereinstimmung in Gefühlen und Gedanken zugleich ein Auseinandergehen.“ (Humboldt 1830–1835, 439).

47 Humboldt (1830–1835) 418.

48 Vgl. Humboldt (1830–1835) 477. – Zur ungerechtfertigten Inanspruchnahme dieser sprachtheoretischen Erörterungen durch die GTG vgl. Coseriu (1970), Baumann (1971), Weydt (1972), Knoop (1974).

49 Vgl. z. B. Humboldt (1827–1829) 180f., 191f., 225f. – Vgl. auch Humboldt (1830–1835) 439: „In dem auf ihn (sc. den Menschen) ausgeübten Einfluß liegt die Gesetzmäßigkeit der Sprache und ihrer Formen, in der aus ihm kommenden Rückwirkung ein Princip der Freiheit.“

50 Humboldt (1827–1829) 184: „[. . .] nichts in ihr ist statisch, alles dynamisch“. – Zur Nachwirkung des Energeiabegriffes in der Sprachwissenschaft vgl. Jost (1960).

51 Vgl. Brugmann (1897) und Koerner (1973) 74ff. zum Verhältnis Whitney: Saussure.

heute als Fundament der modernen Sprachwissenschaft gelten können[52] Whitney versteht sich ausdrücklich als Vertreter einer neuentstehenden a l l g e m e i n e n Sprachwissenschaft (= Linguistik), die die Gesetzmäßigkeiten und Prinzipien der Sprache zum Gegenstand hat und die als erkenntnissteuernde Theorie die bisherige empirische Praxis (der vergleichenden Sprachwissenschaft) notwendig ergänzen muß.[53]. Da Sprache insgesamt und in ihren Teilen ein historisches Produkt ist, und die Sprachtheorie nicht auf die Deskription, sondern Erklärung der Sprache zielt, ergibt sich für Whitney von selbst, daß die einzig angemessene Methode der Sprachwissenschaft die historische ist; die Deskription ist demgegenüber Sache der Grammatik und Lexikographie, die nicht Bestandteile der Sprachwissenschaft sind.[54]

Whitneys Ansicht über das Wesen der Sprache steht in der Tradition der englischen empiristischen Philosophie und Soziologie (H. Spencer) des 19. Jhs.[55] und in ausdrücklichem Gegensatz zur naturwissenschaftlichen Sprachtheorie A. Schleichers und seiner Adepten (bes. M. Müller).[56] Zwar läßt auch Whitney eine gewisse Analogie zwischen dem Leben der Sprache und dem der Naturorganismen gelten, betont jedoch andererseits gerade die Wesensverschiedenheit beider Bereiche und kritisiert daher die Mythologisierung bzw. Hypostasierung der Sprache als autonomen, vom Willen der Sprachbenutzer unabhängigen Organismus. Sprache ist vielmehr ihrer Struktur und Funktion nach eine soziale Institution und als solche Gegenstand der historischen oder Geisteswissenschaften (moral sciences).[57] Sie ist ein Komplex konventionell geltender Zeichen und dient als Ausdruck des Gedan-

---

52 Wie Whitney (1875) im Vorwort anmerkt, stellt diese Schrift eine Neubearbeitung der materialreicheren früheren dar. Beide wurden von ausgesprochenen Fachleuten ins Deutsche übertragen und neubearbeitet: die frühere von J. Jolly (= Whitney/Jolly 1874), die spätere von A. Leskien. – Prinzipienlehren in der Art der Werke von Whitney sind u. a. Paul (1880), Gabelentz (1891), Wundt (1900), Saussure (1916), Bloomfield (1914), Jespersen (1922) usw.

53 Vgl. Whitney (1875) 337, Whitney/Jolly (1874) 680ff., bes. 707ff. – Zum Vorwurf eines Theoriedefizits bei der älteren Sprachwissenschaft vgl. auch Whitney (1875) V und noch Saussures Bemerkungen in *CFS* 12 (1954) 59.

54 Whitney (1867) 54 = Whitney/Jolly (1874) 81, vgl. auch Whitney (1867) 6f., 10, 33.

55 Vgl. Terracini (1949) 73ff.

56 Whitney (1875) 331ff., vgl. auch a. a. O. V, wo deutlich wird, daß Whitney sich auch gegen die psychologische Sprachwissenschaft Steinthals und seiner Nachfolger wendet. Er ordnet demgegenüber die Sprachwissenschaft der Anthropologie, Völkerkunde und Geschichte zu.

57 Vgl. z. B. Whitney (1867) 35ff., 46ff., 68ff. = Whitney/Jolly (1874) 51ff., 68ff., 103ff., ferner Whitney (1875) 331ff.

kens dem Zweck der Mitteilung für die, die sie benutzen.[58] In ihrem konventionellen Charakter und ihrer Funktion als kommunikativem Medium ist zudem ihre ständige Veränderbarkeit begründet.[59] Sprache unterliegt also primär dem Willen der Sprachbenutzer, die sie unter dem Einfluß äußerer (= historisch-sozialer) Bedingungen zu kommunikativen Zwecken verändern.[60] Im Zusammenspiel von Neuerungsbestrebungen seitens der einzelnen Sprachbenutzer und der Annahme bzw. Zurückweisung der Veränderungsversuche durch die Sprachgemeinschaft, von „zentrifugalen" und „zentripetalen" Kräften[61] vollzieht sich der Sprachwandel langsam und meist auch unmerklich für die Benutzer.[62] Zugunsten einer größtmöglichen Erhaltung der gemeinsamen Verständigungsbasis können zudem die einzelnen Sprachveränderungen, wenn sie akzeptiert werden wollen, nur geringfügige Abweichungen vom bestehenden Sprachgebrauch (= Norm) bzw. Modifikationen bereits vorhandener Sprachmöglichkeiten sein.[63]

Obwohl Humboldts und Whitneys Ansätze wichtige Beiträge zur Entwicklung einer Theorie des Sprachwandels darstellen, müssen doch H. Pauls *Principien der Sprachgeschichte* (1880), vor allem was Einfluß oder Nachwirkung angeht, als theoretisches Hauptwerk auf diesem Gebiet betrachtet werden.[64] Paul verarbeitet darin nicht nur weitgehend die sprachtheoretische und methodologische Diskussion seiner Vorgänger, sondern bemüht sich darüber hinaus, zwischen bereits verhärteten Positionen zu vermitteln und so ein Fundament zu schaffen, auf dem jede künftige historische Sprachforschung aufbauen kann.[65] Wie Whitney

---

58 Vgl. z. B. Whitney (1875) 1ff., 34ff., 112, 152, Whitney (1867) 46 = Whitney/Jolly (1874) 68.

59 Vgl. z. B. Whitney (1867) 48, 70f., 102 = Whitney/Jolly (1874) 71f., 107, 163f.

60 Vgl. z. B. Whitney (1867) 48f., 68ff., = Whitney/Jolly (1874) 72f., 103ff. Als weitere Ursachen bzw. Bedingungen des Sprachwandels werden diskutiert: Das Streben nach Bequemlichkeit (simple ease, convenience) bzw. Erleichterung der Aussprache: Whitney (1867) 69f., 74 = Whitney/Jolly (1874) 105, 114, Whitney (1875) 50, 79, 107f.; Fehler bei der Weitergabe von Sprache bzw. dem Spracherwerb: Whitney (1867) 23f., 32f. = Whitney/Jolly (1874) 35f., 49, Whitney (1875) 35; Fehler oder Nachlässigkeiten beim Sprachgebrauch: Whitney (1867) 28, 84f. = Whitney/Jolly (1874) 42, 131 f. u. a.

61 Vgl. z. B. Whitney (1867) 43ff., 155ff., 176ff. = Whitney/Jolly (1874) 66ff., 234ff., 259ff., Whitney (1875) 165, 172.

62 Whitney (1867) 44, 51, 121ff. = Whitney/Jolly (1874) 65, 77, 191ff.

63 Whitney (1867) 46 = Whitney/Jolly (1874) 68f., Whitney (1875) 113, 150.

64 Vgl. Dittrich (1899) 538, Malkiel (1972) 85, Koerner (1972b), Koerner (1973) 107ff., Cherubim (1973).

65 Paul (1880) 6.

fühlt sich auch Paul durch die sprachtheoretische und methodologische Unklarheit der älteren Sprachwissenschaft motiviert, explizit jene

> „Grundlinien für eine Theorie der Sprachentwicklung zu ziehen",

die notwendig sind, um die bisher erarbeitete Datenmenge systematisch erklären und damit die künftige Forschung explizit begründen zu können.[66]

Vor allem in der Einleitung zu seinem oben genannten Werk versucht Paul, den Status seiner Theorie zu verdeutlichen, indem er Gegenstand und Methode der Sprachwissenschaft bestimmt: Sprache ist als Kulturprodukt Gegenstand der historischen Forschung, die primär die Entwicklung im Auge hat. Diese historische Forschung bedarf jedoch der Ergänzung und Fundierung durch eine Theorie, welche die allgemeinen Bedingungen des geschichtlich sich entwickelnden Gegenstandes erläutert. Paul bezeichnet diese Theorie als „Prinzipienwissenschaft" und siedelt sie zwischen Geschichts- und Gesetzeswissenschaften an.[67] Ihre spezifische Problemstellung ist:

> „. . . wie ist unter der Voraussetzung konstanter Kräfte und Verhältnisse doch eine geschichtliche Entwicklung möglich (?)".[68]

Im Unterschied zu den naturwissenschaftlichen Gegenständen sind die Kulturprodukte auch durch die Wirksamkeit psychischer Faktoren und Prozesse bestimmt; der psycho-physische Doppelcharakter von Sprache macht sie daher zum Gegenstand der Psychologie sowie einiger Teile der Naturwissenschaften (Physiologie, Akustik). Die besondere Aufgabe der Prinzipienwissenschaft ist daher,

> „. . . die allgemeinen Bedingungen darzulegen, unter denen die psychischen und physischen Faktoren, ihren eigenartigen Gesetzen folgend, dazu gelangen zu einem gemeinsamen Zwecke zusammenzuwirken."[69]

Als Kulturprodukt ist Sprache schließlich auch Gegenstand der Gesellschaftswissenschaft, insofern sie immer das Ergebnis gesellschaftlicher

---

66 A. a. O., vgl. auch Paul (1880) 3ff.

67 Paul (1880) 1ff.; bei seiner Gegenüberstellung von (ahistorischen) Gesetzeswissenschaften und (historischen) Geschichtswissenschaften vermeidet Paul ausdrücklich den Descarteschen Dualismus von Natur- und Geisteswissenschaften: Sprache ist Gegenstand beider.

68 Paul (1880) 2.

69 Paul (1880) 6ff., 17f.

Arbeit darstellt, und ihre Weiterentwicklung nur durch das Zusammenwirken von mehreren Individuen zustande kommt.[70]

Es steht für Paul außer Frage, daß der eigentliche Gegenstand seiner Theorie die Sprachentwicklung bzw. (in der metaphorischen Redeweise des 19. Jhs.) das „Sprachleben" ist, und daß daher die Methode der Sprachwissenschaft nur die historische sein kann.[71] Sprachentwicklung existiert jedoch nur in den Individuen, die eine Sprache gebrauchen und verändern; sie findet weder in den zu heuristischen Zwecken vorgenommenen Abstraktionen der Grammatiker (z. B. in solchen Konstrukten wie „der deutschen Sprache") noch in den einmaligen physikalischen Produkten der Sprechtätigkeit dieser Individuen statt.[72] Träger der sprachlichen Entwicklung sind vielmehr jene psychischen Organismen der Individuen, in denen die sprachlichen bzw. kommunikativen Erfahrungen als Vorstellungsgruppen organisiert und strukturiert sind.[73] Die notwendige Differenz dieser psychischen Organisation bei den einzelnen Individuen, die Interferenzen, die sich durch den Sprachverkehr der Individuen miteinander ergeben, und die unterschiedliche kommunikative Verstärkung der Vorstellungsgruppen bedingen, daß diese psychischen Organismen selbst beim erwachsenen Menschen immer nur relativ stabil sein können und daß sie, angestoßen oder in Gang gehalten durch das Streben nach Verständigung, permanent der Veränderung unterliegen.[74] Obwohl Paul auf diese Art die Sprachentwicklung in unendlich viele individualpsychische Bewegungen auflöst[75], existiert für ihn doch als zweiter fundamentaler Faktor der Sprachentwicklung ein durch Sprachverkehr und die Notwendigkeit der Verständigung zwischen den Individuen bestimmter Sprach*usus*, der keineswegs nur als Abstraktion über einer beliebigen Menge von Individuen, wie neuerdings kritisiert wurde[76], sondern auch als real wirksame Größe verstanden wird.[77] In der Wechselwirkung von Sprachusus und indivi-

---

[70] Paul (1880) 7; hier, an der gegenüber dem Vorangegangenen deutlich abgesetzten Stelle, dürfte der Einfluß Whitneys greifbar sein.

[71] Paul (1880) 1f., 20f. – Die zuletzt genannte Stelle kam jedoch erst in der 2. Aufl. (1886) als Erwiderung auf die Kritik hinzu. Paul eliminiert damit aber nicht die deskriptive Betrachtungsweise, sondern weist ihr nur einen Platz als Hilfsmittel für das historische Vorgehen zu: vgl. Paul (1880) 23ff., 29ff.; auch die letzte Stelle kam erst in der 2. Aufl. hinzu.

[72] Paul (1880) 24, 28.

[73] Paul (1880) 25ff.

[74] Paul (1880) 27ff., 32.

[75] Paul (1880) 24.

[76] Weinrich/Labov/Herzog (1968) 106ff., vgl. auch Kandler (1954) 15f.

[77] Paul (1880) 29, 32.

dueller Sprachtätigkeit (= Produzieren + Interpretieren) sieht Paul den eigentlichen Gegenstand seiner Prinzipienlehre.[78] Mit der Bestimmung der psychischen Einzelorganismen als Träger der sprachlichen Entwicklung ergibt sich zudem die Notwendigkeit, die Introspektion des Sprachwissenschaftlers ausdrücklich als methodischen Zugang anzuerkennen, sowie die für die Zukunft der Sprachwissenschaft entscheidende Abwendung von der historischen Rekonstruktion früherer Sprachstufen und -entwicklungen zugunsten der historischen Erklärung gegenwärtiger Sprachzustände.[79]

Mikołai Habdank-Kruszewski, dessen Einleitung zu seiner Schrift *Prinzipien der Sprachentwicklung* (1883) diesen Band eröffnet, kann als vierter bedeutender Theoretiker des Sprachwandels im 19. Jh. angesehen werden.[80] In seiner Prinzipienlehre setzt er sich nicht nur mit Paul auseinander, sondern entwickelt auch Gedanken, die zwar z. T. mit Pauls Ansichten übereinstimmen, aber schon 1881 in seiner Schrift *Über die Lautabwechslung*, d. h. vor Kenntnis von Pauls Hauptwerk, von ihm geäußert worden waren.[81] Auch Kruszewski geht von dem theoretischen Defizit der traditionellen, historisch-vergleichenden Sprachwissenschaft aus und fordert die Aufstellung der allgemeinen Grundbedingungen der Sprachentwicklung, die jene traditionelle Sprachwissenschaft zwar immer vorausgesetzt, nicht aber ausdrücklich formuliert hatte, und die erst die Ableitung und systematische Erklärung jeder konkreten Sprachveränderung ermöglichen. In diesem Interesse an den Prinzipien der Sprachentwicklung und der damit verbundenen Hinwendung zur historischen Erklärung gegenwärtiger Sprachen trifft er sich mit Whitney und Paul; mit letzterem verbindet ihn zusätzlich die Verwendung psychologischer Konzepte.[82] Im Unterschied zu jenen faßt er jedoch wie vorher A. Schleicher und andere die Sprachwissenschaft als Naturwissenschaft auf.[83] Kruszewskis Ansätze gehen zudem in deutlicher Weise über den Historismus in der Sprachwissenschaft des 19. Jhs. hinaus, indem sie Möglichkeiten einer

---

78 Paul (1880) 32.

79 Paul (1880) 30, vgl. auch Dittrich (1899) 538. – Doch schon Schleicher hatte eine (noch) lebende Sprache (das Litauische) untersucht.

80 Koerner (1973) 148ff. weist wohl mit Recht darauf hin, Kruszewskis Beitrag zur allgemeinen Sprachwissenschaft sei bisher unterbewertet oder neben demjenigen Baudouin de Courtenays vergessen worden.

81 Vgl. Koerner (1973) 149ff. und Kruszewski in diesem Band S. 66f. und S. 67 Anm. 6.

82 Bei Paul allerdings in Anlehnung an Herbart und Steinthal, bei Kruszewski in Anlehnung an die englische (empiristische) Assoziationspsychologie.

83 Vgl. Koerner (1973) 151.

Verbindung von diachronischer und synchronischer Betrachtungsweise realisieren.[84]

Das Verhältnis von empirischer Forschung und theoretischer Begründung war in der diachronischen Sprachwissenschaft des 19. Jhs. von Beginn an unausgewogen: Das Übergewicht an „reiner" Theorie, ein Erbe der rationalistischen Grammatik, hatte im Gegenzug die Absolutsetzung der Empirie provoziert. Als Theorieersatz fungierten zunächst teleologische Deutungen der Sprachentwicklung sowie die Übernahme naturwissenschaftlicher Forschungsparadigmen. Die rasch wachsende Menge empirisch ermittelter Daten verlangte jedoch zunehmend nach theoretisch begründeter Systematisierung und Erklärung. Die Theorie des Sprachwandels, die sich dann im letzten Drittel des 19. Jhs. herausbildete, basiert noch weitgehend auf Generalisierungen über diesen Daten und stellt somit kein heuristisches oder explanatives Modell i. S. neuerer metatheoretischer Forderungen dar.[85]

2.3 Diachronie und Synchronie

Die Sprachwissenschaft des 19. Jhs. hatte ihre wissenschaftliche Qualität mit ihrer historischen Methode begründet. Das bedeutete zunächst eine Aufwertung der Empirie und der induktiven Methode der Sprachbeschreibung gegenüber der reinen Theorie und der deduktiven Methode, welche bis dahin im Gefolge des Rationalismus den Vorrang behauptet hatten. Es schloß aber auch eine Abwertung jenes traditionell ahistorischen und deskriptiven Ansatzes mit ein, wonach Sprache entweder allgemein (als Klasse aller Sprachen) oder als quasi-statisches, idealisiertes Gebilde betrachtet wurde.[86] Damit trat die bisherige, aus rationalen oder logischen Prinzipien abgeleitete Beschreibung von Sprachzuständen hinter die Erklärung dieser Zustände durch Rekonstruktion ihrer geschichtlichen Entwicklung zurück. Das neu aufkommende Theoriebewußtsein am Ende des 19. Jhs. führte dann zur Verlagerung des Interesses von den einzelnen sprachgeschichtlichen Vorgängen (bzw. deren Rekonstruktion) auf die

---

84 Vgl. Koerner (1973) 148ff., 275.

85 Vgl. z. B. Apel (1972) 12ff.

86 J. Grimm erkennt z. B. nur zwei Richtungen der Sprachwissenschaft als wissenschaftliche an: die philosophische (= allgemeine Grammatik) und die historische; erstere wäre i. S. Saussures als panchronisch zu charakterisieren, letztere als diachronisch, wobei allerdings synchronische Beschreibungen immer mit eingeschlossen sind. Die hier nicht weiter berücksichtigte normative („critische") und die praktische (= Schul-) Grammatik könnten am ehesten als deskriptive oder synchronische Grammatiken angesehen werden. Vgl. Grimm (1819), Paul (1880) 23f., Koerner (1973) 267 und Ungeheuer (1969).

diesen zugrundeliegenden allgemeinen Prinzipien. Das alles hatte jedoch nicht zur Folge, daß die Beschreibung von Sprachzuständen aufgegeben, wohl aber, daß sie zum Hilfsmittel einer Sprachwissenschaft degradiert wurde, die primär die Entwicklung von Sprache ins Auge faßte.[87]

F. de Saussure knüpft daher mit seiner Trennung von „statischer" und „evolutiver" Sprachbetrachtung an eine lebendige Tradition an,[88] bestimmt jedoch das Verhältnis zwischen beiden neu und kehrt (zumindestens implizit) ihre Bewertung um. Dabei kann er sich auf eine weitere Tradition stützen: Der Begriff des Sprachorganismus, dessen unterschiedliche Fassung im 19. Jh. die Entwicklung der Sprachtheorie reflektierte, hatte neben der genealogisch-evolutiven stets auch eine systematisch-funktionale Komponente enthalten, welche bei Humboldt ebenso deutlich zum Ausdruck kam wie bei den späteren Theoretikern des Sprachwandels.[89] Damit war i n n e r h a l b der historischen Sprachwissenschaft des 19. Jhs. bereits die Möglichkeit zur Überwindung eines absolut gesetzten Historismus angelegt.[90] Indem Saussure nun das derart vorgegebene Konzept des „Sprachsystems" aufnimmt, es verschärft und in den Mittelpunkt seiner Sprachtheorie stellt[91], gewinnt er einen neuen, adäquateren Erklärungszusammenhang für die Fakten vorliegender Sprachzustände und weist damit der Deskription dieser Zustände nicht nur einen eigenständigen, sondern auch einen hohen wissenschaftlichen Wert zu.[92] Demgegenüber muß die Erfassung der Sprachentwicklung zweitrangig erscheinen, zumal nach Saussures Vorstellungen System und Entwicklung „irreduzibel" sind, und nur das System, nicht die Entwicklung im Bewußtsein der Sprachbenutzer präsent ist.[93] Die An-

---

87 Genau dieser Stand ist bei Paul erreicht, vgl. Paul (1880) 29, 31. Vgl. auch Whitney (1867) 54 = Whitney/Jolly (1874) 81 und Telegdi (1967) 234. Interessant ist in diesem Zusammenhang, daß sowohl Whitney (vgl. Brugmann 1897, 80) als auch Paul (Paul 1880, 21 Anm. 1) der Vorwurf gemacht wurde, ihre Praxis widerspräche ihrer eigenen Theorie. Der schärfste Kritiker des Paulschen Historismus ist O. Dittrich, vgl. Dittrich (1899) und Dittrich (1903/1904) 5ff.

88 Zu dieser Tradition vgl. bes. Kandler (1954), Telegdi (1962), Telegdi (1967), Lieb (1967) und Koerner (1973) 108ff., 263ff.

89 Humboldt (1827–1829) 172. Humboldt (1830–1835) 476, vgl. Beneš (1958) 4, 128; Whitney (1867) 91 = Whitney/Jolly (1874) 142, Whitney/Jolly (1874) 68f., Whitney (1875) 2; Paul (1880) 25ff., 189; vgl. auch Coseriu (1958) 17 und Haselbach (1966) 27ff.

90 Vgl. Telegdi (1967) 234f.

91 Vgl. Koerner (1973) 286, 355, Lieb (1967) 25.

92 Vgl. Telegdi (1967) 235f. – Saussure kam dabei einer Tendenz der Zeit nach: vgl. de Mauro in Saussure/Mauro (1972) 452, Koerner (1973) 277.

93 Saussure (1916) 96, 103, 106f. – Andere (z. B. Ungeheuer 1969, 68 und Koerner 1973, 293) bestreiten, daß Saussure einen Vorrang der Synchronie

nahme, daß beide in keinem direkten oder kausalen, sondern nur in einem indirekten (arbiträren) Bedingungszusammenhang stehen, begründet für Saussure jedoch nicht nur den unterschiedlichen Rang der statischen gegenüber der evolutiven Sprachbetrachtung, sondern veranlaßt ihn auch, sie gleichsam als a u t o n o m einander gegenüber zu stellen.[94] Obwohl Saussure die Untrennbarkeit von Zustand und Entwicklung im Bereich der Sprache (langage) grundsätzlich anerkennt[95] und daher auch den Begriff des Sprachzustandes ausdrücklich nur als Approximation bzw. Idealisierung einführt,[96] fordert er doch die strikte methodische Trennung der beiden Betrachtungsweisen und rechtfertigt sie mit der fundamentalen Differenz der jeweiligen Daten.[97] Dennoch wirft diese Trennung Probleme auf, die Saussure nicht zu lösen imstande ist; sie treten vor allem dort zutage, wo er die Entwicklung auf den lautlichen, den Zustand auf den grammatischen Bereich der Sprache festlegen möchte.[98]

Saussure bedeutsame Entscheidung, nicht mehr die Entwicklung, sondern den Zustand (bzw. das System[99]) ins Zentrum seiner Sprachtheorie zu stellen, hatte zu einer Neubegründung der deskriptiven oder synchronischen Sprachwissenschaft geführt. Sie führte im Weiteren auch zu einer Neubestimmung der diachronischen Sprachwissenschaft, die freilich nicht von Saussure selbst geleistet wurde, da er Inhalt und Methode der älteren historischen Sprachwissenschaft weitgehend beibehielt und nur ihren Rang herabstufte,[100] sondern von denen, die

---

postuliert habe. Koerner a. a. O. erwähnt aber nicht die entscheidende Stelle Saussure (1916) 106f., die nach Vergleich mit Saussure/Engler (1968) 198 kein Zusatz der Saussure-Herausgeber ist. Im Übrigen äußert sich Koerner (1972a) 92 in unserem Sinne und Koerner (1973) 294 wird immerhin eingeräumt, daß Saussure die Grundlagen für die spätere Überwertung der Synchronie gelegt habe. – Vgl. auch Hjelmslev (1928) 49ff., 59.

94 Nach Auskunft von Saussure/Engler (1968) 201, 214f. ringt Saussure hier noch um eine klare Bestimmung des Verhältnisses. Immerhin zeigen die verschiedenen Äußerungen (Saussure 1916, 96, 98, 103, 106f., 113), daß er eine Opposition, aber keine Antinomie oder Exklusion zwischen beiden annahm; vgl. auch Koerner (1973) 291.

95 Saussure (1916) 10, 103, 167, vgl. Saussure/Engler (1968) 216.

96 Saussure (1916) 121f.

97 Saussure (1916) 103, 108, 119.

98 Saussure (1916) 160, 168ff., vgl. auch Coseriu (1958) 226 Anm. 75, Hjelmslev (1928) 46ff.

99 Bei Saussure werden Zustand und System einfach einander zugeordnet. Daß aber gerade in dieser Zuordnung bzw. deren Spezifik die Möglichkeit einer Überwindung der Opposition von Synchronie und Diachronie liegt, versucht die wichtige Arbeit von H. H. Lieb (Lieb 1970) zu zeigen.

100 Vgl. Peeters (1974).

Saussures Neuansatz zwar aufnahmen, ihn aber auch gegen Saussure selbst konsequent anwandten. Insbesondere die Annahme einer strikten Opposition zwischen beiden Betrachtungsweisen, ferner die These, daß sich die sprachlichen Veränderungsprozesse dem Bewußtsein der Sprachbenutzer entzögen, und nicht zuletzt der rigide Systembegriff, der nötig war, um die prinzipielle Differenz zwischen Synchronie und Diachronie aufrecht zu halten,[101] stießen auf Widerspruch, da sie nicht mit den empirisch erfahrbaren Fakten des sprachlichen Wandels in Übereinstimmung gebracht werden konnten. Aus diesem Widerspruch heraus entwickelten sich jene Diskussionen über das Verhältnis von Synchronie und Diachronie, die bis heute noch andauern und deren forschungsmethodische Konsequenzen bisher nicht absehbar sind.[102]

Den Ausgangspunkt dieser Diskussionen bilden die frühen Arbeiten Roman Jakobsons und der Mitglieder des Prager Zirkels; die von ihnen vertretenen Thesen werden in der folgenden Zeit in verschiedenen Arbeiten angewendet und konkretisiert.[103] Zwei entscheidende methodische Prinzipien liegen diesen Arbeiten zugrunde:

(1) Die konsequente Anwendung des Systembegriffs auf alle Ebenen und Bereiche der Sprache;

(2) die Betrachtung aller sprachlichen Phänomene unter dem Gesichtspunkt ihrer funktionalen Leistung.[104]

Von hier aus ergibt sich die Kritik an Saussures Diachronie- und Synchroniebegriff, die sich in vier Punkten zusammenfassen läßt:

1. Die diachronische Sprachwissenschaft muß die einzelnen sprachlichen Fakten, die einer Veränderung unterliegen, in ihrem Zusammenhang bzw. systematischen Stellenwert erfassen; der weitverbreitete „Atomismus" der junggrammatischen Ansätze, der sich noch bei

---

101 Vgl. Coseriu (1958 223f.).

102 Die diesbzgl. Literatur wird bei Koerner (1972a) 92–110 geführt. – Wissenschaftliche Tagungen zu diesem Thema fanden u. a. 1960 in Moskau, 1968 in Mannheim statt (vgl. Koerner a. a. O. die Nr. 386 und 444); unentbehrlich scheint die Thematik auch für die internationalen Linguistenkongresse zu sein, vgl. etwa die Beiträge von Malmberg, Guţu-Romalo, Heilmann, Klimov, Ullmann in den Akten des 10. Linguistenkongresses (Bukarest). Im allgemeinen kommen die Beiträge jedoch kaum über den Stand der Prager Schule hinaus, eine Ausnahme stellt u. E. Lieb (1970) dar.

103 Wir stützen uns für die folgende Charakterisierung auf die in Vachek (1964) gesammelten Beiträge der Prager Schule, bes. Havránek/Horálek/Skalička/Trost (1958), Trnka u. a. (1958) und Thèses (1929). Angewendet werden diese Thesen vor allem in Jakobson (1929) und Jakobson (1931) in diesem Band S. 78ff.

104 Jakobson (1963) spricht von einem „means-ends model of language"; vgl. auch Novak/Sgall (1968).

Saussure fortsetzt, muß zugunsten einer systembezogenen diachronischen Betrachtungsweise überwunden werden.[105]

2. Synchronische und diachronische Sprachwissenschaft unterscheiden sich nicht aufgrund der Berücksichtigung (bzw. Nichtberücksichtigung) des zeitlichen Faktors, sondern aufgrund ihrer unterschiedlichen Perspektive[106]; im ersten Fall geht es um die Erfassung von Zuständen bzw. Systemen (und deren Funktionen), im zweiten um die Erfassung von Entwicklungen. Ein zeitliches (oder historisches) Moment ist in beiden Betrachtungsrichtungen enthalten.[107]

3. Saussures rigider Systembegriff, der Statik, Homogenität und Geschlossenheit als konstitutive Eigenschaften sprachlicher Systeme zu fordern scheint, läßt Sprachwandel entweder gar nicht zu oder erlaubt nur, ihn als Störung des systematischen Gleichgewichts zu verstehen.[108] Historische Sprachen müssen aber als offene, dynamische und aus (funktional) verschiedenartigen Subsystemen zusammengesetzte Systeme verstanden werden, wenn man dem Faktum Rechnung tragen will, daß sie sich ständig verändern, ohne daß sie aufhören zu funktionieren.[109]

4. Saussures Opposition von Synchronie und Diachronie ist zugunsten eines komplementären Zusammenspiels beider Aspekte aufzugeben. Synchronien enthalten stets Projektionen in Gang befindlicher sprachverändernder Prozesse, die als stilistische oder funktionale Varianten (z. B. Archaismen, Neologismen) systematisiert und damit auch im Bewußtsein der Sprachbenutzer präsent sind.[110]

Obwohl diese Kritik der Prager Strukturalisten partiell von einem Saussurebild ausgeht, das nicht mit Saussures eigenen Aussagen, so wie sie inzwischen rekonstruiert worden sind, übereinstimmt,[111] ist damit

---

[105] Jakobson (1928a) 2, Jakobson (1928b) 6; vgl. auch Coseriu (1958) 226: Saussure sei viel atomistischer als Paul!

[106] Vgl. Trnka (1929) 35; Saussure (1916) 94; Saussure/Engler (1968) 177, Saussure (1916) 121f.

[107] Vgl. auch Ungeheuer (1969).

[108] Vgl. Saussure (1916) 107, aber auch a. a. O. 204!

[109] Vgl. außer den in Anm. 103 genannten Arbeiten noch Vachek (1967) sowie die Beiträge in *TLP* 2 (1966) zum Thema „Zentrum" und „Peripherie" von Systemen.

[110] Vgl. in diesem Zusammenhang V. Mathesius wegweisenden Artikel von 1911 (Mathesius 1911), in dem er den Begriff der „Potentialität" der Sprache einführt; vgl. auch Jakobson (1963) 484.

[111] Vgl. de Mauro in: Saussure/Mauro (1972) 452ff. Er führt zwei Punkte an: 1. Saussures Systembegriff ist weder statisch noch homogen; 2. Saussures Diachroniebegriff schließt die Berücksichtigung der Systematizität mit ein (vgl. bes. Saussure 1916, 192ff.), eine teleologische Deutung (wie bei Jakob-

doch der Rahmen vorgegeben, in dem sich die folgenden theoretischen Diskussionen bewegen.[112] Von den in diesen Band aufgenommenen Beiträgen demonstrieren R. Jakobsons *Prinzipien der historischen Phonologie* (1931) die Anwendung der Prager Thesen im Bereich diachronischer Untersuchungen.[113] W. v. Wartburgs Akademieabhandlung desselben Jahres *Das Ineinandergreifen von deskriptiver und historischer Sprachwissenschaft* versucht ebenfalls die von Saussure geforderte strikte Trennung synchronischen und diachronischen Vorgehens zu überwinden; indem v. Wartburg streng auf e i n e r (der grammatischen) Ebene operiert und dialektales bzw. soziolektales Material zur Begründung heranzieht, bemüht er sich zu zeigen, daß in der Forschungspraxis nur ein komplementäres Vorgehen geeignet ist, die Totalität sprachgeschichtlicher Vorgänge zu erfassen.[114] Diese und ähnliche Beiträge lösen Antworten aus dem Kreise der Saussureschüler aus, die weiterhin den „separatistischen" Ansatz des Genfer Gelehrten zu stützen bestrebt sind.[115] Auch M. M. Guchmans Beitrag *Der Begriff des Sprachsystems in Synchronie und Diachronie* (1958), der an bestimmte Diskussionen innerhalb der russischen Sprachwissenschaft anschließt,[116] steht in dieser Tradition der Überwindung des für die praktische diachronische Forschung unbrauchbaren, weil zu rigiden Systembegriffs Saussures; sie zeigt an konkretem sprachlichen Material die Notwendigkeit auf, historische Sprachen als offene und mehrfach geschichtete Systeme zu begreifen. E. Coserius Vortrag „Synchronie, Diachronie und Typologie" (1965) enthält einige der grundlegenden Argumente, die der Autor bereits 1958 in seiner Monographie *Synchronie, Diachronie und Geschichte* vorgestellt und ausführlich begründet hatte. Coseriu geht zunächst davon aus, daß der Saussuresche Gegensatz von Synchronie und Diachronie in der Sprach b e s c h r e i b u n g als Unterscheidung zweier methodischer Ansätze beibehalten werden kann, daß

---

son) aber aus, da dadurch die Sprache wieder mythologisiert würde. Auch der sog. Atomismus der Junggrammatiker (und Saussures) wird zu stark betont, vgl. Putschke (1969).

[112] Vgl. Malmberg (1969) bes. 25ff., ferner Francescato (1961), Glinz (1969), Baumgärtner (1969), Lehmann (1968), Guţu-Romalo (1969) u. a. m.

[113] Vgl. auch Jakobson (1928a), Jakobson (1928b), Thèses (1929), Jakobson (1929).

[114] Ähnliche Forderungen finden sich auch bei Jespersen oder Hjelmslev (1928) 60, 77 trotz allen Separatismus!

[115] Auf Wartburg (1931) [in diesem Band S. 99ff.] antwortet Bally (1937), darauf wieder Wartburg (1939) [beide Beiträge sollten ursprünglich mit in diesen Band aufgenommen werden, fielen aber einer notwendigen Kürzung zum Opfer]. Vgl. ferner Sechehaye (1939), Sechehaye (1940).

[116] Vgl. Guchman (1958), in diesem Band S. 118 Anm. 1., ferner Žirmunskij (1958).

er jedoch in der Sprach t h e o r i e (als Menge der Aussagen über Sprache, wie sie *ist*) überwunden werden muß.[117] Dazu ist notwendig, eine r a t i o n a l e Begründung dafür zu liefern, daß Sprachwandel und Sprachsystem in der Sprache zusammenfallen, und daß somit der Wandel nicht außerhalb, wie bei Saussure, sondern innerhalb der Sprache (als System) fungiert. Coseriu leistet diese Begründung durch Rekurs auf den Humboldtschen Sprachbegriff:[118] Sprache ist eine menschliche Tätigkeit, die einerseits durch die Ausdrucks- und Mitteilungsbedürfnisse der Sprachbenutzer zweckhaft bestimmt und andererseits den Bedingungen historischer (sprachlicher und auf die Sprache bezogener) Traditionen unterworfen ist.[119] Saussures strikte Trennung von systematischem Zustand und asystematischer Entwicklung hebt sich auf in einer Sprache, die kontinuierlichen Veränderungsprozessen unterliegt, Prozessen, die als „ständige Systematisierung" im Interesse optimalen Funktionierens, als „Werden der Sprache durch das Sprechen" angesehen werden müssen.[120] Von diesen Prämissen aus schließt sich Coseriu zwar der Kritik der Prager Strukturalisten weitgehend an,[121] hält ihnen aber auch vor, auf halbem Wege stehen zu bleiben, da sie auf der Basis eines falschen oder zumindestens unklaren Sprachbegriffs Sprachwandel noch immer als Veränderung z w i s c h e n Zuständen statt als kontinuierlichen Verlauf begreifen.[122] Während also das Konzept des Sprachzustandes nicht grundsätzlich in Frage gestellt wird, muß der Saussuresche Begriff der Diachronie völlig verworfen werden.[123] Das Nebeneinander von synchronischer und diachronischer Sprachbetrachtung muß durch das Zusammenwirken von Sprachbeschreibung (als Beschreibung der Projektion dynamischer Zustände) und Sprachgeschichte (als Beschreibung der ständigen systematischen Reorganisation der Sprache) ersetzt werden.[124] Durch die umfassende Kategorie der Geschichte, die das Werden u n d Funktionieren der Sprache einschließt, wird die Saussuresche Opposition endgültig aufgehoben.[125]

---

[117] Coseriu (1958) 235ff.
[118] Coseriu (1958) 24, 37ff., vgl. auch Hjelmslev (1928) 56.
[119] Coseriu (1958) 39f., 53f., 59ff.
[120] Coseriu (1958) 169, 209, 235ff. Sprachwandel ist also nicht Wandel des Systems (Saussure, diachron. Strukturalismus), sondern „Werden des Systems": Coseriu (1958) 245.
[121] Vgl. z. B. Coseriu (1958) 14, 21, 102, 221, 228, 239.
[122] Coseriu (1958) 190ff., 235, 243.
[123] Coseriu (1958) 244f.
[124] Coseriu (1958) 245.
[125] Coseriu (1958) 239f.

In Coserius Kritik am diachronischen Strukturalismus der Prager und ihrer Nachfolger (bes. A. Martinet) wird vor allem betont, daß jene nicht das konkrete *Wie* des Sprachwandels erfassen, da sie nur die Fakten, nicht aber die Prozesse selbst betrachten.[126] Um diesen Prozessen näherzukommen, wird von Coseriu der Begriff der „Norm" eingeführt, womit die Strukturebene der bereits realisierten und daher historisch geltenden Sprachmuster bezeichnet wird. Dieser „Norm" wird das „System" gegenübergestellt als Strukturebene der idealen Realisierungsmöglichkeiten, die funktionell strukturiert sind.[127] Indem nun historische Sprachen zugleich aus Normen und Systemen bestehen,[128] ergibt sich in der wechselseitigen Determinierung dieser Ebenen die Bewegung des Sprachwandels.[129] Im Beitrag von 1965 wird als weitere Strukturebene die des „Typs" eingeführt; damit gewinnt Coseriu die Möglichkeit, auf drei Ebenen das Zusammenspiel von Synchronie und Diachronie in der Sprache zu verdeutlichen. Trotz aller Kritik an Saussures Positionen kann beim heutigen Stand der Erörterung davon ausgegangen werden, daß Saussures methodologisches Postulat einer strikten Trennung von synchronischer und diachronischer Sprachbeschreibung für sinnvoll und notwendig gehalten wird. Da andererseits auch Übereinstimmung darüber besteht, daß Zustand und Entwicklung im Untersuchungsobjekt zusammenfallen, muß jene heuristische Trennung dort transzendiert werden, wo es um die Erklärung des Sprachwandels im Zusammenhang sprachlichen Funktionierens, bzw. um die Erklärung der Dynamik von Sprachsystemen geht.

2.4 Interne vs. externe Faktoren des Sprachwandels

Nach Auffassung W. D. Whitneys beginnt Sprachwissenschaft dort, wo man die einfache, an praktischen Zwecken (wie Texthermeneutik, Normvermittlung usw.) orientierte Beschreibung von Sprachen (= Lexikographie, Grammatik) überwindet und zu Erklärungen vorzudringen versucht.[130] Kennzeichen der Beschreibung ist, daß sie Erklärungen voraussetzt, nicht aber selbst leistet. Demgegenüber kann die Sprach*wissenschaft* nicht bei der Konstatierung von Fakten stehenbleiben, sie muß versuchen, Erklärungen zu finden. Ihre zentrale Frage ist: „Warum sprechen wir so wie wir sprechen?"[131] Man kann den Beginn

---

[126] Coseriu (1958) 190
[127] Coseriu (1958) 46ff.
[128] Coseriu (1958) 47.
[129] Coseriu (1958) 190.
[130] Whitney (1867) 54 = Whitney/Jolly (1874) 81.
[131] Whitney (1867) 10 = Whitney/Jolly (1874) 15.

der Sprachwissenschaft im 19. Jh. zugleich als Beginn einer Suche nach solchen Erklärungen ansehen: J. Grimm will den gegenwärtigen Sprachzustand durch Rekurs auf die vorangegangenen Zustände erklären;[132] A. Schleicher und vor allem die Junggrammatiker versuchen, allgemeine Gesetze der Sprachentwicklung zu formulieren; W. v. Humboldt, W. D. Whitney und H. Paul geht es um eine allgemeine Bestimmung des Wesens von Sprache und Sprachentwicklung, die dazu dienen kann, wiederum die Gesetzmäßigkeiten der Sprachentwicklung erklärbar zu machen; Saussure erklärt den Zustand der Sprache aus ihrem Systemcharakter, leistet aber keine Erklärung des Sprachwandels;[133] die Nachfolger Saussures ziehen schließlich seine Systemerklärung auch für den Sprachwandel heran.

Sprachzustände und sprachlicher Wandel können – schematisch – auf zweierlei Weise erklärt werden: von *innen*, aus den immanenten Bedingungen und Eigenschaften der Sprachstruktur selbst, oder von *außen*, aus den Fuktionen von Sprache bzw. jenen Zusammenhängen, in denen sie funktioniert. Die Versuche zur Erklärung sprachlichen Wandels bewegen sich zwischen diesen beiden Möglichkeiten: Im Bestreben von den traditionellen, außersprachlichen Kategorien (bes. der Logik) loszukommen, neigt die Sprachwissenschaft anfangs dazu, ihren Gegenstand als autonomes Gebilde zu hypostasieren und ihm immanente Kräfte, Gesetze oder Mechanismen als Ursachen sprachlichen Wandels zu unterstellen. Dort wo Sprache instrumental oder funktional verstanden wird, werden auch Faktoren zur Erklärung des Sprachwandels herangezogen, deren Einfluß auf die sprachliche Struktur nicht übersehen werden kann, die aber nicht selbst zu den Eigenschaften von Sprache gehören, wie z. B. die Mitteilungsabsichten der Sprachbenutzer, die Sicherung der Verständigung zwischen ihnen, die Bequemlichkeit bei der Aussprache, die Weitergabe der Sprache an die nächste Generation, der Einfluß fremder Sprachen und allgemeine historisch-soziale Veränderungen. Einen Überblick über einige Typen von Erklärungen von Grimm bis zu den Nachfolgern Saussures liefert *Grafik 2*; sie enthält notwendigerweise schematisch verkürzte Aussagen, da keiner der für einen Typ in Anspruch genommenen Autoren ausschließlich Erklärungen des von ihm vertretenen Typs verwendet.

---

132 Grimm (1819) 44.

133 Interne Erklärungen gibt es nach Saussure nicht, Sprachveränderungen sind hinsichtlich des Sprachsystems vereinzelt und zufällig (Saussure 1916, 106, 110); über die externen Ursachen äußert sich Saussure skeptisch (Saussure 1916, 175ff.).

Erklärungstyp	Vertreter	Erklärungsprinzip(ien)
mythologisch	Grimm	Sprachgeist[134]
idealistisch	Humboldt	zeichenkonstituie-rende Tätigkeit des menschlichen Geistes
materialistisch	Schleicher	Naturgesetze
voluntaristisch/ finalistisch	Whitney	Wille des Menschen/ Kommunikative Zwecke
mechanistisch/ kausalistisch	Paul	psycho-physische Mechanismen
strukturalistisch	Martinet	Struktur des Sprachsystems
Strukturalistisch und funktionalistisch	Vachek	Struktur und Funktionen des Sprachsystems

Grafik 2: Einige Typen von Erklärungen des sprachlichen Wandels

Saussures Neubestimmung des Gegenstandes der Sprachwissenschaft hatte ihn dazu veranlaßt, eine strikte methodologische Trennung zwischen dem „inneren" und „äußeren" Bezirk der Sprachwissenschaft, zwischen der Erforschung der auf das Sprachsystem bezüglichen und der außerhalb von ihm liegenden Tatsachen zu fordern.[135] Diese Position war von den Vertretern der Prager Schule in der Weise modifiziert worden, daß die Anwendung des Systembegriffs auf die Sprache durch eine finalistische oder funktionalistische Perspektive erweitert wurde. Sprachliche Erscheinungen waren demnach nicht nur auf ihre innersprachliche Funktion (i. S. von Saussures „valeur") zu untersuchen, sondern auch auf ihren Zweck, ihre Rolle für das Verhältnis von Sprache

[134] Vgl. Grimm (1819) 49, 36, Grimm (1851) 283, 295, Grimm (1854) 299.
[135] Saussure (1916) 24ff.

zur außersprachlichen Realität.[136] Mit der Anwendung der systemorientierten bzw. intern-funktionalistischen Betrachtungsweise auch auf den Bereich des sprachlichen Wandels hatten die Vertreter der Prager Schule den diachronischen Strukturalismus begründet; die extern-funktionalistische Betrachtung wurde jedoch nicht in gleichem Maße entwickelt.[137] So war zwar in der Theorie der Prager Schule der heutige soziolinguistische Ansatz der diachronischen Sprachwissenschaft vorbereitet, er wurde jedoch erst in jüngerer Zeit realisiert.

Mitbegründer und neben R. Jakobson der wichtigste Vertreter des diachronischen Strukturalismus ist André Martinet, der selbst zum Kreis der älteren Schule von Prag gehört.[138] In zahlreichen theoretischen und praktischen Untersuchungen, fast ausschließlich auf dem Gebiet des Lautwandels, entwickelt er die Prinzipien dieser Forschungsrichtung und regt dadurch weitere Arbeiten an.[139] 1955 faßt Martinet seine Untersuchungen in einem größeren Werk mit dem programmatischen Titel *Économie des changement phonétiques* zusammen, dessen erster Teil die theoretische Basis erläutert, während der zweite seine wichtigsten praktischen Untersuchungen enthält.[140] Kurz vorher hatte Martinet die Grundlinien dieses Werkes in einem Zeitschriftenbeitrag skizziert (Martinet 1952). Der für den vorliegenden Reader ausgewählte Beitrag erschien kurz nach seinem Hauptwerk von 1955 und stellt eine Erläuterung einiger der grundlegenden Thesen des größeren Werkes dar.

Martinet verfolgt mit seinem Ansatz das Ziel, E r k l ä r u n g e n für konkrete diachronische Prozesse zu finden; er steht damit im Gegensatz sowohl zur deskriptivistischen (Bloomfield) wie zur formalistischen (Hjelmslev) Variante des in der Nachfolge Saussures entwickelten Strukturalismus.[141] Er unterscheidet sich aber auch von den vagen und meist spekulativen Ursachenformulierungen der Sprachhistoriker des 19. Jhs., die schon von R. Jakobson kritisiert worden waren,[142] und steht im Widerspruch zur Ansicht Saussures, wonach sich der Lautwandel isoliert und zufällig vollzieht.[143] Aber auch die systemteleologischen Tendenzen der frühen diachronischen Strukturali-

---

[136] Vgl. Jakobson (1963) 485, Havránek/Horálek/Skalička/Trost (1958) 464, Jakobson (1928a) 1 f., Jakobson (1928b) 6.

[137] Trnka u. a. (1958) 477f.

[138] Vgl. Malkiel (1972) 99–104.

[139] Vgl. Handricourt/Juilland (1949), Juilland (1953), Juilland (1967), Martinet (1955) bes. Teil I, Kap. 1, 2, 3.

[140] Martinet (1955); zu den Reaktionen auf diese Arbeit vgl. Malkiel (1972) 100ff., Anm. 21f.

[141] Vgl. z. B. Martinet (1952) 1f. und in diesem Band S. 174.

[142] Martinet (1952) 2, Jakobson (1928a).

[143] Martinet (1952) 2f., Martinet (1967) 65.

sten (Trubetzkoy, Jakobson) werden nicht übernommen.[144] Martinet geht es vielmehr darum, über die Untersuchung der gegenseitigen Beeinflussung der lautlichen Elemente in der gesprochenen Kette hinaus[145] jene innere Dynamik des virtuellen phonologischen Systems zu verdeutlichen, die er zwar nicht als primäre Ursache lautlicher Veränderungen, wohl aber als den eigentlichen Forschungsgegenstand einer explanativen diachronischen Sprachwissenschaft ansieht.

Von Bedeutung ist in diesem Zusammenhang Martinets Unterscheidung von externen und internen Faktoren des Sprachwandels.[146] Für ihn liegt der interne Bereich der Sprache dort, wo sich das Zusammenwirken der Dynamik des Sprachsystems und der normalen, d. h. konstant gegebenen psycho-physischen Aktivität des Menschen vollzieht; extern ist demgegenüber jener Bereich, der durch die (zusätzliche) Wirksamkeit spezieller Bedingungen historischer Sprachgemeinschaften (z. B. konkrete Lebensbedingungen, Gewohnheiten, Traditionen, Kontakte) bestimmt ist. Da über solche externen Faktoren und ihren Einfluß auf den internen Bereich bisher nur wenig Konkretes und Gesichertes ermittelt werden konnte, außerdem der lautliche Bereich der Sprache – im Unterschied zum lexikalischen oder syntaktischen Bereich – nur mittelbar und über größere Zeiträume hin (während der zudem Überlagerungen durch andere Ursachen auftreten können) durch externe Faktoren beeinflußt wird, müssen nach Ansicht Martinets zuerst die internen und dann die externen Ursachen eines konkreten Sprachwandels ermittelt werden, um zu einigermaßen gesicherten Ergebnissen zu kommen.[147] Damit ist nichts über die (sprachtheoretische) Bedeutung der beiden Klassen von Faktoren, wohl aber etwas über eine methodologisch begründete Prioritätssetzung in der Forschungspraxis der diachronischen Phonologie gesagt.[148] Grundsätzlich skeptisch scheint

---

[144] Vgl. in diesem Band S. 174f.; Jakobsons Ansatz wird noch nicht als erklärender gewertet.

[145] Die junggrammatischen Ansätze werden also nicht verworfen, sondern ergänzt: vgl. z. B. Martinet (1952) 1, Martinet (1955) 22, Martinet (1967) 71 und in diesem Band S. 174f.

[146] Vgl. Martinet (1955) 17, 20f., 190ff., Martinet (1964) 522, Martinet (1960) 163f.

[147] Martinet (1955) 17, 21, 191f.; auf der lexikalischen und syntaktischen Ebene wird eher unmittelbarer Einfluß externer Faktoren angenommen, vgl. auch Martinet (1952) 2f., Martinet (1960) 161f.

[148] Vgl. z. B. Martinet (1952) 8, Martinet (1955) 191, Martinet (1960) 163f., Martinet (1967) 73, 77. – Martinet ist sich bei seinem Ansatz bewußt, daß er von Idealisierungen (z. B. homogenen Systemen) ausgeht: Martinet (1960) 161.

Martinet die Versuche zur Ermittlung externer Ursachen bzw. Faktoren zu betrachten; der Sprachwissenschaftler muß sich im allgemeinen damit zufrieden geben, wenn er es vermag, Ketten intern-linguistischer Faktoren zu rekonstruieren und (eventuell) in Zusammenhang mit einzelnen externen Faktoren zu bringen.[149]

Die entscheidende interne Ursache des Sprachwandels sieht Martinet in der konstant wirksamen Antinomie zwischen den kommunikativen Bedürfnissen der Sprachbenutzer und der allgemeinen Tendenz, den mentalen und psychischen Kraftaufwand zur Befriedigung dieser Bedürfnisse möglichst gering zu halten. In dem ständigen Ungleichgewicht, das durch die wechselnden kommunikativen Bedürfnisse und die stets vorhandene Unvollkommenheit des sprachlichen Systems bedingt ist, liegt der wesentliche Antrieb zu den Veränderungen, denen die Sprache permanent unterliegt. Zurückgreifend auf das von Zipf formulierte „principle of least effort" spricht Martinet in diesem Zusammenhang von der *Ökonomie* des sprachlichen Wandels und stellt sie ins Zentrum seiner diachronischen Theorie.[150] Sie wirkt sich im phonologischen Bereich der Sprache f u n k t i o n a l als Tendenz zur Erhaltung der Distinktivität der Phoneme, als Prinzip der „maximalen Differenzierung" aus; s t r u k t u r a l äußert sie sich in der Tendenz zur größtmöglichen Integration der Phoneme in ihre jeweiligen Teilsysteme, im sog. „pattern attraction", der Tendenz zur Vermeidung oder Füllung von Leerstellen (cases vides) usw.; p h y s i o l o g i s c h ist sie durch die Asymmetrie der Sprechorgane bedingt. Auf das ganze phonologische System üben ferner die s u p r a s e g m e n t a l e n (Intonation, Akzent, prosodische Merkmale) sowie externe sprachliche (z. B. Sprachkontakt) und außersprachliche Faktoren entscheidenden Einfluß aus.[151] Durch die Ermittlung dieser auf den verschiedenen Ebenen wirksamen Faktoren bzw. ihrer prozessualen Zusammenhänge glaubt Martinet jene „metachronischen", d. h. ohne reale Zeitperspektive erstellten Proportionen der älteren historischen Phonetik überwinden und zur Rekon-

---

[149] Vgl. z. B. Martinet (1952) 2, Martinet (1960) 163f., 194, Martinet (1964) 522, Martinet (1967) 72.

[150] Martinet (1952) 26, Martinet (1955) 94, Martinet (1960) 164, 186, Martinet (1964) 521f., Martinet (1967) 73; Martinet (1964) 521 tritt daneben auch die Tradition als Faktor auf.

[151] Vgl. bes. Martinet (1952), Martinet (1955). – Der Ausdruck „Gesetz" wird von Martinet in diesem Zusammenhang meistens vermieden; Martinet (1967) 71ff. werden jedoch regulative Gesetze vorgesehen; sonst wird eher von „Tendenzen" o. ä. gesprochen, in diesem Band S. 150 von „phonetischer Wahrscheinlichkeit".

struktion chronologischer Entwicklungen oder Verläufe gelangen zu können.[152]

Saussures Betonung des Systemcharakters von Sprache und die damit zusammenhängende Unterscheidung von innerem und äußerem Bezirk der Sprachwissenschaft hatte über die Konzeption des Prager Zirkels zum diachronischen Strukturalismus geführt, der zwar keine Abwertung des historisch-sozialen Kontextes von Sprache implizierte, es aber mit sich brachte, daß in der Forschungspraxis die Frage nach den Ursachen des Sprachwandels primär innersprachlich zu lösen versucht wurde. Begünstigt wurde diese Entwicklung noch dadurch, daß – in Folge des besonderen Interesses an den „Lautgesetzen" im 19. Jh. – die Probleme des Sprachwandels fast ausschließlich auf der lautlichen Ebene behandelt wurde, d. h. derjenigen Ebene der Sprache, die weniger direkt dem Einfluß externer Faktoren unterliegt als die syntaktische oder lexikalisch-semantische. Saussures Betonung des sozialen Charakters der langue hatte auch in dieser Hinsicht keine Wirkung;[153] doch die schon von Whitney akzentuierte Auffassung der Sprache als einer sozialen Institution bzw. die Anwendung dieses Grundsatzes auf die historische Sprachforschung wurde an anderer Stelle erneut wirksam: in der von Antoine Meillet begründeten französischen Schule der Sprachwissenschaft.[154]

Meillets sprachtheoretischer Ansatz ist, wie seine Antrittsvorlesung von 1906 deutlich ausweist, vor allem Saussure, dessen Schüler er während der Pariser Jahre war, und A. Bréal verpflichtet; über letzteren setzen sich auch Vorstellungen W. D. Whitneys durch. Zugleich steht Meillet in engem Kontakt mit der Soziologie E. Durkheims und den Vertretern einer psychologisch fundierten Sprachwissenschaft, M. Grammont und J. van Ginneken.[155] Diese Einflüsse bestimmen sein Verständnis des sprachlichen Wandels sowie die Methoden, die er

---

[152] Vgl. in diesem Band S. 174.

[153] Sie hatte es ebenso wenig für die synchronische Sprachbeschreibung. Vgl. auch Koerner (1973) 53f.

[154] Vgl. Malkiel (1972) 86ff. Malkiel stellt diese sprachwissenschaftliche Richtung zusammen mit der Schule von Genf (Saussure) der deutschen Sprachwissenschaft (Zentren: Berlin, Jena, Leipzig) gegenüber: letztere widmete sich mehr Detailarbeiten, erstere der Erstellung allgemeinerer Konzepte. – Auf die für die diachonische Sprachwissenschaft wichtigen Arbeiten der Meilletschüler Kuryłowicz und Benveniste gehen wir hier nicht näher ein, vgl. Malkiel (1972) a. a. O.

[155] Vgl. Koerner (1973) 48, 63 Anm. 7/8, 226f. – Koerner arbeitet jedoch hauptsächlich den Einfluß Meillets auf Saussure heraus. Vgl. auch Sommerfelt (1932) 37, 44f. Anm. 23, Sommerfelt (1954) 89f.

zur Untersuchung heranzieht. Obwohl Meillet dabei alle Ebenen der Sprache berücksichtigt, scheint es doch nicht ganz zufällig zu sein, daß einer seiner wichtigsten Beiträge auf diesem Gebiet eine Arbeit über den Bedeutungswandel ist, und daß diese Arbeit in der von Durkheim redigierten Zeitschrift *Année sociologique* publiziert wird.[156]

In diesem Beitrag von 1906, der in gewissem Sinne eine Bestandsaufnahme der Sprachwissenschaft seiner Zeit darstellt, geht es Meillet besonders darum, die Erklärungsansätze der junggrammatischen Forschung als partikulär und unsystematisch zu erweisen; es müssen vielmehr generelle Prinzipien gefunden werden, die sprachlichen Wandel zusammenhängend und als Prozeß zu erklären vermögen.[157] Solche Prinzipien lassen sich einerseits durch Generalisierung der zahlreichen Beobachtungen an den verschiedenen Sprachen gewinnen; sie sind darüberhinaus das Resultat naturwissenschaftlicher (Anatomie, Physiologie) und psychologischer Untersuchungen.[158] Doch die so gefundenen Prinzipien stellen nur Möglichkeiten, keine Notwendigkeiten für konkrete sprachliche Entwicklungen dar. Entscheidend ist der linguistisch-soziale Doppelcharakter von Sprache: Sie ist ein System, in dem alle Elemente sich gegenseitig halten[159], und das als solches den Verlauf der Sprachentwicklung beeinflußt; sie ist aber auch das Ergebnis gesellschaftlicher Konvention und das Mittel sozialer Kommunikation. Damit ist jede Veränderung an die Zustimmung derer gebunden, die diese Konvention tragen, und unterliegt der Forderung nach Erhaltung der Verständigung. Jede Veränderung der sozialen Struktur schlägt sich daher auch in den Bedingungen nieder, unter denen sich Sprache entwickelt. Eben diese Beziehungen deutlich zu machen, ist die Aufgabe einer Sprachwissenschaft, die ihren Platz selbst unter den Sozialwissenschaften bestimmt.[160]

Auch in seinem Beitrag zum Bedeutungswandel (1905–1906) geht Meillet von den deskriptivistischen Verfahren der historischen Sprachwissenschaft des 19. Jhs. aus; sie erlaubten lediglich simultane oder sukzessive Relationen zwischen beobachteten Daten herzustellen, ohne jedoch die generellen Bedingungen oder Ursachen der jeweiligen Erscheinungen oder Entwicklungsprozesse angeben zu können. Ein erster Schritt in der geforderten Richtung ist der Versuch, die grundlegenden physischen und psychischen Faktoren, die Sprache allgemein und

---

[156] Meillet (1905/1906).
[157] Meillet (1906) 4, 7, 11.
[158] Meillet (1906) 15.
[159] Meillet (1906) 15 und Meillet (1918) 49f. 59.
[160] Meillet (1906) 16ff.

speziell die Sprachentwicklung bestimmen, herauszuarbeiten. Aber auch damit ist nur etwas über die Art der Prozesse gesagt, die Ursachen konkreter Veränderungen können auf diese Weise noch keine Erklärung finden. Erst wenn Sprache als „soziale Realität" und Sprachwissenschaft als Sozialwissenschaft begriffen wird, kann es gelingen, die bloße Beschreibung der einzelnen Fakten und der Beziehungen zwischen ihnen zugunsten einer Analyse der Prozesse selbst, d. h. der Fakten in ihrer Entwicklung zu überwinden.[161]

Konstante Bedingungen, die die sprachliche Entwicklung, speziell im Bereich der Bedeutung, bestimmen, sind die Diskontinuität bei der Weitergabe der Sprache an die nächste Generation sowie die Isolierung von einzelnen sprachlichen Zeichen (Wörtern) gegenüber den Gruppen, die ihren Wert konstituieren.[162] Als Ursachen sind sie jedoch nur notwendig, nicht hinreichend, um die Entwicklungen in Gang zu bringen.[163] Weitere Bedingungen dieser Art sind Entlehnungen, die Veränderung in den Sachen, d. h. den Referenzobjekten der sprachlichen Zeichen, sowie besonders die heterogene Struktur der einzelnen Sprachen.[164] Drei Typen des Bedeutungswandels werden dementsprechend von Meillet vor allem herausgestellt: 1. Linguistisch begründete Veränderungen, d. h. solche, die aus der Form bestimmter Wörter, dem Grad ihrer Isolierung usw. resultieren; 2. solche, die durch Veränderungen in den Referenzobjekten motiviert sind; 3. Veränderungen, die sich durch Übergang eines Wortes von einer sozialen Gruppe auf eine andere Gruppe innerhalb derselben Sprachgemeinschaft ergeben (z. B. Übernahme eines Wortes einer Fachsprache in die Standardsprache).[165] Auch diese allgemeinen Bedingungen enthalten nur Möglichkeiten und Wahrscheinlichkeiten sprachlichen Wandels und bedürfen der Ergänzung durch speziellere Ursachen, die die jeweiligen konkreten Veränderungen auslösen.[166]

Meillets Schüler Alf Sommerfelt führt diese Ansätze fort und arbeitet die Grundpositionen stärker heraus. In zahlreichen Arbeiten, besonders in seiner Antrittsvorlesung (1932) und in Vorträgen während eines Aufenthalts in den USA (1954) betont Sommerfelt den Charakter der Sprachwissenschaft als Sozialwissenschaft und den Unterschied zwischen den konstanten, allgemeinen Bedingungen psychophysischer und lingu-

---

[161] Meillet (1905/1906) 231f.
[162] Meillet (1905/1906) 235ff.
[163] Meillet (1905/1906) 238.
[164] Meillet (1905/1906) 243f., 248f., 252ff., 257, 266.
[165] Meillet (1905/1906) 267, vgl. auch Sommerfelt (1938) 64, Sommerfelt (1954) 97.
[166] Meillet (1905/1906) 268, vgl. auch Meillet (1918) 60.

istischer (struktureller) Art auf der einen, den besonderen variablen Ursachen sozialer Art auf der anderen Seite.[167] Nicht jene ersten, wie noch die Junggrammatiker glaubten, sondern nur letztere können konkrete Veränderungen erklären.[168] Auch Sommerfelt wendet diesen Ansatz auf die verschiedenen Ebenen der Sprache an; er versucht zu zeigen, daß auf der Ebene der lexikalischen Bedeutung historisch-soziale Ursachen sich eher durchsetzen als beim morphologischen oder phonologischen Wandel. Auf der zuletztgenannten Ebene ist es daher notwendig, zunächst die generellen Bedingungen oder Tendenzen zu ermitteln, bevor man versucht, zu speziellen historischen Erklärungen vorzustoßen.[169]

Der in den vorliegenden Reader aufgenommene programmatische Beitrag Sommerfelts entwickelt diese Prinzipien an einfachen Beispielen und versucht sie forschungsgeschichtlich zu lokalisieren. Einige Jahre danach (1960) erläutert Sommerfelt seine Position erneut in einem materialreichen Beitrag und stellt dabei externe und interne Faktoren der Sprachentwicklung einander gegenüber.[170] Zwei Jahre später erscheint unter ähnlichem Titel der für den vorliegenden Sammelband übersetzte Beitrag Josef Vacheks, der, wie der Verfasser ausdrücklich vermerkt (vgl. dort Anm. 28), ohne Kenntnis der Arbeit von Sommerfelt entstanden ist. Vacheks Beitrag basiert einerseits deutlich auf dem Ansatz der Prager Schule, doch setzt er sich auch mit sowjetischen Arbeiten auseinander, die im Gefolge der Überwindung der einseitigen Thesen von Marr entstanden waren.[171] Vacheks Ergebnis, die Unterscheidung von regulativ wirksamen inneren und verursachenden äußeren Faktoren der Sprachentwicklung wird aus Beobachtungen an der Sprachentwicklung des Englischen und Tschechischen abgeleitet. Wie zahlreiche neuere Untersuchungen sowjetischer Soziolinguisten zeigen, stellt diese Differenzierung eine fruchtbare Forschungshypothese dar, die gerade wegen der Schwierigkeit einer eindeutigen Trennung der beiden Klassen von Faktoren zu weiteren empirischen Untersuchungen Anlaß gibt.[172]

---

167 Sommerfelt (1928) 227f., 230ff., Sommerfelt (1938) 64, Sommerfelt (1932) 40, 44, Sommerfelt (1954) 89, 96f., 101f., 104f. Sommerfelt verwendet dabei sowohl die Termini „Bedingung", „Tendenz", wie auch „Gesetz".

168 Sommerfelt (1954) 96, Sommerfelt (1932) 41 u. a.

169 Sommerfelt (1928) 228, Sommerfelt (1954) 93ff., 133; vgl. oben zu Martinet (beide sind Schüler Meillets!).

170 Sommerfelt (1960) [auch dieser Beitrag war ursprünglich für den vorliegenden Band vorgesehen].

171 Vgl. Stalin/Marr (1968), ferner Deme (1956/1957), Pauliny (1964); vgl. auch Sommerfelt (1932) 42.

172 Girke/Jachnow (1974) 94–123.

Um eine grundsätzliche Revision der theoretischen Erörterungen über die Ursachen und/oder Bedingungen des sprachlichen Wandels bemüht sich Coseriu in seiner bereits erwähnten Monographie von 1958. Hier wird versucht, die Kausalität als inadäquate Kategorie zur Erklärung sprachlichen Wandels zu erweisen.[173] Coserius eigene These ist, daß das Problem des Sprachwandels sinnvoll auf drei wohlunterschiedenen Ebenen gestellt werden muß:[174] 1. Auf der *rationalen* Ebene, auf der die Qualität dieses Problems von einer Bestimmung des Wesens der Sprache abhängig ist; Coseriu schließt sich hier Humboldt an und faßt Sprache (bzw. Sprechen) als freie, schöpferische und zweckbestimmte Tätigkeit auf, die nur den Bedingungen ihrer eigenen Geschichtlichkeit unterliegt;[175] 2. auf der generellen oder *allgemeinen* Ebene, auf der die Frage nach den allgemeinen Bedingungen (≠ Ursachen) sprachlichen Wandels gestellt wird;[176] 3. auf der *historischen* Ebene, auf der die konkreten, historischen Bedingungen sprachlicher Veränderungen betrachtet werden. Auf der Basis dieser Unterscheidung setzt sich Coseriu ausführlich mit den bisher vorgetragenen Erklärungen sprachlichen Wandels, insbesondere denen des diachronischen Strukturalismus auseinander.[177]

2.5 Generative Transformationsgrammatik (GTG) und Sprachwandel

Saussures Vorlesungen der Jahre 1906–1911 hatten nur indirekt Auswirkungen auf die Entwicklung einer Theorie des Sprachwandels gehabt: Erst indem sein Systembegriff auch für die Erklärung sprachlicher Veränderungsprozesse herangezogen wurde, konnte sich der diachronische Strukturalismus entwickeln. Ungleich größer war die Bedeutung Saussures für die synchronische Sprachbeschreibung. In Konsequenz seiner Vorstellungen, z. T. aber auch unabhängig von ihnen, konzentrierte sich die Sprachwissenschaft nach Saussure auf die Erarbeitung exakter Methoden, um die (virtuelle) Systematik von Sprachen aus Datensammlungen und Textkorpora zu abstrahieren. Obwohl derartige Analysen Sprachsysteme als quasi-naturwissenschaftliche Objekte voraussetzten und damit – zumindestens implizit – von einer idealisierten Statik dieser Systeme ausgingen, ließen sich bestimmte Eigenschaften der untersuchten Sprachen nur als Prozeß (z. B. als Transformation, distributionell bedingter Lautwechsel usw.)

---

[173] Coseriu (1958) 9.
[174] Coseriu (1958) 56.
[175] Coseriu (1958) 39f., 58ff.
[176] Coseriu (1958) 94ff.
[177] Coseriu (1958) 152ff.

adäquat charakterisieren. Solche Beschreibungen sollten zwar – ihrer Intention nach – keine historischen Prozesse reflektieren, schlossen jedoch in einigen Fällen eine solche Interpretation auch nicht aus. L. Bloomfields Menomini-Aufsatz, die I(tem and) P(rocess)-Modelle der amerikanischen Strukturalisten und andere Formen prozeßhafter Beschreibung machen das deutlich.[178] Dennoch wird mit der Entstehung der GTG eine qualitativ neue Stufe erreicht: Indem N. Chomsky Sprache als mentales Regelsystem, das dem aktuellen Sprachverhalten zugrundeliegt und damit als System generativer Prozesse versteht,[179] und dementsprechend seine Grammatik-Theorie prozeßhaft (als Algorithmus) formuliert, scheint sich die Möglichkeit anzudeuten, die von Saussure verschärfte Opposition von „Struktur" und „Geschichte" zugunsten ihres dialektischen Zusammenwirkens zu überwinden.[180]

Obwohl die Theorie der GTG zunächst die Grundlagen einer synchronischen Beschreibung von Sprache (= Grammatik-Theorie) zum Gegenstand hat, ist doch der Anschluß anderer Teiltheorien, insbesonders von Theorien des Spracherwerbs und der Sprachveränderung vorgesehen[181] und notwendig, wenn die Qualität explanativer Adäquatheit erreicht werden soll.[182] Entscheidend für die Entwicklung einer diachronischen Teiltheorie sind die von M. Halle (1962) vertretenen Thesen zum Sprachwandel in der phonologischen Komponente generativ-transformationeller Sprachbeschreibung.[183] Sie werden in einer Reihe wichtiger Arbeiten, die zwischen 1965 und 1969 erscheinen, überprüft,

---

[178] Vgl. Huddleston (1972).

[179] Chomsky (1965) 14f.

[180] Telegdi (1962) bes. 101ff., Telegdi (1967) bes. 239ff. – Eine Verknüpfung des Ansatzes der Prager Schule mit der GTG versucht Vachek (1968), einen Überblick über den diachronischen Ansatz innerhalb der GTG geben die Monographie King (1969) sowie die Beiträge Kiparsky (1970), Koerner (1971), Nöth (1974). Vgl. auch die Sammelbände Tsiapera (1971), Vennemann/Wilbur (1972), Stockwell/Macaulay (1972), Keiler (1972), Anderson/Jones (1974).

[181] Vgl. Bechert/Clément/Thümmel/Wagner (1970) 18, Bierwisch (1966) 105; Chomsky (1964) 22, Chomsky (1965) 16ff., Kiparsky (1972).

[182] Chomsky (1965) 43 wird die explanative Adäquatheit allerdings nur in Zusammenhang mit einer Theorie des Spracherwerbs gebracht; insofern es aber dabei um die Rechtfertigung von (deskriptiv adäquaten) Grammatiken auf der Basis ihrer Beziehung zu einer linguistischen Theorie geht, „die eine explanative Hypothese über die Form der Sprache als solche darstellt", kann u. E. auch die Erfassung des Sprachwandels zum Kriterium für explanative Adäquatheit werden. King (1969) 102 wird nur die Einfachheit als Bewertungsmaßstab für synchronische Grammatiken anerkannt.

[183] Halle (1962) bes. 346ff.; zur Beurteilung dieses Beitrags vgl. Vachek (1968) 485, Weinreich/Labov/Herzog (1968) 144.

modifiziert und erweitert.[184] 1969 faßt R. D. King die bisherigen Ansätze zusammen.[185] Halles Anregungen folgend konzentrieren sich die meisten dieser Arbeiten auf phonologische Probleme; syntaktische Veränderungsprozesse werden demgegenüber seltener untersucht,[186] wobei die anfängliche Parallelisierung beider Bereiche (vgl. Closs 1965) bald aufgegeben bzw. modifiziert wird.[187] Neuere Arbeiten bewegen sich ebenfalls hauptsächlich auf dem Gebiet phonologischen Wandels; die Tragfähigkeit des Ansatzes wird häufig dadurch überprüft, daß alte Probleme des sprachlichen (bes. phonetischen/phonologischen) Wandels im Rahmen des generativ-transformationellen Modells neubearbeitet werden.[188]

Angesichts der relativ einheitlichen theoretischen Basis, die den meisten diachronischen Arbeiten innerhalb der GTG zugrundeliegt, und wegen der Vielfalt dieser Beiträge, was die untersuchten Probleme betrifft, scheint es sinnvoll zu sein, nicht spezielle Probleme einzelner, sondern die durchgehenden Thesen der meisten Beiträge zu skizzieren. Sie lassen sich unter vier Gesichtspunkten zusammenfassen: 1. Sprachwandel als Kompetenzwandel; 2. das Verhältnis von synchronischer und diachronischer Beschreibung; 3. Typen des sprachlichen Wandels; 4. Deskription und Erklärung des Sprachwandels. Sie können wie folgt erläutert werden:

1. Sprachwandel wird im Rahmen der GTG nicht als Veränderung einzelner sprachlicher Einheiten oder Konstruktionen erklärt, sondern als systematische Veränderung der zugrundeliegenden Kompetenz, d. h. der Regeln, die (hauptsächlich) die Produktion und das Verstehen von Sätzen bestimmen.[189] Damit wird einerseits wie im diachro-

---

184 Closs (1965) [ursprünglich auch für diesen Band vorgesehen], Isenberg (1965), Kiparsky (1965), Klima (1965), Saporta (1965), Sigurd (1966), der bereits die Arbeiten von Closs und Saporta miteinbezieht, Halle/Keyser (1967), Kiparsky (1968) [in diesem Band S. 237ff.], Postal (1968) bes. 231ff., Chomsky/Halle (1968) bes. 249ff., Traugott (1969) [in diesem Band S. 276ff.].

185 King (1969); die deutsche Übersetzung von Steffen Stelzer ist wegen der zahlreichen Übersetzungsfehler kaum benutzbar, wir beziehen uns daher im Folgenden immer auf das englische Original.

186 Vgl. auch King (1969) 140ff., Closs (1965), Traugott (1969) [in diesem Band S. 276ff.], T'sou (1972), Klima (1965).

187 Vgl. King (1969) 143ff.

188 So bes. die Probleme im Bereich von Lautgesetzen und analogischen Sprachwandel, vgl. Bierwisch (1966) 137ff, Isenberg (1965) [in diesem Band S. 208ff.], Halle/Keyser (1967), Chomsky/Halle (1968) 252ff., Kiparsky (1970) und zahlreichere neue Untersuchungen in der Zeitschrift *Lingua*.

189 Vgl. z. B. Halle/Keyser (1967) 100ff., King (1969) 14f., Kiparsky (1970) 304ff. – Hierbei stellt sich natürlich das Problem, wie Kompetenzanalysen bei früheren Sprachstufen, bzw. nicht mehr lebenden Sprachen möglich sein

nischen Strukturalismus Sprachwandel als Prozeß verstanden, der (auch) durch die systematische Struktur von Sprache bestimmt ist; zum anderen wird das traditionelle Erklärungsschema in Frage gestellt, wonach Sprachveränderungen primär in der „parole" entstehen und erst, nachdem sie sich in einem gewissen Umfang durchsetzen konnten, sekundär zu einem Wandel der „langue" führen. In engem Zusammenhang damit steht die Ablehnung der These vom graduellen Charakter sprachlichen Wandels; stattdessen wird angenommen, daß der Sprachwandel diskontinuierlich eintritt, und nur seine Ausbreitung graduell vor sich geht.[190] Gegenüber Saussure, der den Lautwandel von den anderen Ebenen der Sprache zu trennen bemüht ist, wird der in der Theorie der GTG gegebene Zusammenhang der Teilkomponenten der Sprachbeschreibung betont.[191]

2. Zwischen diachronischen Regeln, die Sprachveränderungen spezifizieren, und synchronischen Regeln, die Sprachkompetenzen modellieren, können Zusammenhänge bestehen: Synchronische Regeln in der Grammatik einer Sprache können historische Veränderungen in dieser Sprache reflektieren, und umgekehrt können historische Veränderungen einer Sprache, wenn sie bekannt sind, die Form synchronischer Regeln bzw. die Grammatik dieser Sprache (hins. der verwendeten Merkmale, der Anordnung der Regeln usw.) rechtfertigen. Darüber hinaus ist es möglich, daß historische Veränderungen die „Einfachheit", „Natürlichkeit" oder auch die „psychologische Realität" grammatischer Beschreibungen evident machen. Ein solcher Zusammenhang erlaubt zudem, auf der Basis dieser allgemeinen Kriterien systematische Rekonstruktionen nicht überlieferter Sprachzustände oder -prozesse vorzunehmen.[192] Ferner können auch die Beziehungen zwischen den Grammatiken verschiedener Dialekte innerhalb einer Sprache historische Prozesse reflektieren. Damit wird, wie bereits in der traditionellen Dialektologie und bei den wichtigsten Sprachtheoretikern des 19. Jhs., der Zusammenhang zwischen Sprachentwicklung und innersprachlicher Differenzierung erkennbar.[193]

---

sollen; vgl. dazu Isenberg (1965) [in diesem Band S. 231ff.], Closs (1965) 403 Anm. 6.

190 Vgl. z. B. Halle/Keyser (1967) 102f., Postal (1968) 231ff., Chomsky/Halle (1968) 249ff.

191 King (1969) 39, Kiparsky (1970) 306.

192 Vgl. z. B. Halle (1962) 346f., Halle/Keyser (1967) 102, Sigurd (1966), Kiparsky (1968), Traugott (1969) [in diesem Band S. 277ff.], King (1969) 4 und bes. 101ff., Kiparsky (1970) 308, 314f.

193 Vgl. Klima (1964), Saporta (1965), King (1969) 28ff., ferner Paul (1880) 37ff., Whitney (1867) 136ff.

3. Wenn Sprachwandel als Menge von Veränderungen in der Kompetenz von (idealen) Sprechern/Hörern einer Sprache verstanden wird, können Typen solcher Veränderungen als Klassen von Operationen über Regelmengen von Grammatiken formuliert werden. Grundlegende Typen solcher Veränderungen erläutert z. B. King (1969): Regelhinzufügung, Regelverlust, Regelumstellung (reordering) und Regelvereinfachung.[194] Sie lassen sich wiederum allgemeinen oder „universalen" Tendenzen sprachlichen Wandels (z. B. Generalisierung, Vereinfachung, Ausgestaltung (elaboration)) zuordnen.[195] Weiterhin können allgemeine Bedingungen oder Einschränkungen formuliert werden, die z. B. die Stelle innerhalb einer Grammatik, an der die Veränderungen auftreten, oder die Reihenfolge der Veränderungen betreffen.[196] In diesem Zusammenhang ist auch das Verhältnis von Spracherwerb und sprachlichem Wandel bedeutsam; grundlegende Veränderungen (z. B. Regelumstellung, Regelverlust) treten nur in der Grammatik von Kindern auf und können zu einer „Restrukturierung" oder Vereinfachung dieser Grammatik gegenüber derjenigen der Erwachsenen führen; andere Veränderungen (z. B. Regelhinzufügung) kommen eher in der Grammatik Erwachsener vor. Insgesamt können die Erscheinungsformen der Ontogenese die der Phylogenese von Grammatiken einer Sprache verdeutlichen.[197]

4. Während Probleme der B e s c h r e i b u n g sprachlicher Veränderungen im Zentrum der meisten diachronischen Arbeiten der GTG stehen, werden Versuche zur E r k l ä r u n g dieser Veränderungen kaum unternommen. Obwohl einige der allgemeinen oder universalen Prinzipien der Sprachentwicklung (vgl. in diesem Zusammenhang be-

---

[194] King (1969) 39ff., Traugott (1969) [in diesem Band S. 276ff.], Kiparsky (1968) [in diesem Band S. 237ff.].

[195] Vgl. bes. Kiparsky (1968) [in diesem Band S. 237ff.], Traugott (1969) [in diesem Band S. 276ff.], King (1969) 15f.; vgl. auch Hoenigswald (1963).

[196] Vgl. z. B. Halle (1962), Kiparsky (1968) [in diesem Band S. 237ff.], Closs (1965), Chen (1973).

[197] King (1969) 39 unterscheidet zwischem „primärem Wandel" (primary change, Wandel in der Regelkomponente) und Restrukturierung (Wandel in den zugrundeliegenden Repräsentationen), vgl. auch King (1969) 64ff, Kiparsky (1970) 310ff., Isenberg (1965) [in diesem Band S. 208ff.]; Closs (1965) unterscheidet zwischen Wandel (change) und Mutation, vgl. auch Kiparsky (1968) [in diesem Band S. 237ff.]. Wie Isenberg (1965) [in diesem Band S. 208ff.] zeigt, knüpft die GTG bewußt an Vorarbeiten zur Beziehung von Spracherwerb und Sprachwandel an, die in mancher Hinsicht eine erstaunliche Ähnlichkeit mit Formulierungen generativ-transformationeller Arbeiten aufweisen, vgl. Cherubim (1973) 317ff. Vgl. zu diesem Problembereich ferner Traugott (1972), Traugott (1973a), Traugott (1973b).

sonders die Rolle der Vereintachung) Erklärungsansätze darzustellen scheinen, bleiben doch die Ursachen sprachlichen Wandels bzw. einzelner konkreter Veränderungen meist außerhalb des Untersuchungsbereiches.[198] In einigen Fällen stellen jedoch die Arbeiten A. Martinets und anderer strukturalistischer Forscher die Verbindung zum diachronischen Strukturalismus, und damit zu erklärenden Ansätzen her.[199] In sehr viel stärkerem Maße als seine amerikanischen Kollegen knüpft H. Isenberg (1965) an die Traditionen der diachronischen Sprachwissenschaft an.[200] Mit seinem Entwurf einer „Theorie der Sprachgeschichte" versucht er die verschiedenen bisher verfolgten Beschreibungs- und/oder Erklärungsansätze in einem Strukturmodell zusammenzubringen (vgl. *Grafik 3*).

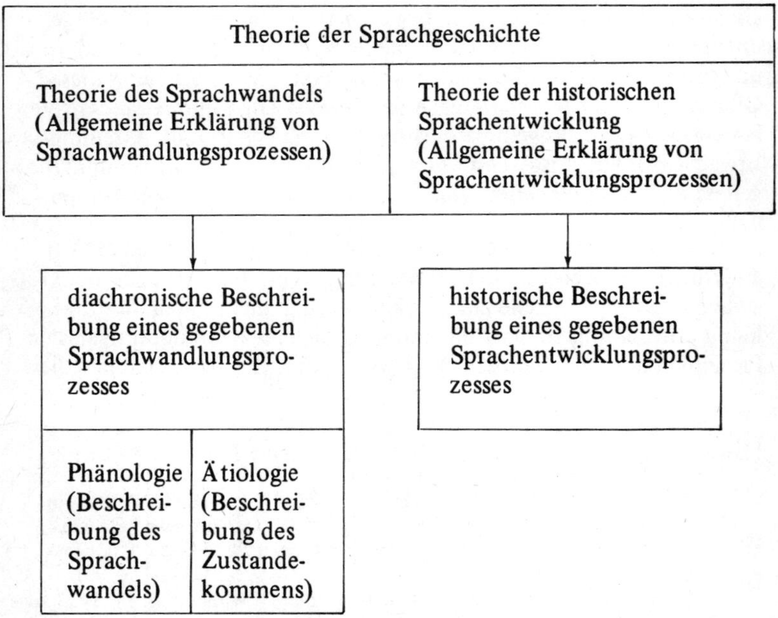

Grafik 3: Modell einer Theorie der Sprachgeschichte nach H. Isenberg

---

198 Vgl. King (1969) 188ff., Traugott (1972), Robert (1973), Wurzel (1970).
199 Vgl. King (1969) 191; wichtig sind in diesem Zusammenhang z. B. die Arbeiten von Martinet (1952) und Moulton (1961).
200 Die Aufarbeitung traditioneller Erkenntnisse entspricht Chomskys eigener Praxis, vgl. Chomsky (1965) 15, 88 u. a.

Dabei scheint uns zweierlei bemerkenswert zu sein: 1. Es werden keine Aussagen über die Art der Zusammenhänge zwischen einer Theorie des Sprachwandels und einer Theorie der historischen Sprachentwicklung auf der einen Seite, zwischen einer diachronischen Beschreibung von Sprachwandlungsprozessen und einer historischen Beschreibung von Sprachentwicklungsprozessen andererseits gemacht; damit bleibt aber der notwendige Zusammenhang von Struktur und Funktionen einer Sprache unerklärt. 2. Während die phänologische Beschreibung des Sprachwandels durch ein generatives Modell, die ätiologische durch ein (modifiziertes) strukturalistisches Modell repräsentiert werden kann,[201] bleibt die historische Beschreibung von Sprachentwicklungsprozessen ohne nähere Konkretisierung.

Neben den bisher (im vorliegenden Reader ausschließlich) berücksichtigten diachronischen Arbeiten im Rahmen der GTG, die weitgehend auf Chomskys Aspects-Modell von 1965 basieren, gibt es auch Ansätze, die die Grundannahmen des klassischen Modells in Frage stellen; hier ist besonders auf einige Arbeiten von S. Kanngießer zu verweisen.[202] Obwohl Kanngießer an der Notwendigkeit idealisierender Objektivierungen in der Sprachwissenschaft festhält, glaubt er doch, daß die Idealisierungen des Modells von 1965, speziell die Annahmen einer homogenen Sprachgemeinschaft und völlig homogener Kompetenzen, zu stark sind, um eine diachronische Komponente in die Sprachtheorie integrieren bzw. den notwendigen Zusammenhang zwischen synchronischer und diachronischer Sprachbeschreibung sicherstellen zu können. Diese zu starken Idealisierungen müssen daher zugunsten der Annahme inhomogener und instabiler Sprachkompetenzen abgeschwächt werden, wobei jedoch die Gefahr des anderen Extrems, der von Saussure bereits angedeuteten Idiosynkratisierung vermieden, d. h. ein mittlerer Grad der Idealisierung angestrebt werden muß.[203] Mit seinem auf dieser Basis formulierten „Koexistenzmodell", das ein Nebeneinander und Miteinander (= Interaktion) nicht-disjunkter (d. h. sich überlappender) Kompetenzen von disjunkten (intern völlig homogenen) Gruppen enthält, will Kanngießer den empirischen Gehalt seiner Sprachtheorie erhöhen und eine bessere Approximation an die Sprachrealität erreichen.[204]

---

[201] Eine Aufarbeitung und Präzisierung funktionaler Argumente (i. S. R. Jakobsons oder A. Martinets) liefert Kiparsky (1972).

[202] Vgl. Kanngießer (1971), Kanngießer (1972) (= überarbeitete Version seiner Diss. von 1969) und Kanngießer (1973). Wir beschränken uns primär auf diese letzte Arbeit.

[203] Kanngießer (1973) 16.

[204] Kanngießer (1973) 29, 40. Betont wird vor allem der Nutzen für eine soziolinguistische Theorie.

Indem ferner in Konsequenz der angenommenen Instabilität eine Innovations- oder „Extensionskompetenz“ als Bestandteil der Gesamtkompetenz postuliert wird, soll der dynamische Aspekt der Kompetenzen Berücksichtigung finden.[205] Wie schon für H. H. Lieb (vgl. oben 2.3) wird es für Kanngießer in diesem Zusammenhang notwendig, den seit Saussure problematischen Begriff des Sprachzustandes zu klären. Dabei kommt es darauf an, a) die Diskretheit der verschiedenen, aufeinander folgenden Zustände zu garantieren, b) Diskontinuität zwischen den Zuständen zu vermeiden und c) Entwicklungen innerhalb von Zuständen möglich zu machen.[206] Insgesamt ergibt sich damit eine Revision des Verhältnisses von Synchronie und Diachronie, deren Trennung grundsätzlich für angebracht gehalten wird, und die als komplementäre, doch notwendig auch einander bedingende Teilaspekte der Sprachanalyse in systematischer Absicht aufeinander bezogen werden sollten.[207] Kanngießer glaubt mit seinem Theorieentwurf in präziserer Weise als es bisher geschah,[208] eine integrierte synchronisch-diachronische Spracherklärung und -beschreibung leisten zu können, d. h. eine solche, die es erlaubt, Sprachzustände nicht als stabile, sondern als instabile, sich entwickelnde Systeme auffassen zu können.[209]

2.6 Diachronische Soziolinguistik

Saussures Trennung von innerem und äußerem Bezirk der Sprachwissenschaft hatte zur Unterscheidung von innersprachlichen (systeminternen) und außersprachlichen (systemexternen) Erklärungen des Sprachwandels geführt. Vor Saussure wurden innersprachliche Erklärungen (vgl. zum Begriff der Gesetze in 2.1) dort gesucht, wo Sprache mehr oder weniger als autonomer Naturorganismus angesehen wurde (Schleicher); demgegenüber wurden außersprachliche Erklärungen interessant,

---

[205] Kanngießer (1973) 30f.

[206] Kanngießer (1973) 53ff. – Die synchronische wie diachronische Verbindung (keine Diskontinuität) zwischen den Gruppenkompetenzen (vgl. Klima 1964), wird durch eine „Toleranzannahme“ (Kanngießer 1973, 43) und durch einen „Inhomogenitätsausgleich“ gewährleistet.

[207] Kanngießer (1973) 37.

[208] Damit bezieht sich Kanngießer auf Coseriu (1958), der wegen seines Ansatzes grundsätzlich positiv bewertet wird.

[209] Kanngießer (1973) 50. – Eine Reihe weiterer Probleme (Universalien, Kompetenz vs. Performanz) kann hier nicht mehr ausführlich paraphrasiert werden. Interessant erscheint, daß Kanngießer glaubt, der Zusammenhang von Synchronie und Diachronie bzw. die Dynamik von Sprache könne erst dann vollständig erklärt werden, wenn auch eine diachronische Pragmatik als „intermediäres System“ zwischen Kompetenztheorie und Performanztheorie etabliert wird (Kanngießer 1973, 68f.)

wo Sprache als gesellschaftliche Institution (Whitney) oder zumindestens als Medium des (kommunikativen) Verkehr zwischen Individuen (Paul) galt. Die diachronischen Arbeiten nach Saussure strebten vorwiegend systeminterne Erklärungen an (Jakobson, Martinet) oder versuchten, auch externe, speziell soziale Faktoren miteinzubeziehen (Meillet, Sommerfelt) oder beide Erklärungsansätze miteinander zu verbinden (Vachek). Obwohl spätestens seit dem Ende des 19. Jhs. der soziale Charakter von Sprache, ihre soziale Bedingtheit nicht mehr ernsthaft in Frage gestellt wurde, wird dieser Bedingungszusammenhang selbst nur in seltenen Fällen zum Untersuchungsgegenstand sprachwissenschaftlicher Forschung; diejenigen Arbeiten, die sich mit sozialen Bedingungsfaktoren sprachlichen Wandels befassen, bleiben zudem lange bei vagen Hypothesen, Postulaten oder unzusammenhängenden Einzelbeobachtungen stehen. Diachronische Arbeiten im Rahmen der GTG versuchen zwar konsistente und kohärente Beschreibungen sprachlichen Wandels zu liefern, vermögen aber nicht zu Erklärungen vorzudringen, solange sie die systemexternen Faktoren von vornherein ausblenden. Erst mit dem Aufkommen einer empirischen Soziolinguistik, die sich z. T. bewußt als Gegenbewegung zur Konstruktion hochgradig idealisierter Modelle versteht,[210] zeichnen sich Möglichkeiten ab, unter weitgehender Beibehaltung der methodologischen Standards, die besonders im Rahmen der GTG formuliert wurden, zu zusammenhängenden Erklärungen (Theorien) des sozialen Charakters von Sprache und der sozialen Bedingtheit des sprachlichen Wandels zu kommen.

Retrospektiv läßt sich also erkennen, daß der Zusammenhang von Sprache, Gesellschaft und Geschichte für die Sprachwissenschaft erst zum Problem wird, als ihr ein Gegenstand sui generis zugewiesen und damit ihre Autonomie gegenüber anderen Wissenschaften postuliert wird (Saussure). V o r diesem Schritt, der mit idealisierenden Annahmen über die Sprache (bes. Homogenität und Statik) erkauft wird und notwendig zu einer Entfernung von der konkret erfahrbaren Sprachrealität führen muß, ist dieser Zusammenhang noch problemlos gegeben. Er wird ebenso bei Whitney und Paul vorausgesetzt wie in jenen breit angelegten Untersuchungen zur Geschichte der Einzelsprachen, die gestützt auf die Ergebnisse der historisch-komparativen Forschung und weitgehend unbeeinflußt durch strukturalistische Konzepte noch bis in die jüngste Zeit fortgesetzt werden.[211] Hier zeigt sich besonders

---

[210] Weinreich/Labov/Herzog (1968) bes. 176ff., Labov (1972b) 261ff.

[211] Vgl. z. B. für das Deutsche die Sprachgeschichten von A. Bach, H. Eggers, H. Moser, H. Sperber/P. v. Polenz, W. Schmidt u. a., F. Tschirch, für das Französische die Sprachgeschichte von F. Brunot usw.

im Rahmen der Erforschung areal und sozial distribuierter Sprachvarianten (= Dialektologie i. w. S.), der Entwicklung von Standardsprachen (Sprachnormierung, Sprachplanung), der gesprochenen Sprachen sowie der kontaktsprachlichen Phänomene (Transferenzen, Interferenzen) die Notwendigkeit, den Zusammenhang von historisch-sozialen und sprachlichen Entwicklungsprozessen zu untersuchen, wobei Heterogenität und Dynamik von Sprache(n) implizite Prämissen darstellen.[212] Nach Saussures Neubestimmung der Sprachwissenschaft setzt sich einerseits im Interesse einer exakten Erforschung der Sprachstruktur die Isolierung der Sprache(n) von ihrem Bedingungskontext durch; das kennzeichnet im allgemeinen die Entwicklung der verschiedenen Strukturalismen bis hin zur GTG. Andererseits ergibt sich dort, wo die historisch-sozialen Bedingungen von Sprache und sprachlichem Wandel miterfaßt werden sollen, die Notwendigkeit, Saussures Konzeption des sprachlichen Systems in wesentlichen Punkten zu modifizieren. Eine solche Modifikation erfolgt zunächst durch den Ansatz der Prager Schule, der durch die Verbindung von Strukturalismus und Funktionalismus vor allem in den osteuropäischen Ländern die Erforschung der Zusammenhänge von sprachlichem und historisch-sozialem Wandel entscheidend beeinflußt.[213]

Mit der Verschärfung des strukturalistischen Systembegriffs durch die Theorie der GTG, d. h. durch die Annahme idealer (ahistorischer) und völlig homogener Sprachgemeinschaften sowie deren totaler Repräsentanz in der Kompetenz jedes einzelnen ihrer Mitglieder, wird der Gegenstand der Sprachwissenschaft in einem Grade idealisiert, daß die empirische Inadäquatheit der Grammatiktheorie nicht mehr durch ihre methodologische Qualität gerechtfertigt werden kann.[214] Die dadurch hervorgerufene sprach-soziologische Gegenbewegung in den USA, die den empirisch beobachtbaren Fakten sprachlichen Verhaltens und sprachlicher Entwicklungsprozesse, besonders aber ihrer historisch-sozialen Bedingtheit Rechnung zu tragen bemüht ist, kann an Vorarbeiten und Untersuchungen in verschiedenen Disziplinen, bes. der Dialektologie, Anthropologie, Ethnologie, Soziologie, Sozialpsychologie, der Forschungen zur Mehrsprachigkeit, zum Sprachkontakt, zur Sprachplanung usw. anschließen.[215] Sie entwickelt sich in den 60er Jahren

---

[212] Vgl. den Forschungsüberblick bei Wolf (1970); ferner die zahlreichen Arbeiten im Zusammenhang mit Fragen nach dem Verhältnis von Standardsprache und Mundart, vgl. Ammon (1972) 169ff.

[213] Vgl. oben 4.3 und die Skizze der Entwicklung von H. Paul bis zur GTG bei Weinreich/Labov/Herzog (1968).

[214] Vgl. oben 4.5 und Kanngießer (1972) 33ff.

[215] Vgl. Kjolseth (1971).

zu einem eigenständigen Forschungsgebiet, das auch zahlreiche empirische Untersuchungen zu den sozialen Bedingungen sprachlichen Wandels, auf der Mikro- wie auf der Makroebene, umfaßt.[216] Die in diesen Band aufgenommenen Beiträge von J. J. Gumperz (Mikroebene) und W. Labov (Makroebene) stehen daher stellvertretend für zahlreiche andere Arbeiten.

Vor allem W. Labov hat durch seine empirischen Untersuchungen die Entwicklung einer diachronischen Soziolinguistik vorangetrieben, wenn nicht überhaupt erst geschaffen. In diesen Arbeiten[217] führt die empirische Forschung auch zur Formulierung theoretischer Prinzipien,[218] die dann in die umfassenden und für diese Forschungsrichtung bedeutsamen „Empirischen Grundlagen einer Theorie des Sprachwandels" („Empirical Foundations for a Theory of Language Change") eingehen, die Labov 1966 zusammen mit M. I. Herzog und seinem Lehrer U. Weinreich vorstellt.[219] Hier, wie in der später entstandenen programmatischen Arbeit zum sprachlichen Wandel im sozialen Kontext („The Social Setting of Linguistic Change"[220]) wird nicht nur versucht, die bisherige Forschung zum Problem des sprachlichen Wandels unter der spezifischen soziolinguistischen Perspektive aufzuarbeiten, sondern auch jene Grundsätze und Fragestellungen zu formulieren, die sowohl die gegenwärtige wie die zukünftige Forschung bestimmen sollen.

Wichtigstes Anliegen des Theorieentwurfs von 1966 (bzw. 1968) ist die Überwindung der traditionellen Identifikation von Struktur und Homogenität in der Sprache, wie sie sich seit H. Paul über F. de Saussure und L. Bloomfield bis zur GTG durchgesetzt hat. Nicht die von Saussure aus sprachtheoretischen (Sprache als System von Werten) und methodologischen Gründen geforderte Homogenität, sondern eine – wenn auch geordnete – Heterogenität der sprachlichen Systeme garantiert erst deren Funktionieren im historisch-sozialen Kontext. Die Annahme vom Zusammenfall von Struktur und Homogenität hatte in der Sprachwissenschaft zur fortschreitenden Isolierung des Idiolekts (in verkappter Form noch in der GTG[221]) und zur vollständigen Loslösung der Sprache aus dem Kontext ihres Funktionierens geführt; die Annahme geordneter Heterogenität erlaubt nicht nur eine adäquatere Beschreibung und Erklärung sprachlicher Zustände, sondern ermöglicht darüber hinaus, den bisher nur schwer mit dem Systemcharakter von Sprache verein-

---

216 Die Termini „Mikro-" und „Makroebene" nach Luckmann (1971) 44ff.
217 Die wichtigsten Arbeiten liegen jetzt in Labov (1972a) gesammelt vor.
218 Vgl. bes. Labov (1965) [in diesem Band S. 305ff.].
219 Weinreich/Labov/Herzog (1968).
220 Labov (1972b).
221 Weinreich/Labov/Herzog (1968) 104ff., 120, 145.

baren Sprachwandel erklärbar zu machen. Erst auf der Basis dieser grundlegenden Annahme über die Sprachstruktur kann man die wichtigsten empirischen Probleme des Sprachwandels, die die bisherige diachronische Sprachwissenschaft, vor allem aufgrund ihrer „kontrafaktischen" und „unnötig idealisierenden" Vorannahmen, nicht oder zumindestens nicht befriedigend hatte lösen können, mehr in den Griff bekommen.[222] Solche Probleme sind: 1. Welche Veränderungen sind überhaupt möglich, welche (universalen) Beschränkungen (constraints) gibt es? 2. welche Zwischenstufen sind zwischen zwei deutlich voneinander unterschiedenen Zuständen anzunehmen, wie vollzieht sich der Übergang zwischen ihnen? (transition); 3. in welche sprachlichen und außersprachlichen Kontexte sind sprachliche Veränderungen „eingebettet"? (embedding); 4. wie wird die Auswirkung von Veränderungen hinsichtlich ihres strukturellen Wertes, ihrer funktionalen Leistung und besonders ihrer sozialen Funktion bewertet? (evaluation) und 5. warum treten Veränderungen gerade zu einem bestimmten Zeitpunkt und in einer bestimmten Situation auf, was löst sie aus? (actuation).[223] Mit diesen Problemformulierungen, die zugleich eine bestimmte Reihenfolge der Lösungsmöglichkeiten implizieren,[224] werden einerseits die bisherigen Forschungsansätze wiederaufgenommen und in einen neuen Zusammenhang gestellt; dabei entsprechen die Fragen nach „constraints" und „transition" in etwa dem Problem der strukturellen, internen Bedingungen, diejenigen nach „embedding" und „evaluation" dem Problem der sozialen, externen Bedingungen und die Frage nach „actuation" dem Problem der auslösenden Ursachen des sprachlichen Wandels. Andererseits wird der empirische Charakter einer diachronischen soziolinguistischen Theorie gegenüber den übermäßig stark idealisierenden synchronischen wie diachronischen Theorien der GTG besonders deutlich herausgestellt.[225]

Weil die bisherige Sprachwissenschaft entweder die empirisch erfahrbare Heterogenität der Sprachen ganz aus ihrem Theoriebereich ausgeschlossen oder zumindestens kein s y s t e m a t i s c h e s Interesse

---

[222] Wir können hier auf die Weinreich/Labov/Herzog (1968) 104ff. ausführlich begründete Kritik nicht näher eingehen.

[223] Weinreich/Labov/Herzog (1968) 100ff., 170ff., 183ff.; vgl. auch Labov (1972b), wo drei der Probleme ausführlicher behandelt werden: „embedding" (283ff.), „evaluation" (308ff) und „actuation" (317ff.). In Labov (1965) [in diesem Band S. 305ff.] waren „transition", „embedding" und „evaluation" behandelt worden. „Transition" wird auch in Labov (1972c) erörtert.

[224] Weinreich/Labov/Herzog (1968) 102.

[225] Weinreich/Labov/Herzog (1968) 103.

dafür entwickelt hatte, waren auch die seit Saussure vorgenommenen Neuerungen im Bereich einer Theorie der Sprach s t r u k t u r für die Entwicklung einer Theorie des Sprach w a n d e l s nur von relativ geringem Nutzen. Während die strukturalistische Phonologie und Morphologie zwar eine Neuklassifizierung der bisher vorliegenden Daten sowie die Formulierung neuer (struktureller) Bedingungen und Einschränkungen des sprachlichen Wandels erlaubt,[226] bleibt doch das Problem der Erklärung (besonders „actuation") noch weitgehend offen. Erst durch eine systematische Einbeziehung der Konzepte sprachlicher Heterogenität und Variabilität können hier wirklich Fortschritte erreicht werden. Auch der Ansatz der diachronischen generativen Phonologie (Halle 1962) vermag bestenfalls eine Neuklassifizierung der Daten und die Formulierung neuer universaler Einschränkungen zu leisten. Er ist jedoch wegen seiner kontrafaktischen Prämissen und damit wegen der Unfähigkeit, strukturierter Variabilität in der Sprache gerecht zu werden, sowie wegen seiner prinzipiellen Ausklammerung des sozialen Kontexts von Sprache nicht in der Lage, zu empirisch adäquaten Beschreibungen oder Erklärungen sprachlichen Wandels zu kommen.[227] Gegenüber diesen Ansätzen entwickeln die drei Autoren ein Modell der Sprachstruktur, bei dem das Homogenitätsprinzip durch die Annahme koexistenter Subsysteme und funktionaler Variabilität innerhalb einer Sprache einer bestimmten Sprachgemeinschaft ersetzt wird. Ein solches Modell knüpft auf der einen Seite an vereinzelte Entwürfe funktional heterogener Modelle in der bisherigen Sprachwissenschaft an,[228] es greift aber auch auf die Erfahrungen und Ergebnisse der Dialektologie und der Erforschung von Sprachkontaktphänomenen zurück.[229] Vor allem erweist es sich im Gegensatz zu den „klassischen" Modellen seit Saussure in hohem Maße geeignet, Sprachen in ihrem sozialen Kontext, in dem sie funktionieren und verändert werden, zu beschreiben. Auf der Basis dieses neuen Modells der Sprachstruktur können dann auch die genannten empirischen Probleme sprachlichen Wandels unter Verwendung präziser

---

[226] Damit wird auch ein Beitrag zur Lösung des Bewertungsproblems (evaluation) geleistet, vgl. Weinreich/Labov/Herzog (1968) 132.

[227] Auch bei dem für die GTG zentralen Problem der Weitergabe der Sprache an die nächste Generation wird die Isolierung dieses Prozesses aus seinem sozialen Kontext kritisiert, vgl. Weinreich/Labov/Herzog (1968) 144ff.

[228] Hierbei wird auf die „Mehrschichtenmodelle" von Mathesius und Jakobson Bezug genommen (Weinreich/Labov/Herzog 1968, 164, 167ff.), ferner auf die Berücksichtigung stilistischer Varianten bei Bloomfield (a. a. O. 156), die Vorstellung koexistierender Systeme bei Fries und Pike (a. a. O. 160) und auf die neueren empirischen Arbeiten von Ferguson, Gumperz u. a. (a. a. O. 161).

[229] Weinreich/Labov/Herzog (1968) 151ff., 155ff.

Methoden und geeigneter (z. B. quantitativer) Beschreibungsverfahren besser gelöst werden.[230]

W. Labov verfolgt mit seinem soziolinguistischen Ansatz das Ziel, die abstrakten Modelle der bisherigen Sprachwissenschaft zugunsten einer realistischeren, empirisch befriedigenden Beschreibung und/oder Erklärung des konkreten Sprachverhaltens bzw. der Sprachentwicklung zu überwinden.[231] Damit sucht er sich wieder einer Sprachrealität zu nähern, die hinter den Abstraktionen und Idealisierungen der neueren Sprachwissenschaft bisweilen ganz aus dem Blick geraten zu sein schien. Auch J. J. Gumperz anthropologische Studie, die als letzter Beitrag im vorliegenden Sammelband erscheint, zeichnet sich durch das Bemühen um größtmögliche Nähe zur sprachlichen Realität (bzw. zur Realität konkreten Sprachverhaltens) aus. In ihr wird versucht, die unmittelbar in Kommunikationsakten und bei sprachlichen Veränderungen wirksamen Faktoren und Mechanismen herauszuarbeiten, die entweder selbst sozialer Natur sind oder zumindestens der Steuerung durch soziale Faktoren unterliegen. Die besondere Situation einer ausgeprägten Diglossie im untersuchten Beispiel (Hemnesberget/Norwegen) läßt diese Faktoren und Mechanismen deutlich heraustreten.

Mit den zuletzt gekennzeichneten Ansätzen wird die von Saussure, den diachronischen Strukturalisten und besonders der GTG eingeführte Idealisierung des Untersuchungsbereiches der Sprachwissenschaft weitgehend zurückgenommen; zugleich werden jene bisherigen Ansätze der diachronischen Sprachwissenschaft wieder aufgenommen, die der Realität von Sprache und sprachlichen Verhalten durch einen umfassenderen und komplexeren Sprachbegriff gerecht zu werden versuchten (Whitney, Paul, die sprachgeschichtlichen, einschließlich der dialektologischen Arbeiten, Meillet, Sommerfelt, Vachek usw.). Da jedoch die idealisierenden Ansätze nicht völlig verworfen werden brauchen, sondern unter veränderten Prämissen so weit integriert werden können, daß der durch sie eingebrachte methodologische Fortschritt nutzbar wird, scheint sich eine qualitativ neue Stufe der diachronischen Sprachwissenschaft abzuzeichnen: Die Aufarbeitung und Kritik der bisherigen Forschung führt zur Konzeption neuer Ansätze, für die die Veränderung sprachlicher Strukturen nur im Kontext der allgemeinen (= diachronische Soziolinguistik) wie der unmittelbar situativen (= diachronische

---

[230] Weinreich/Labov/Herzog (1968) 169ff., 176ff. In Labov (1972b) wird die Frage des Einflusses sozialer Variation auf die „Lebensgeschichte" eines Sprachwandels näher untersucht (bes. 271ff., 319ff.) und das Zusammenspiel von sprachlichen und sozialen Faktoren im Mechanismus des Sprachwandels verdeutlicht. Vgl. auch Labov (1965) [in diesem Band S. 305ff.].

[231] Vgl. auch Labovs Vorwort zu seinem Sammelband Labov (1972a) XIII.

Pragma- und Psycholinguistik), komplexen Bedingungsfaktoren sprachlichen Handelns interessant ist.[232] Das entspricht der gegenwärtigen Tendenz zur Ausweitung des Forschungsgebietes der Sprachwissenschaft und zur Annäherung an andere Disziplinen bzw. zur Zusammenarbeit mit ihnen.

Literatur

Die Siglen für die linguistischen Zeitschriften und Serien richten sich nach der *Bibliographie linguistique de l'année* 1968, Utrecht/Anvers 1970.

Darüberhinaus bedeuten: *ds*: deutsche sprache (München 1973ff.), *IZASW*: Internationale Zeitschrift für Allgemeine Sprachwissenschaft (Leipzig 1884ff.), *PzL*: Papiere zur Linguistik (München 1973 ff. = Fortsetzung der Müncher Papiere zur Linguistik), *ZDL*: Zeitschrift für Dialektologie und Linguistik (Wiesbaden, = Fortsetzung der *ZMaF*), *ZGL*: Zeitschrift für germanistische Linguistik (Berlin/New York 1973ff.), *ZfVPs*: Zeitschrift für Völkerpsychologie und Sprachwissenschaft (Berlin 1860ff.).

U. Ammon (1972), *Dialekt, soziale Ungleichheit und Schule*, Weinheim/Basel 1972, ²1973.

J. M. Anderson/Ch. Jones (eds.) (1974), *Proceedings of the First International Conference on Historical Linguistics*, Edinburgh 2–7 September 1973, 2 Bde. 1974 [im Druck].

R. Anttila (1972), *An Introduction to Historical and Comparative Linguistics*, New York/London 1972.

K.-O. Apel (1972), „Noam Chomskys Sprachtheorie und die Philosophie der Gegenwart. Eine wissenschaftstheoretische Fallstudie", in: *Neue Grammatiktheorien und ihre Anwendung auf das heutige Deutsch*, Jahrbuch 1971 des Instituts für deutsche Sprache, Düsseldorf 1972, 9–54.

H. Arens (1955), *Sprachwissenschaft. Der Gang ihrer Entwicklung von der Antike bis zur Gegenwart*, Freiburg/München 1955, ²1969.

K. Baldinger (1963), „Traditionelle Sprachwissenschaft und historische Phonologie", *ZRPh* 79 (1963) 530–566.

Ch. Bally (1937), „Synchronie et diachronie", *VR* 2 (1937) 345–352.

---

[232] Eine diachronische Pragmalinguistik wird bisher erst durch die mikrosoziologischen Arbeiten von Gumperz u. a. repräsentiert; eine Weiterentwicklung der Sprechakttheorie im Anschluß an die „Philosophie der normalen Sprache" hat bisher noch keine diachronischen Ansätze erkennen lassen. Das Teilgebiet der Psycholinguistik scheint mit dem der Pragmalinguistik in einer Wissenschaft von den Strukturen, Funktionen und Bedingungen sprachlicher Kommunikation zu konvergieren, vgl. Slama-Cazacu (1973). Psycholinguistische Arbeiten zum Sprachwandel sind z. B. Greenberg/Osgood/Saporta (1954) und Bever/Langendoen (1971); vgl. auch den Trendbericht Lecointre/le Galliot (1973); interessante Beobachtungen enthält aber bereits Bredsdorff (1821), vgl. auch Fritz (1974).

H.-H. Baumann (1971), „Die generative Grammatik und Wilhelm von Humboldt", *Poetica* 4 (1971) 1–12.

K. Baumgärtner (1969), „Synchronie und Diachronie in der Sprachstruktur – Faktum oder Idealisierung?", in: Sprache, Gegenwart und Geschichte (1969) 52–64.

J. Bechert/D. Clément/W. Thümmel/K. H. Wagner (1970), *Einführung in die generative Transformationsgrammatik*, München 1970.

B. Beneš (1958), *Wilhelm von Humboldt, Jacob Grimm, August Schleicher. Ein Vergleich ihrer Sprachauffassungen,* Winterthur 1958.

K.-H. Best (1973), *Probleme der Analogieforschung*, München 1973.

T. G. Bever/D. T. Langendoen (1971), „A Dynamic Model of the Evolution of Language", *Linguistic Inquiry* 2 (1971) 433–463.

M. Bierwisch (1966), „Strukturalismus. Geschichte, Probleme und Methoden", *Kursbuch* 5 (1966) 77–152.

L. Bloomfield (1914), *Introduction to the Study of Language*, New York 1914.

L. Bloomfield (1933), *Language*, New York 1933, Nachdr. London 1967.

J. H. Bredsdorff (1821), *Om Aarsagerne til Sprogenes Forandringer*, Roskilde 1821, dt. Fassung u. d. T.: Über die Ursachen der Sprachveränderungen, übers. und hg. von U. Petersen, Tübingen 1970.

K. Brugmann (1897), „Zum Gedächtnis W. D. Whitneys", *JAOS* 19 (1897) 74–81.

E. Burgschmidt/D. Götz (1973), *Historische Linguistik: Englisch*, Tübingen 1973.

E. Cassirer (1923), *Philosophie der symbolischen Formen*, 3 Bde., Berlin 1923–1925, I: Die Sprache, Berlin 1923, ^{2}Darmstadt 1953, ^{4}1964.

M. Chen (1973), „Predictive Power in Phonological Description", *Lingua* 32 (1973) 173–191.

D. Cherubim (1973), „Hermann Paul und die moderne Linguistik. Zur Studienausgabe von H. Pauls ‚Prinzipien der Sprachgeschichte'", *ZDL* 40 (1973) 310–329.

D. Cherubim (1974), „Sprachwandel, Individuum und Gesellschaft (Thesen)", in: W. Müller–Seidel u. a. (Hg.), *Historizität in Sprach- und Literaturwissenschaft*, Vorträge und Berichte der Stuttgarter Germanistentagung 1972, München 1974, 365–373.

D. Cherubim/H. Henne (1973), „Zur bewertung von sprachbeschreibungen", *ZGL* 1 (1973) 32–66.

N. Chomsky (1964), *Current Issues in Linguistic Theory*, London/The Hague/Paris 1964.

N. Chomsky (1965), *Aspects of the Theory of Syntax*, Cambridge, Mass. 1965, dt. Fassung u. d. T.: Aspekte der Syntax-Theorie, übers. und hg. von einem Kollektiv unter der Leitung von E. Lang, Frankfurt/M. 1969.

N. Chomsky/M. Halle (1968), *The Sound Pattern of English*, New York/Evanston/London 1968.

E. Closs (1965), „Diachronic Syntax and Generative Grammar", *Lg* 41 (1965) 402–415 [mehrfach nachgedr.].

E. Coseriu (1958), *Sincronía, diacronía e historia. El problema del cambio lingüístico*, Montevideo 1958, dt. Fassung u. d. T.: Synchronie, Diachronie und Geschichte. Das Problem des Sprachwandels, übers. von H. Sohre, München 1974.

E. Coseriu (1970), „Semantik, innere Sprachform und Tiefenstruktur", *Fol* 4 (1970) 53–63.

L. Deme (1956/1957), „On the Inherent Laws Governing the Development of Language, *ALH* 6 (1956/1957) 107–143.

F. P. Dinneen, S. J. (1967), *An Introduction to General Linguistics*, New York/Chicago/San Francisco [. . .] 1967.

O. Dittrich (1899), [Rez.] H. Paul, Prinzipien der Sprachgeschichte, Halle [3]1898, *ZRPh* 23 (1899) 538–553.

O. Dittrich (1903/1904), *Grundzüge der Sprachpsychologie*, I: Einleitung und Allgemeinpsychologische Grundlegung. Mit einem Bilderatlas, Halle a. S. 1903, 1904.

G. Francescato (1961), „Systèmes coexistants ou systèmes diachroniques", *Nph* 45 (1961) 37–44.

G. Fritz (1974), *Bedeutungswandel im Deutschen. Neuere Methoden der diachronen Semantik*, Tübingen 1974.

G. v. d. Gabelentz (1891), *Die Sprachwissenschaft, ihre Aufgaben, Methoden und bisherigen Ergebnisse*, Leipzig 1891, [2]1901, mit einer Studie von E. Coseriu neu hg. von G. Narr/U. Petersen, Tübingen 1969, [2]1972.

W. Girke/H. Jachnow (1974), *Sowjetische Soziolinguistik. Probleme und Genese*, Kronberg, Ts. 1974.

H. Glinz (1969), „Synchronie – Diachronie – Sprachgeschichte", in: Sprache. Gegenwart und Geschichte (1969) 78–91.

J. H. Greenberg/Ch. E. Osgood/S. Saporta (1954), „Language Change" [= Kap. 6.3], in: Ch. E. Osgood/Th. A. Sebeok (eds.), *Psycholinguistics. A Survey of Theory and Research Problems*, Baltimore 1954, [2]Bloomington/London 1965, 146–163.

J. Grimm (1819), [Vorrede] *Deutsche Grammatik*, 1. Theil, Göttingen 1819, wiederabgedr. in: J. Grimm, *Kleinere Schriften*, 8 Bde., VIII: Vorreden, Zeitgeschichtliches und Persönliches, Gütersloh 1890, reprograf. Nachdr. Hildesheim 1966, 25–96.

J. Grimm (1851), „Über den Ursprung der Sprache", 1851, in: J. Grimm, *Kleinere Schriften*, 8 Bde., I: Reden und Abhandlungen, Berlin 1864, reprograf. Nachdr. Hildesheim 1965, 255–298.

J. Grimm (1854), „Über Etymologie und Sprachvergleichung", 1854, in: J. Grimm, *Kleinere Schriften*, 8 Bde., I: Reden und Abhandlungen, Berlin 1864, reprograf. Nachdr. Hildesheim 1965, 299–326.

J. Grimm (1848), *Geschichte der deutschen Sprache*, Leipzig 1848.

V. Guţu-Romalo (1969), „Diachronie et synchronie", in: *Actes du dixième congrès international des linguistes*, Bucarest 1967, I: Bucarest 1969, 483–488.

M. R. Haas (1966), „Historical Linguistics and the Genetic Relationship of Languages", in: Th. A. Sebeok (ed.), *Current Trends in Linguistics*, III: Theoretical Foundations, The Hague/Paris 1966, 113–153.

M. Halle (1962), „Phonology in Generative Grammar", *Word* 18 (1962) 54–72, wiederabgedr. in: J. A. Fodor/J. J. Katz (eds.), *The Structure of Language*, Englewood Cliffs, N. J. 1964, 334–352.

M. Halle/S. J. Keyser (1967), „Les changements phonétiques conçus comme changements de règles", *Langages* 2/8 (1967) 94–111.

G. Haselbach (1966), *Grammatik und Sprachstruktur. Karl Ferdinand Beckers Beitrag zur Allgemeinen Sprachwissenschaft in historischer und systematischer Sicht*, Berlin 1966.

A. G. Haudricourt/A. G. Juilland (1949), *Essai pour une histoire structurale du phonétisme francais*, Paris 1949, [2]The Hague/Paris 1970.

B. Havránek/K. Horálek/V. Skaličxa/P. Trost (1958), „The Contribution of Structural Linguistics to Historical and Comparative Studies of Slavic Languages", [urspr. publ. in Tschech. Moskau 1958, übers. von J. Vachek] in: Vachek (1964) 463–467.

S. Heinimann (1967), „Zur Auffassung des Geschichtlichen in der historischen Grammatik des 19. Jahrhunderts", in: *Festgabe Hans von Greyerz zum 60. Geburtstag* [. . .], Bern 1967, 783–807.

G. Helbig (1970), *Geschichte der neueren Sprachwissenschaft. Unter dem besonderen Aspekt der Grammatik-Theorie*, Leipzig 1970.

L. Hjelmslev (1928), *Principies de grammaire générale*, København 1928, [2]1968.

H. M. Hoenigswald (1960), *Language Change and Linguistic Reconstruction*, Chicago 1960, Nachdr. Chicago/London 1966.

H. M. Hoenigswald (1963), „Are There Universals of Linguistic Change?", in: J. H. Greenberg (ed.), *Universals of Language*, Cambridge, Mass. 1963, [2]Cambridge, Mass./London 1966, 30–52.

H. M. Hoenigswald (1973), *Studies in Formal Historical Linguistics*, Dordrecht/ Boston 1973.

K. Hoffmeister (1830), *Erörterung der Grundsätze der Sprachlehre mit Berücksichtigung der Theorien Beckers, Herlings, Schmitthenners und anderer Sprachforscher; als Prolegomena zu jeder künftigen allgemeinen Grammatik, welche als Wissenschaft wird auftreten können*, 1. Bdchen., Essen 1830.

R. Huddleston (1972), „The Development of a Non-Process Model in American Structural Linguistics", *Lingua* 30 (1972) 333–384.

W. v. Humboldt (1827–1829), „Über die Verschiedenheit des menschlichen Sprachbaues", 1827–1829, in: W. v. Humboldt, *Werke in fünf Bänden*, hg. von A. Flitner/G. Kiel, III: Schriften zur Sprachphilosophie, Darmstadt 1963, [3]1969, 144–367.

W. v. Humboldt (1830–1835), „Über die Verschiedenheit des menschlichen Sprachbaues und ihren Einfluß auf die geistige Entwicklung des Menschengeschlechts, 1830–1835, in: W. v. Humboldt, *Werke in fünf Bänden*, hg. von A. Flitner/G. Kiel, III: Schriften zur Sprachphilosophie, Darmstadt 1963, [3]1969, 368–756.

M. Ivič (1963), *Pravci u lingvistici*, Ljubljana 1963, dt. Fassung u. d. T.: Wege der Sprachwissenschaft, übers. von M. Rammelmeyer, München 1971.

R. Jakobson (1928a), „The Concept of Sound Law and the Teleological Criterion", [urspr. in Tschech. in *CMF* 14 (1928)] in: R. Jakobson, *Selected Writings*, 6 Bde., I: Phonological Studies, The Hague/Paris 1962, [2]1971, 1–2.

R. Jakobson (1928b), „Proposition au premier congrès international de linguistes. Quelles sont les méthodes les mieux appropriées à un exposé complet et pratique de la phonologie d'une langue quelconque?", [urspr. in: *Actes du premier congrès international des linguistes*, 1928] in: R. Jakobson, *Selected Writings*, 6 Bde., I: Phonological Studies, The Hague/Paris 1962, [2]1971, 3–6.

R. Jakobson (1929), *Remarques sur l'évolution phonologique du russe comparée à celle des autres langues slaves* (= TCLP 2), Prag 1929.

R. Jakobson (1963), „Efforts Toward a Means-Ends Model of Language in Interwar Continental Linguistics", in: *Trends in European and American Linguistics* 1930–1960, II: Utrecht 1963, jetzt in: R. Jakobson, *Selected Writings*, 6 Bde., II: Word and Language, The Hague/Paris 1971, 522–526.

O. Jespersen, *Progress in Language*, London 1894.

O. Jespersen (1922), *Language, Its Nature, Development and Origin*, London 1922, dt. Fassung u. d. T.: Die Sprache, ihre Natur, Entwicklung und Entstehung, übers. von R. Hittmair/K. Waibel, Heidelberg 1925.

L. S. Jost (1960), *Die Auffassung der Sprache als Energeia*, Bern 1960.

A. Juilland (1953), „A Bibliography of Diachronic Phonemics", *Word* 9 (1953) 198–209.

A. Juilland (1967), „Perspectives du structuralisme évolutif", *Word* 23 (1967) 350–361.

G. Kandler (1954), „Das Geschichtliche in der Sprachwissenschaft und seine Ergänzungen", *Lexis* 4/1 (1954) 5–20.

S. Kanngießer (1971), „Untersuchungen zum Aufbau einer generativen Linguistik", in: D. Wunderlich (Hg.), *Probleme und Fortschritte der Transformationsgrammatik* [. . .], München 1971, 24–46.

S. Kanngießer (1972), *Aspekte der synchronen und diachronen Linguistik*, Tübingen 1972.

S. Kanngießer (1973), „Ansätze zu einer Theorie von Synchronie und Diachronie", *Linguistics* 101 (1973) 5–71.

A. R. Keiler (ed.) (1972), *A Reader in Historical and Comparative Linguistics*, New York/Chicago/San Francisco [. . .] 1972.

R. D. King (1969), *Historical Linguistics and Generative Grammar*, Englewood Cliffs, N. J. 1969, dt. Fassung u. d. T.: Historische Linguistik und generative Grammatik, übers., eingel. und hg. von St. Stelzer, Frankfurt/M. 1971.

P. Kiparsky (1965), *Phonological Change*, [ungedr.] Diss. M. I. T., Cambridge, Mass. 1965.

P. Kiparsky (1970), „Historical Linguistics", in: J. Lyons (ed.), *New Horizons in Linguistics*, Harmondsworth 1970, Neudr. 1971, 302–315.

P. Kiparsky (1972), „Explanation in Phonology", in: St. Peters (ed.), *Goals of Linguistic Theory*, Englewood Cliffs, N. J. 1972, 189–227.

R. Kjolseth (1971), „Die Entwicklung der Sprachsoziologie und ihre sozialen Implikationen", in: R. Kjolseth/F. Sack (Hg.), *Zur Soziologie der Sprache* [. . .], Opladen 1971, 9–32.

E. S. Klima (1964), „Relatedness Between Grammatical Systems", *Lg* 40 (1964) 1–20.

E. S. Klima (1965), *Studies in Diachronic Transformational Syntax*, [ungedr.] Diss. Harvard University, 1965.

U. Knoop (1974), „Die Begriffe ‚Unendlichkeit' und ‚Kreativität' in der Theorie der generativen Transformationsgrammatik – eine kritische Analyse", *ds* 1 (1974) 11–31.

E. F. K. Koerner (1971), „A Note on Transformational-Generative Grammar and the Saussurean Dichotomy of Synchrony versus Diachrony", *Linguistische Berichte* 13 (1971) 25–32.

E. F. K. Koerner (1972a), *Bibliographia Saussureana* 1870–1970. *An Annotated, Classified Bibliography on the Background, Development and Actual Relevance of Ferdinand de Saussure's General Theory of Language*, Metuchen, N. J. 1972.

E. F. K. Koerner (1972b), „Hermann Paul and Synchronic Linguistics", *Lingua* 29 (1972) 274–307.

E. F. K. Koerner (1973), *Ferdinand de Saussure. Origin and Development of His Linguistic Thought in Western Studies of Language. A Contribution to the History and Theory of Linguistics*, Braunschweig 1973.

W. Labov (1972a), *Sociolinguistic Patterns*, Philadelphia 1972.

W. Labov (1972b), „The Social Setting of Linguistic Change", in: Labov (1972a) 260–325 [ferner in: Th. A. Sebeok (ed.), *Current Trends in Linguistics*, XI: Diachronic, Areal, and Typological Linguistics, The Hague/Paris 1973, 195–251].

W. Labov (1972c), „The Internal Evolution of Linguistic Rules", in: Stockwell/Macaulay (1972) 101–171.

S. Lecointre/J. le Galliot (1973), „Le changement linguistique: problematiques nouvelles", *Langages* 8/32 (1973) 7–26.

W. P. Lehmann (1962), *Historical Linguistics. An Introduction*, New York/Chicago/San Francisco [...] 1962, dt. Fassung u. d. T.: Einführung in die historische Linguistik, übers. von R. Freudenberg, Heidelberg 1969.

W. P. Lehmann (1967), *A Reader in the Nineteenth-Century Historical Indoeuropean Linguistics*, Bloomington/London 1967.

W. P. Lehmann (1968), „Saussure's Dichotomy between Descriptive and Historical Linguistics", in: Lehmann/Malkiel (1968) 3–21.

W. P. Lehmann (1973), [Artikel] „Historiolinguistik", in: H. P. Althaus/H. Henne/H. E. Wiegand (Hg.), *Lexikon der germanistischen Linguistik*, Tübingen 1973, 389–398.

W. P. Lehmann/Y. Malkiel (eds.) (1968), *Directions for Historical Linguistics. A Symposium*, Austin/London 1968, [2]1971.

G. C. Lepschy (1966), *La linguistica strutturale*, Torino 1966, dt. Fassung u. d. T.: Die strukturale Sprachwissenschaft. Eine Einführung, übers. von H. Stammerjohann [...], München 1969.

M. Leroy (1949), „Sur le concept d'évolution en linguistique", *Revue de l'institut de sociologie, Université de Bruxelles* 22 (1949) 337–375.

R. L'Hermitte (1954), „Les problèmes des lois internes de développement du langage et le linguistique soviétique", in: A. Martinet/U. Weinreich (eds.), *Linguistics Today*, New York 1954, 69–79.

H.-H. Lieb (1967), „‚Synchronic' versus ‚Diachronic' Linguistics. A Historical Note", *Linguistics* 36 (1967) 18–28.

H.-H. Lieb (1970), *Sprachstadium und Sprachsystem. Umrisse einer Sprachtheorie*, Stuttgart/Berlin/Köln/Mainz 1970.

Th. Luckmann (1971), „Vorschläge zur Richtung der soziologischen Erforschung der Sprache", in: R. Kjolseth/F. Sack (Hg.), *Zur Soziologie der Sprache* [...], Opladen 1971, 36–47.

Y. Malkiel (1972), „General Diachronic Linguistics", in: Th. A. Sebeok (ed.), *Current Trends in Linguistics*, IX: Linguistics in Western Europe, The Hague/Paris 1972, 82–118.

B. Malmberg (1969), „Synchronie et diachronie", in: *Actes du dixième congrès international des linguistes*, Bucarest 1967, I: Bucarest 1969, 13–25 [Diskussion a. a. O. 25–36].

A. Martinet (1952), „Function, Structure and Sound Change", *Word* 8 (1952) 1–32.

A. Martinet (1955), *Économie des changements phonétiques. Traité de phonologie diachronique*, Berne 1955, ^{3}1970.

A. Martinet (1960), *Éléments de linguistique générale*, Paris 1960, dt. Fassung u. d. T.: Grundzüge der Allgemeinen Sprachwissenschaft, übers. von A. Fuchs, unter Mitarbeit von H.-H. Lieb, Stuttgart/Berlin/Köln/Mainz 1963, ^{2}1967.

A. Martinet (1964), „Structural Variation in Language", in: H. G. Lunt (ed.), *Proceedings of the Ninth International Congress of Linguists*, Cambridge, Mass. 1962, London/The Hague/Paris 1964, 521–529 [Diskussion a. a. O. 529–532].

A. Martinet (1967), „La phonologie synchronique et diachronique", in: J. Hamm (Hg.), *Phonologie der Gegenwart*, Graz/Wien/Köln 1967, 64–78.

V. Mathesius (1911), „On the Potentiality of the Phenomena of Language", [urspr. in Tschech., Prag 1911, übers. von J. Vachek] in: Vachek (1964) 1–32.

W. Mayerthaler (1974), [Rez.] K.-H. Best, Probleme der Analogieforschung [...], *PzL* 6 (1974) 124–130.

A. Meillet (1905/1906), „Comment les mots changent de sens", *Année sociologique* (1905/1906), wiederabgedr. in: Meillet (1921) 230–271.

A. Meillet (1906), „L'état actuel des études de linguistique générale." Leçon d'ouverture du cours de grammaire comparée au Collège de France lue le mardi 13 février 1906, in: Meillet (1921) 1–18.

A. Meillet (1918), „Linguistique historique et linguistique générale", *Scientia* (*Revista di sciénzia*) 4/8 (1918), wiederabgedr. in: Meillet (1921) 44–60.

A. Meillet (1921), *Linguistique historique et linguistique générale*, 2 Bde., I: Paris 1921.

F. Misteli (1882), [Rez.] H. Paul, Principien der Sprachgeschichte, Halle 1880, *ZfVPs* 13 (1882) 376–409.

W. G. Moulton (1961), „Lautwandel durch innere Kausalität. Die ostschweizerische Vokalspaltung", *ZMaF* 28 (1961) 227–251.

W. Nöth (1974), „Perspektiven der diachronen Linguistik", *Lingua* 33 (1974) 199–233.

P. Novak/P. Sgall (1968), „On the Prague Functional Approach", *TLP* 3 (1968) 291–297.

H. Paul (1880), *Principien der Sprachgeschichte*, Halle 1880, [5]1920, [9]Tübingen 1970 [= unveränd. Nachdr. der 5. Aufl.].

E. Pauliny (1964), „Methoden in der Erforschung der Sprachentwicklung", *ALH* 14 (1964) 223–235.

H. Pedersen (1924), *Sprogvidenskaben i det Nittende Aarhundrede. Metoder og Resultater*, Kobenhavn 1924, engl. Fassung u. d. T.: The Discovery of Language. Linguistic Science in the Nineteenth Century, transl. by J. Webster Spargo, 4. Nachdruck Bloomington/London 1967.

Ch. Peeters (1974), „Saussure néogrammairien et l'antinomie synchronie/diachronie", *Linguistics* 133 (1974) 53–62.

H. Penzl (1972), *Methoden der germanischen Linguistik*, Tübingen 1972.

W. Porzig (1950), *Das Wunder der Sprache. Probleme, Methoden und Ergebnisse der Sprachwissenschaft*, Bern 1950, [5]München 1971.

P. M. Postal (1968), *Aspects of Phonological Theory*, New York/Evanston/London 1968.

A. Pott (1884), „Einleitung in die allgemeine Sprachwissenschaft", *IZASW* 1/1 (1884) 1–68.

W. Putschke (1969), „Zur forschungsgeschichtlichen Stellung der junggrammatischen Schule", *ZDL* 36 (1969) 19–48.

K. H. Rensch (1967), „Organismus – System – Struktur in der Sprachwissenschaft", *Phonetica* 16 (1967) 71–84.

F. Robert (1973), „Aspects sociaux du changements dans une grammaire générative", *Langages* 8/32 (1973) 88–97.

M. L. Samuels (1972), *Linguistic Evolution. With Special Reference to English*, Cambridge 1972.

E. Sapir (1921), *Language*, New York 1921, dt. Fassung u. d. T.: Die Sprache. Eine Einführung in das Wesen der Sprache, übers. von C. P. Homberger, München 1961.

S. Saporta (1965), „Ordered Rules, Dialect Differences, and Historical Processes", *Lg* 41 (1965) 218–224.

F. de Saussure (1916), *Cours de linguistique générale*, publié par Ch. Bally et A. Sechehaye avec collaboration de A. Riedlinger, Lausanne/Paris 1916, dt. Fassung u. d. T.: Grundfragen der allgemeinen Sprachwissenschaft, übersetzt von H. Lommel, Berlin 1931, [2]1967.

F. de Saussure/R. Engler (1968), *Cours de linguistique générale* [. . .], édition critique par R. Engler, I: Wiesbaden 1968.

F. de Saussure/T. de Mauro (1972), *Cours de linguistique générale* [. . .], édition critique préparée par T. de Mauro [Anm. und Kommentar aus dem Ital. übers. von L.-J. Calvet], Paris 1972.

W. Scherer (1968), *Zur Geschichte der deutschen Sprache*, Berlin 1868, wiederabgedr. 1890.

A. Schleicher (1850), *Die Sprachen Europas in systematischer Übersicht*, Bonn 1850.

A. Schleicher (1863), *Die Darwinsche Theorie und die Sprachwissenschaft*, Weimar 1863, [2]1873.

B. Schlieben-Lange (1973), *Soziolinguistik. Eine Einführung*, Stuttgart/Berlin/Köln/Mainz 1973.

G. Schneider (1973), *Zum Begriff des Lautgesetzes in der Sprachwissenschaft seit den Junggrammatikern*, Tübingen 1973.

A. Sechehaye (1939), „Évolution organique et évolution contingentielle", in: *Mélanges offerts à Charles Bally*, Genève 1939, 19–29.

A. Sechehaye (1940), „Les trois linguistiques saussuriennes", *VR* 5 (1940) 1–48.

B. Sigurd (1966), „Generative Grammar and Historical Linguistics", *AL* 10 (1966) 35–48.

T. Slama-Cazacu (1973), „Is a ‚Socio-Psycholinguistics' Necessary?" *Linguistics* 112 (1973) 93–104.

A. Sommerfelt (1928), „Sur le caractère psychologique des changements phonétiques", *Journal de Psychologie normale et pathologique* 25 (1928) 657–685, jetzt in: Sommerfelt (1962) 214–233.

A. Sommerfelt (1932), „La linguistique: science sociologique", *NTS* 5 (1932) 315–331, jetzt in: Sommerfelt (1962) 36–51.

A. Sommerfelt (1938), „Points de vue diachronique, synchronique et panchronique en linguistique générale", *NTS* 9 (1938) 240–249, jetzt in: Sommerfelt (1962) 59–65.

A. Sommerfelt (1954), „Language, Society, and Culture", *NTS* 17 (1954) 5–81, jetzt in: Sommerfelt (1962) 87–136.

A. Sommerfelt (1960), „External vs. Internal Factors in the Development of Language", *NTS* 19 (1960) 296–315.

A. Sommerfelt (1962), *Diachronic and Synchronic Aspects of Language*, 's-Gravenhage 1962, ^{2}1971.

Sprache. Gegenwart und Geschichte (1969). *Probleme der Synchronie und Diachronie*, Jahrbuch 1968 des Instituts für deutsche Sprache, Düsseldorf 1969.

J. Stalin/N. Marr (1968): J. Stalin, „Marxismus und Fragen der Sprachwissenschaft" und N. Marr, „Über die Entstehung der Sprache", aus dem Russ. übers. von H. D. Becker, hg. H. P. Gente, München 1968.

H. Steinthal (1855), *Grammatik, Logik und Psychologie. Ihre Prinzipien und ihr Verhältnis zueinander.* Berlin 1855, reprograf. Nachdr. Hildesheim 1968.

H. Steinthal (1863), *Geschichte der Sprachwissenschaft bei den Griechen und Römern mit besonderer Rücksicht auf die Logik,* Berlin 1863, ^{2}1890, reprograf. Nachdr. Hildesheim 1961.

H. Steinthal (1871), *Einleitung in die Psychologie und Sprachwissenschaft*, Berlin 1871, ^{2}1891, reprograf. Nachdr. Hildesheim 1972.

R. P. Stockwell/R. K. S. Macaulay (eds.) (1972), *Linguistic Change and Generative Theory*, Essays from the UCLA Conference on Historical Linguistics in the Perspective of Transformational Theory, 1969, Bloomington/London 1972.

E. H. Sturtevant (1917), *Linguistic Change. An Introduction to the Historical Study of Language*, Chicago 1917, Nachdr. Chicago/London 1968.

Zs. Telegdi (1962), „Über die Entzweiung der Sprachwissenschaft", *ALH* 12 (1962) 95–107.

Zs. Telegdi (1966), „Zur Geschichte der Sprachwissenschaft (‚Historische Grammatik')", *ALH* 16 (1966) 225–237.

Zs. Telegdi (1967), „Struktur und Geschichte. Zur Auffassung ihres Verhältnisses in der Sprachwissenschaft", *ALH* 17 (1967) 223–243.

A. B. Terracini (1949), *Guida allo studio della linguistica storica*, I: Profilo storico-critico, Roma 1949.

Thèses (1929): „Thèses présentées au premier congrès des philologues slaves", *TCLP* 1 (1929) 5–29.

E. C. Traugott (1972), „On the Notion ‚Restructuring' in Historical Syntax", in: E. C. Traugott/C. Farwell (eds.), *Stanford Occasional Papers in Linguistics* 2 (1972) 30–46 [demnächst in: *Proceedings of the Eleventh International Congress of Linguists*, Bologna (1972].

E. C. Traugott (1973a), „Le changement linguistique et sa relation à l'acquisition de la langue maternelle", *Langages* 8/32 (1973) 39–52.

E. C. Traugott (1973b), „Explorations in Linguistic Elaboration: Language Change, Language Acquisition, and the Genesis of Spatio-Temporal Terms", in: Anderson/Jones (1974).

B. Trnka (1929), „Methode de comparaison analytique et grammaire comparée historique", *TCLP* 1 (1929) 33–38.

B. Trnka u. a. (1958), „Prague Structural Linguistics", *PhP* 1 (1958) 33–40, jetzt in: Vachek (1964) 468–480.

M. Tsiapera (ed.) (1971), *Generative Studies in Historical Linguistics*, Edmonton/ Champaign 1971.

B. K. T'sou (1972), „Reordering in Diachronic Syntax", *Papers of the Eighth Regional Meeting of the Chicago Linguistic Society*, Chicago 1972, 591–606.

M. L. Uhlfelder (1963), „The Romans on Linguistic Change", *The Classical Journal* 59 (1963) 23–30.

G. Ungeheuer (1969), „Über den arbiträren Charakter des sprachlichen Zeichens. Ein Beitrag zum Verhältnis von synchroner und ahistorischer Betrachtungsweise in der Linguistik", in: Sprache. Gegenwart und Geschichte (1969) 65–77.

J. Vachek (ed.) (1964), *A Prague School Reader in Linguistics*, Bloomington/ London 1964, ³1967.

J. Vachek (1967), „The Non-Static Aspect of the Synchronically Studied Phonological System", in: J. Hamm (Hg.), *Phonologie der Gegenwart*, Graz/Wien/ Köln 1967, 79–85 [Diskussion a. a. O. 85–87].

J. Vachek (1968), „A Note on Future Prospects of Diachronistic Language Research", *Lingua* 21 (1968) 483–493.

Th. Vennemann/T. H. Wilbur (1972), *Schuchardt, the Neogrammarians, and the Transformational Theory of Phonological Change*, Essays by H. Schuchardt, Th. Vennemann, T. H. Wilbur, Frankfurt/M. 1972.

W. v. Wartburg (1939), „Betrachtungen über das Verhältnis von historischer und deskriptiver Sprachwissenschaft", in: *Mélanges offerts à Charles Bally*, Genève 1939, 3–18.

W. v. Wartburg (1943), *Einführung in Problematik und Methodik der Sprachwissenschaft*, Halle 1943, ²Tübingen 1962.

U. Weinreich/W. Labov/M. I. Herzog (1968), „Empirical Foundations for a Theory of Language Change", in: Lehmann/Malkiel (1968) 95–195.

H. Weydt (1972), „‚Unendlicher Gebrauch von endlichen Mitteln'. Mißverständnisse um ein linguistisches Theorem", *Poetica* 5 (1972) 249–267.

W. D. Whitney (1867), *Language and the Study of Language. Twelve Lectures on the Principles of Linguistic Science*, New York 1867, ^{2}1868 [^{3}1870].

W. D. Whitney (1874), „Schleicher and the Physical Theory of Language", in: W. D. Whitney, *Oriental and Linguistic Studies*, New York 1874, 298–331.

W. D. Whitney (1875), *The Life and Growth of Language. An Outline of Linguistic Science*, New York/London 1875, dt. Fassung u. d. T.: Leben und Wachsthum der Sprache, übers. von A. Leskien, Leipzig 1876.

W. D. Whitney/J. Jolly (1874), *Die Sprachwissenschaft. W. D. Whitneys* Vorle*sungen über die Principien der vergleichenden Sprachforschung*, für das deutsche Publikum bearbeitet und erweitert von J. Jolly, München 1874.

H. E. Wiegand/G. Harras (1971), *Zur wissenschaftshistorischen Einordnung und linguistischen Beurteilung des deutschen Wortatlas* (= *Germanistische Linguistik* 1/2 (1971)), Hildesheim 1971.

H. Wolf (1970), „Sprachwandel in soziolinguistischer Sicht", *Germanistische Linguistik* 6 (1970) 696–716.

W. Wundt (1900), *Völkerpsychologie. Eine Untersuchung der Entwicklungsgesetze von Sprache, Mythus und Sitte*, I: Die Sprache, 2 Tle., Leipzig 1900, ^{3}1911/1912.

W. U. Wurzel (1970), „Einige phonologische Regularitäten der deutschen Hochsprache und Umgangssprache", *Arbeitsgruppe Strukturelle Grammatik* (*ASG*)-*Bericht* 5 (1970) 1–14.

V. M. Žirmunskij (1958), „O sinchronii i diachronii v jazykoznanij", *VJa* 7/5 (1958) 43–52.

MIKOŁAI KRUSZEWSKI

Prinzipien der Sprachentwicklung[1]

Einleitung

Ich will es gern zugestehen, daß die vorliegende Arbeit mehr als manche andere einer Einleitung bedarf. Nicht nur der Standpunkt, von welchem die wichtigsten Spracherscheinungen hier betrachtet werden, sondern die Ansichten selbst über diese Erscheinungen würden dem Leser weit überzeugender erscheinen, wenn ich ihm darstellen könnte, wie die Wissenschaft entstanden, die unter dem Namen der vergleichenden Grammatik bekannt ist; wie sie sich bestrebte, die Geschichte der indogermanischen Sprachen aufzudecken und die indogermanische Grundsprache herzustellen; wie ungeachtet der von vielen angewandten Mühe diese letztere Aufgabe dennoch ungelöst geblieben, da den Forschern die allgemeinen Bedingungen der Sprachentwicklung, die in der Sprache tätigen Faktoren unbekannt waren, und da die Forscher von einem falschen Punkt ausgingen, nämlich von den toten Schriftsprachen der Alten; wie endlich in der Jetztzeit sich das Interesse für die Wiederherstellung der ehemaligen Grundsprachen verringert, der Zweifel überhand nimmt, das Streben auftritt, sich der Sprache von einem anderen Standpunkt aus zu nähern, sich die Grundbedingungen der Sprachentwicklung durch das Studium der jetzigen Volkssprache zu erklären. Dies alles auseinandersetzen, hieße aber die Geschichte der Sprachwissenschaft schreiben, eine Aufgabe, welche meine Kräfte übersteigt. Ich muß mich deshalb hier mit einigen wichtigeren Bemerkungen begnügen.

Eine Zeitlang fand man die Aufgabe der vergleichenden Grammatik nicht in dem Erlernen der Sprache überhaupt, sondern in der Wiederherstellung ihrer ursprünglichen Gestalt. Was war es für eine Sprache, die idg., welche Laute hatte sie, welche Worte, Flexion, Wurzeln, Suffixe

---

[1] Neue, gekürzte Bearbeitung meiner russischen Schrift: *Očerk nauki o jazyke*, Kazan 1883, auf welche ich wegen ihrer zahlreichen russischen Beispiele ein für allemal verweise. Ich bringe in diesem Heft zunächst nur die Einleitung und einen Überblick über die Ergebnisse. Der Hauptteil, welcher letztere genauer entwickelt, soll im II. Band [der *Internationalen Zeitschrift für Allgemeine Sprachwissenschaft*, vgl. Quellenverzeichnis] folgen.

usw.? – das waren die Fragen, welche die Sprachforscher aufstellten. Die vergleichenden Sprachforscher studierten sorgsam die Merkmale der Ähnlichkeit der ältesten idg. Sprachen auf dem Gebiet der Laute, der Struktur und des Wortschatzes, da es am natürlichsten schien, zur Herstellung ihres gemeinsamen Vorfahren die verschiedenen Sprachähnlichkeiten in einem Brennpunkt zusammenzufassen. In ihren Untersuchungen bedienten sie sich der vergleichenden Methode, wobei als unumstößliche Regel folgende galt: Alles, was die Sprachen a, b, c... ähnliches besitzen, ist ursprünglich und von ihrem gemeinsamen Vorfahren, der Sprache A, ererbt; alles, was sich in ihnen nicht gleicht, ist sekundär, entstand später in den einzelnen Sprachen. So ist z. B. der Laut *p* des Sanskritstammes *pitar*-, gr. *πατερ*-, lat. *pater* ursprünglich und gehört dem Vorfahren all dieser Sprachen, der idg. Ursprache an. Das im Russ. existierende Wort *vydra* ('Otter'), dem skr. *udra* verwandt, beweist, daß beide Sprachen die Benennung dieses Tieres aus der Ursprache ererbt haben. Das gleiche kann man von der Wurzel *yam* behaupten, welche wir im skr. *yámati* antreffen und welche [man] mittels verschiedener phonetischer Operationen in dem russ. *vzat'* ('nehmen') entdecken kann. Als Beispiel eines von der Ursprache ererbten Suffixes kann das russ. *-ota* neben den skr. *-atā*, vgl. *krshnatā* = *černota*, gelten. Es versteht sich von selbst, daß auch die Laute *t, d, r* der ererbten Wörter ebenfalls ererbt sein werden.

Ich will hier nicht fremde Ansichten kritisieren, sondern einfach die eigenen begründen. Unserer Ansicht nach ist jenes Axiom unhaltbar, auf welches – bewußt oder unbewußt – die Sprachwissenschaft bei der Rekonstruktion der Grundsprachen sich stützt. Deshalb erscheint uns auch die sich darauf gründende Methode, die in der einfachen Vergleichung besteht, ungenügend. Wenn wir dieselbe auf die sprachlichen Erscheinungen anwenden, deren Geschichte uns hinreichend bekannt ist, so werden wir uns überzeugen, daß sie nicht immer zu bestimmten Resultaten führt. Fangen wir mit den Lauten an. Das it. *pesce* und das ihm verwandte dt. *Fisch* haben den Laut š; würden wir aber daraus schließen, daß er von beiden Sprachen von ihrem gemeinsamen Vorfahren ererbt sei, so würden die Tatsachen gegen uns zeugen, da es bekannt ist, daß das it. *pesce* aus *pescem* entsprang und das dt. *Fisch* aus *fiska*; d. h. in beiden Fällen verdankt der Laut *š* seine Herkunft unabhängig dem ursprünglichen Komplexe *sk*. Wir wollen ein ähnliches Beispiel aus der Morphologie anführen. Wir wissen, daß z. B. in Moskau die Endung des Gen. Pl. *-ov* sich allmählich über ein größeres Gebiet verbreitet und das Volk *mestov* statt *mest* ('Ort'), *delov* statt *del* ('Tat') dekliniert. Derselbe Prozeß zeigt sich ganz unabhängig in Warschau, wo das Volk *rybów* statt *ryb* ('Fisch'), *okńów* statt *okien* ('Fenster') dekliniert. Stellen wir uns einen Fall vor – einen völlig möglichen – daß im Russischen und Polnischen die erwähnte Endung alle übrigen Endungen des Gen. Pl. gänzlich verdrängt habe. Würden wir daraus nicht den Schluß ziehen müssen, daß dies die einzige Endung der Sprache wäre, aus der die russ. und poln. entsprungen, und deshalb beide sie ererbt hätten? Was die Wörter betrifft, so sind wir berechtigt zu schließen – da das russ. *vydra* neben dem skr. *udra* vorkommt –, daß dieses Wort schon in dem gemeinsamen Vorfahren beider Sprachen vorhanden war. Wir sind aber nicht berechtigt, nach derselben Methode entgegengesetzte Schlüsse zu machen. Wenn z. B. das tatar. Wort *lošad'* ('Pferd') gänzlich das echt russ. Wort *kon'* verdrängt hätte, so wäre es ein Fehler, daraus zu folgern, daß dies letztere Wort nicht dem Gemeinslawischen eigen sei.

Wir sehen also, daß die erwähnte Methode uns auch zu Fehlern führen kann, da wir nichts von den allgemeinen Bedingungen des Ursprungs und des Verschwindens von Lauten, morphologischen Teilen und Wörtern wissen. Mit anderen Worten: das einfache empirische Vergleichen ist ungenügend; auf Schrit und Tritt bedürfen wir der Deduktion aus festgestellten phonetischen und morphologischen Gesetzen.

Bei den Operationen, die sich mit der Zurückführung der Wörter auf ihren Urtypus befassen, werden sich beständig einige lautliche Gleichförmigkeiten wiederholen. Sie werden (gewöhnlich) zweierlei Art sein: 1. Gleichförmigkeiten, die auf dem Gebiete einer gewissen Sprache vorkommen; z. B. neben den russ. Wörtern mit dem Laute *k* werden wir verwandte Wörter mit den Lauten *tš* antreffen, *teku* ('ich fließe'), *tečenie* ('Strömung'); 2. Gleichförmigkeiten, die unter verwandten Wörtern von zwei oder mehreren verwandten Sprachen vorkommen; z. B. statt des russ. *d* werden wir das gr. *ϑ*, skr. *dh*, *dym* ('Rauch'), *ϑυμός*, *dhuma*, antreffen. Solche Gleichförmigkeiten haben den Namen *Lautgesetze* erhalten, welche folgendermaßen formuliert wurden: das russ. *k* geht in *tš* über; das russ. *d* entspricht dem gr. *ϑ*, skr. *dh*, oder: das idg.[2] *dh* tritt in seinem Entwicklungsprozeß ins russ. *d*, gr. *ϑ*, skr. *dh*

---

[2] Welch ein Laut in solchen Fällen als idg. gelten sollte, hing von der Vorstellung ab, welche die Sprachwissenschaft in der betreffenden Zeit vom System der idg. Laute hatte, von der Vorstellung, die man sich, gestehen wir es nur, nicht ohne Willkür gemacht hatte.

über. Aber all solche Gesetze lassen eine Menge von Ausnahmen zu. Wie sind die zu erklären?

Die Sprachwissenschaft beantwortete diese Frage anfangs damit, daß die Lautgesetze nichts zwingendes in sich schließen[3], denn 1. nicht immer entwickelt sich der ursprüngliche Laut zu einem und demselben Laut; z. B. dem ursprünglichen *bh* entspricht im Russ. *b* (z. B. *beru* 'ich nehme', vom Stamme *bhar*), zuweilen aber auch *m* (z. B. die Endung *-mi*, dem urspr. *-bhis* entsprechend); 2. Die Wörter bilden sich nicht nur nach Lautgesetzen, sondern auch nach dem Vorbild von anderen Wörtern; z. B. *Σωκράτην* ist nach dem Akk. der 1. Dekl. gebildet; nach den Lautgesetzen sollte es *Σωκράτη* heißen. Solche Formen wurden Neubildungen oder falsche Analogien genannt.

Es versteht sich von selbst, daß solch eine Antwort nicht befriedigt. Man kann damit einverstanden sein, daß ein und derselbe ursprüngliche Laut imstande ist, sich zu zwei verschiedenen Lauten zu entwickeln, aber nur unter verschiedenen Bedingungen; dem ursprünglichen *t* z. B. entspricht im Dt. *d* (vgl. *Bruder* und skr. *bhratar-*); finden wir in solchen Wörtern wie *Vater*, *Mutter* ein *t*, so hängt das, wie K. Verner so trefflich erklärt hat, von der Verschiedenheit der ursprünglichen Accentuation solcher Wörter ab (vgl. skr. *pitár-*, *mātár-*). Die Behauptung aber, daß ein und derselbe Laut bei gleichen Bedingungen fähig sei, sich zu verschiedenen Lauten zu entwickeln, bringt in die Wissenschaft Willkür hinein und macht jede strenge Untersuchung unmöglich.

Die frühere Ansicht von den *Analogiebildungen* ist gleichfalls zu berichtigen. Man faßte diese falsch auf, indem man sie als etwas anormales, als eine Sprachverderbnis betrachtete. Und doch kann man in jeder Sprache von diesen anormalen Fällen fast mehr antreffen als von den normalen. Jüngere Forscher, hauptsächlich der neueren Sprachen, haben sich allmählich mit den Analogiebildungen ausgesöhnt, indem sie in denselben ein Produkt von verschiedenen psychischen Kräften erkennen, die in der Sprache neben den physischen Kräften wirken. Doch, sowohl das gegenseitige Verhältnis dieser psychischen und physischen Kräfte, als auch ihr Wirkungskreis ist bis jetzt nicht genügend erforscht worden. In betreff der Lautgesetze neigen sich einige Sprachforscher der Ansicht zu, daß diese Gesetze keine Ausnahmen zulassen.[4]

---

[3] Bopp nahm den Übergang des idg. (eigentlich skr.) *V* in *m* (*çravāyati* = 'clamat'), *k* (*bhāvāyati* = 'facit'), *r* (*plāvāyati* = 'plorat'), *l* (*-vant-* = -'lentus') an.

[4] Vgl. A. Leskien, *Die Declination im Slavisch-Litauischen und Germanischen*, Leipzig 1876, XXVIII: „Bei der Untersuchung bin ich von dem Grundsatz ausgegangen, daß die uns überlieferte Gestalt eines Kasus niemals auf einer Ausnahme von den sonst befolgten Lautgesetzen beruhe. Um nicht mißverstanden zu werden, möchte ich noch hinzufügen: versteht man unter Ausnahmen

Als notwendige Folge einer weit strengeren Auffassung und Anwendung von Lautgesetzen ergab sich von seiten der Sprachforscher das Vermeiden einer Erklärung derjenigen Formen, die man früher dreist erklärte; man glaubte nicht mehr so ganz an die Möglichkeit einer Herstellung von ursprünglichen Wurzeln, Suffixen und Wörtern. Wie weit der Zweifel in den wichtigsten Fragen der Sprachwissenschaft vorgedrungen ist, beweist am besten B. Delbrücks *Einleitung in das Sprachstudium. Ein Beitrag zur Geschichte und Methodik der vergleichenden Sprachforschung,* Leipzig 1880. Seiner Meinung nach haben die Stämme, die gewöhnlich in den Grammatiken aufgestellt werden, gar keinen wissenschaftlichen Wert; sie können nur praktische Bedeutung haben (75), und auch das nur zeitweise, da ihre Form sich mit dem Fortschritt der Sprachwissenschaft ändern muß. Er leugnet auch die Realität der Stämme in einzelnen Sprachen; die Existenz der Stämme kann man nur in der idg. Grundsprache zulassen und auch das nur in der Periode, die der Flexion vorhergegangen (90). Die Frage über die Bildung des Kasus scheint ihm noch so dunkel zu sein, daß er sich jeder Erklärung über den Ursprung dieser Formen enthält (91). Bei der Erklärung der Verbalformen meint er die einzige Aushilfe darin zu finden, daß man sich auf die Erklärung der vorhandenen Formen beschränken muß, indem man sich an die Grundformen hält (100). Es kann nicht Wunder nehmen, wenn Delbrück auf Grund solcher Anschauungen den wiederhergestellten Formen der Ursprache keine reale Bedeutung beimißt (53).

Gleichzeitig mit dem Zweifel und der Gleichgültigkeit gegenüber den Forschungen, welche die Wiederherstellung der untergegangenen Ursprachen bezweckten, hat unter den Sprachforschern das Interesse an allgemeinen Fragen bedeutend zugenommen, nämlich an solchen, die die Sprache überhaupt und ihre Entwicklung betreffen. Solche Fragen hat vor allen H. Paul in seinen *Principien der Sprachgeschichte,* Halle 1880 behandelt.

Als die Erklärung der Formen durch die Analogie noch nicht gang und gäbe war, wandte sie mein verehrter Lehrer, J. Baudouin de

---

solche Fälle, in denen der zu erwartende Lautwandel aus bestimmten erkennbaren Ursachen nicht eingetreten ist, z. B. das Unterbleiben der Verschiebung im Deutschen in Lautgruppen wie *st* usw., wo also gewissermaßen eine Regel die andere durchkreuzt, so ist gegen den Satz, die Lautgesetze seien nicht ausnahmslos, natürlich nichts einzuwenden. Das Gesetz wird eben dadurch nicht aufgehoben, und wirkt, wo diese oder andere Störungen, die Wirkungen anderer Gesetze nicht vorhanden sind, in der zu erwartenden Weise. Läßt man aber beliebige zufällige, untereinander in keinen Zusammenhang zu bringende Abweichungen zu, so erklärt man im Grunde damit, daß das Objekt der Untersuchung, die Sprache, der wissenschaftlichen Erkenntnis nicht zugänglich ist."

Courtenay, welcher die Wichtigkeit dieses Prinzipes einsah, zur Erklärung der Formen der poln. Deklination an.[5] Wichtiger aber scheint mir der Umstand zu sein, daß in der Abhandlung, die die poln. Deklination betrifft, Baudouin die Wörter so nimmt, wie sie sind, und, den historischen Standpunkt verlassend, nicht die fiktiven Stämme und Endungen ausscheidet, sondern nur diejenigen Lautkomplexe als morphologische Teile des Wortes gelten läßt, die als solche in der jetzigen Sprache empfunden werden. Das Betrachten der Wörter, wie sie sind, das Streben zur möglichst strengen Anwendung von Lautgesetzen, das Anerkennen der Analogie als eines besonderen, sehr wichtigen Faktors in der Wortbildung, endlich der Vorzug, der den lebenden vor den toten alten Sprachen gegeben wird, – dies alles wurde von Baudouin, wenn auch nicht als Prinzipien der Sprachwissenschaft aufgestellt, so doch als Grundsätze in seinen Vorlesungen empfohlen und in seinen Arbeiten und den Arbeiten seiner ziemlich zahlreichen Kasaner Schüler und Anhänger angewandt. Es hat sich also weit von den westeuropäischen wissenschaftlichen Kreisen, in einer im fernen Osten gelegenen russ. Universität eine Richtung entwickelt, welche der immer mehr um sich greifenden Richtung im Westen, nämlich der der sog. „junggrammatischen Schule" ziemlich nahe verwandt ist.[6]

Unter der Leitung Prof. Baudouins studierte ich die lebende Sprache in der festen Überzeugung, daß das Gebiet der Spracherscheinungen, gleich allen anderen Gebieten, bestimmten Gesetzen im allgemeinen Sinne des Wortes gehorcht, und in der Hoffnung, mir einst diese Gesetze zu erklären. Allmählich gelangte ich zu einer gewissen Anschauung, zu einer Art Theorie der Sprachentwicklung. Ich gedachte diesem Gegenstand einige Jahre weiteren aufmerksamen Studiums zu widmen und nicht früher meine Arbeit zu veröffentlichen, bis ich die Grundideen mit genügender Überzeugung dem Leser würde vorlegen können. Verschiedene Gründe veranlassen mich jedoch, die Arbeit früher zu veröffentlichen, als ich es beabsichtigt hatte. Ich muß mich mit dem Gedanken aussöhnen, daß ich, statt zu einer abgeschlossenen und in den Einzelheiten ausgeführten Darstellung, einstweilen nur zu einem unvollkommenen Abriß gelangt bin. Der Leser wird hier bei weitem nicht all die

---

[5] J. Baudouin de Courtenay, „Einige fälle der wirkung der analogie in der polnischen declination," *Beiträge zur vergleichenden Sprachforschung auf dem Gebiete des arischen, celtischen und slawischen Sprachen,* Berlin. 6 (1870) 19–88.

[6] Ich muß bemerken, daß diese neue Richtung der Sprachwissenschaft im Westen uns aus verschiedenen örtlichen Ursachen bis zum Jahre 1879 unbekannt geblieben war.

Menge der Tatsachen finden, auf welchen sich meine Hauptgedanken gründen; ich bin genötigt, mich auf die wichtigsten zu beschränken. Diese Arbeit ist also nur als vorläufiger Entwurf zu betrachten, ich gebe jedoch die Hoffnung nicht auf, in der Zukunft die Ausarbeitung desselben Gegenstandes in einer vollkommeneren Form zu liefern.

Da das erwähnte Werk von Paul gleichfalls von solchen allgemeinen Fragen der Sprachentwicklung handelt, so will ich es versuchen, mit wenigen Worten das Verhältnis meines Grundrisses zu demselben darzustellen. Das bemerkenswerteste in Pauls Werke schien mir die Erklärung des spontanen Lautwandels, eines Rätsels, welches ich vergebens zu lösen suchte. Es blieb mir nichts übrig, als Pauls Hypothese zu entlehnen und etwas ausführlicher zu behandeln, als es in seinen *Principien* geschehen ist. Was aber die Frage nach dem Wesen der Lautgesetze betrifft und wo dieselben zu suchen sind, so weichen meine Ansichten von denen Prof. Pauls ab.[7] Diesen Gegenstand habe ich von demselben Standpunkt behandelt, wie in meinem im Jahre 1881 erschienenen Schriftchen *Über die Lautabwechslung*: es sind nur unwesentliche Abänderungen hinzugetreten. Hinsichtlich der Morphologie erörterte ich in meinen Vorlesungen und sonst noch vor der Bekanntschaft mit Pauls *Principien* einen von den Grundgedanken des letzteren, nämlich denjenigen, den er „Organismen von Vorstellungsgruppen" nennt. Im übrigen weichen, soweit ich urteilen kann, die Ergebnisse, zu denen ich gelangt bin, nicht wesentlich von Pauls Resultaten ab. Sie sind nur insofern verschiedenartig, als wir den Gegenstand von verschiedenen Seiten betrachteten. Der Leser wird deshalb vieles in Pauls Buch vorfinden, was er in meiner Darstellung nicht antreffen wird, und umgekehrt. So befaßt sich Paul z. B. nicht mit der Frage über die Genesis der sprachlichen Elemente. Ich dagegen betrachte diese Frage als eine der wesentlichsten und habe mir Mühe gegeben, dieselbe nach bestem Vermögen zu erklären. Meine Anschauungen über die Entwicklung der Mundarten (diesem Gegenstand ist in den *Principien* ein sehr interessanter Abschnitt gewidmet) haben sich noch nicht so weit festgestellt, daß ich mich entschließen könnte, denselben in meinem Vorentwurf einen Platz einzuräumen. Die Gedanken über die Natur und Entstehung verschiedener sprachlicher Einheiten, die Zurückführung Paulscher Produktion und Reproduktion auf die zwei Associationsgesetze (304), die Darstellung der höchst wichtigen Rolle, die beide Gesetze in der Sprache

---

[7] Die Beispiele, die ich in der kleinen aber trefflichen Arbeit von V. A. Bogoroditzkij, *Vokale ohne Akzent in der russischen Sprache*, Warschau 1880, gefunden, verhalfen mir zur Erklärung des Lautgesetzes.

spielen, das Prinzip der steten Umgestaltung (Perintegration) verschiedener sprachlicher Einheiten glaube ich für meine eigenen Ideen halten zu dürfen.

Vorläufiger Überblick über die Ergebnisse

I. Einfachste Analyse der Sprache
Ihre verschiedenartigen Elemente und ihre Natur

Aus der einfachsten Analyse der Sprache sieht man, daß diese sehr kompliziert ist. Sie besteht aus Sätzen, die Sätze aus Wörtern, die Wörter aus morphologischen Teilen, die morphologischen Teile aus Lauten und die Laute aus verschiedenartigen physiologischen Arbeiten, elementaren Bewegungen.[8] Außerdem erweist die Analyse noch eine andere Eigentümlichkeit, nämlich die Unbestimmtheit der Spracheinheiten. Diese beiden Faktoren, die Zusammengesetztheit und Unbestimmtheit, haben eine sehr wichtige Bedeutung: das Ganze, das aus ähnlichen Einheiten besteht, muß unbeständig und zu Umwandlungen fähig sein; die Entwicklung der Sprache erklärt sich durch die Natur seiner Elemente.

II. Die Laute und ihre Gesetze

Obgleich die Hervorbringung des menschlichen Lautes die Möglichkeit sehr bedeutender Schwankungen zuläßt, die von verhältnismäßig geringen Schwankungen des Lautes selbst begleitet werden, sprechen wir ungefähr einen und denselben Laut aus, nicht nur akustisch, sondern auch physiologisch. Dies wäre unmöglich, wenn die physiologischen Arbeiten nicht von Muskelgefühlen begleitet wären, die es uns gestatten, die Artikulationen der Laute dem Gedächtnis einzuprägen. Teils infolge der unbewußten Nachahmung, teils wegen der Erblichkeit der Gewöhnung an bestimmte Artikulationen, wird der Laut bei allen Individuen einer gewissen Mundart und gewissen Zeit sowohl akustisch als physiologisch ungefähr gleichartig sein. Es versteht sich von selbst, daß sowohl in der Sprache eines Einzelnen, als auch in der ganzen Mundart, in einer

---

[8] Welche wir Artikulationen nennen, vgl. S. 107 des 1. Heftes [der *Int. Ztschr. f. Allgem. Sprachwiss.*] D. Hg. [F. Techmer].

bestimmten Zeit nur bestimmte Laute, nicht aber allerlei und verschiedenartige möglich sind. Im betreffenden Lautsystem (des Einzelnen oder der Mundart) kann man eine gewisse Harmonie[9] beobachten. Das Wort ist eine Reihe von Reflexen. Als symbolische Reihe ist es weit mehr fähig auszuarten, als andere Reflexreihen, die an und für sich einen Zweck behaupten. Die Keime der Ausartung stecken in der wechselseitigen Akkomodation der in den Komplex eintretenden Laute. Diese Akkomodation wird entweder durch das Gesetz der Ideenassociation der Angrenzung (Contiguity, vgl. S. 72f.), nach dem das vorhergehende Glied der Reihe das nachfolgende zum Dasein hervorruft, oder durch Trägheit der Organe bewirkt, welche nicht in die Indifferenzlage zurückkehren, sondern unmittelbar aus der von ihnen für den vorhergehenden Laut angenommen Lage zur Bildung des nachfolgenden Lautes übergehen. In beiden Fällen spart der Organismus Arbeit und Zeit und findet, infolge der nicht parallelen Verteilung von Artikulationen und denselben entsprechenden Momenten, die einheitliche Umgestaltung der Gruppen von physiologischen Arbeiten (d. h. Artikulationen) statt, die allmählich zur einheitlichen Umgestaltung der akustischen Eigenschaften der Laute führt. Die erwähnte Akkomadation dient zur Vereinigung des Komplexes. Nur die Identität des Lautes, des Lautsystems und der Lautkomplexe können als phonetische Gesetze gelten, die für die Sprache einer betreffenden Zeit unumgänglich sind.

III. Geschichte der Laute und Lautkomplexe

Die Laute der Sprache erleiden mit der Zeit U m w a n d l u n g e n . Spontane Umwandlungen des Lautes hängen vom allmählichen Wandel seiner A r t i k u l a t i o n e n ab. Einen Laut können wir nur dann aussprechen, wenn unser Gedächtnis, so zu sagen, den Abdruck seiner Artikulationen aufbewahrt. Wenn sich in unserem Gedächtnis alle von uns vollführten Artikulationen des betreffenden Lautes mit gleicher Genauigkeit wiederspiegelten, wenn er die Resultante von all diesen Artikulationen darstellte, so würden wir, in dem Streben, ihn genau wieder zu erzeugen, immer die betreffenden Artikulationen ungefähr gleichartig hervorbringen. Aber die der Zeit nach letzten Artikulationen, samt ihren zufälligen Abweichungen, sind im Gedächtnis noch frischer als die vorhergehenden. Deswegen werden die geringen Abweichungen fähig zu Fortschritten, und der Laut entartet allmählich. Solche eine Lautumwandlung

[9] Ich gebrauche das Wort nicht im musikalischen Sinn, sondern in der Bedeutung von gegenseitiger Anpassung und Ausgleichung.

würde durchaus allmählich und äußerst langsam vor sich gehen, wenn sie in der Aussprache eines einzigen Subjektes stattfände, nicht aber in der Aussprache einander abwechselnder Generationen. Wenn der betreffende Laut, indem er sich verändert, schon demjenigen Laute sehr ähnlich ist, in den er überzugehen strebt, oder sich der Null nähert, so bietet sich der (den Laut) auffassenden Generation immer die Möglichkeit des ungenauen Hörens: statt des betreffenden Lautes kann sie einen ihm nahe verwandten Laut auffassen, einen schwachen dagegen kann sie ganz überhören. Die Lautumwandlungen können also durch die Ungenauigkeit der Auffassung beschleunigt werden. Man muß also von der angedeuteten Lautumwandlung, die von der allmählichen Veränderlichkeit der Lautartikulationen abhängt, Umwandlungen unterscheiden, die von der Ungenauigkeit der Auffassung abhängen: statt der zur Aussprache minder bequemen Lautgruppe setzen wir auch oft eine leichter auszusprechende Gruppe. In solchen Fällen findet kein Übergang des einen Lautes in den anderen statt, sondern ein einfacher Vertausch des einen Lautes gegen den anderen.

Die Gesetze der Lautwandlungen können nur als sekundäre Gesetze betrachtet werden, nur als Wirkungen von Gesetzen der Artikulationswandlungen, welche letztern als die primären Gesetze gelten müssen.[10] Es werden deshalb die Lautwandlungen nur im allgemeinen regelrecht sein. In jeder Sprache werden wir Ablagerungen von Lautgesetzen antreffen, Ablagerungen, die verschiedenartige Gleichförmigkeiten darstellen werden. Diese Gleichförmigkeiten werden beständig von lautgeschichtlichen und morphologischen Prozessen, oder auch durch Entlehnungen zerstört. Es erklärt sich dadurch, daß es keinen unmittelbaren Zusammenhang zwischen dem ursprünglichen Laut und demjenigen gibt, der sich aus ihm zuweilen erst nach Jahrhunderten entwickelt hat. Einen unmittelbaren ursächlichen Zusammenhang wird es nicht einmal zwischen zwei Nebenstufen des betreffenden Lautes geben, sondern nur zwischen zwei Nebenstufen seiner Artikulationen. Benachbarte oder nahe aneinanderliegende Stufen eines und desselben Lautes gibt es gewöhnlich in einer und derselben Sprache nicht.

Wir sind gezwungen, die Existenz von allgemeinen Lautgesetzen anzuerkennen, da die Geschichte verschiedener, selbst nicht verwandter Sprachen uns eine Menge von überraschenden Analogieen darstellt: die Laute verändern sich gleichartig in verschiedenen Sprachen und während verschiedener Epochen einer und derselben Sprache. Bemerken wir eine verschiedenartige Veränderung eines und desselben Lautes

---

[10] Vgl. *Int. Ztschr. f. Allgem. Sprachwiss. 1* (1884) S. XV, 143–149.

in verschiedenen Sprachen oder während verschiedener Epochen irgend einer Sprache, so ist es am wahrscheinlichsten, daß wir es in solchen Fällen nicht mit einem Laut, sondern mit zwei einander sehr nahen, aber wenn auch nicht durch ihre akustischen Eigenschaften, so doch durch ihre Artikulation sich unterscheidenden Lauten zu tun haben. Es gibt eine gewisse wechselseitige Beziehung zwischen dem Wandel einzelner Laute der betreffenden Sprache. Mit anderen Worten: im Lautsystem der betreffenden Sprache bemerken wir eine gewisse Harmonie (S. 70 Anm. 9), mögen wir dies System in der Reihe der Coëxistenz, oder in der Reihe der Konsequenz betrachten. Die Existenz von allgemeinen Lautgesetzen macht es möglich, die Frage über die Genesis verschiedener Lautkategorien zu beantworten. Eine Lautkategorie entwickelt sich aus der anderen und auf solche Art entsteht ein Lautsystem durch einheitliche Umgestaltung des andern.

IV. Herrschende Ansichten über Lautgesetze

Wir müssen zugeben, daß das Lautgesetz durch das Gefühl der Etymologie nicht dauernd paralysiert werden kann; in Fällen aber von ungenauer Auffassung einer Lautgruppe oder deren schwieriger Reproduktion kann dieses Gefühl als ein Faktor auftreten, der die Ausartung des betreffenden Lautes hemmt. Würde man aber hinsichtlich der betreffenden Form die Frage aufwerfen, wem sie die Erhaltung von irgend einem von ihren Lauten verdankt, der bei denselben lautgeschichtlichen Bedingungen in andern Wörtern nicht vorhanden ist, so würden wir in vielen Fällen in Verlegenheit sein eine bestimmte Antwort zu geben; wir würden nicht wissen, ob man die betreffende Form als sekundäre, nach dem Vorbild von andern verwandten Formen gebildete betrachten kann, oder ob dieselbe vielleicht durch das Gefühl der Etymologie gestützt wird.

V. Die Wörter

Wir sind überzeugt, daß die Aneignung und der Gebrauch der Sprache unmöglich wären, wenn sie eine Menge von vereinzelten Wörtern darstellte. Die Wörter sind miteinander verbunden: 1. vermittelst der Ähnlichkeitsassociationen und 2. vermittelst der Angrenzungsassociationen.[11] Daher entstehen Familien

[11] Beide Associationsgesetze verstehe ich im Sinne der englischen Philosophie. Vgl. Mills *Logik*: „[. . .] ideas, or secondary mental states, are

oder Systeme und Reihen von Wörtern. Die Ähnlichkeitsassociation ermöglicht das Schaffen in der Sprache. Die Wörter, die mit anderen Wörtern vermittelst schwacher Ähnlichkeit verbunden sind oder denselben ganz unähnlich sind, werden leicht vergessen. Sie sind einem unbewußten Prozeß unterworfen, der sie andern Wörtern ähnlicher macht. Außer den unmittelbaren oder direkten Verbindungen gibt es noch mittelbare oder indirekte, denen gemäß unser Geist die Wörter in dieselben Gruppen einreiht, wie die ihnen entsprechenden Dinge. Die beiden Associationsgesetze spielen in der Sprachwissenschaft dieselbe Rolle wie in der Psychologie. Die Korrespondenz zwischen der Welt von Wörtern und der Welt von Vorstellungen ist ein Grundgesetz der Sprachentwicklung.

VI. Absonderung von morphologischen Elementen des Wortes und ihr Charakter

In diesem Kapitel machen wir die Bekanntschaft mit den inneren associativen Verbindungen der Wörter, d. h. mit Ähnlichkeitsassociationen morphologischer Elemente, und erkennen als Unterscheidungszeichen dieser Elemente ihre Zusammengesetzheit und Unbestimmtheit. Wir überzeugen uns, daß der Wurzel eine lautgeschichtliche Variation eigen ist, die im Anlaut derselben unbedeutend, bedeutender im Inlaut und am bedeutendsten im Auslaut ist; außerdem, daß der Wurzel auch eine Variation morphologischer Herkunft, hauptsächlich in ihrem Anlaut, aber auch im Auslaut, eigen ist. Bei dem Suffix haben wir eine vordere Variation morphologischer Herkunft angetroffen. Bei dem Präfix haben wir nur eine unbedeutende hintere Variation lautgeschichtlicher Herkunft angetroffen. Indem wir einzelne morphologische Einheiten charakterisierten, haben wir bemerkt, daß die Wurzel

---

exited by our impressions, or by other ideas, according to certain laws which are called laws of Association. Of these laws the first is, that similar ideas tend to excite one another (Ähnlichkeitsassociation). The second is, that when two impressions have been frequently experienced (or even thought of) either simultaneously or in immediate succession, then whenever one of these impressions, or the idea of it recurs, it tends to excite the idea of the other (Angrenzungsassociation, S. 75). The third law is, that greater intensity in either or both of the impressions is equivalent, in rendering them excitable by one another, to a greater frequency of conjunction." [J. St. Mill, *A System of Logic, Ratiocinative and Inductive; Being a Connected View of the Principles of Evidence and the Methods of Scientific Investigation,* London 1843, Zitat: Book VI. Chapt. IV. § 3].

durch reichste Variation und zugleich durch das größte Entsprechen von äußeren Unterschieden zu inneren sich auszeichnet; daß das Suffix und Präfix sich von der Wurzel bedeutend unterscheiden und einander fast entgegengesetzt sind: die Suffixe unterscheiden sich nämlich von den Präfixen durch eine größere Fähigkeit, sich miteinander zu verbinden; dem Suffix ist hauptsächlich eine morphologische Variation, dem Präfix eine lautgeschichtliche eigen; die Bedeutung eines Suffixes ist verschiedenartig und unbestimmt, während dem Präfix gewöhnlich nur eine klar bestimmte Bedeutung eigen ist; ein Suffix wird nur Wörtern von gewisser Kategorie hinzugefügt, während eine bedeutende Mehrzahl von Präfixen den Wörtern verschiedener Kategorien agglutiniert wird.

VII. Faktoren von destruktivem Charakter

Zu einer vollkommenen allgemeinen und speziellen Entsprechung der Welt von Wörtern einerseits und der Welt von Vorstellungen andrerseits wäre es unumgänglich nötig: 1. daß es in der Sprache für jede Vorstellung und jede Vorstellungsnuance ein besonderes Zeichen gäbe, und 2. daß sich ein Zement fände, der einzelne morphologische Elemente zu einem Ganzen verbände. Ein solches Zement wird das Entsprechen von den sich berührenden Lauten zweier nebeneinanderstehender morphologischer Teile, und desgleichen auch der Akzent und die denselben begleitenden lautgeschichtlichen Erscheinungen in den Lauten des Wortes sein. Die stets unvermeidliche Menge von Abweichungen in betreff der ersten Forderung erklärt sich in erster Reihe durch die Ungleichmäßigkeit der Entwicklung von Wortsystemen. Aber auch bei der Voraussetzung einer gleichmäßigen Entwicklung würde die Sprache bei den folgenden vier destruktiven Faktoren kein völlig harmonisches System darstellen.

1. Die Wörter sind der lautgeschichtlichen Degeneration unterworfen. Da jedes morphologische Element – besonders wenn es ihm eigen ist ein vorhergehendes Element in der Kombination mit anderen Elementen zu bilden – in der Sprache, vermöge des lautgeschichtlichen Gesetzes der Lautkombination, nicht in einer Form, sondern in mehreren mehr oder minder voneinander abweichenden Varietäten existiert, so müssen diese Varietäten, vermöge der spontanen Lautgesetze, mit der Zeit in Varietäten ausarten, die sich bedeutend voneinander unterscheiden; das aber wird der Einheit der Funktion, die sie vertreten müssen, nicht entsprechen.

2. Die Wörter sind auch der morphologischen Degeneration unterworfen. Die lautgeschichtliche Degeneration bringt oft eine neue Einteilung der Laute unter den morphologischen Elementen des Wortes mit sich, infolgedessen erhält die Sprache mehrerer Komplexe für eine und dieselbe Funktion. Das Verschwinden gewisser Wörter (*pal* 'Finger') und deren Ersatz durch andere, die ihrem äußeren Anschein nach einer anderen Kategorie angehören (*palec* 'Finger'), oder die Verwendung des alten Stoffes für neue Vorstellungen, eines Stoffes, der dem äußeren Anschein nach zu einer anderen Kategorie gehört, müssen durchaus ein Sprachsystem stören.

3. In gewissem Sinne wird es auch durch die Produktion von Parallelformen (*v domu* 'im Hause', *v dome* 'im Hause'), die unvermeidlich bei der Existenz von zusammentreffenden Formen (*dom* 'Haus', *les* 'Wald') vorkommen muß, getrübt.

4. Endlich stören wir das System, indem wir diejenigen Wörter reproduzieren, die wir gehört haben und die dem System einer fremden Sprache oder früherer Epochen unserer eigenen Sprache angehören. Es werden hauptsächlich diejenigen Wörter reproduziert, die durch eine starke Angrenzungsassociation mit den entsprechenden Gegenständen verbunden sind, oder diejenigen Wörter, die ebenso stark mit andern Wörtern verbunden sind. Das erklärt uns die grammatischen Abweichungen in Wörtern, die wir sehr oft gebrauchen, sowie in Wörtern, die besondere Ausdrucksweisen bilden.

VIII. Geschichte der morphologischen Elemente des Wortes

Hier überzeugen wir uns, daß die destruktiven Faktoren die Sprache mit dem Stoff versehen, der sowohl für die Existenz der Sprache als auch für den Fortschritt derselben unumgänglich nötig ist. Die lautgeschichtliche und morphologische Degeneration, sowohl jede für sich als auch beide mit vereinten Kräften, geben der Sprache neue Wurzeln vermöge der Spaltung von alten Wurzeln. Ganz ebensolche neue Wurzeln entstehen vermittels der Entlehnung. Suffixe entstehen hauptsächlich auf morphologischem Wege; sie spalten sich beständig, indem sie sich mit den von den Stämmen weggerissenen Lauten bereichern. Minder klar ist die Entstehung der Präfixe, die sich durch außerordentliche Beständigkeit auszeichnen. Die Genesis der morphologischen Elemente erklärt sich durch den Prozeß der einheitlichen Umgestaltung.

IX. Synthese der morphologischen Teile zum Wort und der Wörter zur Sprache

Es gibt *Worttypen* und den Vorstellungssystemen entsprechende *Systeme* dieser Typen. Die hervorragendsten Systeme, die *Deklination* und *Konjugation*, sind schon seit lange beobachtet. Diese Systeme streben danach mittels der *Produktion* dem Stamme gleichartig zu werden. Im Kampfe ums Dasein zwischen mehrenen Varietäten des Stammes siegt diejenige, die wir am lebhaftesten im Gedächtnis behalten, dank ihrem häufigen Gebrauch und vielleicht auch irgendwelchen anderen Eigenschaften lautgeschichtlicher Natur. Zur Produktion ist das Gedächtnis erforderlich, um Wörter zu behalten, die ihrem Stoff und ihrem Bau nach ähnlich sind. Die Formen, die wir als *systemlose Formen* und nicht im Zusammenhang mit anderen Formen des herrschenden Systems unserem Gedächtnis einprägen, werden am meisten *reproduziert*. Das werden nämlich die am *häufigsten angewandten Wörter* sein. Dazu kommen dann die Wörter, die Reihen bilden. *Daher findet ein ewiger Antagonismus statt zwischen der konservativen Kraft, die sich auf die Angrenzungsassociationen gründet, und der progressiven, die sich auf die Ähnlichkeitsassociationen gründet.*

Mehr Verschiedenheit und weniger absolute Uniformierung bieten die idg. Wörter dar, wenn wir sie ihrer Struktur nach betrachten. Das steht hauptsächlich mit der Natur des idg. Suffixes im Zusammenhang. Es befestigen sich in der Sprache z. B. mehrere Deklinationen und Konjugationen. Deshalb wird eine gewisse Form mit anderen Formen, die der Struktur nach ein System bilden, harmonieren, indem sie der Funktion nach verwandten, aber anderen Struktursystemen angehörigen Formen unähnlich ist. Aber auch hier bemerken wir das *Streben nach einer absoluten Einförmigkeit*, nach einer Verminderung der Anzahl von Systemen. Das geschieht durch das Verdrängen bestimmter Suffixe durch andere; dabei siegen diejenigen Suffixe, die unser Gedächtnis besser behält, weil sie häufiger gebraucht werden oder vollautend und ausdrucksvoll sind oder auch bestimmten Stämmen besser entsprechen.

Außer der Deklination und Konjugation hat die Sprache auch andere *minder hervorragende Systeme*. Auch sie streben nach Einförmigkeit, aber hauptsächlich nach Einförmigkeit ihrer Struktur, die absolute Uniformierung von der Wurzel nach verwandten

Wörtern hindern kann, obgleich sie der Sprache eine Ordnung, aber eine relative Ordnung verleiht.

Eine ganze Anzahl mit einem gewissen Sprachsystem nicht harmonierender Überbleibsel der Reproduktion wird nach und nach verwischt, indem sie entweder der systematisierenden und erneuernden Kraft der Produktion nachgibt, oder sich völlig von ihren früheren Verwandten entfremdet und zur Selbständigkeit gelangt.

X. Die Geschichte der Wörter

Den Ursprung geben dem Worte die Ähnlichkeitsassociationen; da es aber seine Bedeutung nicht bloß von seiner Herkunft, sondern auch von seinem Gebrauche, d. h. von den Angrenzungsassociationen empfängt, so können die lautgeschichtlichen Prozesse mannigfaltig die Spuren seiner Herkunft tilgen. Infolgedessen vervollkommnet sich das Wort anthropophonisch[12], architektonisch und semasiologisch: es verwandelt sich in die einfachsten und sprechbarsten Lautkomplexe; es erhält, indem es sich einheitlich gestaltet, die einfachste Struktur; endlich aus dem uneigentlichen Zeichen des Gegenstandes verwandelt es sich in sein eigenes Zeichen. Keine solchen Eigenschaften haben die Wörter, die immer nur abgeleitet werden und die ihre Bedeutung vorzugsweise von ihren Verwandten entlehnen.

Für einen neuen Gegenstand leiten wir nicht immer ein neues Wort ab; oft wenden wir irgend ein altes Wort an. So wird die Bedeutung gewisser Wörter nach und nach ausgedehnt; aber gleichzeitig mit der Ausdehnung der Bedeutung geht die Verarmung des Inhalts einher, das Wort wird der semasiologischen Verderbnis ausgesetzt und verschwindet. Dann wendet die Sprache ein anderes Wort an, oder leitet ein neues ab. Bei solcher Ableitung entstehen Nomina von Verba und Verba von Nomina, bedeutendere Partikeln von Bruchtheilen der Nominal- und Verbalsysteme, Partikeln von niedrigerem Range von den höher stehenden Partikeln. Es versteht sich von selbst, daß Nomina von Nomina, Verba von Verba etc. entstehen können. Das Wort kann auch mittels der einheitlichen Gestaltung einer Redensart oder mehrerer ursprünglich selbständiger Wörter entstehen. Die Geschichte der grammatischen Kategorien besteht also in einer ewigen einheitlichen Umgestaltung derselben.

---

[12] Ich gebrauche Anthropophonik in derselben Bedeutung wie C. L. Merkel, *Anatomie und Physiologie des menschlichen Stimm- und Sprach-organs (Anthropophonik)*, [. . .] Leipzig 1857 [2. verb. Aufl. 1863], nämlich für Akustik und Physiologie der menschlichen Laute.

ROMAN JAKOBSON

Prinzipien der historischen Phonologie *

I. Ganzheitliches Verfahren. – II. Außerphonologischer Lautwandel. – III. Phonologische Mutation. – IV. Entphonologisierung. – V. Phonologisierung. – VI. Umphonologisierung. – VII. Mutationen der Phonemverbindungen. – VIII. Umfangsveränderungen der Phonemverbindungen. – IX. Struktur des Mutationsbündels. – X. Umschaltung der Funktionen. – XI. Mutationsdeutung.

Es ist begreiflich, daß sich anfangs die Aufmerksamkeit der Phonologen bisher hauptsächlich auf die primären Begriffe der Phonologie konzentrierte: auf die Phoneme, ihre wechselseitigen Beziehungen und ihre Verbindungen. Erst in den weiteren Entwicklungsetappen der Phonologie werden die prinzipiellen Fragen des räumlichen Seins der phonologischen Phänomene, d. h. die phonologische Geographie und die Fragen ihres zeitlichen Seins und Werdens, d. h. die historische Phonologie, eine neue geziemende Beleuchtung bekommen. Versuchen wir, eine vorläufige Skizze des ABC der historischen Phonologie zu entwerfen.[1]

I

Für die traditionelle Lautgeschichte war die isolierende Behandlung der Lautveränderungen kennzeichnend, d. h. ungeachtet des Systems, welches diese Veränderungen erlebt. Diese Behandlungsart war im Rahmen der herrschenden Weltanschauung jener Zeit eine Selbstverständlichkeit: für die positivistischen Junggrammatiker war ein System, und ein Sprachsystem im besonderen, eine mechanische Und-Verbindung und keine Gestalteinheit, um mit den Termini der

* Auf ausdrücklichen Wunsch des Autors wurde der Originaltext der überarbeiteten frz. Fassung angepaßt (Vgl. oben das Quellenverzeichnis). Einige stilistische und grammatische Korrekturen schienen außerdem zum Verständnis notwendig. Das Ms. wurde vom Autor durchgesehen und an einigen Stellen verbessert. Vgl. auch Vorwort zu diesem Band.

[1] Die Geschichte des Entstehens der historischen Phonologie wird hier nicht berücksichtigt.

modernen Psychologie zu sprechen.[2] Die Phonologie stellt der junggrammatischen atomistisch-isolierenden Methode ein ganzheitliches Verfahren gegenüber; jede phonologische Tatsache wird als ein Teilganzes betrachtet, welches sich Teilganzen verschiedener höherer Stufen eingliedert. Demgemäß lautet das erste Prinzip der historischen Phonologie: jede Veränderung wird in Bezug auf dasjenige System, innerhalb dessen sie sich abspielt, behandelt. Ein Lautwandel kann nur dadurch begriffen werden, daß man seine Funktion im Sprachsystem klarlegt.

Ein Lautwandel fand statt. Hat sich nun irgendetwas innerhalb des phonologischen Systems verändert? Sind etwa irgendwelche phonologischen Unterschiede verloren gegangen und welche von ihnen? Sind etwa neue phonologische Unterschiede erworben worden und namentlich welche? Oder ist endlich der ganze Bestand an phonologischen Unterschieden unverändert geblieben, aber die Struktur der einzelnen vorhandenen Unterschiede wurde vielleicht umgestaltet, d. h. die Stellung eines bestimmten Unterschiedes hat sich geändert: seine Wechselbeziehungen zu den anderen Unterschieden, seine differenzierende Eigenschaft? Jede phonologische Einheit innerhalb des gegebenen Systems muß in ihren Wechselbeziehungen zu allen übrigen Einheiten des Systems vor und nach dem zu betrachtenden Lautwandel in Rechnung gestellt werden:

(Beispiel 1) Im Weißrussischen verwandelte sich *t’* in *c’* und zugleich *d’* in *ʒ’*. Wenn wir die Umwandlung von *t’* in *c’* beschreiben, müssen wir einerseits die Beziehungen des Phonems *t’* mit den übrigen Phonemen des Systems, dem es angehört hat, klarlegen, also mit *t*, *d*, *d’*, *s*, *s’*, *c* usw., andererseits die Beziehungen des Phonems *c’* mit den übrigen Phonemen des entsprechenden Systems, also mit den an sich unveränderten Phonemen: *t*, *d*, *s*, *s’*, *c* usw., und mit dem neugebildeten Phonem *ʒ’*.[3]

---

[2] Vgl. z. B. K. Koffka, *Psychologie · Die Philosophie in ihren Einzelgebieten*, Berlin 1925, 531ff.: „Bedingung für das Erfassen der Gleichheit, allgemein der Relation, ist, daß die zwei Glieder nicht als bloß und-verbunden gegeben sind, sondern als Teile in eine Gestalt eingehen. Waren sie vorher gleichsam gegeneinander isoliert, so sind sie jetzt miteinander verbunden, wirken aufeinander ein, beeinflussen sich gegenseitig."

[3] Zur phonologischen Interpretation eines Lautwandels gehört die genaue Kenntnis des phonologischen Systems der gegebenen Sprache und seiner Evolution; deshalb verwende ich Beispiele vorwiegend aus der Geschichte der slawischen Sprachen, da ihre historische Phonologie mir am besten bekannt ist.

II

Einem Lautwandel kann es an einer phonologischen Rolle fehlen. Es wächst z. B. die Zahl und die Mannigfaltigkeit der kombinatorischen Phonemvarianten:

(Beispiel 2) In vielen großrussischen Mundarten hat sich *ɛ* vor mouillierten Konsonanten in *ẹ* (geschlossenes *e*) verwandelt.

(Beispiel 3) Das Phonem *r* palatalisiert sich am Wortende in bestimmten norwegischen Dialekten.

Oder es verallgemeinert sich umgekehrt eine der kombinatorischen Varianten, zwei Varianten verschmelzen zu einer:

(Beispiel 4) In manchen südgroßrussischen Mundarten realisiert sich das Phonem unbetontes *a* vor engeren betonten Vokalen als der Laut *a* und vor den breiteren als ein mittlerer Vokal. In einem Teil dieser Mundarten wurde die Variante *a* später verallgemeinert. Die heutigen Lautformen *m'ilá*, *p'iták* usw. zeugen davon, daß der Lautform *vadá* die Lautform *vɑdá* vorhergegangen war: der mittlere Vokal, welcher nach dem mouillierten Konsonanten vorhanden war, fiel zusammen mit der Variante des Phonems *i* in derselben Umgebung. Hier fand also eine phonologische Mutation statt: das Phonem unbetontes *a* wurde in den oben erwähnten Verbindungen durch das Phonem unbetontes *i* ersetzt; daher konnte die später erfolgende Unifikation der Varianten des Phonems *a* nicht auf diese Fälle übergreifen.

(Beispiel 5) In einigen slawischen Mundarten realisiert sich der stimmhafte labiale Verschlußkonsonant vor einem Vokal als labiodentales *v* und in allen anderen Positionen als bilabiales *w*. Aber bei der Mehrheit der slawischen Mundarten findet sich eine dieser beiden Varianten (am häufigsten *v*) generalisiert.

Schließlich kann sich die Grundvariante eines Phonems phonetisch ändern, aber falls dabei die Systematik der Phoneme die gleiche bleibt und das Verhältnis zwischen dem gegebenen Phonem und allen übrigen sich unverändert gestaltet, so muß auch ein solcher Lautwandel als a u ß e r p h o n o l o g i s c h betrachtet werden:

(Beispiel 6) Es gibt großrussische Mundarten mit einem siebenphonemigen betonten Vokalismus. Die einen dieser Mundarten besitzen das folgende System der betonten Vokale:

	a	
ɔ		*ɛ*
u̯o		*i̯e*[4]
u		*i*

[4] *u̯o* entstammt einem steigend betonten *o*, *i̯e* dem protoslawischen Diphthong *ě* („jat'").

In den anderen Mundarten desselben Typus erscheinen statt *uo̯*, *i̯e* geschlossene Vokale *ọ*, *ẹ*, scheinbar eine sekundäre Erscheinung: *ọ*, *ẹ* nehmen in dem System denselben Platz ein wie *uo̯* und *i̯e*. Folglich ändert die Umwandlung des einen dieser Paare in das andere nichts am phonologischen System.

III

Falls ein Lautwandel sich im phonologischen System kundtut, kann er als Realisation einer phonologischen Mutation oder eines Bündels phonologischer Mutationen angesehen werden. Wir sprechen von *Mutation*, um den sprunghaften Charakter der phonologischen Veränderungen hervorzuheben:

(Beispiel 7) Im Südgroßrussischen ist das unbetonte *o* mit dem *a* verschmolzen. Vielleicht waren hier Zwischenstufen vorhanden: *o* entwickelte sich zu einem sehr offenen *o*-Vokal, dann zu einem a^o und endlich allmählich die Rundung verlierend zu *a*. Aber vom phonologischen Standpunkt sind hier nur zwei Stufen vorhanden: 1. *o* (o^a, a^o) unterscheidet sich von *a*, es sind zwei verschiedene Phoneme; 2. der Reflex von *o* unterscheidet sich nicht mehr von *a*, die beiden Phoneme sind zu einem einzigen verschmolzen; tertium non datur.

Die Formel der phonologischen Mutation lautet:

$$A : B > A_1 : B_1$$

Es sind zwei Grundkategorien der Mutationen zu unterscheiden: entweder ist eines der beiden Verhältnisse ($A : B$ oder $A_1 : B_1$) phonologisch, oder es sind beide: sowohl $A : B$, wie $A_1 : B_1$ verschiedene Spielarten eines phonologischen Verhältnisses. Die erste Grundkategorie teilt sich wiederum in zwei Typen: Die Beseitigung eines phonologischen Unterschiedes kann als Entphonologisierung und die Entstehung eines phonologischen Unterschiedes als Phonologisierung bezeichnet werden.[5]

---

[5] Ich halte die Bezeichnungen *Phonologisierung* und *Entphonologisierung* für geeigneter als die Bezeichnungen *Divergenz* und *Konvergenz*, welche E. Polivanov in seinen vorzüglichen Studien über die Entphonologisierung („Iz teorii fonetičeskix konvergencij", in: *Sbornik Turkestanskogo Vostočnogo Instituta v čest' prof. A. E. Šmidta*, Taškent 1923, 106–115 und „Faktory fonetičeskoj èvoljucii jazyka, kak trudovogo processa", in: *Učenye zapiski Instituta jazyka i literatury* III,20–42) gebraucht, weil in der Wissenschaft diese

IV

Entphonologisierung: A und B sind einander phonologisch entgegengesetzt, wogegen zwischen A_1 und B_1 kein phonologischer Unterschied besteht.

Bei der Analyse einer Entphonologisierung müssen folgende Fragen aufgeworfen werden: Wie ist der Charakter des phonologischen Gegensatzes A : B beschaffen? Ist es eine Disjunktion oder ein Korrelationspaar? Wenn es sich um ein Korrelationspaar handelt, bedeutet dann sein Verlust eine Einzeläußerung eines allgemeineren Prozesses (d. h. des Verlustes der gesamten Korrelation) oder bleibt die Korrelation bestehen? Wie ist der Charakter des außerphonologischen Verhältnisses $A_1 : B_1$ beschaffen, ist es eine Variation, und zwar welche: eine kombinatorische? eine stilistische? oder handelt es sich um eine phonetische Identität (zwei gleiche Realisationen eines und desselben Phonems)? Ist das Verhältnis $A_1 : B_1$ eine außerphonologische Variation, so ist A_1 phonetisch gleich A und B_1 phonetisch gleich B und es haben sich nur die Bedingungen des Vorhandenseins eines jeden von ihnen verändert. Wenn aber A_1 phonetisch B_1 gleicht, so ist entweder $A_1 \neq A$ und $B_1 \neq B$, d. h. A und B sind in einem gewissen C zusammengefallen, das phonetisch sich sowohl von A wie von B unterscheidet, oder es ist $A_1 \neq A$, aber $B_1 = B$, d. h. $A > B$. Also muß die Einordnung der Entphonologisierungstypen Rücksicht nehmen auf das Verhältnis zwischen den Phonemen vor der Mutation, auf das Verhältnis zwischen den Lauten, die aus der Mutation entstehen, und auf das Verhältnis zwischen jedem Resultat und seinem Prototyp. Wir wollen einige Beispiele der Entphonologisierung betrachten:

– Eine Disjunktion wird zu einer Beziehung von kombinatorischen Varianten:

(Beispiel 8) In einem Teil der großrussischen Mundarten verwandeln sich zwei disjunkte Phoneme, unbetontes *e* und unbetontes *a*, in kombinatorische Varianten eines einzigen Phonems: nach den mouillierten

---

letzteren gewöhnlich mit einer anderen Bedeutung verknüpft sind. So wird in der Biologie unter Konvergenz eine Erwerbung gleicher Merkmale durch verschiedene Organismen verstanden, ungeachtet dessen ob es sich um verwandte oder unverwandte Organismen handelt. (vgl. Z. B. L. Berg, *Nomogenez, ili evoljucija na osnove zakonomernostej,* Petersburg 1922, Kap. IV); ebenso werden in der Sprachwissenschaft mit Konvergenz ähnliche Erscheinungen in der selbständigen Entwicklung verschiedener Sprachen bezeichnet (s. A. Meillet, „Convergence des développements linguistiques", in: A. Meillet, *Linguistique historique et linguistique générale,* 2 Bde. Paris 1921, 1936, I 61–75.).

Konsonanten wird dieses Phonem als *e*, nach den unmouillierten als *a* realisiert. Diese Entphonologisierung wurde folgendermaßen durchgeführt: *a* ist nach den mouillierten Konsonanten in *e* übergegangen (*p'aták* > *p'eták*, *p'at'í* > *p'et'í*), *e* ist nach den unmouillierten in *a* übergegangen (*žen'ix* > *žan'ix*).

– Eine Disjunktion wird zu einer Beziehung von kombinatorisch-stilistischen Varianten:

(Beispiel 9) Die Phoneme *ʒ* und *z* sind in den meisten japanischen Mundarten in einem Phonem zusammengefallen; im Wortanfang und nach einem Nasal wird dieses Phonem als *ʒ* und zwischen Vokalen beim gewöhnlichen Tempo als *z* und bei einer gepflegten Sprechweise als *ʒ* realisiert.[6]

– Eine Disjunktion wird zu einer Identität (A > B):

(Beispiel 10) Bestimmte polnische Mundarten haben zwei Konsonantenreihen: 1. *š*, *ž*, *č*, *ǯ*; 2. *s*, *z*, *c*, *ʒ* in eine einzige Reihe umgestaltet: *š* > *s*, *ž* > *z*, *č* > *c*, *ǯ* > *ʒ*; also *š* : *s* > *s* : *s* usw.

– Eine Disjunktion wird zu einer Identität (A > C, B > C):

(Beispiel 11) In einigen nord- und mittelgroßrussischen Mundarten vereinigten sich die mouillierten *s'* und *z'* mit *š* und *ž*, die ihre Mouillierung noch nicht verloren hatten, in den Zwischenlauten, besonders in den mouillierten dorsalen *ŝ*, *ẑ*.

– Ein Korrelationspaar wird zu einer Beziehung von kombinatorischen Varianten (die Korrelation wird beseitigt):

(Beispiel 12) Das Paar *b* : *p* und alle anderen Gegensatzpaare der stimmhaften und der entsprechenden stimmlosen Geräuschkonsonanten verloren im Tschuwaschischen ihren phonologischen Charakter: in der Stellung zwischen einem sonoren Phonem (hierher gehören alle Vokale und die sonoren Konsonanten) und einem Vokal wurden *b* und die anderen stimmhaften Konsonanten verallgemeinert; in allen übrigen Stellungen wurden im Gegenteil *p* und die anderen stimmlosen Konsonanten verallgemeinert.

– Ein Korrelationspaar wird zu einer Identität (die Korrelation wird beseitigt; A > B):

(Beispiel 13) Im Ostslowakischen fiel das lange *ā* mit dem kurzen *a* zusammen und auch alle anderen langen Vokale wurden ebenfalls gekürzt: die Quantitätskorrelation der Vokale wurde beseitigt.

(Beispiel 14) Im Urslawischen verloren die aspirierten Konsonanten ihre Aspiration und verschmolzen mit den entsprechenden nichtaspirierten Konsonanten.

---

[6] Polivanov, „Faktory [. . .]“ a. a. O. 35.

– Ein Korrelationspaar wird zu einer Identität (die Korrelation bleibt erhalten; A > B):

(Beispiel 15) In einem Teil der ukrainischen und weißrussischen Mundarten ist das mouillierte *r'* zu einem nichtmouillierten *r* geworden. Die übrigen Konsonantenpaare, die die Mouillierungskorrelation bildeten, blieben erhalten. Es ist charakteristisch, daß bei der Verschmelzung der Korrelate immer gerade die merkmalhaltige korrelative Reihe (vgl. N. S. Trubetzkoy, Die phonologischen Systeme S. 97) beseitigt wird: im Beispiel 13 die Länge der Vokale, im Beispiel 14 die Aspiration der Konsonanten, im Beispiel 15 das mouillierte *r'*.

V

P h o n o l o g i s i e r u n g: zwischen A und B gibt es keinen phonologischen Unterschied, wogegen zwischen A_1 und B_1 ein solcher besteht. Bei der Analyse einer Phonologisierung müssen folgende Fragen aufgeworfen werden: stellt $A_1 : B_1$ eine Disjunktion oder ein Korrelationspaar dar? Wenn es ein Korrelationspaar ist, bedeutet dann die zu betrachtende Mutation nur eine Bereicherung der bereits bestehenden Korrelation oder ist sie nur ein Teil einer allgemeineren Erscheinung: der Entstehung einer neuen Korrelation? Was die Beziehung zwischen A und B anbelangt, so halten Polivanov und van Ginneken das Vorhandensein von außerphonologischen Varianten für eine unentbehrliche Voraussetzung einer Phonologisierung. Tatsächlich ist das Identitätsverhältnis zwischen A und B anscheinend ausgeschlossen. Dementsprechend ist phonetisch $A_1 = A$, $B_1 = B$. Meistens sind A und B kombinatorische Varianten.

– Eine kombinatorische Variation wird zu einer Disjunktion:

(Beispiel 16) Im Lettischen sind *k*, *g* vor den vorderen Vokalen zu *c*, *ʒ* geworden. Die Laute *k* und *c* (bzw. *g* und *ʒ*) waren kombinatorische Varianten eines und desselben Phonems. Nach dem Übergang des Diphtongs *ai* zu *i* in der Schlußsilbe ist *k* in denselben Stellungen, wo *c* vorkam, möglich geworden, d. h. *k* und *c* sind disjunkte Phoneme geworden.[7]

– Eine kombinatorische Variation wird zu einem Korrelationspaar (die Korrelation wird neu gebildet):

(Beispiel 17) In lettischen Mundarten haben sich die dentalen Konsonanten vor den vorderen Vokalen palatalisiert. Das waren kombinatorische Varianten der dentalen Phoneme, aber soweit unter gewissen Be-

---

[7] Siehe J. Endzelin, *Lettische Grammatik*, Heidelberg 1923. § 89.

dingungen die unbetonten Vokale geschwunden sind, entstand ein phonologischer Gegensatz zwischen den ihnen vorangegangenen palatalisierten und den entsprechenden nichtpalatalisierten Konsonanten. So bildete sich in diesen Mundarten eine Mouillierungskorrelation der Konsonanten.[8]

– Eine kombinatorische Variation wird zu einem Korrelationspaar (die Korrelation war bereits vorhanden):

(Beispiel 18) Im Frühpolabischen war das Phonem *x* vor den einen Vokalen durch eine stimmlose velare Spirans *x*, vor den anderen durch eine stimmlose palatale Spirans *x̂* vertreten. Das waren zwei kombinatorische Varianten, die sich in zwei getrennte Phoneme verwandelten, als die schwachen Vokale mittlerer und niederer Hebung zu *a* verschmolzen und solche Wortunterscheidungen entstanden wie fem. *sau̯xa* – neutr. *sau̯x̂a*. Das Paar *x̂* : *x* wurde in den Bestand der schon im Polabischen vorhandenen Mouillierungskorrelation eingegliedert.[9]

Es gibt auch solche Beispiele der Phonologisierung, in denen das Verhältnis A : B eine stilistische Variation ist. Diese Variation kann sich allmählich lexikalisieren, d. h. die affektive Phonemvariante wird durch solche Wörter verankert, die meistens mit emotioneller Färbung ausgesprochen werden: diese Wörter bilden eine besondere stilistische Schicht im Wortschatz der gegebenen Sprache. Dann verwischt sich nach und nach das Affektive an diesen Wörtern und die entsprechende Phonemvariante verliert ihre emotionelle Begründung und wird als ein besonderes Phonem empfunden:

(Beispiel 19) Meillet vermerkt im lateinischen Wortschatz charakteristische Niederschläge eines expressiven Vorganges, nämlich der Konsonantengemination. Die geminierten Konsonanten, die dem intellektuellen indogermanischen Wortschatz fremd waren, stellten eine gewöhnliche Erscheinung innerhalb der affektiv gefärbten Wörter dar. Sie wurden durch diese Wörter verankert, und als diese Wörter ihren Gefühlswert verloren hatten und sich neutralisierten, blieben die geminierten Konsonanten als besondere Phoneme erhalten.[10]

Ähnliche Beispiele der Umbildung einer emotionellen Phonemvariante in ein selbständiges Phonem sind verhältnismäßig selten, aber ihnen verwandt ist eine andere Reihe von Erscheinungen, die umfangreiche Anwendung findet. Indem die Sprache fremde Wörter entlehnt, paßt sie sie zum Teil ihrem Phonemsystem an, zum Teil bewahrt sie die fremdsprachlichen Phoneme. Wörter mit solchen Phonemen werden

---

[8] Siehe Endzelin a. a. O. § 90.
[9] N. Trubetzkoy, *Polabische Studien.* Wien 1929, 91 f., 38 f., 123.
[10] A. Meillet, *Esquisse d'une histoire de la langue latine,* Paris 1928, 166ff.

auch weiterhin als Fremdwörter, als eine besondere stilistische Schicht empfunden. Aber manchmal beginnen diese Wörter in der allgemeinen Wortmasse aufzugehen, und die Sprache wird auf diese Weise um neue Phoneme bereichert, deren Fremdheit nicht mehr gefühlt wird. Am leichtesten eignet sich die Sprache solche fremden Phoneme an, die sich in die schon vorhandenen Korrelationen einfügen.

(Beispiel 20) Die russische Sprache sowie die übrigen slawischen Sprachen haben eine beträchtliche Anzahl fremder Wörter mit dem Phonem *f* entlehnt. In den Fällen, in denen eine Tendenz bestand, das Lehnwort mit *f* gründlich zu russifizieren, wurde *f* durch *xv*, *x* oder *p* ersetzt. *f* war ein Signal der Fremdsprachigkeit und manchmal wurde es vom Volke in solche Lehnwörter eingeführt, in denen es an und für sich kein Platz haben sollte, z. B. *kufárka* statt *kuxarka* ('Köchin') usw. Aber allmählich assimilierte sich der Teil der Wörter, der *f* bewahrt hatte (*fonár'*, *lif*, *fílin*, *Fédja* usw.), mit den russischen einheimischen Wörtern und das russische Grundarchiphonem [*v, v'*] wird um zwei neue Phoneme bereichert:

v, v'
f, f'

VI

Neben der Entphonologisierung und der Phonologisierung besteht noch eine Gruppe der phonologischen Mutationen, nämlich die *Umphonologisierung (oder phonologische Umwertung)*: *die Umbildung eines phonologischen Unterschiedes in einen andersgearteten phonologischen Unterschied, der sich in einer anderen Beziehung zum phonologischen System befindet, als der erste.* A und B und ebenfalls A_1 und B_1 sind einander phonologisch entgegengesetzt, aber die phonologische Struktur dieser Gegensätze ist verschiedener Art. In dieser Umgestaltung der phonologischen Struktur liegt der prinzipielle Unterschied der Umphonologisierung gegenüber den oben besprochenen Fällen des außerphonologischen Lautwandels (Beispiele 5, 6).

Es gibt drei Typen der Umphonologisierung: I. die Umwandlung eines Paares in Korrelation stehender Phoneme in eine Disjunktion; II. die Umwandlung einer Disjunktion in ein Paar in Korrelation stehender Phoneme; III. die Umwandlung eines Paares, das zu einer Korrelation gehört, in ein Paar einer anderen Korrelation. Dabei muß man stets in Betracht ziehen, ob es sich um das Schicksal eines einzelnen Korrelationspaares handelt (a) oder der Korrelation als solcher (b).

Ia. Ein Paar in Korrelation stehender Phoneme wird zu einer Disjunktion (die Korrelation bleibt erhalten):

(Beispiel 21) Im Altpolnischen ist das mouillierte *r'* in einen Geräuschkonsonant *ř* übergegangen. Die übrigen Paare der Mouillierungskorrelation der Konsonanten sind erhalten geblieben.

(Beispiel 22) In den südlichen Gebieten der nordwest- und ostslawischen Sprachgruppen ist *g* zu einer entsprechenden Spirans *γ* geworden und verwandelte sich in Bezug auf *k* von einem korrelativen zu einem disjunkten Phonem.

Ib. Ein Paar in Korrelation stehender Phoneme wird zu einer Disjunktion (die Korrelation wird beseitigt):

(Beispiel 23) Im Italischen wurde *bh* zu *f* und ebenso verwandelte sich jeder andere aspirierte Verschlußkonsonant in eine einfache Spirans, fernerhin vereinigten sich alle diese Reflexe in *f*, außer *x*, aus dem *h* entstand.

(Beispiel 24) Im Alttschechischen unterlag die Mouillierungskorrelation der Konsonanten der Beseitigung. Die mouillierten *s'*, *z'* verloren ihre Mouillierung, dasselbe geschah unter gewissen Bedingungen mit den mouillierten Labialen, unter anderen Bedingungen verwandelten sie sich in Gruppen „unmouilliertes Labial + *j*". Die Gegensätze der Phoneme *t*, *d*, *n* und der entsprechenden mouillierten Phoneme wurden umphonologisiert: sie verwandelten sich in disjunkte Lokalisierungsunterschiede zwischen den apikalen und palatalen Konsonanten (vgl. R. Jakobson, „Über die phonologischen Sprachbünde", in: *TCLP* 4 (1931) 234–240).

IIa. Eine Disjunktion wird zu einem Paar in Korrelation stehender Phoneme (die Korrelation war bereits vorhanden): (Beispiel 25)

(Beispiel 25) Das indogermanische palatale *ĝ* hatte im Urslawischen *z* zum Reflex, d. h. wurde zum stimmhaften Korrelat des Phonems *s*.

(Beispiel 26) Der Übergang von *g* zu *γ*, der einem Teil der slawischen Sprachen eigen ist (vgl. Beispiel 22), versah das Phonem *x*, das in Bezug auf *g* disjunkt gewesen war, mit einem stimmhaften Korrelat.

Mir sind weder Beispiele der Schaffung einer neuen Korrelation durch eine Umphonologisierung disjunkter Paare (IIb) bekannt, noch solche Fälle, in denen ein Paar korrelativer Phoneme sich von einer vorhandenen Korrelation losreißt und sich einer anderen anschließt, d. h. seine differenzierende Eigenschaft ändert (IIIa).

IIIb. Eine Korrelation wird zu einer anderen Korrelation. Die Formen solcher Mutationen sind sehr mannigfaltig:

(Beispiel 27) Ein ganzes Bündel von Umphonologisierungen befiel nach Meillets Schilderung die Korrelationen der armenischen Konsonanten.[11] Der indogermanische Gegensatz zwischen aspirierten und einfachen stimmhaften Konsonanten wurde zu einem Gegensatz zwischen Stimmhaften und Stimmlosen: die aspirierten Stimmhaften wurden zu einfachen Stimmhaften, die alten einfachen Stimmhaften zu Stimmlosen. Der indogermanische Gegensatz zwischen aspirierten und einfachen Stimmlosen wurde durch eine Unterscheidung der aspirierten Stimmlosen je nach Stärke und Schwäche ersetzt: die starken aspirierten Stimmlosen entstammen den aspirierten Stimmlosen, die schwachen aspirierten Stimmlosen den einfachen Stimmlosen. Es ist charakteristisch, daß die merkmalhaltige Reihe der Expirationskorrelation (aspirierte Konsonanten) wiederum durch merkmalhaltige Reihen neuer Korrelationen (nämlich durch stimmhafte und starke Konsonanten) ersetzt wurde.

(Beispiel 28) Bestimmte polnische Mundarten haben den Gegensatz der Vokale *a* und *å* durch den der Phoneme *ä* und *a* ersetzt.[12] Diese Änderung eines Korrelationspaares bedeutet einen Wechsel der differenzierenden Eigenschaft der gesamten Korrelation: Im ersten Fall besteht eine Korrelation von gerundeten und ungerundeten Vokalen, im zweiten Fall eine Korrelation von hinteren und vorderen Vokalen (vgl. R. Jakobson, „Über die phonologischen Sprachbünde" a. a. O.). Alle übrigen Korrelate entsprechen beiden Anforderungen: *e – o*, *ẹ – ọ*, *i – u*. In diesen Paaren ist ein Korrelat dem anderen phonetisch entgegengesetzt: sowohl als ein ungerundeter einem gerundeten Vokal als auch als ein vorderer einem hinteren Vokal.[13]

Von den betrachteten Umphonologisierungen muß man die Fälle der Verschmelzung zweier vorhandener Korrelationen scheiden, d. h. Fälle des Zusammenfallens aller vorhandenen Paare einer Korrelation mit den vorhandenen Paaren einer anderen, eine Abart der Entphonologisierung:

(Beispiel 29) Im Urtschechischen wurde der Gegensatz zwischen den steigenden langen und fallenden langen Vokalen zu dem Gegensatz

[11] Siehe A. Meillet, *Esquisse d'une grammaire comparée de l'arménien classique*, Wien 1903, 7ff. und A. Meillet, *Les dialectes indo-européens*, Paris 1922, Kap. X. XI. XIII.

[12] Siehe K. Nitsch, „Dyalekty języka polskiego", in: *Encyklopedya Polska*, T. III, Dział III, Część II,264.

[13] Dieses Beispiel ist auch in anderer Richtung lehrreich. Hier ist beispielsweise das Paar *i – u* unverändert geblieben (A_1 = A, B_1 = B = B), ebenso haben sich auch die Bedingungen des Vorhandenseins der beiden nicht geändert. Nichtsdestoweniger genügte die Ersetzung des Paares *a – å* durch das Paar *ä – a*, um kraft der Strukturgesetze des Systems eine Umphonologisierung aller übrigen Vokalpaare hervorzurufen.

zwischen den langen und kurzen Vokalen umgestaltet. Die Vokale mit fallendem Tonverlauf wurden mit den kurzen Vokalen identifiziert (Entphonologisierung). Es ist charakteristisch, daß die merkmallose Reihe der Tonverlaufskorrelation mit der ebenfalls merkmallosen Reihe der Quantitätskorrelation verschmolz.

VII

Es gibt Fälle von Lautwandel, die nicht den Bestand der Phoneme, sondern nur den Bestand ihrer Phonemverbindungen ändern. Da die phonologische Struktur der Sprache nicht nur durch das Repertoir der Phoneme gekennzeichnet wird, sondern auch durch das Repertoir der Phonemverbindungen, so bildet ein Lautwandel, welcher das Inventar der in der gegebenen Sprache zulässigen Phonemverbindungen ändert, ebenso wie die Veränderungen im Phoneminventar, eine phonologische Tatsache. Das sind zwei verschiedene Arten phonologischer Mutationen:

(Beispiel 30) In manchen großrussischen Mundarten wird die Verbindung „*é* + mouillierter Konsonant" in eine Verbindung „*í* + mouillierter Konsonant" umgestaltet. Auf diese Weise wird das Verhältnis zwischen der genannten Verbindung und der alten Verbindung „*í* + mouillierter Konsonant" entphonologisiert; das Verhältnis zwischen der Verbindung „*é* + mouillierter Konsonant" und z. B. „*ó* + mouillierter Konsonant" wird umphonologisiert und das Verhältnis zwischen zwei kombinatorischen Varianten des Phonems *é* (einer geschlosseneren vor den mouillierten Konsonanten und einer offeneren in den übrigen Stellungen) wird phonologisiert. Das Repertoir der Phoneme hat sich nicht geändert, aber eine Phonemverbindung wurde von der Sprache eingebüßt.

Wenn auch die Mutationen der Phonemverbindungen das System der Phoneme an und für sich nicht ändern, so äußern sie sich andererseits doch im Funktionieren der Phoneme. Es ändert sich die Häufigkeit der Anwendung einzelner Phoneme und eventuell auch der Grad ihrer Belastung.

(Beispiel 31) Die im Beispiel 30 betrachtete Mutation kennzeichnet eine Erhöhung der Frequenz des Phonems *í* und eine entsprechende Verminderung der Frequenz des Phonems *é*. Es vermindert sich die funktionelle Belastung des phonologischen Unterschiedes *é* – *í*, da diese Phoneme früher einander entgegengesetzt werden konnten, unabhängig davon, was nach ihnen folgte, und nach der Mutation nur in dem Falle, wenn nach ihnen kein mouillierter Konsonant folgt. Aber *é* erscheint in dieser Stellung verhältnismäßig selten: *é* war vor unmouillierten Konsonanten in *ó* übergegangen, und im Auslaut hatte *é* teilweise *ó*, teilweise *á* ergeben; *é*, dem kein mouillierter Konsonant folgt, erscheint in diesen Mundarten nur als Reflex des Diphthongs *i̯e̯* („jat'").

Es wäre eine gefährliche Vereinfachung, die Rolle des statistischen Faktors in der Sprachevolution zu überschätzen, aber wir dürfen auch nicht außer Acht lassen, daß das dialektische Gesetz des Umschlagens der Quantität in die Qualität mitwirkt. Die niedrige Frequenz und die schwache funktionelle Belastung eines phonologischen Unterschiedes begünstigt natürlicherweise seinen Verlust:

(Beispiel 32) Im serbischen Dialekt, den die Grammatik von Brlić widerspiegelt, war der Gegensatz zweier kurzvokaliger Akzentqualitäten nur in der ersten Wortsilbe nach einer Pause möglich (vgl. R. Jakobson, „Die Betonung und ihre Rolle in der Wort- und Syntagmaphonologie", in: *TCLP* 4 (1931) 164–182). Die Enge des Anwendungsgebietes war zweifellos der Beseitigung dieses Gegensatzes behilflich; eine solche Beseitigung fand auch in Wirklichkeit statt und diente als Anstoß für eine weitgehende prosodische Evolution mehrerer serbischer Mundarten.

VIII

Alle die Fälle phonologischer Mutationen, die wir oben besprochen haben, werden durch einen gemeinsamen Zug charakterisiert: alle Glieder dieser Mutationen sind dem Umfange nach gleich. Falls A und B ihrem Umfange nach Phoneme sind, so sind auch A_1 und B_1 ihrem Umfange nach Phoneme; falls A und B Phonemverbindungen sind, so sind auch A_1 und B_1 Phonemverbindungen gleichen Umfanges. Aber nicht von geringerer Bedeutung sind vom Gesichtspunkte der historischen Phonologie auch solche Mutationen, bei denen der Reflex (A_1) seinem phonologischen Umfange nach seinem Prototyp (A) nicht gleich ist.

I. Ein Phonem spaltet sich in eine Phonemverbindung. Dementsprechend verwandelt sich der Gegensatz zweier Phoneme in den Gegensatz zwischen einer Phonemverbindung und einem Phonem (Umphonologisierung):

(Beispiel 33) Das lange Phonem *ie* (= langes „jat'") verwandelte sich in einem Teil der serbokroatischen Mundarten in eine zweisilbige Verbindung zweier Phoneme: *i* + *e*. An Stelle der Disjunktion *i̯e̯* – *i* usw. tritt der Gegensatz zwischen der Phonemverbindung „*i* + *e*" und dem Phonem *i* usw.

(Beispiel 34) Im Ukrainischen haben sich die mouillierten Labiale vor *a* in Verbindungen „Labial + *j*"verwandelt; *p'* : *p* (Korrelationspaar) > *pj* : *p* (Verhältnis zwischen Phonemverbindung und Phonem); *p'* : *j* (Disjunktion) > *pj* : *j*.

Der Gegensatz zwischen einem Phonem und einer Phonemverbindung kann sich in eine Identität zweier Phonemverbindungen verwandeln (Entphonologisierung):

(Beispiel 35) Im Ukrainischen ist die Verbindung *pj*, die aus *p'* entstand (siehe Beispiel 34) mit der alten Verbindung „*p* + *j*" zusammengefallen. Vergleiche z. B. *pjat'* (< *p'at'*) und *pjanyj* (mit älterem *pj*).

Es ist eine Umgestaltung einer kombinatorischen Variation in einen Gegensatz zwischen einer Phonemverbindung und einem Phonem möglich (Phonologisierung):

(Beispiel 36) *p'* vor *i* und *p* vor *a* (siehe Beispiel 34) waren ursprünglich im Ukrainischen kombinatorische Varianten eines und desselben Phonems *p'* (verschieden war der Mouillierungsgrad je nach dem folgenden Vokal). Mit dem Übergang *p'* vor *a* in *pj* phonologisiert sich das Verhältnis zwischen den beiden Varianten.

II. E i n e P h o n e m v e r b i n d u n g v e r ä n d e r t s i c h z u e i n e m P h o n e m . Es gibt dabei zwei Möglichkeiten:

a) Das Ergebnis der Umwandlung bildet ein Phonem, das bereits von früher her im System vorhanden ist:

(Beispiel 37) In den ost- und südwestslawischen Sprachen wurde die Verbindung *dl* zu *l*. Der Reflex ist mit einem der Phoneme der ursprünglichen Phonemverbindung identisch. Einerseits ist hier eine Entphonologisierung vorhanden, nämlich *dl* : *l* > *l* : *l*, andererseits eine Umphonologisierung, nämlich *dl* : *n* > *l* : *n* usw.

(Beispiel 38) Im Lateinischen ist *dw* im Anlaut zu *b* geworden. Der Reflex ist mit keinem Phonem der ursprünglichen Phonemverbindung identisch. Das Verhältnis von *dw* zu *b* wird entphonologisiert, und das Verhältnis zu den übrigen Phonemen wird umphonologisiert.

b) Das Ergebnis der Umwandlung bildet ein Phonem, das dem System bis dahin unbekannt war:

(Beispiel 39) Im Serbokroatischen gingen die Phonemverbindungen *tj*, *dj* zu *ć*, *đ* (palatale Verschlußlaute) über. Dieser Prozeß kennzeichnet eine Umphonologisierung der Beziehung zwischen *tj*, *dj* und allen Phonemen, die in der Sprache existieren.

(Beispiel 40) Im Kirgisischen haben sich schon nach dem Zusammenfall der alten langen Vokale mit den kurzen neue Längen durch eine Kontraktion zweier Silben gebildet, z. B. in *ēr* 'Sattel' (zum Unterschied von *er* 'Mann'): vergleiche das usbekische *egær* 'Sattel'; oder es entstand

z. B. im Kirgisischen *tō* 'Berg' aus *taw* < **ta*ʁ.[14] Diese Kontraktionen haben hier eine neue Korrelation der Phoneme hervorgebracht.

(Beispiel 41) Die französische Umbildung der Phonemverbindungen „Vokal + *n*" in Nasalvokale führte in das phonologische System eine Nasalitätskorrelation der Vokale ein.

(Beispiel 42) In bestimmten chinesischen Dialekten ist durch eine Umbildung der Verbindungen „Vokal + Verschlußkonsonant" in Vokale mit Stimmbänderverschluß (nach der chinesischen Terminologie der sog. fünfte Ton der Vokale) eine neue prosodische Korrelation der Vokale entstanden.

Die zahlreichen Mutationen des Typs *dl* > *l* (s. Beispiel 37) stellen eine Verkürzung einer Phonemverbindung um ein Phonem dar. Die Umwandlung eines Phonems in ein Lautnull (phonisches zéro) kann auf bestimmte Phonemverbindungen beschränkt werden, kann aber auch allgemein sein. Das ist ein Sonderfall desselben Mutationstypus: eine beliebige Phonemverbindung verliert das fragliche Phonem:

(Beispiel 43) Bestimmte serbokroatische Mundarten verloren das Kehlkopfphonem *h* (Reflex des urslawischen *x*); es schwand in allen Stellungen. Das ist eine Sondererscheinung der in diesen Mundarten durchgehend verwirklichten Tendenz, alle Geräuschlaute aufzuteilen in Paare von stimmhaften und stimmlosen.

Eine entgegengesetzte Erscheinung existiert selbstverständlich nicht, d. h. ein Lautnull kann sich nicht unter beliebigen Umständen in ein Phonem verwandeln.

IX

Indem wir die Anwesenheit einiger gleichzeitiger Mutationen aufdecken, müssen wir das gesamte Bündel dieser Mutationen als eine Ganzheit einer Analyse unterwerfen. Der Zusammenhang der Mutationen ist nicht zufällig. Sie sind innerlich miteinander verknüpft; die Gesetze ihrer Wechselbeziehungen müssen aufgeklärt werden. Eines dieser Gesetze, das für die Ausarbeitung von Prinzipien der historischen Phonologie sehr fruchtbar ist, wurde von Polivanov aufgestellt: die Phonologisierungen „werden nie, ohne von einer anderen Neuerung begleitet zu werden, verwirklicht"; „in einer ungeheueren Masse der Fälle wird die Divergenz (= Phonologisierung) von der einen oder anderen Konvergenz (= Entphonologisierung) begleitet und wird dabei von

---

[14] E. Polivanov, *Vvedenie v jazykoznanie, dla vostokovednych Vuzov*, Leningrad 1928, 196.

ihr diktiert."[15] Hier ist die Phonologisierung kombinatorischer Varianten gemeint und in Anwendung auf diese ist das Gesetz ausnahmslos richtig. Eine solche Verknüpfung der Phonologisierung und der Entphonologisierung kann unter dem Gesichtspunkt der Mutationen der Phonemverbindungen als Umphonologisierung betrachtet werden. Ein Unterschied wird durch einen anderen Unterschied ersetzt, und von der Umphonologisierung der Phoneme unterscheidet sich dieser Komplex von Mutationen nur in einer einzigen Hinsicht: bei der Umphonologisierung der Phoneme bleiben die Träger des phonologischen Unterschiedes die Reflexe derselben Phoneme, die vor der Mutation einander phonologisch entgegengesetzt waren. Dagegen bleibt bei einer „Umphonologisierung der Phonemverbindungen" die Tatsache des Entgegengestelltseins der Phonemverbindungen bestehen, aber die Funktion des Unterschiedsträgers geht von den einen Phonemen auf die anderen über, z. B. auf benachbarte Phoneme derselben Phonemverbindungen:

(Beispiel 44) In bestimmten chinesischen Mundarten sind die stimmhaften und stimmlosen Konsonanten zusammengefallen. Die Stimmbeteiligungskorrelation der Konsonanten ist durch die Tonstufenkorrelation der nachfolgenden Vokale ersetzt: der tiefe Ton des Vokals entspricht der ursprünglichen Stimmhaftigkeit des vorangehenden Konsonanten, der hohe Ton entspricht der ursprünglichen Stimmlosigkeit.[16] Der Tonstufenunterschied wurde aus einer kombinatorischen Variation zu einer Korrelationseigenschaft.

(Beispiel 45) In der nordwestukrainischen Mundart, von der die Mundart des Kirchspiels Kornicy des früheren Gouvernements Sedlec abstammt[17], hatte sich das Phonem *á* nach den mouillierten Konsonanten als Diphthong *ia* (kombinatorische Variante) realisiert. Der späterhin eingetretene Mouillierungsverlust von *r* machte den Gegensatz von *ia* – *a* in der Stellung nach *r* zu einem phonologischen und demzufolge verselbständigte sich *ia* als besonderes Phonem. Das Schema dieser Mutation sieht in phonologischer Transskription folgendermaßen aus:

r'á : *rá* > *ria̯* : *rá* [18]

---

[15] Polivanov, „Faktory [. . .]" a. a. O. 38.

[16] Siehe B. Karlgren, *Études sur la phonologie chinoise.* Stockholm 1915, Kap. 1 Kap. 14, 16.

[17] Siehe N. Jančuk, „Kornickij govor b. Konstantovskogo uezda Sedleckoj gub", in: *Trudy post. komissii po dialektologii russkogo jazyka* IX, 13ff.

[18] Vgl. auch die Beispiele 16–18: typische Fälle der Umphonologisierung der Phonemverbindungen. So wird im Beispiel 16 das Verhältnis *i* : *ai* entphonologisiert, im Beispiel 17 *ti* : *t#* > *t'#* : *t#*, etc. (# = Lautnull).

X

Im Gegensatz zur Phonologisierung von kombinatorischen Varianten ist die Phonologisierung von stilistischen Varianten nicht mit einer Entphonologisierung verbunden (vgl. Beispiele 19,20). Mit anderen Worten: es bestehen im Rahmen eines einem Sprachstil angehörenden Systems keine Phonologisierungen, die nicht durch Entphonologisierungen ausgeglichen würden; einem abgesonderten „funktionellen Dialekt" ist die Tendenz zur Vermehrung der phonologischen Unterschiede fremd; eine solche isolierte Phonologisierung ist nur als Ergebnis der Wechselwirkung zweier verschiedener funktioneller Dialekte, zweier verschiedener Sprachstile möglich. Die Phonologisierung eines lautlichen Gegensatzes wird hier durch den Verlust seines stilistischen Wertes ausgeglichen. Hier findet eine Umschaltung der Funktionen statt.

Scheinbar liegt die Umschaltung der Funktionen öfters auch den Entphonologisierungen zu Grunde, besonders in den Fällen, wo die Entphonologisierung mit keiner anderen Mutation verknüpft ist. Die Entphonologisierung kann eine Verallgemeinerung einer solchen Erscheinung sein, die ursprünglich eine spezifische Eigenschaft eines besonderen Sprachstils, z. B. der nachlässigen, beschleunigten Rede bildete. Eine Erscheinung, die einen bestimmten Sprachstil, eine besondere emotionelle Redefärbung signalisiert, wird auch auf solche Rede übertragen, der diese Färbung fremd ist, und gestaltet sich also zu einer Art sprachlicher Norm.

(Beispiel 46) Wie die russischen Grammatiker des 18. Jh. bezeugen, kannte die Mundart der Moskauer gebildeten Kreise noch den Diphthong *i̯e* („jat'") als besonderes Phonem, aber in der nachlässigen, beschleunigten Rede verschmolz er mit *é*. Eine gleiche Erscheinung, das Verwischen der Grenze zwischen *i̯e* und *é*, *u̯o* und *ó* vermerken die Dialektologen bei der Allegrosprechweise in solchen großrussischen Mundarten, die noch grundsätzlich den Unterschied zwischen diesen Phonemen bewahren.[19] Das ist die erste Etappe des Unterschiedsverlustes, die zweite Etappe wäre die Verschiebung in dem Verhältnis zwischen dem nachlässigen und sorgfältigen Sprachstil.

(Beispiel 47) Das Verschmelzen des unbetonten *e* mit dem unbetonten *i*, das vor unseren Augen in der Moskauer Mundart vor sich ging, verwirklichte sich zuerst nur in der zwanglosen, nachlässigen Rede. Der

---

[19] Siehe N. Durnovo, *Dialektologičeskie razyskanija v oblasti velikorusskix govorov*, B I. Lief. 2, 1918, 53ff.

Unterschied zwischen den beiden Phonemen wurde zuerst als Norm weiterempfunden und erst die nächste Generation hat den Allegrostil des unbetonten Vokalismus als Sprachnorm verallgemeinert.[20] Außerhalb der Wechselbeziehungen von solchen Lautstrukturen, die durch verschiedene Sprachstile bestimmt werden, ist der Sprache scheinbar die Neigung nicht nur zur Vermehrung, sondern auch zur Verminderung der phonologischen Unterschiede fremd. I m R a h m e n e i n e s e i n z e l n e n f u n k t i o n e l l e n D i a l e k t e s k a n n m a n w e d e r v o n e i n e m A u s b a u n o c h v o n e i n e m A b b a u d e s p h o n o l o g i s c h e n S y s t e m s s p r e c h e n , s o n d e r n n u r v o n s e i n e m U m b a u , v o n s e i n e r U m p h o n o l o g i s i e r u n g .

XI

Wir haben darauf hingewiesen, daß es nur vermittels des ganzheitlichen Verfahrens möglich ist, einen Lautwandel zu beschreiben. Es muß erforscht werden, welche phonologischen Unterschiede eine Veränderung erlitten haben, welche unverändert geblieben sind und auf welche Weise sich die Anwendung und die Ausnutzung aller dieser Unterschiede verändert hat. Weiter ist der Lautwandel in seinen Beziehungen zu den Lautsystemen verschiedener Funktionen zu betrachten. Aber die Mutationenbeschreibung erschöpft noch nicht die historische Phonologie. Wir stehen vor der Aufgabe der M u t a t i o n e n d e u t u n g .

Die Beschreibung liefert Daten über zwei sprachliche Zustände: vor und nach der Mutation und erlaubt uns die Frage über die Richtung und den Sinn der Mutation zu stellen. Sobald diese Frage aufgeworfen ist, gehen wir aus dem Gebiete der Diachronie ins Gebiet der Synchronie über. Die Veränderung kann im selben Grade wie die unveränderlichen Sprachelemente zum Gegenstand der synchronischen Forschung werden. Es wäre der größte Fehler, die Statik und die Synchronie als Synonyme zu betrachten. Der statische Schnitt ist eine Fiktion, es ist nur ein wissenschaftliches Hilfsmittel, aber kein besonderer Realitätsmodus. Wir können die Wahrnehmung eines Filmes nicht nur diachronisch, sondern auch synchronisch betrachten, aber der synchronische Aspekt eines Filmes gleicht nicht einem einzelnen Bild, das aus dem Film herausgeschnitten ist. Die Bewegungswahrnehmung ist auch

---

[20] In den *Remarques sur l'évolution phonologique du russe* [. . .] (Prague 1929, 48f.) interpretiere ich den Schwund der slawischen „schwachen Halbvokale" als eine Verallgemeinerung des Allegrostils der Sprache.

im synchronischen Aspekte gegeben. So verhält es sich auch mit der Sprache.

Das Werk von Saussure erspart uns den Beweis des Satzes, daß die synchronische Betrachtung der Sprache eine teleologische Erkenntnis ist. In dem wir eine sprachliche Mutation im Kontexte der linguistischen Synchronie betrachten, führen wir sie in den Umkreis der teleologischen Probleme ein. Daraus folgt notwendigerweise die Anwendung des Problems der Zielstrebigkeit auf eine Kette von nacheinanderfolgenden Mutationen, d. h. auf die diachronische Linguistik. Das ist eigentlich die logische Vollendung des Weges, der vor einigen Jahrzehnten von den Junggrammatikern betreten worden ist, soweit sie die ersten Versuche machten, die Sprachwissenschaft von der naturwissenschaftlichen Methodologie ihrer Zeit und besonders von den quasi-darwinistischen Klischees, die von Schleicher und seinen Epigonen propagiert wurden, zu emanzipieren.

Wenn einer gegebenen phonologischen Mutation eine Störung des Systemgleichgewichts vorangeht, und aus dieser Mutation eine Beseitigung der Störung resultiert, macht es uns keine Schwierigkeit, die Funktion dieser Mutation aufzudecken. Ihre Aufgabe ist die Wiederherstellung des Gleichgewichtes. Freilich, indem eine Mutation das Gleichgewicht in einem Punkte des Systems wiederherstellt, kann sie dabei das Gleichgewicht an anderen Punkten stören und somit die Notwendigkeit einer neuen Mutation hervorrufen. So entstehen öfters ganze Ketten stabilisationsheischender Mutationen.

(Beispiel 48) Der Schwund der „schwachen Halbvokale" in den slawischen Sprachen führte eine selbständige Mouillierungskorrelation der Konsonanten herbei. Für alle slawischen Sprachen ist die Tendenz zum Beseitigen der Vereinigung der Mouillierungskorrelation der Konsonanten mit der Tonverlaufskorrelation der Vokale charakteristisch, wobei eine der beiden Oppositionen aufgehoben wird. Jene slawischen Sprachen, die zugunsten der Mouillierungskorrelation die Tonverlaufskorrelation (d. h. die Oppositon von steigender und fallender Intonation) beseitigt haben, wurden vor die Alternative gestellt, entweder auf die unabhängigen Quantitätsunterschiede der Vokale oder auf die unabhängige Betonung zu verzichten, da diese beiden Korrelationen in einer monotonischen Sprache unvereinbar sind. Die einen slawischen Sprachen haben den einen Weg eingeschlagen, die anderen den anderen.[21]

---

[21] Eingehender habe ich diesen Erscheinungskreis in *Remarques sur l'évolution phonologique du russe comparée à celle des autres langues slaves* (= *TCLP* 2), Prague 1929 geschildert.

Es wäre aber ein Fehler, das Streben jeder phonologischen Mutation auf die Wiederherstellung des Gleichgewichtes zu beschränken. Wenn das phonologische System der intellektuellen Sprache wirklich normalerweise zum Gleichgewicht strebt, so bildet im Gegenteil die G l e i c h - g e w i c h t s s t ö r u n g ein konstitutives Element der emotionellen und der dichterischen Sprache. Darum verstößt die statische phonologische Beschreibung gegen die Wirklichkeit am wenigsten in den Fällen, in denen der Gegenstand dieser Beschreibung ein intellektuelles Sprachsystem ist.

Die Ausdrucksfähigkeit der emotionellen Rede wird durch breite Ausnutzung der in der gegebenen Sprache vorhandenen außerphonologischen lautlichen Unterschiede erworben, aber auf den höchsten Stufen der Affektivität bedarf die Rede wirksamerer Mittel und macht auch vor der Verunstaltung des phonologischen Baues nicht halt; z. B. verschmelzen verschiedene Phoneme miteinander, deren Aussprache zwecks Überwindung des Automatismus der gleichgültigen Rede umgestaltet wird; die Emphase dringt bis zur Verletzung der vorhandenen prosodischen Korrelationen vor; einzelne Phoneme werden zu Gunsten des beschleunigten Tempos verschlungen. All das wird durch die Tatsache begünstigt, daß in der emotionellen Rede die Darstellung vor dem Ausdruck zurücktritt und daß dabei der Wert einzelner phonologischer Unterschiede sich herabmindert. Die dichterische Funktion treibt die Sprache ebenfalls zur Überwindung des Automatismus und der Unfühlbarkeit des Wortes an, auch hier geht es bis zu Verschiebungen im phonologischen Bau.

(Beispiel 49). B. Miletić bemerkt, daß sich im Štokavischen unter emphatischem Nachdruck die „fallende" Betonung der kurzen Vokale in eine „steigende" umwandelt.[22]

(Beispiel 50) Öfters dient das Verwischen der phonologischen Unterschiede zur Befriedigung der ästhetischen Bedürfnisse, z. B. wird die russische Mundart von Kolyma durch die Tendenz zur Ersetzung der Phoneme *r*, *l* und besonders *r'*, *l'* durch das Phonem *j* charakterisiert. Diese Aussprache wird dort als *sladkoglasie* ('Süßsprecherei') bezeichnet und der Beobachter vermutet, daß der größere Teil der Bevölkerung ohne jegliche Mühe *r'*, *l'* usw. richtig aussprechen kann, aber dabei behauptet, daß eine solche Aussprache unschön sei.[23]

Die Sprachen verschiedener Funktionen sind einander eng zugeordnet und die Umschaltung der Funktionen ist eine ständige. Somit bildet das

---

[22] B. Miletić, *O srbo-chrvatských intonacích v nářečí štokavském*, Prag 1926, 13–14, 20.

[23] V. Bogoraz, „Oblastnoj slovar' kolymskago russkago narěčija", in: *Sbornik otdelenie russ. jaz. i slov.* IAN LXVIII. No. 4, 7.

Streben nach Gleichgewicht und das gleichzeitige Streben, es zu stören, unentbehrliche Eigenschaften der Sprachganzheit.

Die Vereinigung der Statik und Dynamik ist eine der ursprünglichen dialektischen Antinomien, die den Begriff der Sprache kennzeichnen. Ohne Rücksicht auf diese Antinomie kann die Dialektik der Sprachentwicklung nicht begriffen werden. Die Versuche, die *Synchronie* die *Statik* und das Gebiet der Anwendung der *Teleologie* einerseits bzw. die *Diachronie*, die *Dynamik* und die Sphäre der *mechanischen Kausalität* andrerseits zu identifizieren, schmälern ungesetzlich den Rahmen der Synchronie, sie machen die historische Sprachwissenschaft zu einem Agglomerat von vereinzelten Tatsachen und schaffen die schädliche Illusion einer Kluft zwischen den Problemen der Synchronie und der Diachronie.

WALTHER v. WARTBURG

Das Ineinandergreifen von deskriptiver und historischer Sprachwissenschaft*

Das Problem der deskriptiven und historischen Sprachwissenschaft in seiner ganzen Schärfe formuliert und klar herausgestellt zu haben, ist das bleibende Verdienst von Ferdinand de Saussure. Von ihm wird jede Erörterung dieses grundlegenden Problems der Linguistik ihren Ausgangspunkt nehmen müssen. An ihn knüpfen auch die folgenden Auseinandersetzungen an. Die Anregung hierzu verdanke ich der Beschäftigung mit seinen Ideen, sowie mit der von Gilliéron in die Sprachwissenschaft neu hineingetragenen Problematik. Es scheint mir daher notwendig, ganz kurz die Situation zu schildern, die Saussure antraf, als er begann, sich mit dem ganzen Fragenkomplex auseinanderzusetzen.

Bei den Griechen und Römern war das Ziel der Grammatik – die *Feststellung des richtigen Sprachgebrauchs*. Man suchte darüber Klarheit zu schaffen, wie man sich auszudrücken habe, um allgemein verständlich zu sein. Man wollte die Beziehungen zwischen den verschiedenen Teilen einer Sprache feststellen. Man suchte die Gesamtheit der sprachlichen Erscheinungen in ein allein und allgemein gültiges System zu bringen. Diese Zielrichtung übernahm vorerst auch die Neuzeit. Alle grammatikalischen Studien, die seit der Renaissance z. B. auf dem Gebiete des Französischen in so reicher Fülle uns entgegentreten, lehnen sich innerlich wie äußerlich an das Vorbild der lateinischen Grammatik an. Auch ihr Ziel ist, zu einer Regelung des Sprachgebrauchs zu gelangen. Von Meigret über Vaugelas bis zur Grammaire de Port-Royal von 1660 gilt das Ringen von mehreren Generationen dem Gewinnen einer Norm für die eigene Sprache. Man sucht die Struktur der gesamten sprachlichen Ausdrucksmittel in ein System zu bringen, die Beziehungen der verschiedenen Teile zueinander und aufs Ganze klarzulegen. Man streitet sich um die Frage, welche soziale Schicht als maßgebend angesehen werden müsse, der Hof oder Paris, die Gebildeten oder die Lastträger der Markthalle, die preziösen Damen oder der Gerichtshof. Doch wandte

---

* Die Kleinschreibung des Originals wurde aufgehoben. Die Saussurezitate werden in der dt. Übersetzung von H. Lommel (2. Aufl. 1967) gegeben. D. Ch.

man seinen Blick nicht rückwärts, man rief nicht etwa das Altfranzösiche an, um die moderne Sprache zu verstehen. So sind diese Werke stets eine mehr oder weniger gut gelungene deskriptive Erfassung der momentanen sprachlichen Zustände. Einen Ausfluß dieser Art die Sprache zu erfassen, haben wir bis heute notwendigerweise in den Grammatiken erhalten, die dem Erlernen einer fremden Sprache oder auch dem bessern Erfassen der Muttersprache zugrundegelegt werden. Das Wesentliche hieran ist die ahistorische Tendenz. Der Faktor Zeit ist da völlig ausgeschaltet.

Zu Beginn des 19. Jahrhunderts trat nun etwas völlig Neues in die Sprachwissenschaft ein. Der Wendepunkt wird bezeichnet im Jahre 1816 durch das Buch von Franz Bopp über das System der Konjugation des Sanskrit. Es ist nicht notwendig, hier die einzelnen Etappen zu verfolgen, über welche die Sprachvergleichung schließlich zur Sprachgeschichte wurde. Nur darauf möchte ich hinweisen, daß bei dieser Entwicklung der romanischen Sprachwissenschaft eine ganz besondere Bedeutung zukommt. Die 1836 erschienene romanische Grammatik von Diez konnte dank der festen Grundlage des Lateins zeigen, durch welche historischen Vorgänge die Sprachverwandtschaft sich erklärt. Die Resultate, welche man auf diesem Wege erhielt, überraschten durch ihre Tragweite, und man staunte, daß soviele Jahrhunderte achtlos an diesen Tatsachen vorübergegangen waren. Vor allem, und das ist sehr wichtig, hatte diese Entwicklung der Dinge ihre Folgen für die deskriptive Sprachbetrachtung. Als Wissenschaft, die in ihrem Bereich eine Gesetzmäßigkeit entdeckt hatte, fühlte sich die historische Sprachwissenschaft weit erhaben über die bloß konstatierende, ältere Schwester. Man ging so weit, dieser das Prädikat einer Wissenschaft abzuerkennen. Um die Jahre 1880–1900 herum verstand man unter Sprachwissenschaft kurzweg nur noch ihren historischen, vergleichenden Teil.

Diese Entwicklungsstufe der Sprachwissenschaft theoretisch dargestellt und zu ihrem Abschluß gebracht zu haben, ist das unvergängliche Verdienst von Ferdinand de Saussure. Der *Cours de Linguistique générale*, den er in den Jahren 1906–1911 gehalten hat, stellt den Gegensatz zwischen deskriptiver und historischer Sprachwissenschaft ins Zentrum seiner Betrachtungen. Nie vor ihm sind die beiden einander mit dieser Schärfe und Klarheit gegenübergestellt worden. Er definiert und veranschaulicht die beiden Betrachtungsweisen durch ein Axensystem:

A – B Axe der Gleichzeitigkeit
C – D Axe der Aufeinanderfolge in der Zeit

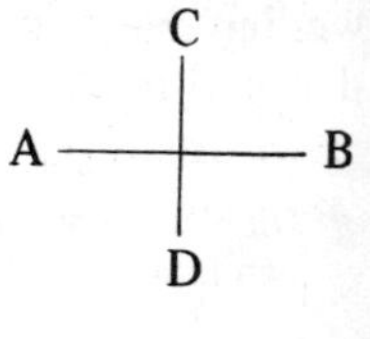

Nun geht aber Saussure über das hinaus, was eine Prinzipienlehre gewöhnlich bietet: Er konstatiert nicht nur den augenblicklichen methodischen Stand der Forschung, sondern er weist auch neue Wege. Indem Saussure Gleichzeitigkeit und zeitliche Aufeinanderfolge in der Sprache einander gegenüberstellte, definierte er den Punkt, auf dem die Sprachwissenschaft angelangt war. Das Neue, was er nun hineinstellte, das war das Postulat, deskriptive Sprachbetrachtung sei ebensowohl wissenschaftlicher Behandlung fähig, wie die historische. Nach ihm besteht keinerlei Primat des Längsschnittes C – D gegenüber dem Querschnitt A – B. Und wie um den Beweis für diese neuen Anschauungen zu erbringen, hat fast zu gleicher Zeit Saussures Schüler Charles Bally seinen *Précis* und seinen *Traité de stylistique* geschrieben. In diesen Büchern wird das Französische untersucht nach den in ihm waltenden Beziehungen und Verhältnissen, als ein in sich geschlossenes System von Ausdrucksmitteln[1]. So gelangt Saussure dazu, die Sprachwissenschaft zu zerlegen in zwei Teile, einen dynamischen und einen statischen, oder, wie er sie gewöhnlich nennt, linguistique diachronique und linguistique synchronique. So resümiert das Saussuresche Buch nicht nur die Quintessenz des bisher Geleisteten, gesehen durch sein ganz persönliches Prisma; er wirft auch den Grundriß hin zu einer neu zu begründenden und auf ihm beruhenden Wissenschaft. Er hat die Bahn freigemacht für eine ganz neue Art, die sprachlichen Dinge zu betrachten. Von Saussure an gab es zwei Sprachwissenschaften, eine historische und eine deskriptive.

So klärend Saussures Buch nun auf die Anschauungen gewirkt hat, so scheint es mir doch in einer andern Hinsicht eine wichtige Frage offen zu lassen. Saussure scheint zu verlangen, daß die beiden, linguistique synchronique und linguistique diachronique vollständig voneinander getrennt werden: „Es ist uns in jeder Weise verboten, gleichzeitig die Beziehungen in der Zeit und die Beziehungen im System zu untersuchen.“ So urteilt derjenige, welcher eindringlichst gezeigt hat, daß die Betrachtung der Sprache als eines einmaligen Systems genau ebensoviel Berechtigung hat wie diejenige der Sprache in ihrer Entwicklung.

---

[1] Schuchardt macht diesen Büchern zum Vorwurf, sie seien eher Lehrbücher für den Schulunterricht. Es ist in der Tat nicht zu leugnen, daß ihnen etwas Derartiges anhaftet. Das erklärt sich wohl daraus, daß sie zum Teil aus Vorlesungen und Übungen von Bally entstanden sind. Meines Erachtens ist es aber nicht sehr schwer, durch die zum Teil lehrhafte Form hindurch das wesentliche und wissenschaftliche absolut Neue an Ballys Büchern zu erkennen.

Uns obliegt es nun, zu untersuchen, ob wirklich zwei gesonderte Studienobjekte vor uns liegen, wie Saussures Formulierung vorauszusetzen scheint, zwei Studienobjekte also, deren jedes seine Erklärung in sich selber birgt. Ich habe schon vorhin angedeutet, daß ich glaube, hier müsse die Sprachwissenschaft die Saussureschen Ansichten weiterbilden, deren starre Beibehaltung einen wichtigen Teil des sprachlichen Geschehens verschleiern müßte. Meines Erachtens liegt die Verschiedenheit nicht im Gegenstande selber, sondern im Standpunkt des Betrachters.

Ich möchte dabei von Saussures eigenen Beispielen ausgehen. Als schlagenden Beleg der Beziehungslosigkeit zwischen der horizontalen und der vertikalen Linie führt er die umlautende Pluralbildung im Deutschen und Englischen an. Im Englischen lautete ursprünglich die Mehrzahl zu *fōt* 'Fuß' *fōti*. Nun trat der Umlaut ein. Diese rein lautliche Angelegenheit hat mit Pluralbildung an und für sich nichts zu tun. Sie verändert eine deutsche Verbalform wie *tragit* zu *trägt*, wie sie das *a* des Plural *gasti* zu *ä* (*Gäste*) werden läßt. So wird auch im Englischen *o* in *foti* zu *e* umgelautet, daher neuenglisch *feet*. Dieser Lautwandel hat nun also ein System der Pluralbildung durch ein ganz anderes ersetzt. Der Vorgang ist kein morphologischer; man hat dabei keine morphologische Änderung vorgenommen. Saussure versinnbildlicht dies durch folgendes Schema:

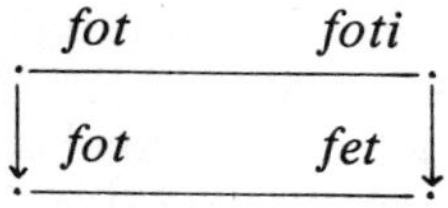

Zeitpunkt A

Zeitpunkt B

Die synchronistische Sprachwissenschaft stellte also fest, daß im Zeitpunkt A die Pluralbildung *fot* : *foti* bestanden hat, im Zeitpunkt B das System *foot* : *feet* (Umlaut). Die diachronistische Betrachtungsweise aber stellt fest, daß *o* vor *i* zu *e* (später *ee*) umgelautet worden ist. Auf den ersten Moment wirkt die Ansicht Saussures überzeugend. Denn in der Tat ist im Zustand A nichts vorhanden, was den nun vor sich gehenden Umlaut der Tonvokale von *i* fordert oder vorausbestimmt. Es scheint also tatsächlich keine unmittelbare Beziehung zu bestehen zwischen unserer Horizontalen und der Vertikalen. Saussure sagt: „Die Umgestaltungen vollziehen sich niemals am System als Ganzem, sondern an einem oder dem andern seiner Elemente, und können nur außerhalb desselben untersucht werden. Allerdings hat jede Umgestaltung ihre Rückwirkung auf das System; das Anfangsereignis aber wirkt nur auf einen Punkt, es hat keine innere Beziehung zu den Folgen, die sich daraus für die Zusammenhänge ergeben können. Diese verschiedenartige Natur der aufeinanderfolgenden Glieder und der gleichzeitigen Glieder, der Einzelereignisse und der auf das System bezüglichen Tatsachen verbietet es, die einen und die andern zum Gegenstand einer einzigen Wissenschaft zu machen."

Was Saussure veranlaßt, diese strenge Scheidung vorzunehmen, das ist also die Tatsache, daß der Nexus zwischen Umlaut und Pluralbildung ein äußerer ist, daß in der Tat der Umlaut ein phonetisches Phänomen ist, die Pluralbildung ein morphologisches. Es dürfte aber meines Erachtens nicht unmöglich sein, Saussures Anschauungen dort zu diskutieren, wo Veränderungen in ihren Auswirkungen innerhalb der gleichen grammatikalischen Kategorie bleiben.[2] Ich möchte mich dabei an längst bekannte Dinge halten. So sind, wie jeder weiß, im späteren Latein Konj. Impf., Konj. Perf. und Fut. ex. infolge der lautlichen Entwicklung fast zusammengefallen. Wir haben also:

Zeitpunkt A:	*cantarem, -et*	*cantaverim, -it*	*cantavero, -it*
	|	|	|
B:	*cantare, -et*	*cantare, -et*	*cantaro, -et*

Die fast völlige Identität der 3 Zeiten ist zweifellos eine morphologische Tatsache. Und diese Identität nun macht ein Weiterbestehen der drei Zeiten unmöglich. Eine Form, die bedeutet 'ich sänge' 'daß ich gesungen habe' 'ich werde gesungen haben' ist nicht mehr brauchbar. Die im Zeitpunkt B zu konstatierende Identität der drei Zeiten gehört in das Gebiet der synchronistischen Sprachwissenschaft. Aus ihr ergibt sich nun jenes Unbehagen, welches den verdeutlichenden Umschreibungen ruft, so daß *cantarem* durch *cantassem* ersetzt wird, *cantarim* durch *que j'aie chanté*, usw. Dieser Ersatz vollzieht sich in der Zeit, er ist also diachronistisch, gleichgültig ob der Kampf lange oder kurze Zeitgedauert hat.[3] Und das Resultat dieser Verschiebungen liegt in den einzelnen romanischen Sprachen vor:

A:	*cantarem, -et*	*cantaverim, -it*	*cantavero, -it*
	|	|	|
B:	*cantare, -et*	*cantare, -et*	*cantaro, -et*
	|	(zusammengesetzte Zeiten)	
C:	*cantasse (m)*		

[2] Ich bin überzeugt, daß auch oft die Verhältnisse einer Kategorie in die andere hinüberwirken, möchte aber der Einfachheit halber diesen Weg hier nicht auch verfolgen.

[3] Es ist hier auch völlig irrelevant, ob der Kampf um die zu ersetzenden Formen etwa kurze Zeit vor dem Zusammenfall angehoben hat oder erst bei erreichter völliger Identität. Auch die Tatsache, daß wohl andere Umstände auch noch gewirkt haben mögen, spricht nicht gegen die Verwendung des Beispiels im erwähnten Sinne.

Die Feststellung dieses Resultats gehört also wiederum der synchronistischen Betrachtung an. Wir sehen also vor unsern Augen einen unhaltbaren morphologischen Zustand sich lösen; das ganze System gerät aus innern Gründen aus seiner Statik heraus, gleitet in die Bewegung hinüber und verhärtet sodann wieder zu einem festen Zustand.

Oder ein anderes Beispiel aus der gleichen Periode, das uns zeigen wird, wie die eine ins Gleiten gekommene Form eine andere und diese eine dritte mitreißt, usw. Ich denke an die Pronomina:

Dem.	1. *hic.*	2. *iste*	3. *ille*
Det.		*is* (*qui*)	
Ident.		*ipse*	

Dieses wohlausgeglichene System von Pronomina, das allen sprachlichen Bedürfnissen zu genügen schien, muß schon zur Zeit des klass. Latein ins Schwanken gekommen sein, und zwar wohl durch die semantische und lautliche Verschleifung und Schwäche von *is*. So schreibt schon Cicero *quam quisque norit artem, in hac se exerceat. Hic* wird also zu Hilfe gerufen als Ersatz für *is*. Diese zweite Stufe der Entwicklung führt zu einer raschen Entwertung von *hic*, das in der Tat nur als Nachfolger von *is* sich gehalten hat (nfr. *ce que = id quod*). An seine Stelle hinüber gleitet nun langsam *iste*, das bei Horaz und häufiger bei Lukan für *hic* eintritt. Diese dritte Stufe läßt nun zwei Lösungen zu: Die Sprache kann versuchen, die Unterscheidung zwischen den demonstrativen Pronomina der 1. und 2. Pers. aufrechtzuerhalten, indem sie wiederum einen Ersatz anderswoher holt, oder aber sie kann die Beruhigung erkaufen um den Preis des Verzichtes auf jene Differenzierung. Es scheint, daß sie den ersten Weg versucht hat, daß sie aber nicht mehr die Kraft besessen hat, ihn bis zu Ende zu schreiten. Denn in der Tat sehen wir seit dem 1. Jahrhundert n. Chr. gelegentlich *ipse* für *iste* eintreten, und die iberoromanischen Sprachen halten diesen Zustand bis heute fest.[4] Anderswo aber gab man diese Unterscheidung auf. So gelangt die Sprache auf einer vierten Stufe wieder zu einem neuen Gleichgewicht.

---

4 Die Untersuchung könnte noch weiter ausgedehnt werden auf die nächstliegende Frage, inwieweit diese Bedeutungsverschiebung von *ipse* mitgewirkt habe bei der Ersetzung von *ipse* durch *metipse*, *metipsimus*, *iste ipse*. S. darüber weiter unten.

Verschiebungen:

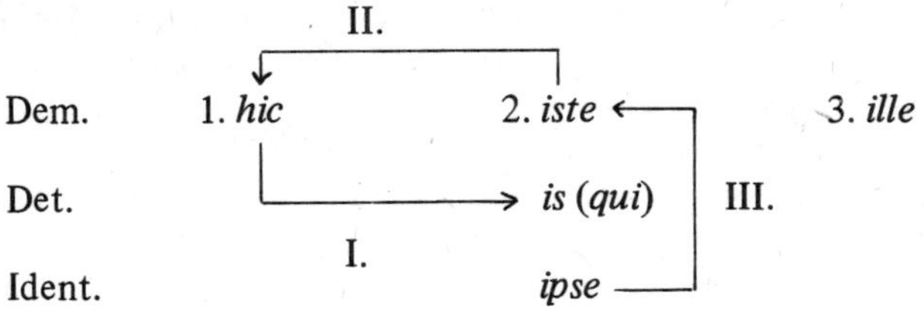

Endresultat:

Dem.	1. *iste*	2. (*ipse*)	3. *ille*
Det.		*hic*	
Ident.	(*metipse*, *metipsimus*, *ipse iste*)		

Hier halten wir zweifellos eine der wichtigsten Ursachen der Sprachveränderungen. Sie liegt in gewissen Unzulänglichkeiten eines bestimmten sprachlichen Systems. Diese Unzulänglichkeiten sind selbstverständlich synchronischen Charakters. Ihre Behebung aber, welcher die sprachliche Gemeinschaft mehr oder weniger bewußt zustrebt, vollzieht sich in der Diachronie und führt nun hinüber in einen neuen Zustand. Dieser kann, wie wir gesehen haben, wiederum seine Schwächen haben und so kommt nochmals Bewegung in die Masse hinein usf.

Aus solchen Beispielen heraus ersehen wir, wie irreführend es wäre, wenn man aus Saussure folgern wollte, die diachronische Sprachwissenschaft könne ohne Studium der Synchronie auskommen. Und doch könnten gewisse Sätze Saussures leicht dazu veranlassen, so wenn er sagt: „Die Veränderung eines Teiles ist eine Tatsache, die völlig verschieden ist von dem vorausgehenden und von dem folgenden Gleichgewichtszustand". – Was dermaßen durch das Gesetz von Ursache und Folge miteinander verknüpft ist, das kann nicht getrennt voneinander betrachtet werden.[5]

Wir halten hier einen der wichtigsten Gründe, welche die Sprache aus ihrer Statik in die Dynamik, aus der Ruhe in die Bewegung hinüberbringen. Wir sehen unmittelbar das Ineinandergreifen der beiden von Saussure so säuberlich geschiedenen Aspekte. Der drohende oder ganz vollzogene Zusammenfall zweier Formen mit ganz verschiedener Funk-

---

[5] Einige kurze Bemerkungen von A. Meillet im *Bulletin de la Société de Linguistique de Paris* 30,3 scheinen sich auch in dieser Richtung zu bewegen.

tion schafft eine unerträgliche Unklarheit, ein Mißbehagen, das dazu treibt, nach einer andern Form zu greifen. Diese ist vielleicht vorläufig noch nicht ganz sinnentsprechend, aber man zieht das kleinere Übel dem größeren vor, und durch den häufigen Gebrauch schleift sich schließlich die Semantik der neuen Form zurecht.

Dieses Ineinandergreifen von Statik und Dynamik ist schon längstens auf einem andern Gebiete der Sprachwissenschaft mit hinreißendem Schwung und unübertrefflicher Schärfe dargetan worden. Ich denke an Jules Gilliéron. Gilliéron gilt stets als der große Schöpfer der modernen Sprachgeographie. Davon ist er ja auch tatsächlich ausgegangen. Das Erscheinen seines Atlas bedeutet eine Epoche in der gesamten Sprachwissenschaft. Aber seine Studien an Hand der Wortkarten eröffneten ihm bald tiefe Einblicke in das Warum der sprachlichen Verschiebungen. Und eines der ersten Ergebnisse, das ihm entgegensprang, war die Erkenntnis vom Wirken der Homonymie. Seit seiner Studie über *scier* hat er in zahllosen Arbeiten ihre Bedeutung dargetan, und wenn auch manche seiner Gedankengänge anfechtbar sind, so schmälert das doch in keiner Weise den prinzipiellen Gewinn, den die Sprachwissenschaft aus seiner Lebensarbeit zu ziehen hat. Ich kann hier nur an einiges weniges erinnern aus der großen Zahl seiner Studien. Etwa an den Untergang von lat. *mulgere* 'melken' im Französischen. Gilliéron hat unwiderleglich nachgewiesen, daß dieser Untergang herbeigeführt worden ist durch den lautlichen Zusammenfall von *mulgere* mit *molere* 'mahlen'.

A	*mulgere*		*molere*
↓			
B	**moudre*	⟷	*moudre*
↓			
C	*traire*		*moudre*

Ein *moudre*, das 'mahlen' und 'melken' zugleich bedeutete, war, besonders in ländlichem Milieu, unmöglich. Diese Homonymie bringt das Lexikon an dieser Stelle in Fluß: Man ersetzt **moudre* 'melken' durch *traire* oder durch *tirer*. Und nach Durchführung dieser Verschiebung tritt an diesem Punkte wieder Ruhe ein. Ich sage ausdrücklich „an dieser Stelle", weil stets irgendwo in der Sprache Bewegung besteht, weil ein wirklicher Ruhezustand undenkbar ist. Ähnlich zeigt Gilliéron, warum in der Gaskogne der Hahn nicht mit dem lateinischen Wort, *gallus* heißt, sondern als *fasan* oder als *vikar* bezeichnet wird. Der Grund dazu liegt wiederum im lautlichen Zusammentreffen zweier Wörter: Die Katze heißt in ganz Südfrankreich *gat*. In der Gaskogne, wo *-ll* > *-t* wird, mußte nun aber auch lt. *gallus* zu *gat* werden. Daß Hahn und Katze den gleichen Namen führen, das ist wohl auf einem Bauernhof undenkbar, und so mußte das eine weichen. An Stelle eines unmöglichen **gat* 'Hahn' traten nun *azã* 'der Fasan' und *bigey* 'der Vikar'.

A	*gallus*	*cattus*
↓		
B	**gat* ⟵⟶	*gat*
↓		
C	*bigey* (= *vicaire*)	*gat*

Gilliéron ist nie von der Theorie ausgegangen; sein Blick war mit unerhörter Schärfe auf das sprachliche Material gerichtet. Er hat sich auch wenig um die allgemeine Sprachwissenschaft gekümmert. Darum konnte er auch gar nicht klar erkennen, daß er hier den Finger auf den wichtigsten Punkt gelegt hatte, auf den Punkt nämlich, wo Sein und Werden, Statik und Dynamik ineinander übergehen. Aber er fühlte es mit ganzer Macht, daß dort wo er anbohrte, das unmittelbare Sprachleben ihm entgegensprudelte. Darum richtete er sich auch mit so unerhörter Wucht gegen alle diejenigen, welche ihm nicht Glauben schenken wollten.

In folgendem möchte ich zusammenfassend die Stellung und Bedeutung von Saussure und Gilliéron für die allgemeine Sprachwissenschaft umschreiben: Die Linguistik war dazu gelangt, synchronische und diachronische Betrachtungsweise voneinander zu trennen. In dieser für die Entwicklung der Wissenschaft notwendigen und wohltätigen Trennung hatte sich die diachronische Sprachwissenschaft zu jenen bewunderungswürdigen Resultaten durchgerungen, sie hatte gegeben was sie von sich aus geben konnte und war virtuell[6] so ziemlich am Rande ihrer Möglichkeiten angekommen. Saussure nun hat die synchronische Sprachbetrachtung aus ihrem Marasmus herausgehoben und zu einer gleichberechtigten Wissenschaft erhoben; damit hat er allerdings die faktisch schon bestehende Trennung kodifiziert und dadurch die Gefahr heraufbeschworen, den augenblicklichen methodischen Stand der Forschung in eine bleibende Scheidewand zwischen Synchronie und Diachronie, zwischen Statik und Dynamik zu verhärten. Gilliéron steht am selben Punkte[7] wie Saussure, aber in seiner unbeirrbaren und, man darf fast sagen blinden Genialität, ohne zu wissen, was er tut, durchbricht er die trennende

---

6 Ich meine damit, in der Durchfeilung ihrer Methode, natürlich aber nicht in der stofflichen Verarbeitung aller Idiome!

7 Es ist nicht uninteressant, festzustellen, daß Saussure und Gilliéron gleichzeitig am Werke waren: Gilliérons erste Studie erschien 1905, Saussure begann seine seit langer Hand vorbereiteten Vorlesungen 1906.

Mauer zwischen den beiden Betrachtungsweisen. Er fühlt, daß er hier auf den Quell sprachlichen Geschehens und Werdens gestoßen ist; daraus erwächst ihm auch seine ungeheure Selbstgewißheit.

Wir sind nun aber noch nicht am Ende unserer Betrachtungen angelangt. Gilliéron hat uns gezeigt, wie die diachronischen Erscheinungen aus denen der Synchronie hervorgehen. Aber er gibt uns nicht das Gegenstück dazu, er läßt uns auf halbem Wege stehen. Kehren wir zur Benennung des Hahns im Gask. zurück. Wir haben sie durch 3 Zeitstufen hindurch verfolgt:

A	*gallus*		*cattus*
↓			
B	**gat*	⟵⟶	*gat*
↓			
C	*bigey*		*gat*

Wir haben gesehen, daß das, was in der Zwischenzeit B – C vor sich geht, seine Erklärung findet im Zustand B. Es ist uns evident geworden, daß der lexikologische Vorgang B – C durch den lexikologischen Zustand B verursacht wird, und daß hier eine unmittelbare kausale Verknüpfung vorliegt. Dabei aber haben wir eine Frage unbeachtet gelassen: auf welchem Wege nämlich die Mittel für die Lösung des Konflikts bereitgestellt worden sind. Gilliérons Auffassung ist offenbar, die Sprache oder die Sprechenden hätten unter dem Druck der Homonymie nach einen Ersatzwort g e s u c h t und seien dann auf dieses *bigey* v e r f a l l e n. Diese seine Ansicht kommt in allen seinen Studien zum Durchbruch. Er sieht die Sprache stets unter einem Z w a n g e, aus der Spannung einer bestimmten Situation heraus arbeiten. Er erfaßt sie in einem bestimmten Moment, wo sich an irgendeiner Stelle, meist durch das blinde Auswirken der Lautveränderungstendenzen eine unhaltbare Situation herausgebildet hat. Und dann spürt er den Mitteln nach, mit welchen die Sprache diesen diesen Konflikt wieder gelöst hat. Die Frage nach dem S c h ö p f u n g s - a k t, der zu dem Ausdruck *bigey* 'Hahn' geführt hat, die berührt er kaum; sie scheint ihn nicht zu interessieren. Wohl deutet er an, daß diese Benennung einem Witz entsprungen ist. Im vorliegenden Fall drückt er sich folgendermaßen aus: „So war es durchaus notwendig, für den Hahn des Hühnerhofes einen Namen zu suchen, der ihm keinen zu unmittelbaren und gefährlichen Widersacher auf den Plan rief. Bei der Wahl des Namens gab es zwangsläufig ein gewisses Zögern und verschiedene Möglichkeiten; so kam man schließlich dazu, aus dem Hahn (*coq*) anspruchsvollerweise einen Fasan (*faisan*) oder scherzhafterweise einen Vikar (*vicaire*) zu machen, was noch besser war, als die Überschneidung mit der Katze zu belassen. Im Übrigen ist es möglich, daß die Mundarten in gewisser Weise Gefallen an diesen anormalen Bezeichnungen gefunden hatten und sich darin gefielen, sie zu verbreiten [Übers. D. Ch.]"[8]

Gilliéron scheint also die Ansicht zu hegen, daß unter dem Druck der Verhältnisse erst die Leute die witzige Bezeichnung *vicaire* geschaffen hätten. Das frohe, derbe Lachen, das aus der Benennung *vicaire* heraustönt, wäre nach ihm ein erzwungenes, unter dem Zwang einer unmittelbaren Notlage entstandenes. Hier verkennt Gilliéron seinerseits eine Grundtatsache des Sprachlebens, die jedem Unbefangenen entgegentritt: das freie Walten der schöpferischen Phantasie. Sein Blick ist mit der nur ihm eigenen Intensität auf den Übergang des Zustandes B in die Bewegung B – C gerichtet. Hier herrscht auch tatsächlich das Gesetz der Kausalität, hier war die Sprache vor die Notwendigkeit gestellt, einen Ausweg zu finden. Doch Gilliéron verkennt die wirklichen Verhältnisse, wenn er meint, daß die Phantasie der Sprechenden erst im Zeitpunkt B aus ihrem Schlaf aufgeweckt worden sei und nun einen Ersatz gesucht habe. Die Sprache schafft beständig in großer Zahl neue bildliche Ausdrücke, als Metaphern, als Wortwitze, als Manifestation der Welt der Gefühle und Wertungen, der Gedanken und persönlichen Anschauungen. Hier kann die Sprache unbehindert ihre Blüten treiben, denn hier ragt sie in das Gebiet des freien geistigen Lebens hinein. Und aus diesem großen Reservoir des freien Schaffens schöpft wiederum die Sprache, wenn sie einmal in eine Zwangslage gerät. Hier wählt sie einen der zur Verfügung stehenden bildlichen Ausdrücke aus.[9] Wenn heute z. B. aus irgendeinem Grunde im Schriftfranzösischen das Wort *jambe* unmöglich würde, so stünden sofort eine große Zahl von Wörtern als Ersatz zur Verfügung, die jetzt bereits im Pariser Volksfranzösisch Kurs haben; so etwa *gigue*, *guibole*, *flûte*, *patte*, *flubard*, *fuseau*, *gambille*. Oder unter den burlesken Benennungen des Bauern hat es eine ganze Reihe, die rasch bereit wären, ein etwa mißbeliebig gewordenes *paysan* zu verdrängen; ich erinnere nur an *cul-terreux*, *pagan*, *betterave*, *bouseux*, *vaseux*, *pédezouille*.

[8] Man wende nicht etwa ein, daß hier eine einmalige Äußerung Gilliérons unberechtigterweise typisiert und damit die darin ausgedrückte Ansicht in ihrer Tragweite übertrieben werde. Wer sein Werk kennt, der weiß, daß derartige Gedankengänge bei ihm stets vorherrschen. Er faßt sie ja gelegentlich in allgemeingültigen Grundsätzen zusammen. So sagt er z. B. S. 79 seiner Schrift *La Faillite de l'Etymologie phonétique*: „Wir müßten beweisen, daß eine unversiegbare Quelle erlaubte, nicht nur Notwendigkeiten, sondern einfachen Launen der Sprache Genüge zu tun, und das ist nicht der Fall: alles sagt uns im Gegenteil, daß die Sprache sich unendlich schwer daran tut, ihren unmittelbaren Bedürfnissen nachzukommen, und daß sie selbst dabei nur unvollkommenen Erfolg hat." [Übers. D. Ch.]

[9] Siehe hierzu die Vorrede zum ersten Band meines Wörterbuchs.

Welche Blütenlese von Synonymen hat sich doch um *peur* geschart: *chiasse*, *frousse*, *les grelots*, *trouille*, *avoir le taf*, *le trac* usw. Oder aber auf eine Schwäche des Verbums *travailler* lauern Anwärter wie *turbiner*, *trimer*, *piocher*, *bûcher*, *boulonner*, *bosser*; diese Verben bringen meist das Unangenehme der Arbeit zum Ausdruck, sie bedeuten 'schwer arbeiten', wie etwa im Deutschen *krüppeln* (s. fr. *bosser*), *schuften*, *schanzen* (s. fr. *piocher*), *ochsen*, *schinden*; sie würden aber rasch zum Normalverbum aufsteigen, wenn die sprachliche Situation ein solches verlangen würde. Wer sich mit einem einzelnen Idiom, insbesondere mit einer lebenden Mundart, eingehend beschäftigt, der staunt immer wieder über die Mannigfaltigkeit und Farbenfroheit des Ausdruckes.[10] So ist nun auch das Eintreten von *bigey* für das unmöglich gewordene *gallus* zu beurteilen. Den Hahn mit dem *vikar* zu vergleichen, der die betfrohen und kirchenseligen Weiber des Dorfes betreut, das war ein *bon mot*, eine *galéjade*, die dem übersprudelnden Witz des Midi wohl anstanden, und ganz besonders der übermütigen Gaskogne, der Heimat Heinrichs IV. und der cadets de Gascogne. Unter einem solch fröhlichen Volk hatte wahrlich die M e t a p h e r : *vikar* 'Hahn' nicht nötig, die Z w a n g s l a g e des Zusammenfalls von *gallus* und *cattus* abzuwarten.

Und nun erkennen wir aus dem Gesagten, daß wir die Situation B vorhin gar nicht richtig dargestellt haben. Die heutige Lage der Sprache in Bezug auf die Benennung des Beines wäre nicht richtig charakterisiert, wenn ich sie so darstellen wollte: Zeitpunkt B: *jambe* (*gigue*, *guibole* etc.), wobei die Klammer diejenigen Wörter einschließt, die nicht offiziell, normal sind. Ähnlich müssen wir oben einsetzen:

B *gat* 'Katze' **gat* 'Hahn' (*bigey*, *hasan*).[11]

D. h. mit anderen Worten, daß ein Wort wie *bigey* im Momente der Kollision bereits als okkasionelle, scherzhafte Bezeichnung des Hahns im Gebrauche war. Und das bedeutet wiederum, daß seine Schöpfung nicht aus der Situation B herauszuverstehen ist. Nicht die E n t s t e -

---

[10] Der Grund, warum Gilliéron an diesen Dingen vorübergegangen ist, liegt in der gewollten Beschränkung auf das Atlasmaterial. Dieses kann, der ganzen Anlage der Aufnahmen nach, kein Bild geben von dem Nebeneinanderwohnen der Ausdrücke der Normalsprache und der Ausdrücke familiären, burlesken, affektischen Wesens.

[11] Dabei bleibt es gleichgültig, ob es die Sprache zu einer vollständigen Homonymie hat kommen lassen, oder ob sie schon vorher die Ersatzwörter mehr und mehr hat einrücken lassen, im selben Maße nämlich wie die der Stufe **gat* vorangehende Form **gatš* sich durch den Wandel (*-ll* > *-ɫ* > *-tš* > *-t*) der Form *gat* annäherte. Der Zeitpunkt B ist dann einfach etwas früher anzusetzen.

hung von *bigey* 'Hahn' geht also auf die Spannung innerhalb des Zeitpunktes B zurück, wohl aber sein Durchdringen als offizielles Wort, sein Sieg über das durch die Homonymie zum Tode verurteilte **gat*. Die Entstehung von *bigey* 'Hahn' entstammt also der frei schaffenden Phantasie des Volkes oder einzelner Glieder des Volkes. Sie ist vor B, also in die Diachronie A – B zu setzen.

Diese Feststellung steht im engsten Zusammenhang mit dem uns hier beschäftigenden Problem der Beziehungen und des Ineinandergreifens von Synchronie und Diachronie. Wir sind ja bei allen unsern Beispielen von 3 Querschnitten im Sinne Saussures (A, B, C) ausgegangen. Sodann haben wir dank Gilliérons eindringlicher Forschung erkannt, wie die Spannungen eines Querschnitts einen Vorgang in der Diachronie vorbereiten. Er hat uns die Augen geöffnet für den Übergang von der Synchronie zur Diachronie. Was uns aber immer noch fehlte, das war der Übergang von der *Diachronie* zur *Synchronie*. Denn in unserer Diskussion mit Saussure dürfen wir ja nicht geltend machen, daß der in der Diachronie sich vollziehende lautliche Zusammenfall der Ursprung jener Spannung in der Synchronie geworden ist. Weil der eine Vorgang lautlicher Art ist, der andere dem Lexikon angehört, bleibt nach ihm der Zusammenhang ein rein äußerlicher. Mit unseren Feststellungen über den Ursprung von *bigey* 'Hahn' in der Diachronie A – B bleiben wir aber innerhalb des Wortschatzes; hier besteht ein unmittelbarer, unleugbarer Zusammenhang. Die Diachronie A – B hat das Mittel bereitgelegt, mit dem die in der Synchronie B vorhandene Spannung gelöst werden kann. So müssen wir das Schema folgendermaßen ergänzen:

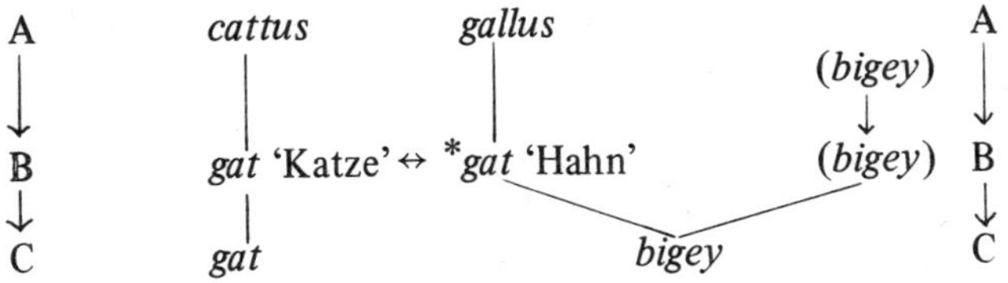

Die unlösbare Verflechtung von Diachronie und Synchronie, das Hineinfließen und Herausströmen und wiederum Hineinerstarren haben wir an Hand dieser lexikalischen Beispiele wohl genügend klargelegt. Es bleibt uns nun noch zu prüfen, ob unsere morphologischen Beispiele eine ähnliche Erklärung fordern, z. B. die Geschichte der 3 sich Konkurrenz machenden Zeiten. Wir erinnern uns, daß wir auch dort 3 diachronische Zeitstufen zum Ausgangspunkt unserer Erörterungen genommen haben. Auch dort haben wir die in der Synchronie B bestehende

Spannung sich entladen sehen innerhalb der Diachronie B – C. Aber auch dort war der Vorgang in der Diachronie A – B lautlicher Art, dem morphologischen wesensfremd. Es erhebt sich also die Frage, ob auch hier in den morphologisch-syntaktischen Verhältnissen vor der Zeitstufe B schon der Ersatz des Konj. Impf. durch den Konj. plusqpf. irgendwie vorbereitet war. Eine solche Vorbereitung lag doch wohl darin, daß das klass. Latein in Bedingungssätzen u. ä. den Konj. Impf. zu einer Verwendung herangezogen hatte, die seiner zeitlichen Funktion eigentlich widersprach. Im Gegensatz zum archaischen Latein führt das klassische Lat. eine semantische Differenzierung solcher Satzgebilde ein. Es unterscheidet zwischen Potentialität und Irrealität. Während es die erstere mit dem Präsens ausdrückt, greift es für die Irrealität zum Konj. Impf. *Si haberem, darem* hatte bei Plautus bedeutet ‚wenn ich (gestern) gehabt hätte, hätte ich gegeben'. Bei den Schriftstellern des augusteischen Zeitalters aber ‚wenn ich (jetzt) hätte, würde ich geben'. Es ist klar, daß ein solcher Satz zuerst eine stark affektische Färbung hatte, daß der Gebrauch des Impf. den Eindruck der Irrealität, der vom Konj. ausgeht, noch verstärkte. An seine Stelle rückt der Plusqpf. Konj. ein, um die Irrealität in der Vergangenheit zur Darstellung zu bringen. *Si habuissem, dedissem*. In Sätzen solchen Inhalts ist also der Konj. Plusqpf. bereits für den semantisch zum Präsens gewordenen Konj. Impf. eingerückt. Und als nun der Konj. Impf. in jene Kollision mit anderen Zeiten hineingeriet, da war sein Ersatz durch das Plusqpf. schon derart vorbereitet, daß er sich von selber vollziehen mußte. So finden wir auch hier denselben Übergang. Innerhalb der Diachronie A – B erwirbt die Form *habuissem* durch den Affektwert des Paares *haberem – habuissem*, durch die angedeutete fast hyperbolische Verwendung – womit *bigey* 'Hahn' zu vergleichen ist – eine Bedeutung, welche sie in eine ideelle Konkurrenz mit *haberem* bringt. Und wie nun *haberem* in der Synchronie B in die geschilderte Kollision hineinkommt, da ist *habuissem* vorbereitet, als Ersatz einzuspringen. – Oder aber fassen wir die Verhältnisse ins Auge, wie sie sich innerhalb der Pronomina herausgebildet hatten, als *ipse* zum Ersatz für *iste* herangezogen wurde. Nachfolger von *ipse* in der Bedeutung 'selbst' wurden *metipse, metipsimus, iste ipse*. Alle drei Wörter bestanden damals schon längst, finden sich zum Teil schon bei Cicero. Sie waren aber im klassischen Latein und bis tief in die Kaiserzeit affektbetonte Formen, ausgestattet mit großer Ausdruckskraft. Je mehr nun *ipse* in die neue Bedeutung hinüberglitt, um so mehr bediente man sich dieser affektischen Nebenformen, die nun ihrerseits ihre Kraft einbüßten und semantisch verblaßten. Auch hier ist also nicht die Entstehung von *metipse* usw. auf Rechnung der Notlage von *ipse* zu setzen, wohl aber ihr Durchdringen zu Normalwörtern für 'selbst'.[12] So greifen auch in diesem Teil des Sprachlebens Sein und Werden, Werden und Sein ineinander hinüber.[13]

---

[12] Die oben kurz skizzierte Geschichte der Pronomina mahnt uns zugleich, nicht alles nach dem gleichen Maß zu beurteilen. Das Aufkommen von *metipse* usw. hängt sicherlich mit dessen affektivischem Wert zusammen. Die vorausgehenden Verschiebungen zwischen den einzelnen Pronomina aber sind anderer Natur. Wenn *iste* an die Stelle von *hic* tritt, so greift die Sprache einfach zu einem Wort, das, ohne affektgeladen zu sein, in der semantischen Umgebung liegt. Es wäre also ein schwerer Irrtum, nun in den affektgeladenen Wörtern die einzige Quelle für Ersatz sehen zu wollen. – Bei den lexikalischen Beispielen haben wir einen ähnlichen Gegensatz zwischen der Geschichte der beiden *gat* und dem Konflikt der beiden *moudre*. Im ersten Fall hat der affektbetonte Teil der Sprache den Mangel ausgeglichen. Die Ersatzwörter für *mulgere* 'melken' entstammen aber einer ganz andern Sphäre. Auch hier hat meines Erachtens Gilliéron die Dinge nur richtig gesehen für den Übergang aus der Synchronie B in die Diachronie B – C, nicht aber beim Übergang von der Diachronie A – B in die Synchronie B. Die Frage, warum die Sprache gerade diese Verben heranziehe, glaubt er folgendermaßen beantworten zu müssen: „Was sind *traire* und *tirer*? Sekundäre Wörter und von der gewöhnlichsten semantischen Art, armselige Hilfsmittel einer sich in Notlage befindlichen Sprache, die den Terminus verloren hat, der einer vollkommen bestimmten, einzigartigen, unvergleichlichen Handlung entspricht. Echte lexikalische Lückenbüßer. Vielleicht sind *ajuster*, *bléchi* (zwei lokale Ersatzwörter, von denen das zweite unterdessen durch Jud als keltisch nachgewiesen worden ist, vgl. FEW **blicare*) haltbarer: Ihre Aufnahme in die Sprache ist das Werk eines unmittelbar bevorstehenden lexikologischen Prozesses, eine Handlung durch den Beginn dieser Handlung, durch die Vorbereitungen zu bezeichnen." (Übers. D. Ch.) G. hält also diese beiden letzten Wörter für ganz allgemeine Ausdrücke für ‚herrichten'. Nun besteht aber, was G. vielleicht nicht wußte, das Melken aus zwei getrennten Tätigkeiten: Zuerst werden das Euter und die Zitzen der Kuh durch Bestreichen mit der Hand und durch Reinigen zum Melken bereitgemacht; häufig besorgt das sogar ein Hirtenknabe, während das viel Übung erfordernde Melken älteren, erfahrenen Arbeitskräften zufällt. Jene erste Tätigkeit nun wird mit einem besondern Verbum bezeichnet, das ursprünglich entweder ein allgemeingültiges Verbum für Herrichten war (wie *ajuster*) oder aber die Tätigkeit selber beschreibt. In meiner eigenen Mundart z. B. wird sie mit *anziehen* ausgedrückt, weil sie dazu bestimmt ist, die Milch aus dem Euter an die Zitzen heranzuziehen, ohne sie aber schon herauszudrücken. In Bessans findet Duraffour sogar eine Zerlegung der Melkarbeit in drei Tätigkeiten, die als *maneyé*, *aryá* und *blatyé* terminologisch unterschieden werden. Ich halte es daher für äußerst wahrscheinlich, daß schon lange vor der Kollision *mulgere-molere trahere* in der Begriffssphäre von *mulgere* drinnenstand als Bezeichnung dieser vorbereitenden Tätigkeit des ‚anziehens'. Wenn also *traire* auch nicht zu den affektbetonten Wörtern gehörte, so lag es doch, und das ist das Wesentliche, schon in der allernächsten Umwelt von *mulgere* bereit.
Es stehen also *metipse* und *vicaire* auf der einen Seite, *iste* und *traire* auf der andern. Die beiden Paare sind Repräsentanten ganz verschiedener Wortgrup-

Und welches sind nun die Folgerungen, die wir für die weitere Arbeit der historischen Sprachwissenschaft aus dieser Erkenntnis ziehen dürfen? Sie bestehen wohl vor allem in der Forderung, daß wir nicht nur den vertikalen Strich allein verfolgen dürfen. Wer sich das Studium der Gesamtheit einer Sprache zur Aufgabe gemacht hat, der muß bei jeder Veränderung sich fragen, welches ihre Auswirkung auf das Sprachganze gewesen sein mag. Er muß stets die neu sich ergebenden Gesamtsituationen ins Auge fassen und aus diesen wieder den Antrieb zu neuem Wandel herauslesen.

So stellt Saussure das Verhältnis der deskriptiven und historischen Sprachwissenschaft als klar erfaßtes Problem vor uns hin; Gilliéron hat uns den Weg gewiesen, auf dem wir, seine Forschungen organisch ausbauend und weiterführend, der Lösung des Problems uns zu nähern

---

pen. Beide Gruppen lagen in der Nähe der Wörter, die sie mit der Zeit ersetzen sollten; aber ihr Verhältnis zu ihnen ist nicht der gleichen Art. *Metipse* und *vicaire* 'Hahn' sind vorerst affektgeladene oder burleske Synonyme von *ipse* und *gallus*; die Wörter dieser Art (ich möchte sie *Trabantenwörter* nennen) umgeben unmittelbar ihre normalsprachigen Synonyma, sie kreisen um sie herum, und manchmal läßt ein glücklicher Zufall eines von ihnen ins Zentrum einrücken. *Iste* und *traire* aber sind selber Normalwörter, doch durch ihre Semantik dem kranken Wort benachbart. An sie appelliert wohl die in Bedrängnis geratene Sprache besonders dann, wenn keine *Trabantenwörter* zur Verfügung stehen, was bei vielen Begriffen der Fall ist. Graphisch ließe sich das etwa folgendermaßen darstellen:

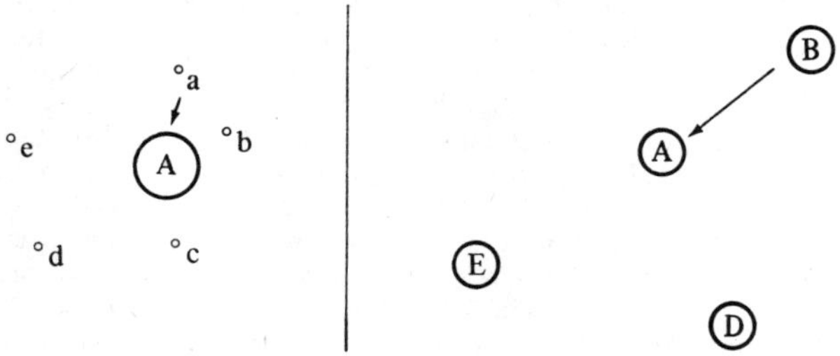

1. 2.

Bild 1 illustriert die Geschichte von *gallus-vicaire*, von *ipse-* (*metipse*, *ipse iste*, *ipsimus*). Auf Bild 2 sehen wir verschiedene, semantisch benachbarte Normalwörter, von denen die Sprache eines als Ersatz auswählt. Es schildert den Ersatz von *mulgere* durch *traire*, von *hic* durch *iste*.

13 Von diesem Gesichtspunkt aus kann auch das Problem parole-langue, das der Saussureschen Wissenschaftstheorie neben der hier kritisch beleuchteten Idee zugrundeliegt, eine neue Gestalt gewinnen.

hoffen.[14] Wir müssen aber auch in Zukunft zu erkennen streben, wie im Ablauf der einzelnen Perioden schon die Mittel bereitgelegt werden, mit denen Spannungen innerhalb der Synchronie behoben werden.

Selbstverständlich will das nicht bedeuten, daß in Zukunft eine rein diachronische Fragestellung und Untersuchung nicht mehr möglich sei. Wie bei jeder Wissenschaft so wird auch in der Linguistik ein Teilproblem isoliert und in sich studiert werden können. Nur die innere Einheit der gesamten, durch Saussure um die synchronische Betrachtung bereicherten Sprachwissenschaft soll damit betont werden, dazu die Tatsache, daß gerade an der Schnittfläche von Synchronie und Diachronie die weittragendsten und für die Zukunft fruchtbarsten Probleme entstehen.

---

[14] In einem spätern Aufsatz möchte ich darauf hinweisen, daß diese Neugestaltung unserer Forschung bereits weitgehend Wirklichkeit geworden ist, besonders in der Durchforschung und Darstellung unseres Wortschatzes. Es wird sich dabei erweisen, daß hier die Praxis der Theorie vorauseilt. Anderseits aber glaube ich, daß die hier dargelegte theoretische Auffassung neue Wege für die Forschung auf manchem Gebiet zu erschließen berufen ist. Ich hoffe bald Gelegenheit zu haben, auf einige sich daraus ergebende Gesichtspunkte hinzuweisen.

MIRRA MOISEEVNA GUCHMAN

Der Systembegriff in Synchronie und Diachronie

Die inhaltliche Klärung des Begriffes „System“ im Hinblick auf zwei, wie es scheinen mag, entgegengesetzte Aspekte der Sprachbetrachtung, setzt vor allem eine Abgrenzung der verschiedenen Anwendungsbereiche dieses Begriffes voraus. Die Termini „System“ wie auch „Synchronie“ und „Diachronie“ werden folgendermaßen verwendet: (1) zur Bestimmung der Spezifik und der wichtigsten Charakteristika des Objektes der Wissenschaft selbst, d. h. der Sprache, und (2) zur Bestimmung der Methoden, die bei der Untersuchung und Beschreibung des vorgegebenen Objektes der Wissenschaft angewandt werden. Im ersten Fall versucht man, eine Antwort auf die Frage zu geben, welcher Art das Objekt der Wissenschaft und die Gesetzmäßigkeiten seines Funktionierens und seiner Entwicklung sind; im zweiten Fall ist man bestrebt, jene Prinzipien zu bestimmen, die eine optimale Untersuchung und Beschreibung dieses Objektes gewährleisten. Und obwohl zweifellos ein Zusammenhang zwischen der Spezifik des Objektes der Wissenschaft und den Methoden seiner Untersuchung besteht, so erweist sich doch die Abgrenzung dieser zwei Bereiche insofern als äußerst wesentlich, als ihre Vermischung viele Unklarheiten in die Deutung der oben erwähnten Begriffe hineingebracht hat. Im vorliegenden Artikel wird die Frage nach dem „System“ nur in Bezug auf die Charakteristik des Objektes der Wissenschaft gestellt.

Der Begriff des Objektes der Linguistik ist selbst nicht homogen: er umfaßt einerseits solche für die Beobachtung unmittelbar gegebene Objekte wie die Redekette, den Redeabschnitt, den Text, die Äußerung (in der Terminologie Bloomfields und seiner Schule) und andererseits die Sprache als jenes Allgemeine, jene in sich geschlossene Struktur, deren einzelne Erscheinungen die Äußerung, die Redekette oder der Text sind. Man kann sagen, daß die Sprache nicht unmittelbar in der Erfahrung gegeben ist, daß aber die Einheiten jeder beliebigen Sprache und die sie umfassenden systemhaften Zusammenhänge als Resultat der Analyse und Generalisierung derjenigen Fakten herausgearbeitet werden können, die in den Redeabschnitten unmittelbar gegeben sind.

Wir lassen die Frage nach dem Wechselverhältnis von Sprache und Rede beiseite und liefern keine ausführlichere Charakteristik dieser beiden wichtigsten linguistischen Begriffe, sondern weisen bloß darauf hin, daß auch der Begriff „Sprache“ mit verschiedenen Inhalten gefüllt werden kann. Es ist unschwer festzustellen, daß in den einzelnen linguistischen Schulen der verschiedene Grad der Formalisierung und Generalisierung nicht nur verschiedene Typen der Sprachbeschreibung festlegt, sondern auch ein unterschiedliches Verständnis von der Natur des Objektes der Wissenschaft selbst bedingt. Dadurch erklärt sich die Tatsache, daß verschiedene Vertreter der linguistischen Wissenschaft unter „Sprache“ und „sprachlichen Einheiten“ Resultate verstehen, die auf verschiedenen Stufen der Generalisierung und Vereinfachung gewonnen worden sind. So stellt beispielsweise das phonologische System einer konkreten Sprache (der russischen, deutschen usw.), das das Phonemsystem dieser Sprache, dessen Variabilität, Charakteristik, Oppositionen, funktionale Belastung dieser Oppositionen und Gesetzmäßigkeiten ihrer Neutralisierung usw. einschließt, selbst schon ein Konstrukt oder Modell dar, das durch Verallgemeinerung und Formalisierung gewonnen wurde; aber zweifellos sind noch höhere Grade der Formalisierung und Verallgemeinerung möglich (vgl. z. B. das von S. K. Saumjan vorgeschlagene sog. Niveau der Konstrukte).

Folglich setzt die Betrachtung der Begriffe „System“ und „Systemhaftigkeit“ im Hinblick auf die Sprache auch eine Präzisierung dessen voraus, was von dem Forscher unter Sprache verstanden wird und, anders ausgedrückt, von welchem sprachlichen Modell die Rede ist.

Sicher wird kaum jemand bestreiten, daß eine gewisse Systemhaftigkeit, wenn auch auf verschiedenen Ebenen, sowohl dem Redeabschnitt als auch der Sprache eigen ist. Tatsächlich stellt jeder beliebige Text und jede beliebige Äußerung nicht eine chaotische Anhäufung oder einfache Summe von Einheiten dar, sondern ein auf bestimmte Art organisiertes Ganzes, eine bestimmte Konstruktion. Der Charakter der Organisation des Ganzen, die Mittel, die zur Verwirklichung dieser Organisation verwandt werden, variieren je nach dem Bau der Sprache; das Vorhandensein einer Relation zwischen Elementen, die die Mitteilungseinheit oder den Redeabschnitt konstruieren, sowie die potentielle Segmentierbarkeit des Ganzen sind feste Kennzeichen eines Redeabschnittes.

Da die Wörter und die grammatischen Formen bis zu einem gewissen Grade vieldeutig sind, wird die Funktion (valentnost’) der Elemente eines Redeabschnittes erst im Rahmen des Ganzen präzisiert und ist so nicht völlig autonom und unabhängig. Die Normen für die Verknüpfbarkeit verschiedener sprachlicher Einheiten, die sich in den Komponenten des Redeabschnittes manifestieren, variieren je nach den Aufgaben und dem Aufbau des Ganzen. Zugleich erlaubt es die potentielle Segmentierbarkeit des Redeabschnittes, bestimmte Glieder herauszulösen, die voneinander abhängige Einheiten zusammenschließen: im Verlauf der Zerlegung des Redeabschnittes treten verschiedene Abhängigkeitstypen und Typen von Verbindungen auf. Der Systemcharakter des Redeabschnittes, seine Systemhaftigkeit, erscheint also (1) in der Organisation des Ganzen, (2) in der Verwendung (ispol'zovanie) von Einheiten der Sprache und damit in deren Funktion, (3) in einer Kette von Abhängigkeiten und Verbindungen.

In Bezug auf den isoliert betrachteten Redeabschnitt scheint es möglich, von seiner (relativen) „Geschlossenheit", seinem „geschlossenen Charakter", seiner „Beständigkeit" zu sprechen. Die Veränderung einer der Komponenten des Redeabschnittes, seine Transformation, hat die Zerstörung des gegebenen Redeabschnittes und seine Ablösung durch einen anderen Abschnitt zur Folge. Systemhaftigkeit charakterisiert dabei die betrachteten Abschnitte unabhängig von Entwicklung und Veränderung oder außerhalb von Entwicklung und Veränderung. Ungeachtet dessen, daß jedem Redeabschnitt Dauer in der Zeit gegeben ist, und ungeachtet dessen, daß alle Veränderungen, die in einer beliebigen Sprache vor sich gehen, sich zuerst auf der Ebene der Rede manifestieren, d. h. in konkreten Redeabschnitten, stehen die Redeabschnitte selbst, für sich betrachtet, in keinerlei Korrelation mit irgendeiner Evolution oder Diachronie. Genauer: als Text stellen sie reine Statik oder Synchronie dar.

Bedeutend verwickelter und widersprüchlicher sind die Charakteristika von Sprache, die mit ihrer Bestimmung als System, mit dem Aufzeigen des Grades der Systemhaftigkeit in Bau und Funktionieren verbunden sind. Gerade die Kompliziertheit, die einem solchen Objekt wie Sprache innewohnt, veranlaßte die einen Sprachwissenschaftler, sie als System von Systemen zu betrachten (V. Skalička), die anderen, den Terminus „System" nur auf Verbindungen und Abhängigkeiten zwischen homogenen Einheiten, d. h., Einheiten ein und desselben Ranges zu verwenden, während Verbindungen und Abhängigkeiten verschiedener Ränge in Korrelation zu dem Begriff „Struktur" gesetzt wurden (A. A. Reformatskij und N. N. Korotkov)[1].

Offenbar sind die Typen von Verbindungen in beiden Fällen tatsächlich bis zu einem gewissen Grade verschieden; so werden die Korrelationen, die Phoneme einer Reihe verbinden, oder die wechselseitigen Abhängigkeiten, die Wortformen einer bestimmten paradigmatischen Reihe

---

[1] Genauer zu diesen Fragen s. die Thesen zum Vortrag N. N. Korotkovs anläßlich der Diskussion *Problema sistemnosti v jazyke* (Das Problem der Systemhaftigkeit in der Sprache), Moskau 1962.

vereinen, anders sein als jener Typ von Abhängigkeit, der charakteristisch ist für die strukturelle Korrelation einer attributiven Verbindung eines Adjektivs mit einem Substantiv einerseits, und der morphologischen Charakteristika des Adjektivs selbst andererseits. Die wechselseitigen Abhängigkeiten und die Verknüpfungen homogener Einheiten sind nicht identisch mit den Verknüpfungen und wechselseitigen Abhängigkeiten heterogener Einheiten. Aber zugleich ist gerade das Vorhandensein von sich überkreuzenden Verbindungen und wechselseitigen Abhängigkeiten, wobei diese Verbindungen in verschiedenem Maße erfaßt werden, besonders wesentlich für die Systemhaftigkeit der Sprache, für ihre Ganzheitlichkeit. A. A. Reformatskij hat sich in einer Formulierung, die er in der letzten Ausgabe seines Lehrbuchs[2] benutzt, dieser Auffassung praktisch angenähert, wenn er behauptet, daß die Systeme verschiedener Ebenen der Sprachstruktur, indem sie wechselseitig aufeinander einwirken, ein gemeinsames System der Sprache bilden. Mit anderen Worten, der Begriff „System" ist sowohl einzelnen Ebenen der Sprache eigen (der Phonologie (im Orig.: Phonetik), der Morphologie, der Syntax) als auch der ganzheitlichen Sprachstruktur. Aber lohnt es sich in diesem Falle, die Analyse der Wechselbeziehungen verschiedener systemhafter Verknüpfungen auf eine Gegenüberstellung der Begriffe „System" und „Struktur" zu gründen, wenn sich auch die Struktur als System erweist? Ich glaube nicht.

Beim Aufzeigen des Charakters der Systemhaftigkeit in der Sprache ist die Abgrenzung der Bestimmungen, die dem Code oder einem beliebigen anderen künstlichen Symbolsystem eigen sind, von den Bestimmungen, die die Spezifik der sog. „natürlichen" Sprachen widerspiegeln, besonders wesentlich.

Jeder Code und jedes Symbolsystem stellt ein geschlossenes synchrones Zeichensystem dar, das sich im Zustand der Ruhe und des Gleichgewichts befindet. Alle jene Charakteristika, die ein derartiges Zeichensystem vom Standpunkt seiner Geschlossenheit, seines Gleichgewichts und der reinen Synchronie (sinchronost') darstellen, sind der Natur dieser Objekte völlig adäquat. Anders verhält es sich mit den sog. „natürlichen Sprachen", die sich historisch herausgebildet haben, das Resultat von zu verschiedenen Zeiten entstandenen Überlagerungen sind und in verschiedenen Mitteilungssphären funktionieren (was besonders wesentlich ist). Die „natürlichen Sprachen" verfügen nicht nur über eine breite Variabilität dieser Normen, die in den unterschiedlichen funktionalen Stilen zutagetritt. Der qualitative Unterschied

---

[2] A. A. Reformatskij, *Vvedenie v jazykoznanie* (Einführung in die Sprachwissenschaft), Moskau 1960. Hier S. 26.

zwischen Code und Sprache äußert sich besonders deutlich darin, daß das Problem von Sprache und Rede, das für die sog. „natürlichen Sprachen" so wesentlich ist, bei der Charakteristik des Codes praktisch aufgehoben ist.

Zu bestimmten methodischen und methodologischen Zwecken ist jedoch eine Formalisierung der natürlichen Sprachen möglich, die mit ihrer Umwandlung in eine Art Code verbunden ist. In diesem Falle wird die Spezifik der sog. „natürlichen Sprachen" bis zu einem gewissen Grade aufgehoben und ein vereinfachtes und verallgemeinertes Sprachmodell geschaffen, das in bedeutend stärkerem Maße den Anforderungen eines geschlossenen Systems genügt, das sich im Gleichgewichtszustand befindet. Aber das wäre ein anderes Objekt der Wissenschaft, speziell für bestimmte Ziele geschaffen und über seine eigenen besonderen Merkmale verfügend. Dieses verallgemeinerte und gerade dadurch vereinfachte und an Inhalt ärmere Objekt der Wissenschaft steht natürlich in Wechselbeziehung zu den sog. „natürlichen Sprachen", aber es spiegelt nicht die Gesamtheit der Besonderheiten und Gesetzmäßigkeiten ihres Funktionierens und noch weniger ihrer Entwicklung wider.

Im Unterschied zum Code und zu speziell formalisierten Modellen stellt die Sprache, was für einen Synchronschnitt man auch wählen mag, kein in sich geschlossenes System dar, das sich im Zustand völligen Gleichgewichts befindet, ungeachtet dessen, daß die konstitutiven Spracheinheiten in ihrer überwiegenden Mehrzahl als Elemente größerer oder kleinerer Systeme funktionieren, zwischen denen ihrerseits vielfältige Verknüpfungen und Abhängigkeiten bestehen.

In der Linguistik gibt es noch keine Typologie der systemhaften Verbindungen, die sowohl die Spezifik systemhafter Verknüpfungen zwischen homogenen und heterogenen sprachlichen Einheiten als auch die den verschiedenen sprachlichen Ebenen eigenen Unterschiede und den unterschiedlichen Charakter von innerparadigmatischen und interparadigmatischen Verbindungen berücksichtigte. Eins steht fest: die Konstatierung der Existenz verschiedener Typen von Oppositionen erschöpft durchaus nicht jene komplizierten Verknüpfungen und wechselseitigen Abhängigkeiten, die in der Sprache dargestellt und eine Manifestation der immer wieder gleichen Systemhaftigkeit sind. Gegenüberstellungen (protivopostavlenie) erweisen sich nur als ein einzelner, wenn auch sehr wesentlicher Aspekt sprachlicher Abhängigkeiten.

Das Fehlen einer Typologie systemhafter Verbindungen begrenzt alle Urteile über die Natur der Systemhaftigkeit in der Sprache, da die aus diesem Anlaß geäußerten Erwägungen nur vorläufigen Charakter haben können; ihr Ziel ist es, die Aufmerksamkeit auf die Vielfalt systemhafter Beziehungen zu lenken, die nicht auf den Mechanismus von Gegenüberstellungen reduziert werden können.

*

Zum gegenwärtigen Zeitpunkt ist die Behauptung, daß die Funktion (valentnost') nicht nur der Phoneme, sondern auch der grammatischen Wortformen von ihrer Position im System abhängt, schon fast eine Selbstverständlichkeit. Dadurch erklären sich teilweise die zahlreichen Unterschiede, die im Funktionieren ein und derselben grammatischen Modelle in verschiedenen verwandten Sprachen festgestellt werden können; man kann in diesem Zusammenhang auf die verschiedene Funktion des Perfekts nicht nur im Deutschen und Englischen, sondern auch in der deutschen Literatursprache im Vergleich zu süddeutschen Dialekten verweisen. Im Deutschen und im Englischen umfaßt das Paradigma des Verbs jeweils eine verschiedene Zahl von Komponenten wegen des Vorhandenseins von „continuous forms“ im Englischen und ihres Fehlens im Deutschen; gerade dadurch sind das englische und das deutsche Perfekt an verschiedenartigen Gegenüberstellungen beteiligt und verfügen über kein identisches System von differenzierten Merkmalen. In den süddeutschen Dialekten fehlt, im Unterschied zur deutschen Literatursprache, das Präteritum, wodurch in diesen Dialekten auch die Funktion des Perfekts nicht mit der der gleichen Form in der deutschen Literatursprache identisch ist, wo sie nicht nur dem Präsens und dem Plusquamperfekt, sondern auch dem Präteritum gegenübersteht.

Ein Paradigma stellt, genau wie eine einzelne paradigmatische Reihe, ein bestimmtes System von Verknüpfungen und wechselseiten Abhängigkeiten dar; das Verschwinden eines der Glieder führt gewöhnlich zur Umverteilung der differenzierenden Merkmale zwischen den restlichen Gliedern oder zur Einbeziehung von Einheiten in dieses Minimalsystem (malaja sistema), die sich ursprünglich außerhalb des gegebenen Paradigmas befanden. Auf diese Weise wird das morphologische Paradigma als Minimalsystem bestimmt, das sich aufbaut auf der Grundlage von einander überkreuzenden Verbindungen und wechselseitigen Abhängigkeiten. Die Korrelation der Komponenten innerhalb des Paradigmas ist bedeutend komplizierter als die Dynamik von Opposition und Neutralisation, die sich im Prozeß des Funktionierens von phonologischen Einheiten beobachten läßt.

Sehr wesentlich für die Charakteristik der Verknüpfungen zwischen morphologischen Einheiten und für die Bestimmung der systemhaften Besonderheiten in Bezug auf die Morphologie ist auch die Tatsache, daß sich die Systemhaftigkeit hier nicht nur in wechselseitigen Abhängigkeiten offenbart, die sich innerhalb des Paradigmas beobachten lassen, sondern auch im Standard des Baus der Paradigmen und der paradigmatischen Reihen bei bestimmten Wortklassen; so wird z. B. im Deutschen das Paradigma aller intransitiven Verben durch eine gleichartige Menge (nabor) paradigmatischer Wortformen charakterisiert, und eine andere, aber ebenfalls standardisierte Menge von Wortformen charakterisiert auch das Paradigma der transitiven Verben. Nicht zufällig ist für die Klärung der Frage, ob bestimmte lexikalische Verbgruppen (z. B. die russischen Verben auf *-sja*, die skandinavischen Verben auf *-s*, die gotischen Verben auf *-nan*) in das verbale Paradigma hineingehören, das Vorhandensein oder Fehlen von Standardgegenüberstellungen entscheidend, als deren Komponente sie auftreten können. Genauso hängt die Umwandlung bestimmter Typen von Partikel und Vollwort in eine analytische Form damit zusammen, ob die Bildung dieser Konstruktionen von der überwiegenden Mehrheit der Verben und außerdem mit Standardvalenz möglich ist. Wie wichtig dieser Standard (standartnost') im Bau eines Paradigmas für die Morphologie vieler Sprachen ist, läßt sich aus dem Beispiel der Suppletivformen ersehen, die ein System nach dem Muster und in Analogie (podobie) zu sog. richtigen Paradigmen (d. h. mit derselben Zahl von Komponenten) bilden, und die durch die gleiche Funktion und die gleichen differenzierenden Merkmale charakterisiert sind (vgl. z. B. die Konjugation des verbum substantivum in den verschiedenen indoeuropäischen Sprachen). Dieser Standard des Ensembles paradigmatischer Komponenten kann Einheiten mit verschiedenen Arten von Formenbildung vereinen (vgl. die starken und schwachen Verben und die Präterito-Präsentia in den germanischen Sprachen).

Wenn die wechselseitige Abhängigkeit zwischen den Komponenten eines Typs von Paradigmen, z. B. zwischen den Kasus im Singular, nur innerparadigmatische Verknüpfungen charakterisiert, so existieren daneben aber auch interparadigmatische Verbindungen, wie man sie beispielsweise in vielen indoeuropäischen Sprachen zwischen der Tempusreihe des Aktivs und des Passivs oder zwischen dem Kasussystem im Singular und im Plural verfolgen kann usw. Das Paradigma des Verbs oder des Nomens stellen als Ganzes ein kompliziertes System dar, das sowohl innerparadigmatische wechselseitige Abhängigkeiten im eigentlichen Sinne als auch interparadigmatische Verknüpfungen vereint.

Es könnte den Anschein haben, daß gerade die Analyse der morphologischen Paradigmen, der innerparadigmatischen und der interparadigmatischen Verbindungen, zu dem Ergebnis führen müßte, daß der morphologische Bau einer Sprache ein ideales System darstellt, und daß ein morphologischer Synchronschnitt es erlaube, von einem geschlossenen

System zu sprechen, das sich im Zustand des Gleichgewichts befindet. In Wirklichkeit jedoch sind die Relationen und Normen, die bei morphologischen Synchronschnitten in verschiedenen Sprachen beobachtet werden können, sehr viel widersprüchlicher und zeigen zahlreiche Abweichungen von jener idealen Systemhaftigkeit, die oben erläutert wurde. Bleiben wir noch bei der Analyse einiger Beispiele.

In der gotischen Sprache, die durch Texte des 4.–5. Jh. belegt ist, sind die Tempusreihen in Aktiv und Passiv nicht identisch: im Aktiv gibt es zwei Tempusformen (Präs. und Prät.) und im sog. Mediopassiv eine Form, die hinsichtlich des Tempus mit dem Präsens des Aktivs korreliert. Ohne auf die Entstehung dieser Besonderheit einzugehen, weisen wir nur darauf hin, daß die Paradigmen des Aktivs und Passivs, anders als im modernen Deutschen, nicht über eine gleichartige Kapazität (emkost') verfügen. Jedoch führt der Druck des Systems, der sich in der Notwendigkeit äußert, die Kontrastierung der Genera verbi nicht nur unter dem Aspekt des Präsens, sondern auch unter dem Aspekt des Präteritums widerzuspiegeln, zur Nutzung verschiedener sprachlicher Mittel, die nicht zum System der verbalen Wortformen in der eigentlichen Bedeutung des Wortes gehören. So wird häufig das Präteritum einer bestimmten Klasse von intransitiven Verben benutzt, die, unabhängig von der Handlung des Subjekts, das Eintreten eines Zustandes bedeuten, Typ got. *usluknan* 'sich öffnen, offen werden' im Unterschied zu *uslukan* 'öffnen'; *ushauhnan* 'gerühmt werden, gerühmt sein' im Unterschied zu *hauhjan* 'rühmen' usw. Daneben werden auch Wortverbindungen von Partizip II mit dem Präteritum der Verben *wisan* 'sein' und *wairan* 'werden' vom Typ *was uslukans* und *warf uslukans* benutzt. Der Gebrauch all dieser Bildungen überschneidet sich; sie haben keine Standardposition im verbalen Paradigma des Gotischen, sie nehmen im Hinblick auf den morphologischen Kern eine periphere Stellung ein. Im Gotischen fehlt ein einheitlicher Standard also nicht nur im Bestand der aktiven und passiven Tempusformen, sondern auch im Verhältnis der einzigen Tempusform des Mediopassivs zu den korrelierenden Bildungen, die außerhalb des verbalen Paradigmas stehen. Dies unterstreicht den offenen Charakter des Paradigmas, ungeachtet des deutlichen Einflusses des Prinzips der Systemhaftigkeit im Funktionieren der erwähnten außerparadigmatischen Einheiten. Außerdem charakterisiert jener Standard der paradigmatischen Schemata, der oben als Erscheinung der Systemhaftigkeit angesehen wurde, den Bau verschiedener Sprachen durchaus nicht in gleichem Maße.

Auf einer Konferenz über die germanischen Sprachen habe ich kürzlich in meinem Vortrag „Die Struktur der altgermanischen Verbstämme und die Formung paradigmatischer Reihen"[3] auf das Vorhandensein von zwei Bautypen verbaler Paradigmen in den indoeuropäischen Sprachen hingewiesen. Der Standard, die gleiche Kapazität bei verschiedenen Verbklassen, charakterisiert nur eine bestimmte Gruppe alter indoeuropäischer Sprachen und stellt dabei allem Anschein nach eine spätere Entwicklungsetappe dieser Sprachen dar. Für solche Sprachen hingegen wie das Altindische und das Griechische, besonders in der ältesten Epoche ihrer Existenz, sind Buntheit und Brüchigkeit im Bau der paradigmatischen Reihen, unterschiedliche Kapazität der Paradigmen bei verschiedenen Verbwurzeln und unterschiedliche Funktion ein und derselben Modelle im System der Wortformen bei verschiedenen Verbklassen charakteristisch. In dieser Situation erhielt die Systemhaftigkeit innerhalb der i n d i v i d u e l l e n Paradigmen besondere Bedeutung: so nahm z. B. ein und dasselbe Strukturmodell verschiedene Positionen in der verbalen Reihe ein, je nachdem, mit welchen Modellen es korrelierte. Die altindischen Formen *ástāhāt* und *ástirat* sind nach einem Modell gebaut, aber die erstere funktioniert im Formensystem des Verbs *stāh* als Aorist, die letztere im Formensystem des Verbs *tar-/tir-* als Imperfekt. Entscheidend ist die Struktur des Präsensstammes; wenn die Struktur des Präsensstammes dieselbe ist wie bei der betrachteten Form (vgl. *átirat* und *tiráti*), so ist die Korrelation dieser Formen gleich der Korrelation zwischen Imperfekt und Präsens; wenn aber umgekehrt der Präsensstamm nicht mit dem Stamm der betrachteten Form identisch ist (vgl. *ásthāt* und *tísthati*), so funktioniert eben dieses Modell als Aorist.

Fehlender Standard der Paradigmen bei verschiedenen Verben und also auch das Fehlen jener Systemhaftigkeit in der Formenbildung, die mit dem Standard der Menge paradigmatischer Komponenten verbunden ist, wird gleichsam durch eine besondere wechselseitige Abhängigkeit zwischen den Gliedern individueller Paradigmen kompensiert, aber bei dieser Lage der Dinge kann man sogar die Morphologie des vedischen Verbs schwerlich als streng geschlossenes System von Verbindungen und Abhängigkeiten eines Typs betrachten. Sehr bezeichnend ist jedoch, daß eine Tendenz zur Standardisierung (standartnost') und folglich zu einer umfassenderen Systemhaftigkeit sich auch in Sprachen dieses Typs bemerkbar macht. Die spätere Entwicklung des indischen Verbs zeigt ganz ähnliche Tendenzen.

Eine synchronische Morphologie verschiedener Sprachen erlaubt also, das Vorhandensein von Minimalsystemen zu konstatieren, die durch

---

[3] Vgl. *Tezisy III naučnoj sessii po germanskim jazykam* (Thesen der 3. wiss. Konferenz über die germanischen Sprachen), Moskau 1961.

Paradigmen und paradigmatische Reihen vorgestellt werden, in denen sich jedoch ein unterschiedliches Maß an Standardisierung, Systemhaftigkeit und Geschlossenheit zeigt. In einer Reihe von Fällen bilden die Komponenten der Paradigmen einen eigentümlichen Kern, dem sich dem jeweiligen Paradigma äußere Einheiten anschließen, die nicht selten über die Grenzen morphologischer Paradigmatik hinausreichen (in diesem Zusammenhang ist nicht nur die gotische Sprache aufschlußreich, sondern auch ein Synchronschnitt durch andere altgermanische Sprachen, in denen an das zweigliedrige Tempusparadigma verschiedene Typen verbaler Wortfügungen aus Teil- und Vollwörtern „angebaut wurden").

Außerdem ist es bisher in einer synchronischen Morphologie nicht möglich, die Existenz eines Systems allgemeiner Koordinaten aufzuzeigen, die z. B. die Oppositionen bestimmen, welche der jeweiligen Sprache in den verschiedenen Wortklassen eigen sind. Die sich abzeichnende Verbindung zwischen Modellierungsprinzipien der Subjekt-Objekt-Beziehung im Nomen und im Verb berührt nur ein Glied und läßt sich in seiner Anwendung nur bei einigen Sprachen verfolgen. Wenn man also innerhalb der Verbindungen und Relationen allein der Morphologie bleibt, so muß man entweder von Minimalsystemen oder von systemhaften Verknüpfungen begrenzten Umfanges sprechen, vom Vorhandensein einer bestimmten Systemhaftigkeit und von der Tendenz, diese Systemhaftigkeit umfassender zu machen. Die Wechselwirkungen und die wechselseitigen Verbindungen zwischen Morphologie und Syntax zeigen ihrerseits verschiedene Typen von Systemhaftigkeit.

1. Die syntaktischen Einheiten erweisen sich als bis zu einem gewissen Grade korrelativ zu diesem oder jenem morphologischen Minimalsystem, sie zeigen bestimmte Korrelationen und Gegenüberstellungen. Auf diachronischer Ebene kann dies zur Einbeziehung von Fügungen in reguläre Oppositionen als Komponenten der paradigmatischen Reihe führen, was zur Bildung sog. analytischer Formen, zu neuen, vollberechtigten Gliedern des Paradigmas führt.

2. Ein anderer Aspekt der Verbindungen und wechselseitigen Abhängigkeiten tritt in der Korrelation differenzierter Merkmale morphologischer Einheiten und der Wortfügungsstruktur auf. So ist z. B. die verschiedenartige Struktur der attributiven Wortfügung Adj. + Subst. im Englischen und im Deutschen durch verschiedenartige morphologische Charakteristiken des Adjektivs und des Artikels bedingt: im Deutschen verfügt das Adjektiv über Merkmale, die eine Differenzierung nach Genus, Numerus und Kasus in der sog. starken Deklination ausdrücken (in der schwachen Deklination wird der unvollständige Ausdruck dieser Bedeutungen durch die Formen des Artikels kompensiert), im Eng-

lischen schließt sich das Adjektiv, das morphologischer Charakteristika entbehrt, dem Substantiv an.

3. Das Grundmodell des Satzbaus und die morphologische Typologie stellen ihrerseits korrelierende Größen dar; offensichtlich bedingt eine Armut an morphologischen Charakteristiken des Wortes eine Satzstruktur, bei der die Wortfolge die Funktion des Wortes im Satz markiert. Folglich durchdringen die systemhaften Verknüpfungen und Abhängigkeiten die Struktur der Sprache von den einfachsten binären Oppositionen bis hin zu interparadigmatischen Verbindungen und Abhängigkeiten. Nicht nur die Systemhaftigkeit ist eines der wesentlichen Charakteristika der Sprache, sondern auch die Tendenz zur Systemhaftigkeit, die eine der inneren Faktoren der Sprachentwicklung darstellt.

Ohne ein bestimmtes Maß (uroven') an systemhaften Verknüpfungen könnte die Sprache überhaupt nicht als Kommunikationsmittel funktionieren. Und zugleich stellt die Sprachstruktur kein ideales System dar, das völlig in einem Netz standardisierter Gegenüberstellungen und wechselseitiger Abhängigkeiten erfaßt wäre. Das Vorhandensein von Minimalsystemen in der Sprache, und zwar auf ihren verschiedenen Rängen (uroven'), deren Verbindungen untereinander nicht selten äußerlichen Charakter haben, die Existenz von peripheren Erscheinungen neben den Minimalsystemen (sei es, daß sie aus einem Minimalsystem herausfallen, sei es, daß sie nicht in es aufgenommen sind) und schließlich die Existenz verschiedener funktionaler stilistischer Schichten in der Sprache, die auf eine bedeutende Variabilität der sprachlichen Standards hinweisen, führen notwendigerweise dazu, den besonderen Charakter der Systemhaftigkeit in der Sprache zu betonen, der gemeinhin mit dem Terminus „offenes System" gekennzeichnet wird. Dieser Typ von Systemhaftigkeit ist sowohl der Statik als auch der Dynamik der Sprache eigen. Mit anderen Worten, er läßt sich in gleicher Weise bei der Analyse eines synchronen sprachlichen Schnittes und bei der Untersuchung der sprachlichen Entwicklung, d. h. in der Diachronie, feststellen.

*

Der „offene Charakter" des sprachlichen Systems ist in der Statik u. a. dadurch bedingt, daß jeder beliebige synchrone Schnitt sprachliche Elemente fixiert, die sich auf einem verschiedenen Stand der Eingliederung in das System standardisierter Gegenüberstellungen und wechselseitiger Abhängigkeiten befinden. Dadurch schließt der synchronische

Schnitt unweigerlich führende und für das gegebene sprachliche System bestimmende Elemente ein wie auch Elemente, die für den gegebenen Zustand peripher sind. Eine differenzierte Beschreibung dieser beiden Kategorien, die die Natur des zu erforschenden Objektes widerspiegelt, bringt gewöhnlich das Element der Dynamik oder Diachronie hinein, obwohl auch eine rein synchronische Konstatierung von parallelen Gegebenheiten verschiedenen Typs (raznogo tipa sopoloženij), die in der Sprache existieren, möglich ist.

Aber auf der Ebene der Charakterisierung des Objektes der Wissenschaft selbst, d. h. der konkreten Sprache, ist der „offene" Charakter und die Existenz peripherer Elemente, die nicht in die standardisierten Gegenüberstellungen und wechselseitigen Verknüpfungen eingeschlossen sind, eine Tatsache, die mit der sprachlichen Entwicklung verbunden ist, d. h. mit der Diachronie, mit dem Vorhandensein von Ablagerungen verschiedener Zeiten in dem System jeder Sprache. Deshalb spiegelt ein „rein synchronischer Querschnitt" die realen Verbindungen bei Anwendung auf einen Code oder auf formalisierte Modelle wider; in Bezug auf konkrete Sprachen aber existiert er nur als eine bestimmte Methodik bei der Beschreibung des Objektes der Wissenschaft. Für Charakteristiken, die die Spezifik des Objektes der Wissenschaft selbst festlegen, welches die konkreten Sprachen vorstellen, ist die Verabsolutierung der Gegenüberstellung „Diachronie" – „Synchronie" faktisch aufgehoben.

Die systemhaften Verbindungen, die in den Sprachen existieren, können durch einen idealen synchronen Querschnitt vermittels einer Analyse der Gesetzmäßigkeiten des Funktionierens der Sprache gezeigt werden. Besonders deutlich aber treten sie beim Formierungsprozeß neuer oder beim Umbau alter Reihen hervor, d. h. in der Diachronie. Dies wird durch den Charakter vieler sprachlicher Veränderungen selbst bestimmt, die durch die allgemeine Tendenz zur Systemhaftigkeit bedingt sind, wobei auch die Standardisierung eingeschlossen ist, sowie durch das Vorhandensein des sog. Systemdrucks. Man kann sagen, daß die Tendenz zur Systemhaftigkeit und Standardisierung in der Entwicklung des grammatischen Baus aller indoeuropäischen Sprachen praktisch in Erscheinung tritt, wobei sie verschiedene Erscheinungen mit unterschiedlicher Intensität erfaßt und die Evolution der einzelnen Sprachen in unterschiedlicher Stärke charakterisiert. Faktisch verbunden sind damit die Veränderungen im System der Nomina wie z. B. die Eliminierung der Zersplitterung von Deklinationstypen durch die Hereinnahme kleinerer Gruppierungen in umfassendere Klassen, die sich in allen indoeuropäischen Sprachen beobachten läßt, die aber in den verschiedenen Sprachen bei weitem nicht gleichartig vor sich gegangen ist. Es ist charakteristisch, daß analoge Tendenzen sich auch im Verbsystem auswirken, wo zu verschiedenen Zeiten die Bildung von dem Umfang nach standardisierten Paradigmen stattfand, die sich durch generalisierte Gegenüberstellungen unabhängig von der Existenz morphologischer Klassen auszeichneten.

Der Systemdruck kann als Faktor sprachlicher Veränderungen und als Ursache der Verbreitung irgendeiner neuen Erscheinung auftreten. In beiden Fällen erscheint das System als Objekt, das in Korrelation zur Diachronie gesetzt ist. Wir möchten hier zwei Beispiele analysieren.

Das Perfekt der deutschen Sprache der Gegenwart hat sich aus Fügungen der Hilfsverben *sein* und *haben* mit dem Partizip II entwickelt. Beide Glieder der Wortfügung funktionierten ursprünglich als zwei unabhängige Einheiten; die intransitiven aterminativen Verben des Typs *gangan* (heute *gehen*), *stantan* (heute *stehen*) besaßen allerdings kein Partizip II, und folglich konnten von ihnen keine Wortfügungen des genannten Typs gebildet werden. Als jedoch die bereits von transitiven und intransitiven terminativen Verben existierenden Wortfügungen mit dem Partizip II, die als ständige Glieder temporaler Gegenüberstellungen funktionierten, vom Prozeß schrittweiser Eingliederung ins verbale Paradigma erfaßt wurden, übernahmen die aterminativen intransitiven Verben das Modell des Partizip II speziell zur Bildung von analytischen Formen des Perfekts und des Plusquamperfekts. Dadurch wurde ein standardisiertes Paradigma für alle Verben geschaffen. Dabei konnten für lange Zeit die Partizipformen dieser Verben nicht in attributiven Wortfügungen gebraucht werden, und auch jetzt ist dieser Gebrauch in der mündlichen Umgangssprache unmöglich und in der Schriftsprache sehr begrenzt. Der Systemdruck hat, als er zur Bildung einer neuen Form bei den intransitiven aterminativen Verben führte, nicht zur Übernahme aller Funktionen für diese Form geführt, die das Partizip II bei den anderen Verben besaß.

Ein noch komplizierteres Bild bietet die Tendenz zur Systemhaftigkeit, wenn zwei unterschiedliche Systeme aufeinanderprallen, seien es die Systeme zweier Dialekte einer Sprache oder die Systeme verschiedener Sprachen.

Der Konsonantismus der modernen deutschen Schriftsprache unterscheidet sich vom Konsonantismus aller anderen germanischen Sprachen und von den sog. niederdeutschen Dialekten durch das Vorhandensein der Affrikaten *pf*, *tz* anstatt *p*, *t* oder der Spiranten *f*, *s*, *h* anstatt *p*, *t*, *k* (vgl. nd. *appel*, hochsprachlich *Apfel*, *ik* – *ich*, *open* – *Ofen*). Auch in den Dialekten, die von dieser Erscheinung erfaßt worden sind, gibt es eigene Abstufungen in der Realisierung dieser Besonderheit, die davon zeugen, daß die Verschiebung der gemeingermanischen stimmlosen Verschlußlaute ihren Ursprung in einem begrenzten Dialektbezirk im Süden Deutschlands hatte.

Das Vordringen dieser Erscheinung in andere Dialekte geschah stufenweise; unterstützt durch die Tradition der süddeutschen Schreibstuben, hielt es über einen langen Zeitraum an, nämlich einige Jahrhunderte, und wurde nicht als spontaner phonetischer Prozeß realisiert, sondern zu Anfang bei bestimmten lexikalischen Gruppen, so daß man in ein und derselben Position bei verschiedenen Wörtern verschobene und unverschobene Konsonanten finden konnte. Überreste dieser eigenartigen Erscheinung können auch jetzt noch in der mündlichen Rede der Einwohner von Köln beobachtet werden. Der Dialekt dieser Gegend nahm als einer der letzten die verschobenen Konsonanten an. Aber auch heute noch gibt es eine bedeutende lexikalische Gruppe, die den alten Konsonantismus bewahrt hat. Vor allem handelt es sich um die Lexik der niederen Umgangssprache, die keinen Eingang in den Bestand der Hochsprache gefunden hat; *rut* schriftsprachlich 'Fensterscheibe', *brōk* schriftsprachlich 'Hose', *plūtən* schriftsprachlich 'Lumpen'. Interessant ist, daß einige Einheiten, die für verschiedene Bedeutungen ausgenutzt werden, zwei Formen haben; so hat beispielsweise der *Affe* als Tiername ein verschobenes *p* und klingt [āf], aber wenn das Wort als Schimpfwort für einen Menschen gebraucht wird, benutzt man es mit unverschobenem *p* (vgl. auch *Storch* als Tiername, aber [stork] 'eigensinniger Mensch'). Die hier angeführte Geschichte der deutschen Konsonantenverschiebung illustriert Prozesse, die mit dem Zusammenstoß zweier phonetischer Systeme verbunden sind: dem altgermanischen System mit unverschobenen Konsonantismus und dem neuen mit verändertem Konsonantismus.

Die Tendenz zur Systemhaftigkeit, die sich in dem schrittweisen Erfassen der grundlegenden lexikalischen Schichten durch den gegebenen Prozeß äußert, wobei diese Schichten nur teilweise durch bestimmte phonetische Bedingungen eingegrenzt werden, stieß mit dem Einfluß der sozialen Differenzierung der Lexik zusammen, – einer Differenzierung, die innerhalb ein und derselben Stadt Köln existierte. Die Differenzierung der Lexik selbst war das Resultat der Wechselwirkung zweier lexikalischer Systeme: des umgangssprachlich-dialektalen und des schriftsprachlich-literarischen, die sich hinsichtlich bestimmter Teile als in jenes System einbezogen erweisen, das die gegenwärtige Umgangssprache Kölns darstellt.

Man kann eine Vielzahl verschiedener Fälle der Übernahme von Elementen des Systems der einen Sprache oder des einen Dialekts durch das System einer anderen Sprache oder eines anderen Dialekts anführen, wobei die übernehmende Sprache auf unterschiedliche Art auf die Elemente des anderen Systems reagieren kann. Hier treten verschiedene Faktoren in Aktion. Maßgebend ist in dieser Hinsicht das lexikalische Material: die entlehnte Lexik erweist sich als Vermittler, durch den die Phoneme, die Wörter samt Akzent und Struktur und die Wortbildungsmodelle des fremden Systems in die übernehmende Sprache gelangen. Die Situation dieser Einheiten eines fremden Systems im System der übernehmenden Sprache ist in verschiedenen konkreten Fällen diametral entgegengesetzt. So ist beispielsweise bekannt, daß das Phonem /f/ nicht nur durch Entlehnungen aus dem Griechischen in die russische Sprache gelangte, sondern dort auch eine neue Opposition /f/ – /v/ schuf und damit zugleich auf die distinktiven (differencial'nye) Merkmale des stimmhaften Spiranten /v/ eingewirkt hat (dieses Faktum führte T. P. Lomtev seinerzeit in seinem Beitrag zur Substratdiskussion an); das fremdsprachliche Element wurde nicht nur in das System einbezogen, sondern es bewirkte sogar dessen Umwandlung. Es sind allerdings zahlreiche Fälle bekannt, in denen phonetische Besonderheiten der entlehnten Lexik faktisch an der Peripherie des phonologischen Systems der entlehnenden Sprache stehen; solcherart ist. z. B. das Schicksal des [ʒ] in einzelnen deutschen Entlehnungen aus dem Französischen: vgl. *Journal*, *Genie* oder den alten Namen des Platzes der Akademie in Berlin, *Gendarmenmarkt*. In der Umgangssprache wird statt [ʒ] nicht selten /ʃ/ gesprochen.

Nicht weniger unterschiedlich ist das Schicksal fremdsprachiger Wortbildungsmodelle. In den einen Fällen findet eine völlige Adaption dieser Modelle durch das Wortbildungssystem der entlehnenden Sprache statt, so daß sie nicht nur Muster für zahlreiche Bildungen werden, sondern auch funktional identische oder sehr nahe Modelle verdrängen, wie dies mit dem lateinischen Wortbildungsmodell des Typs lat. *molinarius* der Fall war, der das alte germanische Modell der nomina agentis vom Typ ahd. *boto* 'Bote', 'Gesandter', *ezzo* 'Essen' verdrängte. In anderen Fällen bleiben diese anders strukturierten Modelle an der Peripherie des Wortbildungssystems der entlehnenden Sprache und erhalten sich nur in einzelnen lexikalischen Einheiten vom Typ des Suffixes *-tät* im Deutschen. Die Einbeziehung fremdsprachlicher Elemente vollzieht sich auf so vielfältige Art, daß die Tendenz zur Systemhaftigkeit und Standardisierung in der entlehnenden Sprache mehr oder weniger intensiv in zwei scheinbar völlig entgegengesetzten Richtungen zutage treten kann: 1) durch die Unterordnung entlehnter Elemente unter die Normen der entlehnenden Sprache, d. h. durch ihre Assimilation (vgl. das Schicksal der ältesten lateinischen Übernahmen in die germanischen Sprachen, die ihre Wortstruktur entsprechend den Normen der germanischen Sprachen änderten); 2) durch Umbau des eigenen Systems und Verwandlung der fremdsprachlichen Einheiten in ein Korrelat des neuen Systems. Aber wie schon oben angemerkt, sind auch solche Fälle nicht ausgeschlossen, in denen der Kern des Sprachsystems unverändert bleibt und die fremdsprachlichen Erscheinungen nur an seiner Peripherie erscheinen. Also durchaus nicht alles Neue in der Sprache wird in das System hineingenommen, es sind Innovationen möglich, die nicht unmittelbar auf die systemhaften Verknüpfungen einwirken.

Am Anfang von Prozessen, die das Sprachsystem beeinflussen, können Veränderungen eines Elementes des Systems oder Veränderungen korrelierender Einheiten einer bestimmten Reihe stehen; im einen wie im anderen Falle führen diese Veränderungen zu Veränderungen der systemhaften Beziehungen. Ein diachronisches Faktum, z. B. die Spaltung des einen Phonems /u/ in zwei Phoneme /u/ – /o/, die in den meisten germanischen Sprachen als Ergebnis der Umwandlung von positionsbedingten Varianten in zwei selbständige Glieder einer Opposition vor sich gegangen ist, wird erst dann zu einem Faktum in der Sprache, wenn diese Erscheinung nicht mehr vereinzelt und isoliert ist und nicht mehr nur im bestimmten individuellen Redeabschnitten vorkommt, sondern zur Norm, zum Standard wird, der alle lexikalischen Einheiten erfaßt, die zuvor das alte /u/ erfaßt hatte, d. h. Systemcharakter annimmt.

Für die Systemhaftigkeit der Realisierung dieses Faktums ist der Umstand, daß die Stützung einer der Varianten in dieser oder jener konkreten Einheit manchmal eine grundlegende phonetische Gesetzmäßigkeit zerstörte, nicht wesentlich. Das Erscheinen einer neuen phonologischen Einheit, die neue Typen von Gegenüberstellungen und Verbindungen schuf, modifizierte natürlich das phonologische System der entsprechenden Sprachen. Sogar wenn die Veränderung einer phonologischen Einheit kein neues Glied des Systems hervorbringt, wenn es nämlich faktisch zum Zusammenfall zweier Phoneme kommt (wie dies beispielsweise in den nord- und westgermanischen Sprachen der Fall war, wo /a:/ < /e:/ zusammenfiel mit /a:/ < /a/), ist die Veränderung der Häufigkeit der Opposition (z. B. /a:/ : /a/), die ursprünglich nur auf einige Wörter begrenzt ist, kein für das phonologische System äußerliches Faktum, sondern bezieht sich auf eins der Charakteristika des Systems selbst, obwohl Veränderungen dieses Typs weniger wesentlich sind für das System als das Auftreten eines neuen Phonems. Mit anderen Worten, die Veränderung einer Einheit des Systems beginnt als isoliertes Faktum außerhalb des Systems auf der Ebene der Rede, um sich dann auf der Ebene der Sprache in ein Faktum der Veränderung dieses oder jenes Teilsystems zu verwandeln.

Die Frage nach der unterschiedlichen systemhaften Relevanz (značimost') einzelner Einheiten der Sprache bedarf unbedingt der Präzisierung. Die unterschiedliche Relevanz hängt von der Funktion der sich im System der Sprache wandelnden Einheiten selbst ab, davon, ob diese Einheit in jene wechselseitigen Abhängigkeiten und Verknüpfungen eingegliedert ist, die in der Struktur der Sprache zentral (veduščii) sind, oder ob diese Einheit nicht vielmehr zu den peripheren Schichten der gegebenen Sprache gehört (ähnlich wie z. B. jene gelegentlichen Entlehnungen aus dem Französischen, die in ungeheurer Zahl in der Sprache bestimmter Gattungen der deutschen mittelalterlichen Dichtung erschienen und ebenso schnell wieder verschwanden).

Die unterschiedliche Bedeutsamkeit hängt auch davon ab, ob die Veränderung eine isolierte Einheit betrifft, z. B. die Bedeutung eines Wortes, oder die Elemente der phonologischen und grammatischen Reihen. Auch die Veränderung einer Wortbedeutung kann sich jedoch in der semantischen Struktur des Feldes widerspiegeln, zu dem dieses Wort gehört. Damit ist die systemhafte Bedeutsamkeit des diachronischen Faktums direkt proportional zu den Verbindungen und wechselseitigen Abhängigkeiten, durch die die sich verändernden Einheiten in dem relativ statischen Zustand der Ausgangsstruktur charakterisiert sind. Die gleichzeitige Veränderung nicht einer Einheit, sondern einer Reihe wechselseitig voneinander abhängiger Reihen, z. B. der Übergang von /ī/ und /ū/ in die Diphthonge /ei/ und /au/ im Deutschen, stellt, verglichen mit der Veränderung eines Elementes, für die uns interessierende Frage nichts prinzipiell Neues dar.

Wesentlich ist hier ein anderes Moment. Weiter oben wurde die besondere Bedeutung betont, die die sog. Minimal- oder Teilsysteme haben, die paradigmatischen Reihen und Paradigmen, die phonologischen Oppositionen u. ä., die die spezifischen Grundmuster (uzel) in der Sprachstruktur bilden. Die Veränderung einer sprachlichen Einheit, die zu diesen Minimal- oder Teilsystemen gehört, vollzieht sich nicht als Veränderung einer sprachlichen Einheit allgemein, sondern als Veränderung einer bestimmten Komponente dieses Minimalsystems, und deshalb kann sie nicht eigenständig und isoliert sein, sondern nur korrelativ zu dem vorliegenden Minimalsystem, und sie beeinflußt den Inhalt (soderžanie) der wechselseitigen Abhängigkeiten und Verknüpfungen, die in diesem Minimalsystem existieren. Der Reflex der Veränderung irgendeiner beliebigen sprachlichen Einheit ist zuerst durch jenes Minimalsystem begrenzt, dem die Einheit angehört. Das Weitere hängt ab vom Charakter des Minimalsystems, seiner Stellung in der entsprechenden sprachlichen Schicht und der Struktur der Sprache als Ganzem. Die grammatischen Paradigmen und die paradigmatischen Reihen sind eins – die lexikalischen Gruppen ein anderes.

Auch hier wirken also in jedem Falle konkrete Bedingungen und die Gesamtheit der unterschiedlichen Faktoren. Aber gleichzeitig hängt auch hier die Entwicklungsrichtung und die Erfassung verschiedener Bereiche der sprachlichen Struktur durch den Prozeß in bedeutendem Maße von spezifischen Besonderheiten nicht nur der Einheiten selbst ab, sondern auch vom Zustand der Ausgangssystems im Moment seiner Veränderung oder der Eingliederung eines neuen, dem System fremden Faktums. Folglich behält der Inhalt der Begriffe „offenes System der Sprache", „systemhafte Verknüpfungen" und „Systemhaftigkeit", die durch Anwendung auf unter Vorbehalt als synchron betrachtete Querschnitte charakterisiert wurden, völlig seine Gültigkeit (sil) bei Anwendung auf die Sprache, wenn man sie im Hinblick auf ihre Veränderung und Entwicklung betrachtet. Dies resultiert aus den Eigenschaften selbst, die der Sprache eigen sind. Sprache existiert und entwickelt sich als „offenes System".

Übersetzt von Friedrich Hübner und Brigitte Zander-Lüllwitz

EUGENIO COSERIU

Synchronie, Diachronie und Typologie

In diesem Beitrag geht es mir um den Nachweis, daß eine Reihe allgemeiner sprachlicher Probleme, die zunächst in keinem unmittelbaren Zusammenhang miteinander zu stehen scheinen, entweder ganz gelöst oder zumindest in einem rational annehmbaren Sinne formuliert werden können, und zwar aufgrund einer neuen Auffassung vom Sprachtyp. Es handelt sich um folgende Probleme:

1. das Problem der sog. sprachlichen Konvergenzen,
2. das Problem dessen, was man „Durchlässigkeit" (bzw. auch „Undurchlässigkeit") der Sprachsysteme nennen könnte,
3. das Problem häufiger Heterogeneität der in verschiedenen Teilen derselben Sprachsysteme eintretenden Wandlungen und
4. das Problem der Antinomie von Synchronie und Diachronie.

Diese selbe neue Auffassung vom Sprachtypus läßt uns dazu noch zu einer neuen allgemeinen Sicht interner Sprachentwicklung gelangen.

1.1 Zur Begründung der sprachlichen Konvergenzen, d. h. der voneinander unabhängigen Parallelentwicklungen, die in historisch verwandten Sprachen offenbar auftreten, beruft man sich oft auf den Begriff „Tendenz". So etwa spricht A. Meillet[1] von „Tendenzen historisch zusammengehöriger Sprachen" und sogar von „tendances héréditaires acquises". Doch ist die Erklärung durch den Begriff „Tendenz" in keiner Weise annehmbar. Man darf den Sprachen nämlich keinerlei Tendenzen zuschreiben, da sie einfach Sprachtechniken und keine sich bestimmter Absichten bewußte Wesen sind: die Sprachen als solche tendieren nirgendwohin, und insofern müssen wir de Saussure zustimmen: „la langue ne prémédite rien". Die Sprecher dagegen können wohl „Tendenzen" erkennen lassen, doch beabsichtigen sie dabei in der Regel keine Modifizierung der Sprachtechnik, sondern es geht ihnen nur um den angemessenen Ausdruck für ihre Gedanken, Gefühle und Intuitionen. Dennoch verändern die Sprecher ihre Sprache, im allgemeinen aber ohne besondere Absicht: ihre Modifizierungstendenzen

[1] Meillet (1918) und (1925) 98f.

betreffen nicht die sprachlichen Mittel selbst, sondern ihre Verwendung. So gesehen stellt die Erklärung aus dem Begriff der „Tendenz" – und das geschieht in der Sprachwissenschaft recht häufig – eigentlich gar keine Erklärung dar, sondern einfach eine andere Formulierung der in der Sprache beobachteten Wandlungen. Denn die Behauptung, eine Sprache „tendiere" irgendwohin, ist gleichbedeutend mit der Feststellung, ein Phänomen x sei in ihr zu einem Zeitpunkt A häufiger anzutreffen als zu einem früheren Zeitpunkt B. Und wenn man sagt, verschiedene Sprachen wiesen eine „gemeinsame Tendenz" auf, so bedeutet das nichts anderes, als daß man in ihnen analoge Entwicklungen feststellt.[2] Wie soll man dann aber die sprachlichen Konvergenzen erklären, wenn sich die Anwendung des Begriffes „Tendenz" hier als reine Tautologie erweist? Vielfach nämlich werden nicht einfach voneinander unabhängige Entwicklungen vorliegen, sondern erst später belegte Gemeinsamkeiten oder auch nur Übertragungen aus einer Sprache in die andere, die nach ihrer historischen Trennung erfolgt sind. Doch sind die Fälle nicht selten, in denen solche Erklärungen unzureichend oder gar ausgeschlossen bleiben. So etwa ist das Rumänische, um nur ein Beispiel zu nennen, im Begriff seine Nominalflexion in einer mit Sicherheit internen Entwicklung zu reduzieren und nähert sich in dieser Hinsicht den westlichen romanischen Sprachen an. Längere Zeit nämlich schon ist *la* [eine *ad*, *à*, *a* entsprechende Präposition] + Subst. im Rumänischen eine geläufige Variante des flexivischen Dativs (*oamenilor* ~ *la oameni*). In jüngster Zeit ist ebenfalls im Rumänischen eine Reduzierung der Flexion des nachgestellten Adjektivs (oder adjektivischen Partizips) zu beobachten, und insbesondere dann, wenn es vom zugehörigen Substantiv getrennt erscheint (sei es auch nur durch eine Pause); Ion Barbu z. B. schreibt: *acestei calme creste/ intratǎ* [und nicht *intrate*]; *argintul unei scule de preţ atunci picatǎ* [und nicht *picate*]. In derartigen Fällen bleibt das Problem der „Konvergenzen" (oder, was dasselbe ist, das der „gemeinsamen Tendenzen") weiter bestehen.

1.2 Zum Problem der „Durchlässigkeit" der Sprachsysteme möchte ich eine – freilich in einem anderen Zusammenhang stehende – Bemerkung von Ch. F. Hockett[3] anführen: „Eine Sprache ist weder ein geschlossenes System, dem kein neues, bedeutungstragendes Element hinzugefügt werden kann; noch ist sie ein völlig offenes System, in das jedes Element jeder anderen Sprache (oder eines quasi-sprachlichen Systems) absolut

[2] Vgl. dazu meine Ausführungen in Coseriu (1958) 192ff.
[3] Hockett in [einer Rez.] *Lg* 32 (1956) 467.

frei eingeführt werden kann [Übers. D. Ch.]." Ihrem Wortlaut nach erscheint diese Äußerung als eine allgemeine empirische Feststellung; doch muß man hier nach der Ursache dessen fragen, was sie bedeutet, und diese vor allem noch näher bestimmen. Wird man dabei einfach zu einem statistischen Ergebnis gelangen oder vielmehr zu einer intern motivierten Anzahl von Neuerungen (oder Entlehnungen)? Mit anderen Worten: welcher Art der Neuerung bleiben die Sprachsysteme geöffnet und welcher nicht? Warum z. B. haben die romanischen Sprachen – tiefgehend gräzisierte Sprachen, die schon seit der sog. vulgärlateinischen Zeit sehr vieles aus dem Griechischem übernommen haben – nicht den im Griechischen so geläufigen Typ *apostolica verba* angenommen, sondern sind bis heute bei Ausdrücken wie *las palabras de los apóstoles*, *les paroles des apôtres*, *le parole degli apostoli* etc. geblieben? Warum haben sich Bildungen etwa wie *paternus*, *maternus* (statt *de mi padre, de mi madre* etc.), *aureus* und *ferreus* in den romanischen Sprachen nie recht durchgesetzt? Aus welchem Grunde wiederum zeigten sich das Italienische, das Spanische, das Portugiesische und das Katalanische dem lateinischen Superlativ auf *-issimus* (*-rimus*) gegenüber so aufnahmefähig, während das Französische – abgesehen von der hier zumindest in demselben Maße wie in allen anderen westlichen romanischen Sprachen eingetretenen „Relatinisierung" – sich für diese Neuerung als nicht empfänglich erwies? Warum behielt der Superlativ auf *-issimus* in den Sprachen, die ihn annahmen, nicht denselben sprachlichen Wert wie im Lateinischen? So wurde nämlich der Typ *altissimus homo* (ital. *un uomo altissimo*) ganz allgemein üblich, nicht dagegen der Typ *altissimus hominum* (*altissimo fra gli uomini* ist immer noch ein unverkennbarer Latinismus).

1.3 Die romanischen Sprachen sind auch ein ausgezeichnetes Beispiel für unser drittes Problem, da nämlich die großen Umwälzungen, die in ihnen seit der lateinischen Zeit erfolgt sind, häufig als Entwicklungen heterogenen Charakters erscheinen und sich nicht aus den herkömmlichen Prinzipien der historischen Grammatik erklären lassen. So etwa steht fest, daß sich das romanische Verb insgesamt anders entwickelt hat als das Nomen. Bei den Nominalformen wurde nämlich die Flexion aufgegeben; dagegen hielt sie sich bei den Verbalformen und konnte sich z. T. sogar noch bis heute erneuern (*eram – eras – erat* hätten italienisch und rumänisch *era – era – era* ergeben müssen; doch erscheinen heute it. *ero – eri – era* und rum. *eram – erai – era*). Wenn man das Verschwinden der Nominalflexion auf Lautabnutzung zurückführt, womit will man dann erklären, daß diese Abnutzung bei den Verbalformen nicht dieselben Wirkungen hatte? Und wenn man einwendet, bei den Nominalformen habe man die Präpositionen zur

Verfügung gehabt, um die Kasusfunktionen wiederzugeben, dann kann man immerhin darauf verweisen, daß man ja auch bei den Verbalformen über Ausdrucksmittel verfügte, die die Funktionen der Verbalendungen hätten übernehmen können (nämlich die Personalpronomina). Man behauptet, beim Verb habe Analogie gewirkt, jedoch nicht beim Nomen. Das wiederum ist keine Erklärung (die Rückführung eines Tatbestandes auf einen anderen), sondern, wie schon im Falle der „Tendenzen", eine lediglich anderslautende Formulierung der eigentlich feststellbaren Tatsachen. Denn die Analogie an sich ist keine wirkende Kraft oder Wesenheit, sondern einfach ein von den Sprechern bei der Sprachgestaltung und -umgestaltung angewandtes Verfahren: sie ist nicht Ursache, sondern Modalität gewisser Erscheinungen; und der Hinweis auf das Auftreten der Analogie in einem Teil der Sprache und ihr Fehlen in einem anderen kann nur als Hinweis darauf gedeutet werden, daß diese beiden Bereiche der Sprache von den Sprechern lediglich verschieden behandelt worden sind. Andererseits vermag auch die Lautabnutzung nicht einmal alle in der Nominalflexion eingetretenen Veränderungen hinreichend zu erklären. Wie soll man etwa die zusätzlich erfolgte Erneuerung gewisser materiell so gut charakterisierter Oppositionen wie die vom Typ *altus – altior – altissimus* oder auch wie die vom Typ *istic – istuc – istinc – istac* erklären? Umgekehrt ist auch die sogenannte Analogie offenbar nicht im gesamten Bereich des Verbs in Erscheinung getreten: sie trat nämlich nicht ein, damit das lat. Passiv erhalten blieb (d. h. dessen synthetische Formen)[4]. Auch reicht zu einer Erklärung die Berufung auf das volgärlateinische und romanische Prinzip der Periphrase nicht, da nämlich, während in der Nominalflexion die periphrastischen Formen für die synthetischen eintreten (*patris* → *del padre*; *altior* → *más alto*; *hinc* → *de aquí*), letztere sich in der Verbalflexion häufig neben den periphrastischen Formen halten (*dije – he dicho*, *dijera – había dicho*); aber – und das mag auf den ersten Blick seltsam erscheinen – in der passivischen Konjugation verhalten sich die periphrastischen Formen wie in der Nominalflexion (*amor* → *soy amado*). Schließlich werden auch in den romanischen Sprachen zwei nominale Kategorien – Genus und Numerus – paradigmatisch ausgedrückt („Flexion"), und sogar noch besser und in gewisser Weise klarer als im Lateinischen; und im Falle dieser beiden Kategorien erweist sich, daß auch hier, und zwar sehr oft, die sog. Analogie in Erscheinung getreten ist. Mehr noch: in einer ganzen Reihe romanischer Sprachen und Dialekte, von Portugal bis hin nach Rumänien, erscheinen sie häufig doppelt ausgedrückt: so port.

---

[4] Wie z. B. *amatur*, *amabatur*, *amabitur* usw.

corvo – cǫrvos, ovo – ǫvos; rum. *seară – seri, şcoală – şcoli*; port. *novo – nǫva*; rum. *frumos – frumoasă*; astur. *pirru – perra* etc. Gewiß, man mag einwenden, es handle sich hierbei um in sich begründete phonetische Alternanzen. Aber nicht minder gewiß ist, daß diese Alternanzen von jeher zum Ausdruck grammatischer Kategorien benutzt werden und daß ihre Motivierung heute vielfach ausschließlich morphonematisch ist. Demnach steht außer Zweifel, daß in den romanischen Sprachen zwei verschiedene Prinzipien in der historischen Erneuerung der Sprachtechnik aufeinander gefolgt sind und daß die Grenze der Anwendungsbereiche beider Prinzipien zumindest nicht mit derjenigen zwischen Nomen und Verb zusammenfällt. Was mag also ihre Annahme berechtigen, und was darf als ihr eigentlicher Sinn betrachtet werden?

1.4 Das Problem der Antinomie von Synchronie und Diachronie ist im Grunde ein Scheinproblem, besser gesagt, ein unzutreffend formuliertes Problem. Denn so wie de Saussure diese Antinomie dargestellt hat, gehört sie nicht der Objektsebene, sondern der Betrachtungsebene an: es handelt sich hier nur um eine Verschiedenheit der Standpunkte, um eine methodische Unterscheidung (die dazu noch einer ganz bestimmten Methode eignet), die aber schon als reale, den sprachlichen Fakten selbst zukommende Unterscheidung interpretiert worden ist. Außerhalb dieser Methode handelt es sich dabei streng genommen um die Unterscheidung von Funktionieren und Zustandekommen der Sprache („Sprachwandel"), und dementsprechend kann man sagen, die Sprache komme in der Diachronie zustande und funktioniere in der Synchronie; jedoch ist mit dieser Unterscheidung keine objektive Trennung gegeben, zumal für die Sprache das Funktionieren („Synchronie") und das Zustandekommen oder der „Wandel" („Diachronie") nicht etwa zwei Momente, sondern nur ein einziges sind.[5] Wir müssen aber noch bei diesem letzten Punkt verweilen und erklären, wieso diese Antinomie auf der Objektsebene nicht existiert, oder auch in welchem Sinne das Funktionieren der Sprache und der Sprachwandel (die Spracherneuerung) in der Wirklichkeit zusammenfallen. Wie schon angedeutet wurde, wollen die Sprecher ihre Sprache im allgemeinen nicht verändern, sondern nur anwenden, d. h. sie einfach funktionieren lassen. Nun wandelt sich die Sprache aber bei ihrer Verwendung, und das bedeutet, daß der Gebrauch einer Sprache ihre Erneuerung und schließlich ihre Überwindung bedingt. Folglich muß die Sprache gewissermaßen die Kräfte zu ihrer eigenen Überwindung, zum sog. „Sprachwandel", schon in sich tragen. Offensichtlich erfordert dies auch eine neue Konzeption der Sprachbeschreibung, wenn

[5] Vgl. dazu meine Ausführungen in Coseriu (1958) 206ff.

die Beschreibung ihrem Objekt auch wirklich angemessen sein soll. Allgemein betrachtet ist die Beschreibung der Geschichte nicht wesensfremd, wie oft behauptet wird, sondern ist in sie miteingeschlossen, da nämlich die Beschreibung eines Gegenstands zu einem bestimmten Zeitpunkt seiner Geschichte natürlich auch zu eben dieser Geschichte gehört. Wenn nun der Sprachgebrauch die Möglichkeit von Veränderungen enthält, dann muß auch eine Beschreibung des Sprachgebrauches und seiner Voraussetzungen eine solche Möglichkeit begründen. Mit anderen Worten, wenn die Sprache Gegebenheit und Möglichkeit zugleich ist, dann muß auch jede Beschreibung diese beiden Aspekte berücksichtigen, d. h. wenn die Sprachsysteme offene Systeme sind, dann muß man sie auch entsprechend beschreiben. Andererseits würde dies auch den wirklichen Gegebenheiten der Sprachtätigkeit und der allgemeinen Erfahrung der Sprecher selber entsprechen. Wie schon Humboldt und Croce bemerkten, lernt man nicht einfach eine Sprache, sondern man lernt, sich in ihr schöpferisch zu betätigen, d. h. das materiell Erlernte zu überwinden: eine Sprache beherrscht wirklich nur, wer dazu fähig ist, in ihr Neues zu schaffen, mit ihr vorher nie Gesagtes auszudrücken. Auf diese wesentliche Tatsache hat auch eine Richtung der nordamerikanischen deskriptiven Sprachwissenschaft, um die in letzter Zeit viel (zu viel) Aufhebens gemacht worden ist, hingewiesen – freilich ein wenig spät: gemeint ist die „transformationelle Grammatik", deren Vertreter erkannt haben, daß gerade die Sprachbeschreibung, um sich dem anzunähern, was die Sprache für ihre Sprecher ist, sich nicht auf das in einem „Korpus" Gegebene beschränken darf, sondern auch die Möglichkeit, über dies Gegebene hinauszugehen, berücksichtigen muß, anders gesagt, daß eine angemessene Beschreibung den „Unendlichkeitscharakter" der Sprache wiedergeben muß.[6] In diesem Zusammenhang ist viel von der sog. Grammatikalität die Rede gewesen, d. h. von dem, was in einer Sprache noch „zulässig" ist, auch wenn es nie vorher da war. Dabei steht natürlich vollkommen außer Zweifel, daß das „Grammatische" nicht allein das schon Verwirklichte umfaßt. Bisher ist jedoch die „Grammatikalität" von den Transformationalisten noch nicht recht abgegrenzt worden; vielmehr pflegen sie auf die „Intuition der Sprecher" zu verweisen, auf das, was natürliche Sprecher in ihrer Sprache als „annehmbar" betrachten würden. Ein derartiges Vorgehen entbehrt durchaus nicht jeglicher Grundlage; dennoch ist

---

[6] Diese „Unendlichkeit" betrifft auch nicht allein die „möglichen", aber in der historisch realisierten Sprache nicht belegten Sätze und Redeformen, sondern alle konstitutiven Elemente der Rede und alle sprachlichen Funktionen überhaupt.

dieses nicht der rechte Weg, um zu präzisen und objektiven Kriterien zu gelangen: wenn die „Grammatikalität" nämlich ein methodisch gültiger Begriff sein soll, dann muß sie sich eben auch aus der Sprache selbst, so wie sie in der Sprachtätigkeit erscheint, rechtfertigen lassen, und nicht aus den Einzelurteilen der Sprecher, welche ohnehin sehr verschieden in ihrer Begründung sein können. Und dazu gehen denn die Transformationalisten auch langsam über, wenngleich leider sehr einseitig und mit völliger Unkenntnis der auf diesem Gebiet in den vergangenen Jahrzehnten geleisteten Arbeit: seltsamerweise behaupten nämlich die Transformationalisten von sich, eine Gegenbewegung zur „modernen Linguistik" zu bilden, während sie sich im Grunde nur gegen eine Richtung der nordamerikanischen Sprachwissenschaft wenden (genauer gesagt, nur gegen die verschiedenen Richtungen der Bloomfield'schen Schule).[7] Dazu noch beschränkt sich die transformationelle Grammatik ganz ausdrücklich auf die Synchronie und benimmt sich so jeder Möglichkeit eines tieferen Verständnisses der Funktionsweise sprachlicher Systeme.[8]

2.0 Diese vier soeben dargestellten Probleme erscheinen als miteinander zusammenhängend, wenn man nur das Wesen dessen, was sich „Sprache" nennt (im funktionellen Sinne, d. h. im Hinblick auf die reale Sprachtätigkeit), und die strukturelle Schichtung, die die „Sprache" als solche enthält, berücksichtigt: ihre funktionellen Ebenen.

2.1 Die Sprachen stellen das „Sprachvermögen" in historischer Hinsicht dar (als historischen Gemeinschaften zugehörig). Eine Sprache ist folglich ein Vermögen, das sich in einer Tätigkeit kundtut, ein System von Verfahren oder Verfahrensregeln, ganz einfach ein technisches Vermögen – genauer, eine historische Sprachtechnik – und weist daher auch die allgemeinen Kennzeichen eines jeglichen technischen Vermögens auf (vgl. Coseriu 1958, 49). Innerhalb der technischen Verfahren, die

---

7 Alles Wesentliche der Transformationstheorie, soweit diese überhaupt gültig ist, kann man schon in den Arbeiten verschiedener europäischer Gelehrter auffinden (Porzig, Bally, Kuryłowicz, Frei u. a.). Hinsichtlich theoretischer Probleme von allgemeinem Belang, um die sich – freilich ohne eine kohärente philosophische Grundlage und im Grunde auch ohne großen Erfolg – die transformationelle Grammatik so sehr bemüht (Sprache als schöpferische Tätigkeit, Sprache als Technik der Sprachschöpfung, Sprachsysteme als Systeme von Möglichkeiten, Stufen der Grammatikalität, Charakter und Bedeutung der Intuition der Sprecher), sei mir gestattet, daran zu erinnern, daß sie von mir selbst klar und ausführlich in einer Reihe verschiedener Arbeiten behandelt worden sind, angefangen mit Coseriu (1952) und ganz besonders in Coseriu (1958).

8 Vgl. dazu besonders Chomsky (1964) 22.

eine Sprache konstituieren, können nun drei funktionelle Ebenen unterschieden werden (die im Bereich der Grammatik auch „Stufen der Grammatikalität" genannt werden dürfen): Norm, System und Sprachtyp. Die „Norm" umfaßt die in der Sprache einer bestimmten Gemeinschaft historisch verwirklichte Technik, alles, was in dieser Sprache allgemein und traditionell verwirklicht ist, ohne dabei schon notwendig funktionell zu sein (z. B. die beiden „obligatorischen" Varianten [b] und [β] des Phonems /b/ im kultivierten Spanisch; das sog. Zäpfchen-*r* des Pariser Französisch usw.). Das „System" stellt die Gesamtheit der funktionellen (distinktiven) Oppositionen dar, die in einer und derselben Sprache festgestellt werden können, sowie die distinktiven Regeln, nach denen diese Sprache gesprochen wird, und, daraus folgend, die funktionellen Grenzen ihrer Variabilität; das System als solches geht schon über das historisch Verwirklichte hinaus, weil es auch das nach den bestehenden (in der Norm nur teilweise angewandten) Regeln Realisierbare enthält. Man betrachte z. B. die folgende Reihe: *giocare – giocherellare – *rigiocherellare – *rigiocherellamento – *rigiocherellamentista – *rigiocherellamentistico*. Gibt es nun diese letzteren Formen? Innerhalb der italienischen Norm gewiß nicht, sie kommen nicht als historisch realisierte Formen vor und stehen also auch nicht in den Wörterbüchern (die als Verzeichnisse der lexikalischen Norm gelten). Im System jedoch gibt es sie: sie sind funktionell „mögliche" Formen. Und dazu erkennt man sie auch als „italienische" Wortformen, und nicht als die einer anderen Sprache, zumal sie ja nach den funktionellen Regeln des Italienischen gebildet worden sind.[9] Dagegen wären Formen wie etwa *vidergiocherellamento*, *rigiocherellemā*, *rigiocherellamiento* nicht „italienisch", da sie nicht nur der Norm, sondern auch dem System des Italienischen nicht entsprechen. Der „Sprachtyp" schließlich enthält die funktionellen Prinzipien, d. h. die Verfahrenstypen und die Kategorien von Oppositionen des Systems, und stellt somit die zwischen den einzelnen Teilen des Systems feststellbare funktionelle Kohärenz dar. So verstanden, ist der Typ eine objektiv vorhandene sprachliche Struktur, eine funktionelle Ebene der Sprache: er ist einfach die höchste strukturelle Ebene einer Sprachtechnik.[10]

---

[9] Verschiedene andere Beispiele – phonetischer, grammatischer und lexikalischer Natur – zu diesem Abschnitt können in Coseriu (1952) Kap. V nachgelesen werden.

[10] Dies ist in der Tat auch die Auffassung vom Sprachtypus, die die traditionelle Sprachtypologie, so wie sie von F. und A. W. Schlegel begründet worden ist, zwar meint, aber nicht ausdrücklich formuliert hat. Der Typ als „Klasse von Sprachen" ist ein Folgesatz oder noch besser eine Anwendung dieser Auffassung.

In den romanischen Sprachen z. B., mit Ausnahme des Französischen (und, in geringerem Maße, des Okzitanischen), ist die funktionelle Kohärenz auf der Ebene des Typs – wie ich noch an anderer Stelle zeigen werde[11] – aufgrund eines allgemeinen Prinzips gegeben, das wie folgt formuliert werden kann: „interne“ (paradigmatische) Ausdrucksdeterminierungen (materieller Art) für „interne“, designative, d. h. nicht-relationelle Funktionen, wie Genus und Numerus; „externe“ (syntagmatische) Determinierungen (materieller Art) für „externe“, relationelle Funktionen (wie Kasus, Steigerung der Adjektive usw.). – Als kategorielle Ebene enthält der Typ virtuell auch Verfahren, die im System noch nicht existieren, wohl aber möglich wären, in Übereinstimmung mit schon als solchen vorhandenen Kategorien der Sprachtechnik.

Um noch einmal zusammenzufassen: die „Norm“ umfaßt das traditionell in einer Sprache Verwirklichte; das „System“ die dem Verwirklichten entsprechenden Regeln; der „Typ“ die den Regeln des Systems zugrundeliegenden Prinzipien. Daher geht auch das System über die Norm und der Typ über das System hinaus. Und in diesem Sinne ist jede Sprache eine teilweise verwirklichte und teilweise noch zu verwirklichende Technik: das System ist ein System von Möglichkeiten hinsichtlich der Norm, der Typ ist es in Hinsicht auf das System.

2.2 Was die Beziehungen zwischen Norm, System und Typ angeht, so müssen wir dreierlei beachten:

a) Einem einzigen System können verschiedene Normen, einem einzigen Typ verschiedene Systeme entsprechen. So bieten die romanischen Sprachen eine ganze Reihe verschiedener Systeme, deren Mehrzahl jedoch einem und demselben Sprachtypus entspricht.

b) Auf der Ebene der Norm analoge Fakten können auf der Ebene des Systems verschieden sein. So z. B. kann die normale Aussprache von /f/ im Französischen und im Spanischen gleich sein, doch funktionieren frz. /f/ und span. /f/ in ihren entsprechenden Systemen in jeweils anderen Oppositionen. Ebenso können auf der Ebene des Systems analoge Fakten auf der des Typs eine andere Bedeutung erhalten. So besaß auch das Lateinische in seinem System einige den romanischen entsprechende syntagmatische Determinierungen (*magis idoneus*; *in schola, ex schola* usw.), doch standen diese nicht etwa den paradigmatischen gegenüber, sondern waren lediglich eine Ergänzung zu ihnen, da das Lateinische den kategoriellen Unterschied zwischen externen und internen Funk-

---

11 In „Versuch einer neuen Typologie der romanischen Sprachen“ [bisher unveröff.].

tionen nicht kennt, während er dagegen für das Spanische, Portugiesische, Katalanische, Italienische und in einem gewissen Maße auch für das Rumänische wesentlich wird.

c) Was vom Standpunkt einer bestimmten strukturellen Ebene her diachronisch („Wandel") ist, erscheint auf einer anderen, höheren Ebene als synchronisch („Funktionieren"). So wäre it. **rigiocherellamento*, wenn es je verwirklicht würde, ein neues Faktum innerhalb der Norm, jedoch nicht innerhalb des Systems: all das, was im Laufe der Zeit in die Norm aufrückt, findet sich außerhalb des Zeitablaufs im System begründet, insofern es dessen bloße Anwendung ist. Ebenso war der it. Elativ *altissimo*, gegenüber *il più alto*, zu einem bestimmten Zeitpunkt ein neues Faktum innerhalb des Systems; nicht jedoch auf der Ebene des Typs, weil er einem im Italienischen schon geläufigen funktionellen Prinzip entsprach („paradigmatische Determinierung für nicht-relationelle Funktionen"). Als Bestandteil des Systems erscheint der Elativ vom Typ *altissimo* (d. h. eigentlich die Opposition vom Typ *altissimo/ molto alto// il più alto*) sehr viel später als andere entsprechende Bestandteile, und in diesem Sinne handelt es sich hier um ein diachronisches Faktum; auf der Ebene des Typs jedoch ist dieses als Anwendung eines schon vorhandenen sprachtechnischen Verfahrens ein synchronisches Faktum.

In einer schematischen Darstellung ergäbe sich dann folgendes (durch ● werden „realisierte" Fakten, durch ○ „mögliche" Fakten veranschaulicht):

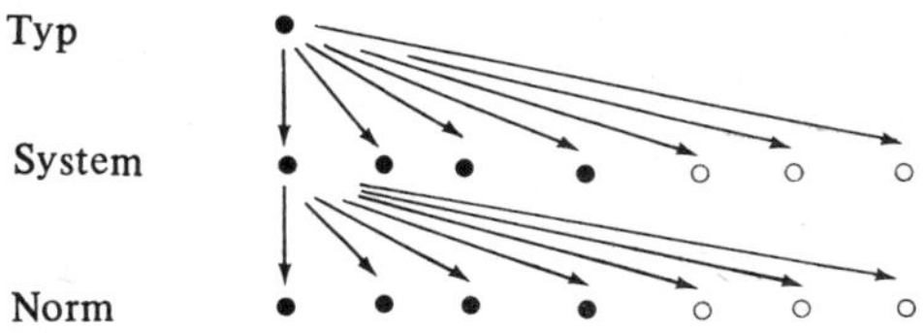

oder noch besser:

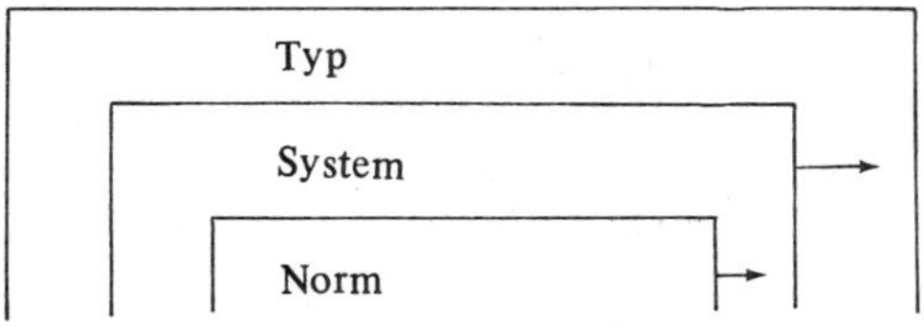

Letzteres bedeutet: Bewegung in der Norm ohne Bewegung im System (oder auch: *Diachronie in der Norm bei gleichzeitiger Synchronie des Systems*); Bewegung im System ohne Bewegung im Typ (oder auch *Diachronie des Systems innerhalb der Synchronie des Typs*).[12]

3. Wenn wir jetzt zu den vier anfänglich dargestellten Problemen zurückkehren, so ergibt sich folgendes:

a) Die sprachlichen Konvergenzen haben nichts Geheimnisvolles an sich, wenn man nur den technischen Charakter der Sprache berücksichtigt: es handelt sich dabei einfach um die Anwendung systematisch und typologisch analoger Muster in verschiedenen Sprachen, wobei materielle Unterschiede entstehen können; und diese Anwendung kann sich über einen sehr großen Zeitraum hinweg erstrecken (etwa von der

---

12 In diesem Zusammenhang müssen wir darauf hinweisen, daß F. de Saussure in die synchronisch vorhandenen Fakten auch die analogische Neuschöpfung – sehr zu Recht übrigens – miteinbezog und dazu sogar die Möglichkeit andeutete, im Französischen Formen wie **interventionnaire*, **repressionnaire*, **firmamental* nach sprachlich schon vorhandenen Mustern zu schaffen (Saussure 1916, 225): offensichtlich bezog er sich damit auf die Synchronie des Systems (vgl. Coseriu 1958, 209). Es ist nur zu bemerken, daß de Saussure den Lautwandel als eine von der Analogie wesensmäßig unterschiedene Erscheinung betrachtete und ganz allgemein die phonischen Erscheinungen als völlig von den grammatischen verschieden ansah, was nicht angenommen werden darf. Auch N. Chomsky formuliert gewisse zur Synchronie des Systems und zur Diachronie der Norm gehörige Regeln (d. h. Regeln, die über das historisch Verwirklichte hinausgehen), aber wird sich dessen nicht bewußt, weil ihm die Begriffe „System" und „Norm" fehlen und weil er nicht erkennt, daß alle Verfahren der Sprachtechnik synchronisch und diachronisch zugleich sind oder auch daß in der Sprache kein eigentlicher Unterschied zwischen „Regeln der Funktion" und „Regeln des Wandels" besteht. Mehr noch: er sieht eine Unzulänglichkeit Humboldts darin, daß dieser nicht zwischen „rule-governed creativity" und „rule-changing creativity" (Chomsky 1964, 22) unterschieden habe. In Wirklichkeit ist aber die „rule-changing creativity", soweit sie die interne Sprachentwicklung betrifft (unabhängig von der möglichen äußeren Herkunft der betr. Fakten), auf der Ebene des Sprachtyps eine „rule-governed creativity" und gehört damit einfach zu den Möglichkeiten der Sprachtechnik. Dadurch, daß er das eigentliche Wesen der Sprache (schöpferische Tätigkeit) und damit zugleich ihren technischen Charakter verkennt, dazu noch das sprachlich Universelle mit dem sprachlich Allgemeinen verwechselt, verfällt er schließlich in der letzten Fassung seiner „Theorie" (= Chomsky 1965) auf die mystische Auffassung von den angeborenen Ideen, die er dazu noch ganz unbekümmert durch eine merkwürdige Evolutionstheorie positivistischer Prägung zu rechtfertigen versucht. Es ist bedauerlich, daß ein Sprachwissenschaftler, der zu Humboldt zurückzukehren meint, so verfährt, als hätten Kant und Hegel nie gelebt, und dabei die wirklichen philosophischen Zusammenhänge und die eigentlichen Grundlagen der Sprachauffassung Humboldts völlig ignoriert.

vlat. Periode bis zur Gegenwart).[13] Das „Erbe“ besteht dann also nicht aus den sog. „Tendenzen“, sondern aus den technischen Verfahren, die die Sprache als „System von Möglichkeiten“ bilden. Alle realisierten Fakten können als solche voneinander unabhängig sein, nicht jedoch die Regeln oder Prinzipien der Realisierung, die schlechthin allgemeingültig sind. Dazu handelt es sich hierbei nicht um ein „Erbe“, sondern um die kulturelle Vermittlung eines Sprachvermögens. So etwa sind die romanischen Sprachen einander ähnlich, und zwar nicht allein aufgrund des aus dem Lateinischen Bewahrten und des voneinander Entlehnten, sondern auch und vor allem aufgrund der Anwendung einer ihnen gemeinsamen Sprachtechnik, aufgrund einer historischen Entwicklung nach analogen technischen Verfahren. Und ihre innere Geschichte ist nicht so sehr der Katalog der in ihnen von der lateinischen Zeit an erfolgten „Veränderungen“, als vielmehr die Geschichte dieser Entwicklung, ihrer Entstehung durch die Einwirkung der Sprecher.

b) Es gibt eine „Durchlässigkeit“ der Norm und entsprechend eine des Systems: prinzipiell ist auch in der Norm möglich, was im System schon gegeben ist; und im System, was schon im Typ da ist. So etwa ist it. **rigiocherellamento* durchaus möglich, weil *ri-*, *giocherellare*, *-mento* und die dementsprechenden Funktionen und Kombinationen im it. System schon gegeben sind.[14] Die neue – romanische – Funktion von *altissimus* war auf der Ebene des Systems möglich, weil das dementsprechende funktionelle Prinzip im romanischen Sprachtyp schon vorhanden war. Dagegen sind *altissimus hominum*, *paternus* (statt *de mi padre* etc.), *aureus* (= *de oro*) diesem Sprachtyp fremd.

c) Die unterschiedliche Behandlung verschiedener Teile des Systems kann dennoch eine typologische Kohärenz widerspiegeln. In den romanischen Sprachen z. B. erklären sich die in 1.3 aufgezählten Entwicklungen (und verschiedene andere) aus dem in 2.1 angegebenen funktionellen Prinzip.

d) In der Sprache gibt es keine Antinomie von Synchronie und Diachronie (von Funktionieren und „Wandel“), da der Sprachwandel (die historische Entstehung der Sprache) seinem Wesen nach eine Modalität des Funktionierens ist: was in der Norm als Wandel erscheint, ist vom System her gesehen nichts weiter als seine Anwendung; und Wandel im System ist dementsprechend Funktionieren des Sprachtyps. Sowohl das Funktionieren als auch der Wandel einer Sprache sind, insofern sie

---

[13] Darauf laufen im Grunde auch die Interpretationen Meillets hinaus, einmal abgesehen von der Berufung auf das ungerechtfertigte Konzept der sog. „Tendenz“.

[14] Vgl. dazu Saussure (1916) 226–230.

eine interne Entwicklung darstellen – in einem gewissen Sinne sind alle Entwicklungen „intern" (vgl. Coseriu 1958, 96) –, Anwendung einer und derselben Sprachtechnik: ein Unterschied besteht zwischen ihnen lediglich in der Anwendungsebene, jedoch nicht in ihrem Wesen.

4. Im Hinblick auf diesen letzteren Punkt nun ergibt sich eine Schwierigkeit, die ich keineswegs verdecken möchte: Meine Darstellung könnte wie eine Verlegung der Antinomien auf die Ebene des Sprachtyps erscheinen. Also müssen wir uns fragen, wie der Typus sich ändert und ob wir auf diesem Wege nicht etwa zu einer „regressio ad infinitum" gelangen. Doch können wir dies Problem hier und jetzt nicht lösen. Gegenwärtig kennen wir nämlich noch nicht einmal so ganz die Synchronie (das Funktionieren) des Typs. Ein Ausblick mag hier denn einstweilen genügen: in einer historischen Sprache existieren verschiedene Normen, Systeme und, wie es scheint, auch verschiedene Typen nebeneinander, so daß ihre Entwicklung sich als beständige Verlagerung des Gleichgewichtes aller in ihr nur vorhandenen (realisierten oder realisierbaren) Techniken darstellt. Was die Ebene der Norm und ihre Beziehungen zum System betrifft, so verwendet mein Kollege Mario Wandruszka mit übrigens glänzenden Ergebnissen das Konzept der „Programmierung" (in dem Sinne, wie man auch von „Maschinen mit Programmen" spricht). Nach Wandruszka funktioniert die Sprache in einigen ihrer Teile wie ein Zusammenspiel verschiedener Programme, die einander überschneiden und auch nur teilweise durchgeführt werden. Etwas Dementsprechendes wird möglicherweise ebenso im Hinblick auf die Ebene des Systems und auf seine Beziehungen zum Sprachtyp zu beobachten sein.

Diskussion

Einwände der Professoren G. Francescato und S. Elia.

G. Francescato (Amsterdam): Die von Herrn Coseriu hergestellte Proportion Synchronie/Diachronie = Beschreibung/Geschichte kann nur gelten, wenn man „Geschichte" in einem besonderen und eingeschränkten Sinne definiert: Die Diachronie stellt sich nämlich in ganz bestimmten Erscheinungen dar, die nur in einer Abfolge von verschiedenen Sprachzuständen untersucht werden können. Die „Geschichte", so wie man sie allgemein in sprachwissenschaftlichen Arbeiten versteht, ist aber etwas anderes. Deshalb müssen wir hier eine Unterscheidung einführen, die die Äquivalenz Diachronie = Geschichte wieder aufhebt.

S. Elia (Lissabon): Wenn man von sprachlicher Tendenz spricht, so sagt Herr Professor Coseriu sehr richtig, dann ist sie bei den Sprechern und nicht in der Sprache zu suchen. Nun ermittelt aber gerade der moderne Strukturalismus die Bedingungen, unter denen die Sprecher auf ihre Sprache einwirken. Im Falle der Phonologie z. B. kann auch die Symmetrie des Systems eine Tendenz auslösen, wenn dadurch etwa ein „leeres Fach" ausgefüllt wird. In diesem Fall ist die Tendenz also im System zu suchen und nicht bei den Sprechern selbst.

Beim Problem Synchronie/Diachronie scheint es mir doch eher angebracht, eine solche Unterscheidung nur auf die „langue" anzuwenden, so wie Saussure es tat, d. h. auf die historisch realisierte Norm, ohne sie auf das System auszudehnen. Der Begriff System ist mit Notwendigkeit synchronisch aufzufassen, und schon F. de Saussure bemerkte, daß nicht das System sich entwickle, sondern seine Bestandteile. Wenn also in Bezug auf das System vorsichtig verfahren werden sollte, dann ist dies noch a fortiori beim Sprachtyp angebracht, der Ebene der Sprachbeschreibung nämlich, über die uns Prof. Coseriu soeben in seinem tiefgreifenden Beitrag informiert hat.

Antworten von Prof. Coseriu

An S. Elia: Die Sprache gehört ihrem Wesen nach zum Bereich der freien Gestaltung („Kultur"), nicht zu dem der Notwendigkeit („Natur"). Eben darum gibt es keine Ursachen, sondern nur Zwecke des Sprachwandels. Ohne Zweifel gibt es objektive Gegebenheiten, bei denen die Sprecher – für gewöhnlich – ihre Sprache umgestalten, aber darin liegt gerade keine Notwendigkeit. So gibt es auch keine innere Kausalität der Sprachentwicklung: System und Typ sind technische Möglichkeiten, d. h. Modalitäten und Modelle, nicht aber Gründe des Wandels. Selbst im Falle der „leeren Fächer" eines phonematischen Systems haben wir keinen Grund zur Annahme eines etwaigen „Systemzwanges". Wenn dann übrigens ein „leeres Fach" ausgefüllt wird, tritt nur ein Wandel im realisierten System ein, nicht im System der Möglichkeiten; im Gegenteil: es handelt sich lediglich um eine Anwendung des letzteren. Also ist ein „leeres Fach" eine Möglichkeit der Neuschöpfung in einem schon existierenden System, doch nicht die Ursache dieser (möglichen) Neuschöpfung. Der diachronisch orientierte Zweig des Strukturalismus hat zwar eine Reihe von Bedingungen und Modalitäten des Lautwandels aufgedeckt; jedoch hielt er sie irrtümlich für dessen Gründe.

An G. Francescato: Es handelt sich hier in der Tat um keine terminologische Frage, sondern um eine bestimmte Auffassung von der Geschichte. – Die Geschichte, die ich in meinem Beitrag meinte, ist nicht die sog. „äußere Geschichte" (Untersuchung der Beziehungen der

Sprache zu andersartigen Fakten) und auch nicht die sog. „historische Grammatik" (einfache Sammlung und Anordnung von Materialien zur Sprachgeschichte), sondern die Sprachgeschichte in ihrem eigentlichen Sinne, als Untersuchung der historischen Entwicklung der Sprache selbst. Unter diesem Gesichtspunkt steht auch die Beschreibung nicht als Gegenbegriff der Geschichte gegenüber, da sie schon in letzterer enthalten ist (und in diesem Sinne kann man auch H. Pauls Gleichung wiederbeleben: „Sprachwissenschaft ist gleich Sprachgeschichte."). Andererseits kann man die Antinomie von Synchronie und Diachronie nicht überwinden, wenn man einfach im Bereich der Saussureschen Auffassung und Methode bleibt, d. h. wenn man den Sprachzustand als statische Projektion der Sprachtechnik und die Diachronie als Anhäufung einzelner heterogener Fakten betrachtet. Auf diesem Wege gelangt man dann zu einer merkwürdigen und wandlungslosen Geschichte, die sich als unendliche Reihe statischer „Synchronien" darstellt. Auch der diachronisch ausgerichtete Strukturalismus bleibt im Grunde dieser Auffassung verpflichtet, mit dem einen Unterschied freilich, daß er zwischen den verschiedenen Synchronien gewisse Beziehungen herzustellen versucht. Die besagte Antinomie kann aber nur überwunden werden, wenn man zu Humboldts Sprachauffassung zurückkehrt, d. h. wenn man – methodisch – die Sprachbeschreibung als Beschreibung einer noch nicht abgeschlossenen (also in sich dynamischen) Technik betrachtet und wenn man die Sprachgeschichte als historische Realisierung dieser Technik versteht. De Saussure selbst nähert sich übrigens einer solchen Auffassung in seinem schönen Kapitel über die Analogie, jedoch bemerkt er nicht, daß die Erscheinung der Analogie eine zumindest partielle Negation seiner Unterscheidung von Synchronie und Diachronie einschließt. Er bemerkt es auch deshalb nicht, weil diese Trennung für ihn zugleich eine Trennung von „Grammatik" und „Phonetik" (von Technik und „Material") bedeutet.

Literatur

N. Chomsky (1964), *Current Issues in Linguistic Theory*, London/The Hague/Paris 1964.

N. Chomsky (1965), *Aspects of the Theory of Syntax*, Cambridge, Mass. 1965, dt. Fassung u. d. T.: Aspekte der Syntax-Theorie, übers. und hg. von einem Kollektiv unter der Leitung von E. Lang, Frankfurt/M. 1969.

E. Coseriu (1952), *Sistema, Norma y Habla,* Montevideo 1952, neugedr. in: E. Coseriu, *Teoría del Lenguaje y Lingüística General*, Madrid 1962, [2]1967 [dt. Fassung u. d. T.: Sprachtheorie und Allgemeine Sprachwissenschaft, übers. von H. Petersen, München 1975].

E. Coseriu (1958), *Sincronía, Diacronía e Historia. El Problema del Cambio Lingüístico*, Montevideo 1958, Neudr. Tübingen 1969, dt. Fassung u. d. T.: Synchronie, Diachronie und Geschichte. Das Problem des Sprachwandels, übers. von H. Sohre, München 1974.

A. Meillet (1918), „Convergence des développements linguistiques", *Revue philosophique* 85 (1918), wiederabgedr. in: A. Meillet, *Linguistique historique et linguistique générale,* 2 Bde., Paris 1921, 1936, I: 1921 [Neudr. 1948], 61–75.

A. Meillet (1925), *La méthode comparative en linguistique historique*, Oslo/Paris 1925.

F. de Saussure (1916), *Cours de linguistique générale*, publié par Ch. Bally et A. Sechehaye avec la collaboration de A. Riedlinger, Lausanne/Paris 1916, ^{3}Paris 1965.

ANDRÉ MARTINET

Phonetik und Sprachentwicklung*

1. Phonetische Wahrscheinlichkeit

1.1 In der vorstrukturellen Linguistik, der Art von Linguistik, die noch heute von den meisten „Historikern“ unter den Sprachwissenschaftlern praktiziert wird, könnte die Phonetik den Anschein erwecken, als spiele sie eine entscheidende Rolle: ganze Abhandlungen werden der Lautgeschichte einer einzelnen Sprache gewidmet, und in vergleichenden Darstellungen kann die Darbietung lautlicher Entsprechungen ein Drittel oder mehr des gesamten Werkes einnehmen. Dennoch wird bald deutlich, daß in einer Disziplin, die ihren philologischen Ursprüngen treu geblieben ist, Phonetik nur ein Abschnitt ist, sicherlich ein unentbehrlicher, aber einer, den man oft für wenig interessant hält auf dem Wege zur Erforschung der bedeutungstragenden Elemente, dem wahren Ziel linguistischer Forschung. Für Traditionalisten ist Phonetik zweifelsohne eher ein Anhängsel als eine Unterabteilung der Sprachwissenschaft: niemand würde daran denken, die streng linguistische Natur einer Untersuchung wie Hjelmslevs *Principes de grammaire générale* (1928) zu leugnen, während Jespersens *Lehrbuch der Phonetik* (1913) nach allgemeiner Ansicht einem Randproblem gewidmet ist. Die großen linguistischen Schulen der Vergangenheit vertrauten einem ihrer Mitglieder, Sievers bzw. Grammont, die Aufgabe an, die phonetische Lehre der Schule zu entwickeln und die unentbehrlichen Handbücher vorzubereiten. Damit waren die anderen Vertreter der Gruppe, Lehrer wie Schüler gleichermaßen, von der Aufgabe befreit, die phonetischen Probleme, auf die sie stießen, selbst stellen und lösen zu müssen.

1.2 Was einen zeitgenössischen realistischen Strukturalisten überrascht, wenn er die Handbücher der historischen Phonologie liest oder wiederliest, ist, wie wenig ihre Autoren tatsächlich mit *phonetischer Wahrscheinlichkeit* (phonetic likelihood) befaßt sind (d. h. mit der

---

* Anm. d. Übers.: Die Übersetzung wurde der überarbeiteten und veränderten Fassung von 1968 angepaßt und vom Autor durchgesehen. H.-D. K.

Wahrscheinlichkeit des Eintretens von Lautveränderungen). Mehr als alle anderen haben die Junggrammatiker, jene ehrwürdigen Verfechter der Lautgesetze, versucht, die genaue Darstellung der phonologischen Entwicklung auf das zu reduzieren, was wir metachronische Gleichungen nennen können, lat. *u* = frz. *ü* oder skrt. *bh* = gr. *φ* = germ. *b*, ohne sich darum zu kümmern, zu bestimmen, welche artikulatorischen Prozesse eine bestimmte ursprüngliche phonetische Erscheinung durchlaufen hatte, ehe sie die bezeugten abweichenden Reflexe zeigte. Diese Gleichgültigkeit läßt sich am besten mittels des „Lautgesetzes" illustrieren, das aufgestellt wurde, um jenen urgermanischen Konsonantengeminaten gerecht zu werden, deren Ursprung nicht deutlich schien (Martinet 1937). Ausgehend von ein oder zwei zweifelhaften Vergleichen entwickelten einige Komparatisten in den 80er Jahren des 19. Jh. die Vorstellung, daß im Germanischen ein Verschlußlaut oder Spirant im Wortinnern, dem *-n-* folgte, jenes *-n-* assimilierte, so daß *-kn-* zu *-kk-*, *-γn-* zu *-γγ-* usw. wurde. Da es viele Wörter gab, bei denen die vermutete Assimilation augenscheinlich nicht stattgefunden hatte, wurde angegeben, daß die Veränderung nur eintrat, wenn der ie. Akzent der Konsonantengruppe (cluster) folgte. Wenn diese Bedingung gewählt wird und nicht ihr Gegenteil, demzufolge Assimilation nur stattgefunden hätte, wenn der Akzent der Gruppe vorausging, dann geschieht es keineswegs, weil das phonetisch wahrscheinlicher war. Der alleinige Grund für diese Wahl liegt darin, daß in der Mehrzahl jener lexikalischen und morphologischen Kategorien, in denen die geheimnisvollen Geminaten recht häufig waren, der Akzent auf dem Suffix besser beurkundet ist als der Wurzelakzent: die nominalen *-no-* und die verbalen *-nā-* Suffixe, die bei all dem eine wichtige Rolle spielen, scheinen tatsächlich den ie. Akzent getragen zu haben. Niemand hat in der Tat jemals die Frage gestellt, ob *-oγnó-* 〉 *-oγγó-* wahrscheinlicher war als *-óγno-* 〉 *-óγγo-*. Man fragte sich kaum, ob die Annahme akzeptabel war, daß unter irgendeiner Akzentbedingung silbeneinleitendes *-n-* durch einen Spiranten assimiliert werden konnte, der vermutlich aus der Schwächung eines alten Verschlußlautes resultierte und in dem implosiven, schwächsten Abschnitt der Silbe plaziert war: Kauffmann (1887), einer derjenigen, die zur Aufstellung der Theorie beitrugen, gibt mit vollkommener Offenheit zu, daß er den sie voraussetzenden physiologischen Prozeß nicht versteht; aber das hat ihn niemals von seiner Absicht abgehalten. Dieses „Gesetz" der *n*-Assimilierung wurde für das Keltische[1] übernommen, wo eine Vielzahl Ge-

---

[1] So noch bei Lewis und Pedersen (1937).

minaten ihrer Erklärung harrte; aber niemand versuchte, es dort phonetisch wahrscheinlicher zu machen als im Germanischen.

1.3 Natürlich hat es zu allen Zeiten Linguisten gegeben, die die arbiträre Natur des sog. „Gesetzes" rügten (Martinet 1937; Thurneysen 1946). Aber sogar diese akzeptierten als Ergebnis der phonetischen Entwicklung Lautentsprechungen, denen man nur gerecht werden kann, wenn man sie auf analoge Erweiterungen von Reflexen zurückführt, die sich zuerst in gut beschriebenen Kontexten entwickelt hatten. Bis auf den heutigen Tag würden wenige Komparatisten zögern, das *f-* von irisch *fer* 'Mann' den normalen Reflex des Wortanlauts **w-* zu nennen; von den zwei anerkannten Verwendungsweisen des ie. **y-* im Griechischen würde für die meisten daran Interessierten nur die eine in *ζυγόν* (lat. *iugum*) ein Problem darzustellen scheinen, da allgemein Übereinstimmung darüber besteht, daß die Aspirata in *ἧπαρ* (lat. *iecur*) der reguläre Reflex ist (Grammont 1935). Diejenigen, die versucht haben zu verstehen, wie *y-* in [*h*] übergehen konnte, haben in dieser Veränderung einen Aspekt der artikulatorischen Schwächung gesehen, die den griechischen Konsonantismus charakterisiert. Sie haben wahrscheinlich den Glauben aufrecht erhalten, daß die Hervorbringung von Aspiration weniger Anstrengung erfordere als die Hervorbringung des Stimmtons. Sie haben nicht gesehen, daß, wenn das *y-* von *ya-* geschwächt werden soll, die palatale Artikulation jenes Phonems betroffen sein wird, weil es eine besondere Artikulationsbewegung erfordert, die dem folgenden *-a-* fehlt. Im Gegensatz dazu werden Sprecher immer dazu neigen, die Spannung und die Vibrationen der Stimmritze vorwegzunehmen, die auf jeden Fall für den folgenden Vokal hervorgebracht werden müssen. Um einen Verlust des Stimmtons von *-y-* zu erklären, muß man mit einem anderen kontextuellen Faktor rechnen, den allein die syntaktische Phonetik bereitstellen kann.

1.4 Es ist eine Tatsache, daß Linguisten, selbst jene, die gewissenhaft genug sind, nicht gerade jedwede Art von lautlicher Entsprechung zu akzeptieren, ihre Äußerungen kaum auf artikulatorische Wahrscheinlichkeit (likelihood) begründen, sondern in der Regel auf Erfahrung, oder genauer gesagt, auf entweder direkt beobachtete oder früher aufgezeichnete Präzedenzfälle; die im Griechischen angenommene Veränderung von *y-* zu [h] reichte aus, alle Skrupel im Fall von irisch *w- > f-* zu unterdrücken; andererseits hat irisch *w- > f-* sicherlich dazu beigetragen, die Überzeugung zu stärken, daß für *y-* nichts natürlicher war als der Verlust des Stimmtons; in gleicher Weise mag schließlich auch die fehlerhafte Interpretation der spanischen Schreibweise mit *h-* in

Wörtern wie *hermano*, *hinojo* gewirkt haben, die von älteren *y*-Formen abgeleitet sind (Menéndez Pidal 1950). Höchstwahrscheinlich fragten sich wenige, warum, wenn der Verlust des Stimmtons von *y*- im Griechischen wirklich ein Merkmal der artikulatorischen Konsonantenschwächung ist, *w*- im Altirischen seine Stimmlippenschwingungen verloren haben sollte, nicht wenn es der artikulatorischen Schwächung, *Lenierung* genannt, unterworfen war, sondern im Gegenteil in solchen Positionen, für die gilt, daß die keltischen Konsonanten eher stärker als schwächer werden (Thurneysen 1946). Sofern in Zukunft, wenn neu beschriebene Sprachen verglichen werden, einige Wörter an Entsprechungen wie *y-/h-*, *w-/h-*, *w-/f-*, denken lassen, wird niemand zögern, ein Lautgesetz zu formulieren, während wir es in Wirklichkeit mit etwas zu tun haben könnten, das sich von einem regulären und „nichtbedingten" (non-conditioned) Stimmtonverlust des Halbvokals sehr unterscheidet. Mit anderen Worten: die Linguisten werden den sogenannten Beweis, der vom Griechischen und Irischen beigesteuert wird, ohne Zögern ausnutzen.

1.5 Dieses Verhalten traditioneller Linguisten angesichts lautlicher Fakten rührt in der Tat von einer defätistischen Haltung her: von einem Sprachlaut, der sich im Laufe der Zeit wandelt, kann praktisch jede Laune erwartet werden; deshalb sollte man dankbar sein, wenn in einem vorgegebenen Fall ein Präzedenzfall da ist, auf den man sich beziehen kann; man wird dann einer gewissen Ordnung auf phonologischem Gebiet näher kommen, wenn man zeigen kann, daß eine auf den ersten Blick überraschende Veränderung mit einer anderen beobachteten Veränderung in irgendeiner anderen Sprache oder zu irgendeiner anderen Zeit identisch ist oder zumindest analog dazu verläuft. Die gleiche defätistische Haltung spiegelt sich in dem Beiwort „bedingt" (conditioned) wider, das oft bei solchen phonetischen Veränderungen erscheint, die sich, zum Teil durch den Kontext bedingt, der völligen Arbitrarität, die in der phonologischen Entwicklung als Regel angenommen wird, teilweise zu entziehen scheinen. Sicherlich würde niemand die Behauptung wagen, daß eine Veränderung, wie die von lat. *ū* zu frz. *ü* nicht durch irgendetwas bedingt wurde; aber warum sollte man mit einer Kausalität rechnen, deren Verwicklungen zu lösen die besten Geister aufgegeben haben? Die Forschung kann sich um so eher mit dem Gedanken befreunden, das aufzugeben, als die Phonetik für die eigentliche Linguistik nur ein Randgebiet zu sein scheint. Überdies entscheiden sich viele dafür, das völlig zu ignorieren, was ihrer Meinung nach nicht einer strengen und erschöpfenden Behandlung unterworfen werden kann, und vermeiden aus prinzipiellen Gründen alle Erklärungsversuche.

2. Stabilität und Instabilität der Systeme

2.1 Der Aufstieg der strukturellen Linguistik fiel mit einer *de jure* und *de facto* Neubewertung der Lautlehre zusammen. In seiner „phonologischen" Version, der ersten, die er annahm, hat der funktionale Strukturalismus gezeigt, daß jede Sprache eine phonische Substanz darstellt, deren Komplexität und Autonomie jener vergleichbar ist, die in der Morphologie seit langem beobachtet und beschrieben worden ist. Später führte die Glossematik den vollständigen Parallelismus und die grundlegende Gleichheit der – wie sie es nennt – Ausdrucksebene und der Inhaltsebene ein. Weil sie jedoch die absolute Priorität der syntagmatischen Beziehungen („Form") betont und die phonische und semantische Substanz faktisch völlig vernachlässigt, hat die Glossematik sich selbst jeden Zugriffs auf evolutionäre Daten beraubt. Wegen der puristischen Behandlung der beobachtbaren Wirklichkeit und der Betonung von *versteckten Beziehungen* (latencies), d. h. solchen ohne jede Unterstützung in der Wirklichkeit, scheint Hjelmslev (1937) unfähig zu sein, irgendetwas außer Konstanten in den aufeinanderfolgenden Stadien der gleichen Sprache wahrzunehmen. Bloomfields Schüler, gänzlich eingenommen von ihrem Behaviorismus und verleitet von denselben formalistischen Vorlieben wie die Glossematiker, haben, zögernder und weniger elegant, einen Punkt erreicht, wo sie, genau wie diese, von der phonischen Substanz nur das nehmen, was ihnen die Identifizierung der Einheiten, mit denen sie operieren, ermöglicht. Ihr Ideal bei der Untersuchung von Evolutionsfragen fällt folglich mit dem der Junggrammatiker zusammen und läuft letzten Endes auf metachronische Gleichungen (lat. *ū* = frz. *ü*) hinaus, d. h. reine Tatbestände, die alle Erklärungsversuche ausschließen (vgl. Hoenigswald 1946).

2.2 So hat der Strukturalismus ein für allemal die Erforschung der distinktiven (normalerweise phonetischen) Elemente in den Mittelpunkt linguistischer Beschäftigung gestellt; aber von denjenigen, die sich heute Strukturalisten nennen, sind nicht alle dafür ausgerüstet, die Probleme der historischen Phonologie so anzugehen, daß man hoffen könnte, sie kämen weiter als ihre Vorgänger. Nur diejenigen, die niemals die paradigmatische Wirklichkeit aus den Augen verloren haben, d. h. die Tatsache, daß Sprecher an jedem Punkt der Redekette aus einer Vielzahl von Einheiten auswählen müssen, um zu sagen, was sie sagen wollen, haben die Mittel, diese Fragen in nutzbringender Weise erneut aufzuwerfen. Jene Linguisten, für die das System einer Sprache ausschließlich aus den Distributionsregeln, d. h. in der gesprochenen Abfolge der verschiedenen signifikativen und distinktiven Einheiten besteht, haben keine Chance, die Forschung voranzutreiben. Um zu verstehen, wie und warum sich ein System verändern kann, muß man es als einen Komplex von Einheiten sehen, deren substantielle phonische oder semantische Natur in enger Abhängigkeit von der benachbarter Einheiten des gleichen Systems steht. Von zwei Einheiten sagt man, sie seien Nachbarn im System, wenn sie alle substantiellen Merkmale gemeinsam haben mit Ausnahme von einem, das wir durch nichts in der Sprache weiter analysieren können: im phonologischen System des Französischen ist /p/ ein Nachbar von /b/, weil beide alle artikulatorischen Merkmale gemeinsam haben außer „Stimmton“, ein Terminus, der hier einen artikulatorischen Komplex bezeichnet, den man nicht in einfachere distinktive Merkmale zerlegen kann. Unsere Vorgänger, die vorstrukturalistischen Phonetiker, haben als Annahme festgelegt, daß jedes Lautelement der gesprochenen Kette von seinen Nachbarn in dieser Kette beeinflußt wird, und die Beschreibungen dieser Art von Beeinflussung, die sie uns geliefert haben, sind großenteils noch gültig. Was wir heute untersuchen müssen, ist nicht mehr die Interaktion zwischen Nachbarn in der Kette, sondern die Interaktion unter Nachbarn im System. Es ist jetzt klar, daß jedes Phonem seine Artikulation an die Artikulation des vorangehenden und an die Artikulation des in der Rede folgenden Phonems angleichen muß, und niemand erwartet, daß das /æ/ in *mat* und *man* ganz dasselbe ist. Hierauf bezieht man sich, wenn man in synchroner Linguistik von kombinatorischen Varianten und in der Ausdrucksweise der traditionellen historischen Phonetik von „bedingten“ Veränderungen spricht. Mit dem Bedingungsfaktor (conditioning) in der Kette geht jedoch ein Bedingungsfaktor im System einher, der daraus resultiert, daß ein Sprecher, wenn er verstanden werden will, an jedem Punkt der Kette nicht nur einen Laut hervorbringen sollte, der deutlich aus dem Redetext herausragt, sondern auch eine Einheit produzieren sollte, die von jeder der anderen Einheiten des Systems, die im selben Kontext gefunden werden könnte, genau unterschieden bleibt. Betrachten wir z. B. die frz. Wörter *j'aime*; jedesmal, wenn sie ein Sprecher äußert, wird jedes der drei aufeinanderfolgenden Phoneme einem Komplex von Anziehungskräften und differenzierenden Druckkräften ausgesetzt, den die folgenden Diagramme illustrieren sollen:

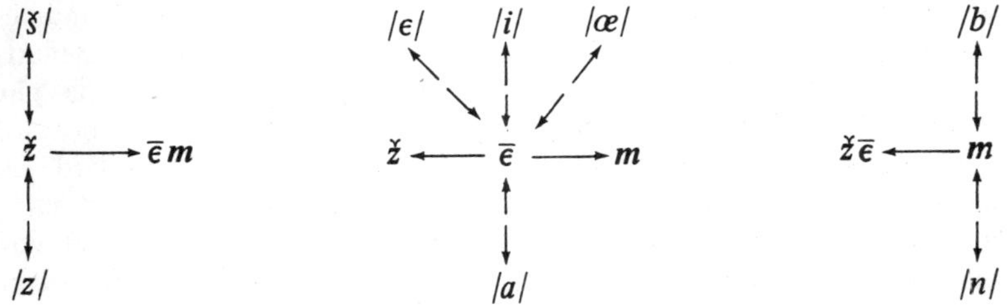

Das impliziert natürlich, daß die Variationsbreite jedes Phonems durch die Natur seines Nachbarn im System begrenzt ist, und verweist auf das Vorhandensein eines Feldes, in dem die angenommene Arbitrarität und Zufälligkeit phonetischer Veränderungen ihre Grenzen finden muß.

2.3 Solange jedoch jedes linguistische System als ein statisches Wirklichkeitsgebilde betrachtet wird, ist es im Rahmen des Vorausgehenden schwer zu sehen, wie das Lautsystem auf die Entwicklung von Einheiten, aus denen es zusammengesetzt ist, irgendetwas anderes ausüben könnte als eine konservative Wirkung, indem es jedem Druck der Nachbarn in der Kette widersteht, der zu phonologischer Verwirrung führen könnte, die entweder vollständig ist oder auf bestimmte Umgebungen begrenzt ist (*Neutralisierung*): in einer stimmhaften Umgebung kann /t/ dahin tendieren, stimmhaft zu werden; aber die Notwendigkeit, /t/ von /d/ genau unterschieden zu halten, wird der Stimmgebung entgegenwirken; allgemein wird das System sowohl die Stimmgebung von /t/ in solchen Positionen verhindern, in denen sich Stimmlippenschwingungen normalerweise deswegen ergeben, weil damit der geringste Kraftaufwand verbunden ist, als auch den Verlust der Stimmgebung von /d/ in anderen Positionen. Auf diese Weise würde das Ganze auf einen deutlichen Konflikt zwischen den Mächten der Ordnung und der Bewahrung hinauslaufen, die durch das System repräsentiert werden, und der geringsten Anstrengung, die sich selbst durch die Tendenz manifestiert, die Artikulation der Phoneme an die ihrer Nachbarn in der gesprochenen Kette anzupassen.

2.4 In Wirklichkeit sind die Dinge nicht so einfach: jedes phonologische System hat seine starken und seine schwachen Punkte; die distinktiven Artikulationen, von denen es Gebrauch macht, haben für das gegenseitige Verstehen einen mehr oder weniger großen Wert: sie sind mehr oder weniger leicht zu produzieren und wahrzunehmen, entweder für sich allein oder wenn sie kombiniert sind mit anderen distinktiven Artikulationen. Wir müssen mit einer internen Ökonomie des Systems rechnen, die in jedem Moment aus dem labilen Gleichgewicht zwischen den Kommunikations- und Ausdrucksbedürfnissen des Menschen und der Notwendigkeit für ihn, seine Energie für die Befriedigung anderer Bedürfnisse zu sparen, resultiert (vgl. Martinet 1955, Abschnitt 4.1). Da das phonologische System ein zusammenhängendes Ganzes ist, können wir erwarten, daß es seine Stabilität, wenn es an einem Punkt angegriffen wird, nicht eher wiedergewinnen wird, als bis alle Folgezustände aus dem anfänglichen Mangel an Gleichgewicht weiter entwickelt und integriert worden sind. Da all dies zur Vollendung jedoch Jahrhunderte benötigen kann, ist es am wahrscheinlichsten, daß sich neue Quellen der Instabilität entwickeln, noch ehe das Gleichgewicht wiederhergestellt ist. Deshalb wird man niemals ein System finden, das nicht gerade einen Reorganisierungsprozeß an dem einen oder anderen Punkt durchmacht.

2.5 Das allgemein langsame Tempo, mit dem das Gleichgewicht des phonologischen Systems wiederhergestellt wird, ist wahrscheinlich auf die Tatsache zurückzuführen, daß es die unmittelbaren Bedürfnisse des Kommunikationsprozesses zu allererst mit sich bringen, daß die Sprecher die traditionellen Ausspracheweisen so getreu wie möglich nachahmen: man trifft häufig auf Situationen, in denen eine Aussprache α vom ökonomischen Standpunkt aus gesehen der einzig gültigen Aussprache α' in jeder Hinsicht vorzuziehen wäre und wo letztere lediglich aus Gründen der Tradition beibehalten zu werden scheint. In der Tat scheint es so zu sein, daß die Kommunikationsbedürfnisse des Menschen nicht direkt und unmittelbar auf die eigentlich linguistischen Aspekte der phonischen Substanz einer Sprache, d. h. im wesentlichen ihr System distinktiver Elemente, einwirken. Wir können beobachten, wie in allen Gemeinschaften neue lexikalische und expressive Bedürfnisse durch die Schöpfung neuer Wendungen und durch die Übernahme oder die Bildung neuer naturwissenschaftlicher, technischer, familiärer oder umgangssprachlicher Ausdrücke gestillt werden, ohne daß sie die geringsten Innovationen im phonologischen System nach sich ziehen. Das Spanische mit seinen 25 Phonemen kommt hier genauso gut aus wie, sagen wir, das Französische oder Englische mit seinem viel umfangreicheren Bestand an Phonemen. Es stimmt, daß es leicht ist, Beispiele für das Auftreten neuer Phoneme zu finden, die in eine Sprache als Bestandteile von Entlehnungen eingeführt sind, so wie das /ŋ/ einiger frz. Sprecher in *camping*, das /ž/ der deutschen Hochsprache in *rangieren*, das /ɛ/, /œ/ und /ɔ/ im Niederländischen (Van Wijk 1939). Aber die neueingeführten Phoneme führen entweder ein unsicheres Dasein, indem sie in der Sprache mehr oder weniger bilingualer Sprecher dahinvegetieren oder sich zumindest nicht auf die Sprache von Sprechern aus allen sozialen Schichten ausbreiten; oder aber sie sind gänzlich reguläre Bestandteile, doch dann sind sie das Ergebnis eines über Jahrhunderte andauernden Druckes, sie in allen linguistischen Gebrauchsweisen akzeptabel zu machen. Die Fälle von *Lückenausfüllung* (gap-filling), die weiter unten in Abschnitt 4.4 untersucht werden, sind davon zu trennen.

2.6 Es geschieht oft, daß Entlehnungen oder Neuschöpfungen weder das Auftreten neuer Einheiten noch das neuer Kombinationen von traditionellen Einheiten nach sich ziehen, sondern nur eine Zunahme in der relativen Häufigkeit irgendeines Phonems oder irgendeiner Kombination mit sich bringen. Man hat nun angenommen, daß die relative Häufigkeit von Lautelementen nicht ohne Einfluß auf die Art ist, wie sie gebildet werden (Zipf 1935). Der Vorgang ist vermutlich nicht so einfach, wie er ursprünglich dargestellt worden ist, aber es bleibt wahrscheinlich, daß, wenn eine Phonemgruppe eine Häufigkeit aufweist, die der einzelner Phoneme vergleichbar ist, – womit impliziert ist, daß deren distinktive Fähigkeit nicht größer als die eines dieser Phoneme ist –, die Sprecher vermutlich dazu neigen werden, ihrer Realisierung nicht mehr Energie zu widmen als der eines einzelnen Phonems. All das läßt sich auf geminierte Konsonanten und auf lange Vokale anwenden, die bekanntlich oft einen Status haben, der in der Mitte zwischen dem von Phonemgruppen und dem von einzelnen Einheiten liegt (Martinet 1955, Abschnitt 4.62 bis 4.71). Wenn es zutrifft, daß die Normalartikulation der Geminaten und der langen Vokale nach ihrer Häufigkeit in der Sprache variiert, kann man annehmen, daß wir hier einen Weg gefunden haben, auf dem Kommunikationsbedürfnisse die Natur und das Gleichgewicht des phonologischen Systems beeinflussen werden. Wiederum jedoch können Jahrhunderte verstreichen zwischen dem Auftreten der ersten Langvokale oder der Geminaten und dem Moment, in dem ihre relative Häufigkeit derart ist, daß ihre distinktive Fähigkeit die gleiche ist wie die ihrer kurzen oder ihrer einfachen Gegenstücke, und sie werden dahin tendieren, ihre Artikulation zu reduzieren, damit sie ihrer neuen distinktiven Fähigkeit entspricht. In einigen Fällen wird die phonologische Umgruppierung, die die Reduktion der Geminaten mit sich bringt, mehr als eintausend Jahre andauern, wenn es keine Verwechslung der früheren Geminaten mit den entsprechenden einzelnen Konsonanten geben soll: im Spanischen z. B. waren geminierte stimmlose Verschlußlaute des Vulgärlateins vor der literarischen Periode zu den entsprechenden einfachen Verschlußlauten reduziert worden, wobei sie ihre früheren einfachen Gegenstücke verdrängt hatten; diese wurden überall dort stimmhaft, wo sie mit den Geminaten in Konkurrenz standen; in denselben Umgebungen wurden stimmhafte Verschlußlaute zu Spiranten; *-ll-* und *-nn-* wurden ziemlich bald zu einfachen Palatalen reduziert; hingegen ist die Gruppe *-rr-*, für die ähnliche Möglichkeiten nicht bestanden, bis heute erhalten geblieben; erst vor kurzem wurden Tendenzen im Hinblick auf die Ersetzung der Opposition *-r-* / *-rr-* durch eine andere Opposition beobachtet, die auf zwei distinktiven Artikulationen basiert und nicht mehr auf der betreffenden Dauer und Stärke jeder der zwei Einheiten. Französische und galloromanische Dialekte bezeugen dieselbe vorliterarische Eliminierung der Geminaten unter Beibehaltung von *-r-* / *-rr-* in einigen Dialekten bis auf den heutigen Tag.[2]

2.7 Die Kommunikations- und Ausdrucksbedürfnisse betreffen die Phoneme der Sprache nicht direkt als solche, weil letztere distinktive Einheiten ohne eigene Bedeutung sind, Einheiten, deren linguistischer Wert in ihrem Vorhandensein oder ihrem Fehlen liegt und keine Abstufungen zuläßt; wenn wir hier ein Wort aus der Sprache der Mathematik benutzen, können wir sagen, daß die Phoneme „diskrete" Einheiten sind: ob das /b/ von *back* mit mehr oder mit weniger Intensität artikuliert wird, ob die Häufigkeit der Stimmlippenschwingungen, die normalerweise seine Ausführung begleiten, stark oder sehr schwach ist, *back* wird doch genau die gleiche Einheit bleiben; solange *back* unterschieden bleibt von *pack*, *tack*, *sack* etc., sind die normalen Bedingungen für das Funktionieren der Sprache gesichert.

2.8 Dennoch gibt es einen ganzen Bereich von Sprachlauten, in dem neben diskreten Einheiten, von denen jede variabel in Bezug auf ihre Aktualisierung in der Rede, aber invariabel in Bezug auf die Erfüllung ihrer distinktiven Funktion ist, Elemente anderer Art zu finden sind. Es ist der Bereich der sogenannten „prosodischen" oder „suprasegmentalen" Merkmale, all jener, die Segmente der Rede betreffen oder charakterisieren, die nicht notwendigerweise mit phonematischen Segmenten zusammenfallen (Martinet 1955, Kap. 5). Unter den so definierten Elementen haben einige eine distinktive Funktion, die im Prinzip mit der der Phoneme identisch ist, und ihr linguistischer Wert liegt, genau wie der letzterer, in ihrem Vorhandensein oder Fehlen: das sind die Töne (tones), entweder kombiniert mit dem Akzent wie im Skandinavischen, Serbokroatischen und Nordchinesischen, oder unabhängig von jedem Akzent, wie in den „Tonsprachen" (tone languages) Südostasiens oder Zentralafrikas. Verbänden sie sich nicht mit anderen prosodischen Elementen – was sie auf Grund ihrer physikalischen Beschaffenheit beständig tun –, dann würden diese Töne, die „arbiträr" und diskret sind, ebenso wenig auf die wechselnden Kommunikationsbedürfnisse reagieren wie die Phoneme.

2.9 Der Akzent, ein anderes prosodisches Element, übt nur gelegentlich eine gegensätzliche oder distinktive Funktion aus, dann nämlich, wenn er an variablen Stellen in phonematisch identischen Umgebungen

---

2 Vgl. Martinet (1953) und Haudricourt/Juilland (1949); detailliertere Angaben bei Martinet (1962b).

auftritt (Martinet 1955; 1954): spanisch *páso* 'ich gehe vorüber', *pasó* 'er ging vorüber'. Seine gleichbleibende und grundlegende Funktion ist kontrastiv und besteht in der Errichtung einer Hierarchie unter den aufeinanderfolgenden Elementen der Rede. In gewisser Hinsicht können wir sagen, daß der linguistische Wert des Akzents wie der der Phoneme in seinem Vorhandensein oder Fehlen liegt. Was man sekundären Akzent nennt, ist entweder ein unselbständiges Merkmal, wenn der Ort seines Vorkommens durch den des Hauptakzents bestimmt wird, oder ebenso legitim ein Akzent wie der sog. Hauptakzent, bei dem die akzentuierende Einheit kleiner als das Wort ist. Wir können deshalb sagen, daß der Akzent ohne dazwischenliegende Abstufung entweder da ist oder nicht da ist. Aber dieser „diskrete" Charakter des Akzents unterscheidet sich von dem der Phoneme insofern, als der Akzent bei einer vollständigen Äußerung aus einer Akzent-Sprache niemals fehlen wird; er wird immer auftreten, zumindest einmal: wohingegen wir niemals sicher sein können, daß Phonem α oder Phonem β in einer gegebenen Äußerung vorhanden sein werden. Andererseits kann innerhalb des Rahmens einer Äußerung, die mehr als eine betonte Silbe umfaßt, unter den nachfolgenden Aktualisierungen des Akzents gut eine Hierarchie aufgestellt werden, so daß die Wichtigkeit der so bezeichneten Elemente im Verhältnis zu der aufgewendeten Energie, zu der erreichten musikalischen Tonhöhe und zur Dauer der beteiligten Phoneme variiert wird, und das bedeutet, daß wir hier das Gebiet der „diskreten" Einheiten und der linguistischen Arbitrarität verlassen haben: es ist nicht länger eine Frage des Vorhandenseins oder Fehlens des Akzents, sondern eines mit mehr oder weniger Intensität aktualisierten, in hoher Tonlage gehaltenen oder verlängerten Akzentes. Die dynamische, musikalische oder quantitative Natur jenes Akzentes wird von Sprache zu Sprache variieren, aber wir werden jeden Tag auf die Tendenz stoßen, diejenigen Sprechsegmente als Laute stärker hervorzuheben, denen größere Wichtigkeit zugemessen wird, und je größer die Wichtigkeit ist, um so stärker ist die Hervorhebung. Wenn wir im Gedächtnis behalten, daß der Akzent nichts anderes ist als eine Art, gewisse Abschnitte der Lautkette auszusprechen, und daß die Kette als ununterbrochene Folge von Phonemen zu denken ist, werden wir verstehen, wie der Akzent einer der Wege, vielleicht überhaupt der wichtigste, sein kann, über den sich die Kommunikations- und Ausdrucksbedürfnisse in den am stärksten „arbiträren" Bereichen des phonologischen Systems bemerkbar machen.

2.10 Wenn die jüngsten Bestrebungen, der Intonation einen phonologischen Status zu verleihen (Martinet 1962), nicht völlig zu überzeugen vermochten, dann vor allem deshalb, weil ein Versuch unternommen worden ist, sie auf eine gewisse Anzahl von diskontinuierlichen Elementen zu reduzieren, eine Reduktion, die aller Wahrscheinlichkeit nach nicht mit ihrer wirklichen Art und Funktion übereinstimmt. Die Intonation steht in weitaus größerem Maße außerhalb des Bereichs der linguistischen Arbitrarität als der Akzent: ihr Ansteigen entspricht dem allmählichen Anwachsen in der Spannung der Stimmbänder, das den Beginn jeder Äußerung begleitet; ihr Absinken nimmt die totale Entspannung vorweg, die mit dem Ende des Kommunikationsprozesses zusammenfällt. Aus diesen physiologischen Bedingungen heraus hat der Mensch als sprechendes Wesen eine halbbewußte Nutzbarmachung dieses Ansteigens und Absinkens für verschiedene, manchmal distinktive Zwecke entwickelt: frz. *il viendra/il viendra?* In der Intonation spiegeln sich die fluktuierenden Kommunikations- und Ausdrucksbedürfnisse direkter und unmittelbarer wider als in irgendeinem anderen Bereich des Lautsystems. Die Intonation, die von denselben physiologischen Gegebenheiten Gebrauch macht wie die Töne, übt auf diese, wo immer sie auftreten, einen entscheidenden Einfluß aus und beeinflußt somit einige gänzlich arbiträre Einheiten der phonologischen Systeme. Eine Beeinflussung der Phoneme durch die Intonation ist möglich, in bestimmten Fällen wahrscheinlich, doch schwierig zu beobachten.

2.11 Es ist eine bekannte Tatsache, daß die Ausdrucksbedürfnisse häufig die Artikulationsdauer der vokalischen wie auch der konsonantischen Phoneme beeinflussen; das Französische z. B. kennt eine Sprechtechnik, *accent d'insistance* genannt, die darin besteht, den ersten Konsonanten im Wort zu betonen und zu längen (vgl. z. B. Marouzeau 1945). Die Bedingungen der phonologischen Integration der Produkte einer derartigen Sprechtechnik wird man untersuchen müssen. Es könnte gut sein, daß eine derartige „expressive" Dauer („expressive" duration) phonologischen Status nur in Sprachen erlangen kann, in denen als Folge normaler und regelmäßiger Entwicklung die Möglichkeit geschaffen worden ist, zwischen langen und kurzen Phonemen zu unterscheiden (Martinet 1937). Wenn sich dies bewahrheitet, wird die Rolle der Expressivität dann darauf beschränkt, neue Vorkommen von vorher bestehenden Einheiten zu liefern, eine Rolle, deren letztliche Konsequenzen oben untersucht worden sind.

2.12 Außerdem ist es keineswegs ausgeschlossen, daß die Ausdrucksbedürfnisse nicht nur die Quantität, sondern auch die Qualität mancher phonischer Realisierungen beeinflussen können, was zur Aufteilung eines ursprünglich einzelnen Phonems in zwei führen könnte: in einer Sprache, in der /i/ normalerweise zu /ɪ/ neigt, könnten bestimmte Vorkommen des Phonems /i/ in Ausdrücken der Kindersprache oder in Begriffen, die Kleinheit oder Niedlichkeit implizieren, ihre gespannte Artikulation behalten. Das würde zu einer Aufspaltung des /i/ in /i/ und /ɪ/ führen. Hier wiederum bleibt abzuwarten, in welchem Ausmaß sich eine solche Aufspaltung vollziehen kann, ohne daß die phonologische Umgebung zumindest teilweise für die Beibehaltung der gespannten Artikulation verantwortlich ist.

2.13 Um die vorliegende Übersicht über die Wege zu vervollständigen, auf denen die Kommunikations- und Ausdrucksbedürfnisse das System der distinktiven Einheiten indirekt beeinflussen können, sollten wir uns daran erinnern, daß Bedürfnisse der Wort- und Formenbildung, die direkt oder indirekt durch diejenigen der Kommunikation bedingt sind, die Schaffung neuer distinktiver Einheiten und die Ausweitung des phonologischen Systems nach sich ziehen können, die über das hinausgehen, was seine innere Ökonomie erwarten ließe (Martinet 1955, Abschnitt 6.2.).

2.14. Fest steht, daß die Gründe für das fehlende Gleichgewicht der phonologischen Systeme letztlich normalerweise in Druckkräften gefunden werden müssen, die von Kommunikationsbedürfnissen ausgeübt werden, wenn wir unter dieser ziemlich vagen Überschrift nicht nur jene Bedürfnisse fassen wollen, die eine homogene Sprachgemeinschaft – unter der Annahme, daß solche Gemeinschaften existieren – charakterisieren, sondern auch diejenigen, die sich entwickeln, wenn Menschen, die verschiedene Sprachen, Dialekte oder sogar verschiedenen Gebrauch der gleichen Sprache aufweisen, in Kontakt kommen. Die dann augenscheinlich werdende Notwendigkeit, seine Sprache anzupassen oder ein neues Register zu lernen, spielt bei der phonologischen Entwicklung sicher eine bedeutende Rolle.

3. Phonemökonomie

3.1 Die phonologische Theorie der Lautveränderungen könnte als die der Reaktion von Systemen auf externe Ursachen der Instabilität dargestellt werden, wenn nicht das Faktum bestände, daß der innere Determinismus des Systems ein solches Gewicht und eine solche Komplexität annehmen kann, daß es eben dieser Determinismus ist, der – legitimerweise – eher Aufmerksamkeit auf sich zieht als es die Verbindungen tun, die ihn mit der allgemeinen Tätigkeit des Menschen in Beziehung setzen. Der rasche Überblick über die verschiedenen Wege, auf denen die Kommunikationsbedürfnisse mehr oder weniger indirekt das distinktive System beeinflussen können, zielte darauf ab, bestimmte Prozesse zu verdeutlichen, die die phonologische Theorie voraussetzt, die aber kein Bestandteil von ihr sind. Was innerhalb des Rahmens dieser Theorie liegt, ist genau der Komplex artikulatorischer Gewohnheiten, der jede Sprachgemeinschaft charakterisiert. Es trifft zu, daß die phonologische Theorie bei jedem Schritt mit den Bedingungen rechnet, unter denen Lautäußerungen wahrgenommen werden; aber es sind die artikulatorischen Phänomene, die die Aufmerksamkeit der Phonologen auf sich ziehen, nicht nur, weil sie vertrauter und leichter zu handhaben sind, sondern hauptsächlich, weil sie den Abschnitt im „Kreislauf des Sprechens" darstellen, den die Sprecher am unmittelbarsten kontrollieren können. Gewiß werden diese artikulatorischen Gewohnheiten nicht durch direkte Nachahmung von organischen Bewegungsabläufen übertragen, sondern durch die Nachahmung der daraus resultierenden Laute, und das hat zu der Annahme geführt, daß ein Kind einen Laut sehr getreu nachahmen könne, ohne daß es von genau der gleichen Artikulation wie seine Eltern Gebrauch macht. Wenn wir jedoch, was wir an dieser Stelle tun sollten, eine Konstanz in der Anatomie und der Physiologie der Sprechorgane annehmen, ist es schwer einzusehen, warum die getreueste Lautnachahmung nicht die getreueste Nachahmung der Artikulation selbst nach sich ziehen sollte. Von Zeit zu Zeit entdeckt jemand von Neuem, daß [o] anders als in Handbüchern angegeben artikuliert werden kann[3]; diese Beobachtung, so interessant sie auch ist, sollte jedoch nicht zu einer erneuten Prüfung der Probleme phonologischer Entwicklung führen: es ist sehr wahrscheinlich, daß es im Rahmen einer gegebenen Sprache oder eines gegebenen Dialektes eine optimale Art gibt, [o] auszusprechen, und daß man nur dann davon abweicht, wenn Grund dazu besteht.

3.2 Das erste, wir können sogar sagen: das einzige, was wir von den distinktiven Elementen einer Sprache erwarten sollten, ist, daß sie sich nicht miteinander verwechseln lassen sollten. Wir dürfen deshalb annehmen, daß sie darauf abzielen, so verschieden voneinander zu werden, wie es die in Frage kommenden Sprechorgane erlauben; wenn eine Sprache nur drei vokalische Phoneme hat, ist es wahrscheinlich, daß die normale, von der Umgebung absehende Realisierung der drei Phoneme nahe an [i] bzw. [u] bzw. [a] sein wird, d. h. nahe an den verschiedenartigsten vokalischen Lauten, die die Sprechorgane her-

---

3 Vgl. die Diskussion bei Brosnahan (1953).

vorbringen können. Das gilt nicht nur für die paradigmatische Realität, d. h. für Einheiten, die in denselben Umgebungen wie die Vokale einer gegebenen Sprache auftreten, sondern ebensogut für die syntagmatische Ebene, auf der alle Sprachen die gut markierten Kontraste von Verschlußlaut + Vokalfolge zu begünstigen scheinen. Genau das erklärt in allen bekannten Sprachen die Existenz der beiden Extreme Konsonanten und Vokale oder, genauer vielleicht, die Tendenz, Phoneme auf zwei verschiedene Paradigmen zu verteilen mit Kontakten, die auf das Gebiet der „Sonanten" (Liquide, Nasale und Halbvokale) beschränkt sind, auf Phoneme also, die in bestimmten Sprachen ebenso leicht mit Vokalen wie mit Konsonanten „kommutieren".

3.3 Wenn man das Postulat der maximalen Differenzierung der Phoneme akzeptiert (Martinet 1955, Abschnitt 2.30), muß man zugeben, daß, wenn ein gegebenes Phonem zufälligerweise nicht so verschieden von seinen Nachbarn im System ist, wie es die Organe erlauben, sich eine Veränderung in der Artikulation dieses Phonems ergeben wird, bis die Maximaldifferenzierung wiederhergestellt ist; wenn [i], [o] und [a] die autonomen Aktualisierungen der drei vokalischen Phoneme sind, werden die Sprecher dahingehend neigen, die Artikulation von [o] zu schließen, bis sie so verschieden wie möglich von [a] geworden ist, ohne sich jedoch [i] anzunähern, was bedeutete, daß [u] das Ziel wäre. Sobald die Ecken des Vokaldreiecks besetzt sind, werden weitere Phoneme sich die Seiten und sogar sein Mittelfeld zu teilen haben, aber die Maximaldifferenzierung wird das zur Folge haben, was wir mit einer räumlichen Metapher den *gleichen Abstand* (Äquidistanz) zwischen allen beteiligten Phonemen nennen können (Martinet 1955, Abschnitt 2.27 bis 2.29). Hier wiederum werden die Sprecher, falls irgendein Ergebnis diese *Äquidistanz* verletzt, nicht eher ruhen, als bis sie wiederhergestellt ist; in einem ziemlich komplexen System mag das gelegentlich eine große Zahl von Einheiten in Mitleidenschaft ziehen. Die Kettenreaktionen, die in solchen Fällen tatsächlich beobachtet werden können, lassen sich leicht erklären, wenn wir annehmen, daß Phoneme ihre ursprüngliche Artikulation nur beibehalten, wenn sie von allen Seiten dem ausgesetzt sind, was man homogen wirkende Druckkräfte nennen könnte. Völlige Stabilität und Unbeweglichkeit existieren nur insoweit, als jene zufälligen Variationen, die zu sehr von dem abweichen, was man die zu einem gewissen Zeitpunkt herrschende Norm nennen könnte, von der Gemeinschaft stark unterdrückt werden. Allerdings wird das nur dort stattfinden, wo zufällige Abweichungen eines bestimmten Phonems der Norm irgendeines benachbarten Phonems gefährlich nahe kommen. Eine viel größere Toleranz zeigt sich, wenn die Integrität einer phonologischen Opposition nicht auf dem Spiele steht. Es ist klar, daß, wenn Variationen in einer Richtung ständig unterdrückt und in einer anderen ständig toleriert werden, die artikulatorische Norm des Phonems auf die Dauer gesehen notwendigerweise Modifikationen erfahren wird (Martinet 1955, Abschnitt 2.10ff).

3.4 Es kommen auch Verschmelzungen von Phonemen vor. Gleichwohl erwarten wir, daß distinktive Einheiten ihre jeweilige Identität bewahren. Wir könnten deshalb der Versuchung erliegen, jedesmal wenn wir eine Verschmelzung beobachten, irgendeinen Umstand zu diagnostizieren, der zweifelsohne z. T. durch menschliche Trägheit bedingt ist, dessen genaue Ursache sich jedoch unserer Untersuchung entzieht, und der dazu führt, den Kommunikationsprozeß um ein geringes zu erschweren. Das System, verstanden als rein statische Realität, hätte somit eine Niederlage erlitten, der durch lexikalische Umgruppierungen Abhilfe geschaffen werden müßte: als die gascognischen Reflexe [der Veränderung] von *-ll-* und *-tt-* in Wortendstellung miteinander vermengt wurden, wurde *gat* (<*gallum*) als Bezeichnung für den Hahn durch *hazan* oder *biguey*[4] ersetzt. Man mag sich jedoch fragen, ob derartige Vermengungen in den meisten Fällen wirklich von Zufällen herrühren und ob sie nicht als Folge der normalen Sprachentwicklung betrachtet werden sollten, bei der bestimmte phonologische Distinktionen für ihre Aufrechterhaltung ein Maß an Aufmerksamkeit erfordern, das unverhältnismäßig ist, gemessen an der distinktiven Leistung, die sie tatsächlich erbringen: auf diese Weise würden die Reflexe von *-ll-* und *-tt-* im Gascognischen in Endstellung schließlich zusammengefallen sein, weil die Distinktion praktisch keine Rolle spielte, indem Sprecher z. B. lieber die expressiven Bezeichnungen *hazan* oder *biguey* als den Reflex von *gallum* benutzten, sogar zu einer Zeit, als letzterer von *gat* 'Katze' noch vollends unterschieden war. Ohne in irgendeiner Weise die Möglichkeit äußerer

---

4 In Wirklichkeit ist es überhaupt nicht sicher, ob die Verschmelzung von *-ll-* und *-tt-* in Wortendstellung das Ergebnis einer phonetischen Entwicklung ist: im Süden der Gascogne ging *-ll-* in *-tš* über; im Norden, z. B. in der Umgebung von Bordeaux, gehen viele Ortsnamen auf *-ts* aus, wie *Castets* < *Castellum*, aber keiner auf *-t* < *-ll-*; da im Gallo-Romanischen *-ll-* in Endposition außer bei Nominalbildungen kaum zu finden ist, ist es wahrscheinlich, daß das *-s* von *-ts*, das nordgascognische reguläre phonetische Resultat, das dem südgascognischen *-tš* entspricht, als Pluralendung interpretiert wurde und überall, außer bei Eigennamen, ausgelassen wurde, um die Singularform zu bekommen.

Einflüsse auszuschließen, besonders diejenigen von anderen Sprachen und Dialekten, ist es nützlich, den Vorschlag als Arbeitshypothese beizubehalten, daß die Verschmelzungen von Phonemen, gleichgültig ob total oder teilweise (Neutralisation), als Ergebnisse sprachlicher Ökonomie zu erklären sind. Es ist nicht immer leicht, hier den Einfluß positiver Faktoren abzuschätzen, derjenigen, die zur Vermengung beitragen: im Prinzip erfordert jede Unterscheidung eine Anstrengung, deren Charakter, sei er nun physisch oder geistig, wir hier nicht versuchen wollen zu erforschen. Stellen wir einfach fest, daß *huh*? (= [hə:]) zu sagen, d. h. die Luft durch die Stimmritze hindurchzupressen und die übrigen Organe in indifferenter Position zu belassen, weniger Anstrengung erfordert als *I beg your pardon* (= [ai ˈbegjʊr ˈpardn]) auszusprechen und bei jedem Segment große Sorgfalt darauf zu verwenden, jede Einheit in solcher Weise hervorzubringen, daß sie von ihren Nachbarn in der Kette und ihren Nachbarn im System unterschieden bleibt. Wenn eine Unterscheidung nicht wirklichen Nutzen bringt, wird deshalb das Gesetz der geringsten Anstrengung, oder besser gesagt: eine vernünftige Ökonomie, bestrebt sein, ihre Eliminierung herbeizuführen. Zweifelsohne müßten wir die ganze Zeit über mit konservativen Faktoren – in erster Linie der Tradition – rechnen, unabhängig von der Rolle, die von den beteiligten distinktiven Einheiten gespielt wird. Auch sollte man nicht vergessen, daß die Realisierung der meisten Phoneme aus der Kombination verschiedener distinktiver Artikulationen resultiert, eine Tatsache die im ganzen System Solidaritäten schafft, die großenteils dazu beitragen, völlig nutzlose Oppositionen, wie die von englisch /θ/ und /ð/ aufrechtzuerhalten.

3.5 Die distinktive Rolle einer Opposition wird *funktionelle Belastung* (functional yield, rendement fonctionnel, rendimiento funcional) genannt. Es gibt bis jetzt keine absolut befriedigende Methode, die es Linguisten erlaubt, die funktionelle Belastung einer Opposition festzustellen. Man könnte die Wortpaare zählen, die nur dadurch unterschieden sind, daß sie von jener Opposition Gebrauch machen. Aber es wird nicht genügen, seltene Paare wie z. B. *prig-brig* und jene mit sehr häufig auftretenden Mitgliedern wie z. B. *pack-back* gleich einzuschätzen, oder Wörtern, die kaum je in identischer Umgebung auftreten wie z. B. *pale-bale* und jenen, wie z. B. franz. *blanc-blond*, die fortwährend in solchen Umgebungen vorkommen, den gleichen Rang zuzuweisen. Folglich ist es ebenso informativ und unvergleichlich leichter, die Häufigkeit der beiden fraglichen Phoneme zu bestimmen, die lexikalische oder kontextuelle Häufigkeit oder beides. Eine niedrige funktionelle Belastung scheint ein entscheidender Faktor in einem Fall wie dem der zeitgenössischen Verschmelzung von /ɛ̃/ und /œ̃/ im Französischen zu sein; nicht betroffen ist die phonetisch parallele, aber mit einer hohen funktionellen Belastung versehene /ɑ̃/-/õ/-Opposition in der gleichen Sprache; in nordfrz. Dialekten und im dortigen Sprachgebrauch sind Verschmelzungen von /ɑ̃/ und /õ/ nicht selten, scheinen jedoch nur dort vorzukommen, wo schriftsprachlich französisch *en* von *an* unterschieden geblieben ist und wo als Ergebnis dessen die funktionelle Belastung von /ã/-/õ/ weitaus niedriger war als anderswo (Martinet 1955, Abschnitt 2.21 bis 2.26).

3.6 In solchen, aus Sprachvergleich erhellten Fällen von Verschmelzung, die wir nicht beobachten können, könnte eine oberflächliche Untersuchung oft den Anschein erwecken, als ob einige Oppositionen trotz einer wichtigen funktionellen Belastung beseitigt worden wären: im Französischen z. B. ist die alte Affrikate, die *c* geschrieben wird, mit dem Frikativlaut *s* verschmolzen, obwohl beide überaus gebräuchlich waren. Wir sollten jedoch nicht vergessen, daß *c* und *s* nicht nur in bezug auf ihren jeweiligen Konstriktionsgrad, sondern auch durch die Art ihrer Artikulation unterschieden wurden, *c* prädorsal, *s* apical, eine Unterscheidung, die sich bis auf den heutigen Tag in der Qualität und der Quantität des vorausgehenden Vokals widerspiegelt: *lace* [las] – *lasse* [la·s]. Entlang der Achse der gesprochenen Kette sollte man deshalb mit Übertragungen von Distinktivität rechnen, deren Ergebnis ist, eine traditionelle Opposition jeder wirksamen Rolle zu entkleiden und sie somit der Eliminierung auszusetzen. In vielen Fällen werden phonologische Verschmelzungen durch neue Unterscheidungen kompensiert, die entweder den Vermengungen vorausgingen und sie unschädlich machten oder aber im Keim bereits vorhanden waren und in dem Moment wirksam wurden, als die alten verschwanden.

3.7 Unter diesen Umständen ist es wichtig, niemals die distinktive Rolle aus den Augen zu verlieren, die den prosodischen Merkmalen gelegentlich zukommt: im Germanischen wurden die idg. Vokale *i* und *e* praktisch überall miteinander vermengt, wobei die Wahl der [i]- oder [e]-Variante normalerweise vom Kontext bestimmt wurde und die Einzelheiten von einer Sprache zur anderen beträchtlich voneinander abwichen (engl. *lick*, dt. *lecken*). Hinsichtlich der Häufigkeit sowohl von /i/ als auch von /e/ in einer Sprache wie dem Griechischen, das die ursprünglichen vokalischen Unterscheidungen im allgemeinen bewahrt hat, könnte man sich fragen, warum eine funktionelle Belastung, die auf den ersten Blick beträchtlich erscheint, die Verschmelzung im Germanischen nicht verhindert hat. Man sollte jedoch nicht vergessen, daß *e*, vollstufiger Vokalismus, im Grunde nur betont auftritt, während *i* theoretisch nur die Nullstufe einiger *ei*, *oi*, *ai*-Diphthonge sein kann, wodurch sein Auftreten auf unbetonte Silben beschränkt bleibt. Theoretisch zumindest sollten *e* und *i* deshalb nicht in vollkommen identischen Kontexten auftreten und sollten auf der unmittelbar nach dem Ablaut folgenden Stufe des Ie. als Varianten des gleichen Phonems betrachtet werden. Trotzdem können Akzentverschiebungen bald irgendeine phonologische Autonomie für *i* und *e* wiederhergestellt haben. In einer Sprache wie dem Griechischen, in der das Akzentsystem zu einem frühen Zeitpunkt wichtige Veränderungen erfuhr, wurde die phonologische Autonomie von *i* und *e* fest verankert. Hingegen offenbaren die Ergebnisse von „Verners Gesetz" im Urgermanischen eine Akzentverteilung, die allgemein mit Ablautalternationen übereinstimmt, und das führt zu der Annahme, daß die /e/-/i/-Opposition im Frühgermanischen eine ziemlich schwache Belastung gehabt haben muß; es gab sicher sehr wenige Beispiele für *í* + gleichsilbiger Nasal, eine Tatsache, die *é* befähigte, in den häufigen Gruppen *é* + gleichsilbiger Nasal dem Verschlußdruck des folgenden Konsonanten nachzugeben. Allgemeiner: nichts hat den Kontext daran gehindert, auf seine eigene Weise den Öffnungsgrad von *e* und *i* zu regulieren.

4. Merkmalsökonomie

4.1 Theoretisch gibt es keinen Grund, warum jedes Phonem der Sprache nicht einer Artikulation *sui generis* entsprechen sollte. Zweifelsohne erforderte die Realisierung jedes von ihnen die Mitwirkung von Organen, die für alle in derselben Weise funktionieren, wie z. B. die Lunge, und den Gebrauch derselben Rachen- und Mundhöhle. Was wir hier jedoch annehmen, ist eine Situation, in der jedes Phonem diesem allgemeinen Bedingungsfaktor eine absolut spezifische Artikulation hinzufügen würde. In Wirklichkeit gibt es allerdings keine Sprache, in der alle Phoneme einen derartigen Grad von Spezifizierung aufweisen. Normalerweise rühren zwischen 80 und 100% der Phoneme einer Sprache aus der Kombination von artikulatorischen Merkmalen her, die bei mehr als einem von ihnen auftreten. Was in diesem Fall jedes Phonem von allen anderen genau unterscheidet, ist die Tatsache, daß es das einzige im System ist, das eine bestimmte Merkmalkombination aufweist. Im Französischen werden nur zwei Phoneme durch eine besondere Artikulation charakterisiert: /l/, das einzige Phonem mit einer lateralen Artikulation, und /r/, das einzige Phonem, das, je nach Sprecher, entweder gerollt oder postvelar artikuliert wird; alle anderen bestehen aus einem Komplex von Artikulationen, von denen jede bei zumindest zwei Phonemen anzutreffen ist. Die Realisierung eines Phonems wie fr. /v/ umfaßt den Gebrauch des Brustkastens, der Lunge, der Atemwege und des Mundes, aber all das in einer Weise, die sich von der jedes anderen Phonems in der Sprache nur deshalb unterscheidet, weil sie die Tätigkeit der Stimmritze, „Stimmton" genannt, und eine labiodentale Konstriktion (im Französischen begleitet die Anhebung des Velum automatisch jede derartige Produktion) erfordert. „Stimmton" und labiodentale Konstriktion sind für /v/ distinktiv, weil ersteres /v/ von /f/ unterscheidet, wie es /s/ von /z/, /š/ von /ž/ usw. unterscheidet, und letzteres /v/ und /f/ von allen anderen Phonemen unterscheidet. Allein diese beiden Merkmale erfordern von demjenigen, der ein frz. /v/ artikuliert, eine spezifischere Tätigkeit der Sprechorgane als die für die frz. Sprache im allgemeinen erforderliche. Beide sind unerläßlich für eine vollständige Charakteristik des Phonems /v/. Zusammen stellen sie es in Opposition zu allen anderen Phonemen. Einzeln verbinden sie es mit einer Reihe von Einheiten, die durch die gleiche glottale Artikulation gekennzeichnet sind (die stimmhafte Reihe) und mit einer Ordnung von zwei Phonemen, die durch die gleiche lokale Artikulation gekennzeichnet sind (die labiodentale Ordnung). Es wird somit zum Teil einer phonologischen Formation gemacht, die „Korrelation des Stimmtons" genannt wird und aus zwei Reihen, der stimmhaften und der stimmlosen, und sechs Ordnungen besteht: Labiale, Labiodentale, Apicale, s-Laute, š-Laute und Dorsale.

4.2 Der Grund, warum alle Sprachen dazu neigen, Phoneme zu haben, die aus der Kombination verschiedener simultaner distinktiver Artikulationen resultieren, ist eigentlich ein ökonomischer. Wir haben es hier mit einer Folge des Artikulationsprinzips zu tun, das das Funktionieren einer Sprache auf Ausdrucks- wie Inhaltsebene reguliert (Martinet 1957; 1965b, Kap. 1): die zu übertragende Mitteilung wird im normalen, nichtinterjektionalen Sprachgebrauch in signifikanten Elementen artikuliert, die weit weniger spezifisch sind als der Inhalt der Mitteilung; jedes signifikante Element hat seinerseits seine lautliche Ausdrucksform, die in eine Anzahl von aufeinanderfolgenden distinktiven Einheiten gegliedert wird. Letztere können jedoch weiter in simultan realisierte distinktive Merkmale gegliedert werden. Die erste Gliederung ist diejenige, die uns befähigt, innerste Erfahrung, als solche nicht kommunizierbar, auf eine Abfolge von konventionellen Einheiten zurückzuführen. Die zweite Gliederung ist diejenige, die uns befähigt, mit nicht mehr als ein paar Dutzend verschiedener Lauttypen eine unbegrenzte Zahl von Signifikanten zu bilden. Die weitere Gliederung jener, der Phoneme, in simultane distinktive Merkmale vervollständigt die Ökonomie, die durch die zweite Gliederung der Sprache erreicht wird.

4.3 Die theoretischen Vorteile der Gliederung der Phoneme in distinktive Merkmale sind augenfällig: nehmen wir einmal eine Sprache mit zwölf konsonantischen Phonemen an; jedes von ihnen erfordert eine besondere Artikulation: die Sprachbenutzer werden 12 Artikulationen genau voneinander unterschieden halten müssen. Wenn aber sechs verschiedene Artikulationen mit der einen oder anderen von zwei verschiedenen Tätigkeiten des gleichen Organs kombiniert werden können, werden die zwölf Phoneme nur die Beibehaltung der genauen Unterscheidung von acht Artikulationen erfordern, wobei eine der ersten sechs sich jedesmal mit einer der anderen zwei verbindet. Eben das tut das Französische mit den beiden stimmhaften und stimmlosen Reihen und den sechs Ordnungen, die sich in eine Korrelation des Stimmtons einfügen; natürlich hat das Französische andere konsonantische Phoneme als die solcherart integrierten. Stellen wir uns jetzt ein System vor, in dem jede von vier Artikulationen α, β, γ, δ sich mit jeder von vier anderen ϵ, ζ, η, θ verbinden kann; auf diese Weise werden wir sechzehn Phoneme erhalten, die aus den verschiedenen Kombinationen der acht Artikulationen zu Zweiergruppen herrühren:

$\alpha\epsilon$	$\beta\epsilon$	$\gamma\epsilon$	$\delta\epsilon$
$\alpha\zeta$	$\beta\zeta$	$\gamma\zeta$	$\delta\zeta$
$\alpha\eta$	$\beta\eta$	$\gamma\eta$	$\delta\eta$
$\alpha\theta$	$\beta\theta$	$\gamma\theta$	$\delta\theta$

Wenn α bilabiale, β apikale, γ dorsopalatale, δ dorsovelare, ϵ aspirierte, ζ glottale Artikulation bedeuten, η für Stimmton und θ für Nasalierung stehen, wird das System wie folgt aussehen:

pʻ	tʻ	cʻ	kʻ
p’	t’	c’	k’
b	d	ɟ	g
m	n	ɲ	ŋ

Es ist nicht selten, daß ein Phonem aus der Kombination von mehr als zwei distinktiven Artikulationen resultiert: im russ. *p’at’* ‘fünf’ kombiniert *p’* bilabiale Artikulation (*p’* in Opposition zu *t’*) mit Stimmlosigkeit (*p’* in Opposition zu *b’*) und einem charakteristischen Vorwärtsschnellen des Vorderteils der Zunge in Richtung auf den harten Gaumen (*p’* in Opposition zu *p*). Auf diese Weise ist es möglich, sichtbar zu machen, wie drei Klassen von je drei Artikulationen, α, β, und γ;

δ, ε und ζ; η, θ und ι, die zusammen eine Summe von neun distinktiven Artikulationen ergeben, siebenundzwanzig genau voneinander unterschiedene Phoneme hervorbringen können, wenn jedes von diesen aus der Kombination von drei simultanen Artikulationen resultiert, von denen jede zu einer verschiedenen Klasse gehört:

$\alpha\delta\eta$	$\alpha\varepsilon\eta$	$\alpha\zeta\eta$
$\alpha\delta\theta$	$\alpha\varepsilon\theta$	$\alpha\zeta\theta$
$\alpha\delta\iota$	$\alpha\varepsilon\iota$	$\alpha\zeta\iota$

und ebenso mit β oder γ an Stelle von α. Konkreter gesagt, wir können eine Sprache annehmen, in der jeder Vokal absolut charakterisiert wäre als palatal oder velar, gerundet oder nicht gerundet, nasal oder nicht-nasal, geschlossen (z. B. [i]), halb geschlossen (z. B. [e]), halb offen (z. B. [ϵ]) und offen (z. B. [a]). In einer solchen Sprache gäbe es zehn distinktive vokalische Artikulationen und zweiunddreißig Vokalphoneme, acht für jeden Öffnungsgrad, vier nicht-nasale und vier nasale; z. B. für den ersten Grad: *i*, y, *ɯ*, *u*, *ĩ*, nasaliertes *y*, nasaliertes *ɯ* and *ũ*. Wenn die Sprecher in jedem Fall zwischen kurz und lang unterscheiden könnten, würden sie von vierundsechzig Phonemen Gebrauch machen, die mit Hilfe von nur zwölf distinktiven Merkmalen gebildet werden.[5]

4.4 Insofern derartige Kombinationen leicht zu realisieren und leicht vom Gehör zu identifizieren sind, sollten sie für ein System fester Besitz sein: für die gleiche Gesamtzahl von Phonemen sind weniger Artikulationen notwendig, um sie genau voneinander unterschieden zu halten; diese Artikulationen werden, da sie weniger zahlreich sind, umso genauer voneinander unterschieden sein; da jede von ihnen in der Rede häufiger ist, werden die Sprecher öfter Gelegenheit haben, sie wahrzunehmen und zu produzieren, und sie werden schneller in der Ausdrucksweise von Kindern verankert. Ein Phonem, das in eins jener Bündel proportionaler Oppositionen integriert ist, die wir „Korrelationen" nennen, wird im Prinzip stabiler sein als ein nicht-integriertes Phonem. Letzteres, das zu allen anderen auf Grund eines einzigen spezifischen Merkmals in Opposition steht, wird für sich bleiben, so daß es sich allein verändert, wenn seine Existenz als Ergebnis der Bedeutungslosigkeit seiner distinktiven Rolle auf dem Spiel steht: in der Sprache vieler Pariser ist /ɛ̄/ heute das einzige lange Phonem des Systems, und da

---

5 Vgl. Martinet (1955), Abschnitt 4.15 bis 4.17, wo auf andere theoretische Möglichkeiten verwiesen wird.

die /ɛ/-/ɛ̄/-Opposition, wie in *faite-fête*, eine sehr reduzierte funktionelle Belastung aufweist, wird sie allmählich eliminiert. Andererseits haben im Englischen /θ/ und /ð/ ihre praktisch wertlose Opposition seit Jahrhunderten einfach deshalb beibehalten, weil sie völlig integriert sind in die starke Korrelation, die mit dem Stimmton verbunden ist (Martinet 1955, Abschnitt 4.7 bis 4.14). Eine Lücke in einer Korrelation, auch Loch in einer Struktur genannt, d. h. ein kombinatorischer Spielraum, der nicht genutzt ist, wird dahin tendieren, ausgefüllt zu werden: das kann durch Entlehnungen erreicht werden, indem ein fremdes Phonem ohne großes Widerstreben übernommen wird, wenn es sich aus vertrauten Artikulationen zusammensetzt; das Füllen der Lücke kann auch aus der Attraktion und endgültigen Integration eines früher nicht-integrierten Phonems von ziemlich ähnlicher Artikulation resultieren, wie wenn ein uvulares /r/ sich an das stimmhafte Äquivalent eines /x/-Phonems angleicht (Martinet 1955, Abschnitt 3.18 bis 3.28).

4.5 Wir könnten deshalb erwarten, daß alle bestehenden Systeme, insofern als sie nicht irgendeiner externen Ursache von Instabilität ausgesetzt sind, zu einer immer vollständigeren Integration all ihrer Phoneme mittels einer Verminderung der Zahl der distinktiven Artikulationen neigen werden, ohne die Anzahl der Phoneme zu reduzieren. Was einer solchen Tendenz entgegenwirkt, ist auf der einen Seite die Notwendigkeit, in der Rede Einheiten mit verschiedenen Öffnungsgraden miteinander abwechseln zu lassen, woraus die generelle Opposition von konsonantischem und vokalischem System resultiert (Martinet 1955, Abschnitt 4.3); auf der anderen Seite ist es die Asymmetrie der Sprechorgane, d. h. die Tatsache, die erklärt, warum einige artikulatorische Kombinationen vortrefflich sein können, nämlich leicht auszusprechen und leicht zu identifizieren, wenn an einer bestimmten Stelle im Artikulationskanal oder mit einem bestimmten Öffnungsgrad dieses Kanals hervorgebracht, und von mittelmäßiger distinktiver Qualität, wenn an irgendeiner anderen Stelle oder mit einer andersartigen Öffnung hervorgebracht: zwischen geschlossenen Vokalen, zwischen einem /i/ und einem /u/ zu unterscheiden, scheint keinerlei Probleme mit sich zu bringen, und fast alle soweit beschriebenen Sprachen stellen einen palatalen geschlossenen Vokal mit gespreizten Lippen einem velaren geschlossenen Vokal mit gerundeten Lippen gegenüber; in Kombination mit einer maximalen Öffnung des Mundes haben die Begriffe Lippenrundung und Lippenspreizung jedoch keinerlei Bedeutung mehr, und nur eine kleine Zahl von Sprachen unterscheidet in diesem Fall zwischen einem Vorderzungenvokal (/a/) und einem Hinterzungenvokal (/ɑ/). Jede Untersuchung auf entwicklungsphonetischem Gebiet erfordert die vorherige Erstellung einer Hierarchie von bezeugten und erfaßbaren artikulatorischen Kombinationen. Diese Hierarchie sollte das Ergebnis einer vergleichenden Übersicht über die neuro-muskulösen und auditiven Qualitäten jener Einheiten sein, die aus der simultanen Hervorbringung jedes der umfassend kombinierten Merkmale („Kennzeichen" von Korrelationen) und der lokalen Artikulationen geringerer Ausdehnung, die Anordnungen kennzeichnen, resultieren.[6]

4.6 Weitaus mehr als es von außerhalb des Systems herrührende Umstände tun, dient die Asymmetrie der Sprechorgane zur Erklärung der Tatsache, daß wir nirgends das oben in Abschnitt 4.3 skizzierte Vokalsystem mit seinen vierundsechzig, aus der Kombination von zwölf distinktiven Merkmalen resultierenden Phonemen finden. Es lohnt sich zu erwähnen, daß in dem ziemlich weitverbreiteten Typ des Französischen, den dieser Autor benutzt, jedes dieser zwölf Merkmale zur Mitwirkung herangezogen wird: *ni* und *nu* stehen einander gegenüber auf Grund von Lippenspreizung vs. Lippenrundung; *ni* und *nous* auf Grund der Tiefe der vokalischen Artikulation; der Vokal in *banc* steht dem von *bas* gegenüber als Nasal vs. Nicht-Nasal; *faite* steht in Opposition zu *fête* auf Grund der Vokallänge; *riz*, *ré*, *raie*, *rat* sind auf Grund des Öffnungsgrades ihres zweiten Bestandteils voneinander unterschieden. Aber die Gesamtzahl der Phoneme, weit davon entfernt, vierundsechzig zu erreichen, überschreitet nicht sechzehn bei einer Gesamtzahl von zwölf Merkmalen, was in der Tat nicht sehr ökonomisch zu sein scheint. Zweifelsohne gibt es Systeme, deren Belastung weitaus besser ist, z. B. das der dänischen Vokale mit zwanzig Einheiten bei neun distinktiven Merkmalen. Aber das Verhältnis 16 zu 12 stellt keineswegs eine Ausnahme dar. Es deutet nicht an, daß wir das Prinzip, das die artikulatorische Gliederung der Phoneme in relevante Merkmale besorgt, außerhalb der Ökonomie suchen sollten, sondern vielmehr, daß die Ökonomie phonologischer Systeme eine überaus komplexe Angelegenheit mit einer großen Variationsbreite von Faktoren ist, deren Prinzip allein wir hier versucht haben darzustellen.

5. Die explanative Methode

5.1 Die Aufstellung von „Lautgesetzen", die zu einer bestimmten Zeit als höchstes Ziel der historischen Phonetik angesehen wurde, ist heute

---

6 Vgl. Martinet (1955), Kap. 4 allgemein und speziell Abschnitt 4.18f.

durch die Untersuchung der Dynamik und der Evolution phonologischer Systeme verdrängt. Im Rahmen jener Untersuchung wird es möglich sein, die notwendigen chronologischen Entwicklungen aufzustellen und die Zeitperspektive wiederherzustellen, ein Merkmal, das so auffällig fehlt bei einem Großteil der sog. historischen Sprachwissenschaft. Der Fortschritt der evolutionären Linguistik erfordert, daß wir dem deskriptiven und anti-explanativen Ideal entsagen, das in Wirklichkeit das der Junggrammatiker war, so wie es das der heutigen, die Substanz meidenden Formalisten ist, das Ideal jener, die strenge Formulierungen den geduldigen und bruchstückhaften Aufhellungen der sprachlichen Wirklichkeit in all ihren Aspekten vorziehen. Wir werden metachronische Gleichungen hinter uns lassen, die die Zeit ignorieren, ebenso wie wir die Theorien jener überwinden, die die lautliche und semantische Substanz ignorieren. Wir werden uns weigern, eine phonetische Veränderung außerhalb der Umgebung, in der sie stattfindet, zu betrachten, der paradigmatischen Umgebung auf jeden Fall, der die syntagmatische Umgebung im Fall von „bedingten" Veränderungen noch hinzugefügt werden sollte. Es ist notwendig, solche Rückwirkungen sorgfältig zu untersuchen, wie sie diese Veränderung im Kommunikationsprozeß zur Folge gehabt haben mag, da uns diese Rückwirkungen über die Bedingungsfaktoren der Veränderung informieren. Schließlich sollten wir niemals vergessen, daß es nie eine isolierte Veränderung gegeben hat, und daß das, was wir einem Kontext im Interesse einer bestimmten Forschungsrichtung gelegentlich entnehmen, niemals etwas anderes ist, als nur ein Aspekt eines allgemeineren Entwicklungsprozesses.

5.2 Man sollte nicht glauben, daß sich die in den vorhergehenden Abschnitten zusammengefaßt skizzierte Methode in jeder Hinsicht nur der Aktivität einer begrenzten Gruppe von Linguisten verdankt. Lange vor der Entwicklung des Strukturalismus hatten Forscher wie Henry Sweet, Paul Passy und Otto Jespersen gesehen, daß die Tatsache, daß Menschen sprechen, um zu kommunizieren, dazu führt, die Art und die Entwicklung der Sprachlaute zu beeinflussen (Martinet 1955, Abschnitt 2.5 und 2.6). Trubetzkoys Verdienst ist es, gezeigt zu haben, was unter dem Ausdruck „phonologisches System" zu verstehen war. Aber die phonologische Theorie der Sprachentwicklung konnte nur Früchte tragen, wenn sie sich freimachte von dem teleologischen Putz, den die Begründer der Bewegung ihr beharrlich anlegen wollten. Der Begriff der *Systemharmonie*, mit dem Trubetzkoy zu operieren versucht hatte, hatte sich bald als unfähig erwiesen, mehr als lediglich isolierte Tendenzen in der phonologischen Entwicklung einer Sprache zu erklären, und man war versucht, den Rückzug auf deskriptivistische Positionen, für die Jakobsons „Prinzipien der historischen Phonologie" (1931) faktisch eintraten, zu billigen. Um diesem toten Punkt zu entgehen, mußten wir alle Erscheinungen innerhalb des Rahmens der Kausalität neu setzen und die permanente Antinomie zwischen den Ausdrucksbedürfnissen und der Trägheit der Sprechorgane betonen, eine Antinomie, die schließlich aufgelöst wird in das, was man jetzt die Ökonomie von Systemen nennt.[7]

Übersetzt von Hans-Dieter Kreuder

Literatur

L. F. Brosnahan (1953), *Some Old English Changes*, Cambridge 1953.

D. Catalán (ed.) (1957–1962), *Miscelánea homenaje a André Martinet. Estructuralismo e historia*, 3 Bde, La Laguna 1957–1962.

H. A. Deferrari (1954), *The Phonology of Italian, Spanish and French*, Washington, D. C. 1954.

J. Fourquet (1964), „Pourquoi les lois phonétiques sont sans exceptions", in: H. G. Lunt (ed.), *Proceedings of the Nineth International Congress of Linguists*, London/The Hague/Paris 1964, 638–643.

M. Grammont (1935), „Une difficulté de la phonétique grecque", in: D. Jones/ D. B. Fry (eds.), *Proceedings of the Second International Congress of Phonetic Sciences*, London 1935, 9–12.

A. G. Haudricourt/A. G. Juilland (1949), *Essai pour une histoire structurale du phonétisme français*. Paris 1949 [^{2}(The Hague) 1970].

L. Hjelmslev (1928), *Principes de grammaire générale*, København 1928, [^{2}1968].

L. Hjelmslev (1937), „La syllabation en slave", *Belićev Zbornik* (Belgrad) 1937, 315–324.

H. Hoenigswald (1946), „Sound Change and Linguistic Structure", *Lg* 22 (1946) 138–143.

R. Jakobson (1931), „Prinzipien der historischen Phonologie", *TCLP* 4 (1931) 247–267 [In diesem Band S. 78–98]

O. Jespersen (1913), *Lehrbuch der Phonetik*, Leipzig ^{2}1913.

A. G. Juilland (1953), „A Bibliography of Diachronic Phonemics", *Word* 9 (1953) 198–208.

F. H. Jungemann (1955), *La teoría del sustrato y los dialectos hispanoromances y gascones*, Madrid 1955.

F. Kauffmann (1887), „Zur Geschichte des germanischen Consonantismus", *PBB* 12 (1887) 504–547.

W. A. Koch (1963), *Zur Theorie des Lautwandels*, Münster 1963.

H. Lewis/H. Pedersen (1937), *A Concise Comparative Celtic Grammar*, Göttingen 1937.

---

[7] Vgl. den historischen Überblick bei Juilland (1953).

H. Lüdtke (1956), *Die strukturelle Entwicklung des romanischen Vokalismus*, Bonn 1956.

A. Martinet (1937), *La gémination consonantique d'origine expressive dans les langues germaniques*, Copenhague 1937.

A. Martinet (1953), „Celtic Lenition and Western Romance Consonants", *Lg* 28 (1953) 192–217.

A. Martinet (1954), „Accent et tons", in: A. C. Gimson (ed.), *Miscellanea Phonetica* II, London 1954, 13–24.

A. Martinet (1955), *Économie des changements phonétiques. Traité de phonologie diachronique*, Berne 1955, [^{3}1970].

A. Martinet (1957), „Arbitraire linguistique et double articulation", *CFS* 15 (1957) 105–116.

A. Martinet (1962a), *A Functional View of Language*, Oxford 1962.

A. Martinet (1962b), „R du latin au français d'aujourd'hui", *Phonetica* 8 (1962) 193–202.

A. Martinet (1965a), „Les problèmes de la phonétique évolutive", in: E. Zwirner/ W. Bethge (Hg.), *Proceedings of the Fifth International Congress of Phonetic Sciences, Münster 1964*, Basel/New York 1965, 82–102.

A. Martinet (1965b), *La linguistique synchronique. Etudes et recherches*, Paris 1965, ^{2}1968 (Dt. Übers. u. d. T.: Synchronische Sprachwissenschaft. Studien und Forschungen, übers. von W. Blochwitz, München 1968).

J. Marouzeau (1945), „Quelques aspects du relief de l'énoncé", *FM* 13 (1945) 161–168.

R. Menendez Pidal (1950), *Orígenes del español*, Madrid ^{3}1950.

G. Moulton (1960), „The Short Vowel Systems of Northern Switzerland", *Word* 16 (1960) 155–182.

G. Moulton (1962), „Dialect Geography and the Concept of Phonological Space", *Word* 18 (1962) 23–32.

M. Philipp (1965), *Le système phonologique du parler de Blaesheim. Étude synchronique et diachronique*, Nancy 1965.

A. Sieberer (1958), *Lautwandel und seine Triebkräfte. Eine Studie über den Zusammenhang von Lautänderungen*, Wien 1958.

R. Thurneysen (1946), *A Grammar of Old Irish*, Dublin 1946.

B. Trnka (1959), „A Phonemic Aspect of the Great Vowel Shift", in: *Mélanges de linguistique et de philologie. Fernand Mossé in memoriam*, Paris 1959, 440–443.

N. Trubetzkoy (1933), „Zur Entwicklung der Gutturale in den slavischen Sprachen", in: Sbornik v čest na prof. L. Miletić za se den desetgodišninata ot roždenieto mu (1863–1933), Sofija 1933, 267–279.

J. Vachek (1959), „Notes on the Quantitative Correlation of Vowels in the Phonematic Development of English", in: *Mélanges de linguistique et de philologie. Fernand Mossé in memoriam*, Paris 1959, 444–456.

J. Vachek (1962), *Historický vývoj angličtiny*, Prag 1962.

H. Weinrich (1958), *Phonologische Studien zur romanischen Sprachgeschichte*, Münster 1958.

N. van Wijk (1939), *Phonologie*, The Hague 1939.

G. K. Zipf (1935), *The Psychobiology of Language*, Cambridge, Mass. 1935.

ALF SOMMERFELT

Die historische Betrachtungsweise in der Sprachwissenschaft

Während des 19. Jahrhunderts glaubte die Sprachwissenschaft, vor allem eine historische Wissenschaft zu sein. Wie es ganz selbstverständlich war, interessierten sich die Sprachwissenschaftler, sobald sie die Beziehungen entdeckt hatten, die zwischen bestimmten gegebenen Sprachen bestehen, vor allem für die Ähnlichkeiten und die Unterschiede, die diese Sprachen aufweisen, Ähnlichkeiten und Unterschiede, die ihnen gestatteten, deren Geschichte nachzuzeichnen und einen gemeinsamen Ursprung der in Frage stehenden Sprachen anzusetzen.

Als die Abstammungslehre den Naturwissenschaften zu ungeheurem Ansehen verholfen hatte, gewannen die Sprachwissenschaftler die Überzeugung, daß die Methoden der Naturwissenschaften auf die sprachwissenschaftlichen Studien angewandt werden müßten, wenn man wirklich wissenschaftlich arbeiten wolle. Die Sprachwissenschaftler, und besonders diejenigen, die sich mit allgemeinen Fragen beschäftigten, sahen Sprache als ein Naturprodukt an und glaubten, daß sich die sprachlichen Veränderungen durch Naturgesetze erklären ließen. Die Lehre von der „Ausnahmslosigkeit der Lautgesetze" wurde aufgestellt. Die Laute der Sprache seien Evolutionsprinzipien unterworfen analog denjenigen, die – wie man glaubte – die Entwicklung der tierischen und pflanzlichen Formen beherrschten, Prinzipien, die mit „blinder Notwendigkeit" walteten, ohne daß die Sprechenden sich dessen bewußt seien. Wenn die Ergebnisse zu allzu großer Verwirrung führten, reagierten die Sprechenden hinterher, indem sie die Ordnung mit Hilfe der Analogie wieder herstellten.

In unserer Zeit haben wir eine neue sprachwissenschaftliche Disziplin entstehen sehen, die strukturalistische Linguistik, das Studium der Sprachen als gegebener Systeme. Das soll nicht bedeuten, daß die Betrachtungsweise der strukturalistischen Linguistik vollkommen neu ist. Die Grammatiker der Antike und des 18. Jh. hätten vermutlich weniger Schwierigkeiten mit dem Verstehen der strukturalistischen Linguistik als mit dem der historischen Sprachwissenschaft gehabt. Dennoch besteht zwischen der alten Grammatik und der neuen Disziplin solch ein Unterschied, daß es zulässig ist, die strukturalistische

Linguistik als Neuschöpfung anzusehen. Sie ist eine Disziplin, die von vielen Linguisten noch nicht recht begriffen worden ist. Oft kann man diejenigen, die sich der traditionellen Methoden bedienen, und besonders die, die der bewußten oder unbewußten Überzeugung sind, daß die sprachwissenschaftlichen Methoden sich von denen der Naturwissenschaften leiten lassen müssen, versichern hören, daß die strukturalistische Linguistik keine „Wissenschaft" sei und daß die strukturalistischen Studien keine Daseinsberechtigung hätten. Wenn es überhaupt eine linguistische Disziplin gibt, die eine Affinität zu den Naturwissenschaften besitzt, dann ist es wohl die strukturalistische Linguistik, da sie mit Induktion oder Deduktion arbeitet. Wie arbeiten nun die verschiedenen Naturwissenschaften? Einige, wie die Meteorologie, sammeln Beobachtungen bestimmter Art, die der Beobachter in dem Maße aufzeichnen kann, wie sie sich darbieten, obwohl er selbst die ihnen zugrunde liegenden Vorgänge nicht auslösen kann. Andere, wie z. B. die Chemie, arbeiten nicht nur mit Beobachtungen, sondern können Reaktionen unter definierten Bedingungen hervorrufen. Wieder andere gehen gar nicht von Beobachtungen, sondern von festgelegten Annahmen aus und ziehen aus ihnen Schlußfolgerungen von außerordentlicher Genauigkeit. Die Berührungspunkte, die die Methoden der strukturalistischen Linguistik mit denen der Naturwissenschaften aufweisen, sind augenfällig.

Was ist nun andererseits das Charakteristische der historischen Methoden? Auch die Historiker haben geglaubt, die Methoden der Naturwissenschaften nachahmen zu müssen. Deutsche Historiker, wie z. B. E. Bernheim, Autor eines sehr bekannten Lehrbuchs der historischen Methode, behaupteten, daß es das wichtigste Anliegen des Historikers sei, die Kausalgesetze aufzufinden, die eine Erklärung der Entwicklung der Menschheit ermöglichten. Dies eben war der Standpunkt vieler Historiker, sei es, daß sie wie die Positivisten glaubten, es ließe sich nur das erklären, was typisch und kollektiv ist, sei es, daß sie mit Bernheim glaubten, auch Einzelphänomene seien den Kausalgesetzen unterworfen. Man erkennt den Einfluß der naturwissenschaftlichen Betrachtungsweise in Spenglers Buch. Er sieht in der Geschichte der Menschheit eine große Anzahl unabhängiger sozialer Gebilde, die vom Stadium der Barbarei ausgehen, ihre Blütezeit erreichen, um zu verfallen und schließlich unterzugehen. Der naturalistische Zug dieser Theorie ist offenbar; hier mischt sich wohl auch ein bißchen von dem bei, was man im Deutschen „Schadenfreude" nennt. Da Deutschland ja den Krieg verloren hatte, war auch das Abendland verloren. Selbst der bedeutende englische Historiker Arnold Toynbee, dessen großes Werk *A Study of History* einer der eindrucksvollsten und anregendsten

Beiträge zu den Forschungen unserer Zeit ist, bezieht den naturalistischen Standpunkt. Für ihn sind Kulturen, vertreten durch die Gesellschaften, autonome Ganzheiten. Sie können dadurch miteinander verwandt sein, daß sie aus ein und derselben Ursprungsgesellschaft hervorgegangen sind, oder anders miteinander verbunden sein, wie z. B. die christlichen Gesellschaften des Abendlandes in Bezug auf die hellenistische Gesellschaft. Diese hätte sich nicht nach und nach in die heutigen verwandelt. Wenn eine Kultur eine solche Umformung erfährt, wie sie die Gesellschaften des Abendlandes erfahren haben, steht man vor einer andersartigen und völlig neuen Kultur. Die Kulturen werden verstanden als Organismen, die Veränderungen unterworfen sind.

In einem 1946 posthum erschienenen Werk *The Idea of History* bemüht sich der englische Philosoph und Archäologe R. G. Collingwood, die Aufgabe des Historikers genau festzulegen und das Wesentliche seiner Methoden hervorzuheben. Wenn ein Historiker ein Ereignis der Vergangenheit studiert, sagt Collingwood, so unterscheidet er zwischen dem, was man die äußeren Umstände des Ereignisses nennen kann und dem, was „das Innere" dieses Ereignisses genannt werden kann. Zu den äußeren Umständen zählen Körper (bodies), Menschen und ihre Bewegungen: das Überschreiten des Rubikon durch Cäsar, der von einer Gruppe von Männern begleitet wurde, an einem bestimmten Tage oder das Vergießen des Blutes Cäsars auf den Steinfußboden im Senat an einem anderen Tag. „Das Innere" kann nur durch Ausdrücke wiedergegeben werden, die Gedanken darstellen: die Herausforderung Cäsars an die Gesetze der Republik oder der Konflikt zwischen zwei Auffassungen von Regierungsgewalt, vertreten von Cäsar und seinen Mördern. Der Historiker beschäftigt sich niemals nur mit einer Art von Sachverhalten unter Ausschluß der anderen. Er studiert nicht nur einfach das Ereignis, sondern auch die Handlung, und die Handlung besteht immer aus einem „Äußeren" und einem „Inneren" des Ereignisses. Er interessiert sich für das Überschreiten des Rubikon, weil dieses Ereignis in Beziehung steht zu den Gesetzen der Republik, und für das Vergießen des Blutes Cäsars auf Grund seiner Bedeutung für den Regierungskonflikt in Rom. Der Historiker kann sich nicht nur einfach für das Ereignis interessieren, er muß immer der Tatsache eingedenk sein, daß das Ereignis ein Handlungsablauf ist und muß in den Geist des Handelnden eindringen, um seine Gedanken und Motive aufzuspüren.[1]

---

[1] Collingwood (1946) 213. Vgl. auch analoge Gedanken bei Aron (1938), Monnerot (1946) und auch Schmidt-Phiseldeck (1944).

Welches sind nun die Probleme des Sprachhistorikers? Durch Beispiele, die aus Dialektstudien entnommen sind, hauptsächlich persönliche Beobachtungen, will ich versuchen, sie anschaulich zu machen.[2] Das Studium der Dialekte bietet den Vorteil, daß bestimmte Elemente des Sprachwandels sozusagen aus dem Leben gegriffen werden können, was unmöglich ist, wenn man Literatursprachen studiert.

In den Dialekten von Wales haben wir ein ausgezeichnetes Beispiel für die Art und Weise, in der sich eine systematische Veränderung des Vokalismus vollzieht. Die Dialekte im Norden des Landes besitzen einen Vokal, den Sweet als „high-mixed-narrow" klassifiziert, ein Vokal desselben Typs wie der russische Vokal in *syr* 'Käse', *syn* 'Sohn', aber nicht identisch mit dem letztgenannten. Im Süden des Landes ist dieser Vokal durch *i* vertreten. Das *y* ist der ältere von beiden; dies wird durch die früheren Sprachstufen bewiesen. Das *y*/*i* geht aus einem Vokal *ü* hervor, der sich auf einen keltischen Diphthong zurückführen läßt.

Nehmen wir nun die zentralwalisischen Dialekte, nämlich die aus dem Tal des Flusses Dyfi, das sich von der Stadt Aberystwyth im Westen bis an die englische Grenze im Osten erstreckt. Im Süden und Südwesten dieser Region herrscht allein der Vokal *i*, während in der zentralen Region bestimmte Personen, zumeist die Ältesten, eine vordere Variante des *y*: verwenden, das man mit *ÿ*: bezeichnen kann, aber nur in den Fällen, in denen die Leute im Norden das lange *y* haben. Für das kurze *y* haben sie *i*. In einigen Seitentälern, die sich nach Norden erstrecken, findet man denselben Zustand wie im Norden vor. Dazu eine bezeichnende Begebenheit: in der Gegend des *y*: habe ich einen Fall erlebt, in dem der Vater *ÿ*: sprach, der Sohn aber *i*:. Es ist offensichtlich, daß das *i* dabei ist, nach Norden vorzudringen.

Ein anderer Fall, der in denselben zentralwalisischen Dialekten anzutreffen ist, zeigt deutlich, wie sich die Veränderungen nicht gleichzeitig in allen in Betracht kommenden Wörtern vollziehen. Ein charakteristischer Unterschied zwischen den walisischen Dialekten wird durch die Behandlung der altwalisischen Anlautgruppe *chw* konstituiert. Im Norden ist diese Gruppe unverändert erhalten, im Süden ist sie durch Assimilation und Verschmelzung zu einem einzigen Phonem ẉ geworden. In der zentralen Region findet man ẉ im Nordosten. Weiter westlich ist *χw*- das häufigste, aber auch ẉ ist oft in denselben Wörtern wie *χw*

[2] Diese Beispiele sind nur ausgewählt worden, um das theoretische Problem klarzustellen. Ich habe mich derselben Beispiele schon in anderem Zusammenhang bedient, vor allem in *BSL* 24 (1924) und *NTS* 4 (1930). Für weitere Einzelheiten s. meine Abhandlungen *Studies in Cyfeiliog Welsh* (1925) und *The Dialect of Torr, Co. Donegal* (1922).

und bei denselben Personen anzutreffen.* In der kleinen Stadt Machynlleth habe ich beispielsweise *χwarę* und *w̥arę* 'spielen', *χwanen* und *w̥anen* 'Floh' notiert.

Beispiele aus einem Dialekt, der zur gälischen Dialektgruppe Irlands gehört, zeigen besonders klar, daß die Entwicklung die Wörter nacheinander erfaßt. Im Nordirischen ist der alte Diphthong *óe*, *áe* zu einem Monophthong geworden, den man in der Umschrift der gälischen Dialekte als ʎ: darstellt. Es ist ein Vokal vom Typ *u* ohne Lippenrundung. Jetzt, oder vielmehr von 1915 bis 1921, als ich diese Sachverhalte untersuchte, wurde dieser Vokal mehr und mehr durch einen „gemischten" Vokal ersetzt, von derselben Art wie der oben erwähnte walisische Vokal (zu transkribieren als *y*:), und dieser Vokal seinerseits durch *i*:. Dies ist eine Entwicklung, die von Süden nach Norden fortschreitet. Die Verschiebung von ʎ: > *y*: hat wahrscheinlich vor palatalem Konsonanten durch die Assimilation dieses Konsonanten an das palatale Element stattgefunden; man weiß, daß die Opposition zwischen palatalen und nicht-palatalen (allgemein: velarisierten) Konsonanten einen sehr bedeutenden Platz im phonologischen System des Irischen einnimmt. Eine der Personen, die ich in dem kleinen Torr-Tal in Donegal befragt habe, hatte meistens *y*: vor Palatal und ʎ: vor Nicht-Palatal. Bei den anderen wechselten die beiden Vokale ohne feste Regel. Die Kinder – die, die ich beobachtet habe, waren zwischen 12 und 15 Jahre alt – kannten nur *y*: und *i*:. Bezeichnenderweise hatten Personen von einem gewissen Alter an, bei denen die beiden Vokale im Wechsel auftraten, regelmäßig ʎ: in archaischen, Kindern unbekannten Wörtern, wie z. B. *Lʎ:χ* 'Krieger' (gebräuchlich in legendenhaften Erzählungen), *dʎ:nan* 'Totenklage'.

Welche Schlüsse können wir nun aus diesen Tatsachen ziehen? Die genannten Tatsachen, die leicht vermehrt werden könnten, zeigen deutlich, daß die phonologischen Veränderungen nicht schlagartig in einer gegebenen Gruppe von Wörtern, sondern in einem einzelnen oder einer kleinen Anzahl von Wörtern einsetzen, um dann auf andere Wörter, die dieselben Phonemkombinationen aufweisen, überzugreifen. Sie zeigen außerdem, daß die Veränderungen sich in einer gegebenen Gesellschaft als neue Formen von Einzelwörtern ausbreiten. Zu einem bestimmten

---

* Anm. d. Übers.: Der Verfasser hat bewußt in den verschiedenen Abdrucken dieses Aufsatzes voneinander abweichende phonetisch-phonologische Notationen verwendet. Die hier gebrauchten diakritischen Zeichen sind nach freundlicher Auskunft von Prof. Magne Oftedal (Oslo) die zuletzt von Sommerfelt befürworteten. Für diese Hinweise sowie für das Lesen des deutschen Manuskripts sind die Übersetzer Herrn Professor Oftedal zu Dank verpflichtet.

Zeitpunkt erreicht *w̬arę* ein walisisches Dorf und tritt an die Stelle von *χwarę*, ohne daß unbedingt gleichzeitig *w̬anen χwanen* ersetzen oder *w̬a:ir* 'Schwester' *χwa:ir* verdrängen würde etc. In den Fällen, wo ein Phonem, das begonnen hat, sich unter bestimmten durch seine Umgebung festgelegten Bedingungen zu verändern, – wie es in den oben genannten Beispielen der Fall ist – dazu kommt, sich unabhängig von seiner Umgebung zu verändern, wird das Phonem endlich so selten, daß die Kinder es während der Phase des Spracherwerbs nicht hören; wenn sie es später hören, substituieren sie dafür das neue Phonem.

Wir haben also Ereignisse besonderer Art vor uns, hinter denen Menschen stehen. Wir müssen mit Collingwood ebenso das „Äußere" wie das „Innere" dieser Ereignisse erklären. Collingwood versucht, die Gedanken aufzudecken, die Teil des Vorgangs sind. Wir wissen jedoch, daß es automatische Bewegungen gibt, in die Reflexion und Wille nicht eingehen, die aber das Resultat einer unterbewußten geistigen Aktivität sind. Unsere Artikulationen sind solcher Natur. Wir erlernen sie mehr oder weniger bewußt – das Studium der Sprache des Kindes zeigt dies – etwa so wie wir Klavier spielen lernen, allerdings mit dem Unterschied, daß unser Spracherwerb stattfindet, ehe unser Erinnerungsvermögen beginnt.

Die Prinzipien des psychologischen Automatismus sind wohlbekannt. J. van Ginneken hat die Ergebnisse der Forschungen Pierre Janets auf die Sprachwissenschaft angewandt. Die Angleichung von *ʎ:* an *y:* vor Palatalen im Irischen erklärt sich durch die wichtige Rolle, die die Palatalität der Konsonanten in dieser Sprache spielt, worauf ich bereits hingewiesen habe. Die Artikulation des Vokals nähert sich der Palatalität des Konsonanten an, der zum Teil antizipiert wird durch die Tatsache, daß jede motorische Repräsentation ihre Bewegung durchzuführen bestrebt ist.[3] Die Entwicklung des *χw* > *w̬* erklärt sich ebenfalls durch die Prinzipien des Automatismus. Das *χ* ist ein Phonem, das sich in bestimmten Gegenden Europas auf dem Rückzug befindet und das in Großbritannien ein Archaismus ist. Es schwindet durch eine Abschwächung der Artikulation im Hinterzungenbereich. Aber ein *h* vor Konsonant macht Schwierigkeiten. Der Sprecher reagiert, indem er auf Grund des Prinzips der Trägheit die Artikulation bei der Hervorbringung des *w* andauern läßt.[4] Diese Veränderungen finden grundsätzlich in Sprüngen statt, in kleinen oder großen. Der Sprung ist eine psychologische Notwendigkeit.[5]

---

[3] van Ginneken (1907) 246.
[4] van Ginneken (1907) 250.
[5] Vgl. Sommerfelt (1924) 138ff. und jetzt auch de Groot (1941) 71ff.

Man sieht, wie nötig es ist, die gesprochene Sprache zu betrachten, um sprachliche Veränderungen zu verstehen. Wenn man nur schriftliche Quellen untersucht, gelingt es nicht, den Veränderungsprozeß in den Griff zu bekommen; man sieht meistens nur das endgültige Ergebnis, ein Ergebnis, das aus einer tiefgreifenden Veränderung hervorgegangen zu sein scheint, die schlagartig eingesetzt hat. Und auf genau diese Weise stellen sich auch heute noch viele Sprachwissenschaftler die Veränderungen vor. Doch hat schon 1892 [recte 1891] Abbé Rousselot in seinem Buch *Les modifications phonétiques du langage étudiées dans le patois d'une famille de Cellefrouin (Charente)* eine lebendige Beschreibung davon gegeben, wie sich die Veränderungen, die er untersuchen konnte, ausbreiten.

„Wir haben die phonetischen Bewegungen von einem festen Punkt ausgehen lassen, allmählich das Tal hinaufsteigen sehen, wobei die Gemeindegrenzen nicht völlig bedeutungslos für ihren Weg gewesen waren. Wir haben gesehen, wie sie sich in den belebtesten Zentren ausbreiten, mit den Wörtern des alltäglichen Gebrauchs beginnen, sich im voraus in abgelegenen Orten ankündigen, verspätet oder beschleunigt je nach dem Anteil fremder Elemente verschiedener Herkunft an der eingeborenen Bevölkerung, wie sie nach den Kindern in der Wiege greifen und die Greise verschonen, manchmal reife Menschen mitnehmen, die ihnen nach freiwilliger und überlegter Wahl folgen, wie sie bald mit Ungestüm vorstürmen, bald Schritt für Schritt vorwärtsschreiten, manchmal sogar hinter bereits erreichte Stellungen zurückgehen, um aufs Neue zu beginnen, bis sie sich schließlich festsetzen, indem sie alle Ungleichheiten auswischen, so als ob sie auf kein Hindernis gestoßen seien und mit einem Schlage triumphiert hätten. Man könnte sagen: ein anstürmendes Meer, das über seine Ufer tritt. In ihrem siegreichen Vordringen steigt die Flut immer weiter an, bedeckt zunächst die tiefgelegenen Teile und läßt nur noch kleine Inseln als einzige Zeugen der ursprünglichen Grenzen herausragen. Zu Beginn kann man sich am Schauspiel des Kampfes, den die Elemente ausfechten, ergötzen, man kann die Anstrengungen des Meeres verfolgen, seinen Vormarsch, seine zeitweiligen Rückzüge, sein Einsickern, das Vorspiel zu einer endgültigen Eroberung. Aber man kommt zu spät, wenn der Kampf beendet ist und das Meer ruhig die überfluteten Hindernisse bedeckt."[6]

Es ist interessant festzustellen, daß selbst ein Sprachwissenschaftler wie wie Antoine Meillet, einer der Begründer unserer gegenwärtigen Methoden, bei seiner Interpretation von Rousselots Ergebnissen vom naturwis-

---

6 Rousselot (1891) 411. [Dt. von den Übersetzern.]

senschaftlichen Standpunkt beeinflußt ist. Es handelt sich um den Wandel des mouillierten *l* zu *y* (Jot); in Cellefrouin kennen die, die nach 1859 geboren sind das mouillierte *l* nicht mehr – der Grund dafür ist, wie ich bereits oben erwähnte, daß zu dieser Zeit das Phonem so selten geworden war, daß die Kinder es nicht mehr vernahmen. Meillet sagt:

„Von einem gegebenen Zeitpunkt an haben alle Kinder, die am selben Ort sprechen lernen, eine bestimmte Artikulation, die sich von der der Älteren unterscheidet, sie kennen nicht einmal die alte Aussprache; z. B. sind die Kinder in Nordfrankreich von einem bestimmten Zeitpunkt an – je nach Gegend unterschiedlich – nicht in der Lage gewesen, mouilliertes *l* auszusprechen und haben dafür *y* substituiert, das dadurch seine Stelle in den französischen Dialekten einnimmt. Eine Neuerung dieser Art bietet eine absolute Regelmäßigkeit: mouilliertes *l* ist im gesamten Norden Frankreichs verschwunden und ist durch *y* ersetzt worden.“[7]

Nach Meillet vollziehen sich morphologische Veränderungen in der gleichen Art und Weise. Die in Frage stehenden Veränderungen wären also plötzlich durch die Tatsache eingetreten, daß eine Generation unfähig wird, eine bestimmte Lautbildung hervorzubringen, und diese Veränderung wäre dann offensichtlich spontan. Wenn man nicht die in den walisischen und irischen Dialekten festgestellten Tatsachen hätte, würden die Veränderungen des *y* > *i* in Wales und *ʎ*: > *y*: > *i*: in Nordirland zweifelsohne auch als „spontane“ Veränderungen erscheinen. Jedoch sind alle Veränderungen durch das phonologische System, in dem sie sich vollziehen, bedingt, und wirklich spontane Veränderungen gibt es nicht, es sei denn, man will die Substitutionen so nennen, die auftreten, wenn ein Volk die Sprache wechselt oder Lehnwörter angleicht, wie es z. B. die alten Norweger taten, als sie ihr *p*, *t*, *k* an die Stelle des *b*, *d*, *g* in den Wörtern und Namen setzten, die sie aus dem Irischen übernahmen.

Die Veränderungen vom oben beschriebenen Typ werden im allgemeinen als „Gesetze“ bezeichnet. Dieser Terminus ist sogar bei Sprachwissenschaftlern gebräuchlich, die in den Veränderungen nicht Phänomene sehen, die den physikalischen oder chemischen vergleichbar wären. In Wirklichkeit haben wir hier Formeln vor uns, die eine Anzahl von Einzelereignissen, welche ein gemeinsames Merkmal aufweisen, zusammenfassen und definieren. Diese Ereignisse haben als Endresultat, daß in einer gegebenen geographischen Region ein synchrones Prinzip durch ein anderes ersetzt wird, wie A. W. de Groot es zutreffend aus-

[7] Meillet (1924) 19. [Dt. von den Übersetzern.]

drückt.[8] Den Naturgesetzen entsprechende historische Gesetze gibt es nicht, da ein sehr wesentlicher Unterschied zwischen der historischen Kausalität und der, mit der die Naturwissenschaftler arbeiten, besteht. So wie Collingwood es ausdrückt: Wenn der Naturwissenschaftler sagt: Warum hat sich dieses Lackmuspapier rot gefärbt?, versteht er darunter: unter welchen Bedingungen färbt sich Lackmuspapier rot? Aber wenn der Historiker sich fragt: Warum hat Brutus Cäsar erdolcht?, fragt er sich: Um welcher Gründe willen hat Brutus Cäsar erdolcht?[9] Jedenfalls muß man von einem Gesetz Universalitätscharakter fordern,[10] während man bei den hier diskutierten Fällen vom Besonderen zum Besonderen geht. Diese Fälle sind deutlich verschieden von den Beziehungen, die die Soziologen versuchen aufzustellen und die sie als Gesetze bezeichnen, wie z. B. die Beziehungen, die Durkheim zwischen dem Verhältnis von Selbstmorden und dem religiösen Bekenntnis einerseits und dem Familienstand des Selbstmörders andererseits feststellen zu könen glaubte, Sachverhalte, die allerdings in eine komplexe Realität hineinreichen.[11] Diese Beziehungen werden als prinzipiell unabhängig von Zeit und Ort angenommen. Die untersuchten sprachlichen Veränderungen unterscheiden sich ebenso von den sogenannten psychologischen Gesetzen, die von folgender Art sind: jedes Bedürfnis versucht, das Verhalten zu wiederholen, das in einer ähnlichen Situation zu seiner Befriedigung geführt hat (Gesetz der Reproduktion des Ähnlichen).[12]

Aber das soll nicht heißen, daß wir zufälligen Ereignissen gegenüberstehen. Diese Veränderungen enthalten ein psychologisches Element, eine Manifestation der großen psychologischen Prinzipien wie Assimilation, Differenzierung, Dissimilation. Es ist möglich, diese Prinzipien unter bestimmten Bedingungen sehr präzise zu formulieren. Man kann, wie Maurice Grammont es bereits 1895 getan hat,[13] folgenden allgemeinen Grundsatz aufstellen: von zwei Konsonanten derselben Art, die durch einen Konsonanten anderer Art getrennt sind, ist es, im Falle der Dissimilation, der Explosivkonsonant, der den Implosivkonsonanten dissimiliert, ein Prinzip, das sich unmittelbar aus dem Artikulationsrhythmus erklärt (vgl. die folgenden zufällig herausgegriffenen Beispiele: afrz. *veltre* < lat. *uertragus* (gallisches Wort); aprov. *polpra* < lat. *purpura*; leon. bret. *muntr*, van. bret. *multr* (mbret. *muntr, multr*) <

---

[8] de Groot (1941).

[9] Der Begriff „Gesetz" ist im übrigen sehr komplex; vgl. Schmidt-Phiseldeck (1944) 94ff.

[10] Vgl. Simiand (1934) 197ff.

[11] Vgl. Halbwachs (1934) 181ff.

[12] Vgl. Piéron (1934) 144ff.

[13] Grammont (1895); vgl. auch Grammont (1938), 269ff.

frz. *murtre*, nfrz. *meurtre*; norw. (in mehreren Dialekten) *fodre* < *fordre*, *fabbro* < *farbror*, *mobbro* < *morbror*, *potret* < *portret*). Wir haben hier einen einzelnen Aspekt eines psychologischen Prinzips vor uns. Dieses psychologische Prinzip ist zwar allgemeiner Natur, aber es wird nur wirksam, wenn Faktoren, die nicht zum sprachlichen System gehören, hinzukommen, und wenn der erste Konsonant zum Semantem und nicht zum Morphem gehört**, mit anderen Worten, wenn er – psychologisch gesehen – der schwächere von beiden ist (im entgegengesetzten Fall kann die Dissimilation umgekehrt verlaufen).

Außerdem finden diese Veränderungen innerhalb eines Systems statt und sind bedingt durch dieses System, seine Eigenschaften und die Rolle, die es als Kommunikationsmittel in einer Gesellschaft spielt. Aus dem jeweiligen System heraus muß man die Entwicklungstendenzen verstehen, die besonders von Grammont und Meillet untersucht worden sind. Das Wirken der psycho-physiologischen Prinzipien, das von Faktoren in Gang gesetzt wird, die von außerhalb des Systems kommen, ist nicht zufällig oder chaotisch. Es findet sozusagen eine Auswahl zwischen den verschiedenen Möglichkeiten statt, und diese Auswahl ist durch das System bedingt. Diese Tendenzen können über einen längeren Zeitraum einen gleichbleibenden Charakter bewahren, wie Maurice Grammont gezeigt hat, aber sie sind nicht biologischer Art, wie man glauben könnte, wenn man Grammont liest.

Diese psycho-physiologischen Prinzipien und die Eigenschaften des Systems bedingen also die Veränderungen, aber sie rufen sie nicht hervor. Eine Anzahl von Sprachwissenschaftlern hat wenig klare Vorstellungen über diese Frage. Die psychologischen Prinzipien, die von Janet und van Ginneken aufgestellt worden sind, werden oft als kausale Faktoren angesehen. Aber wie sollten diese Prinzipien, die, wie wir gesehen haben, allgemeiner Natur sind, einzelne Veränderungen hervorrufen? Offensichtlich muß die Kausalität außerhalb des gegebenen sprachlichen Systems gesucht werden. Nehmen wir ein Beispiel aus der semantischen Entwicklung, wo die Dinge klarer liegen. Die Wörter *Papier* und *Feder* haben ihre Bedeutung geändert und bezeichnen nicht mehr Papyrus und Gänsekiel. Diese Veränderungen schließen ein psychologisches Element ein. Sie sind durch die Assoziation bedingt worden, die auf der Ähnlichkeit beruht, die zwischen dem Papyrus und dem Papier einerseits und dem Gänsekiel und dem modernen Füllfederhalter andererseits besteht. Aber nicht diese Assoziation ist die Ursache der Veränderung.

** Anm. d. Übers.: Sommerfelt verwendet „Semantem" hier ungefähr im Sinne von „lexikalisches Morphem", „Morphem" etwa im Sinne von „grammatisches Morphem".

Die Fakten, die diese Veränderungen hervorgerufen haben, sind die Veränderungen, denen die Dinge selbst durch die Erfindung des neuen Produkts bzw. Geräts unterworfen sind.

Genauso verhält es sich mit den psychologischen Veränderungen. Fakten von konstantem Charakter, wie die psychologischen Prinzipien und die Existenz eines sprachlichen Systems, können nicht die Einzelerscheinung erklären. Man muß die Ursachen vielmehr in der Gesellschaft suchen, die sich der betreffenden Sprache bedient.

Trotzdem haben viele Sprachwissenschaftler recht verworrene Vorstellungen in dieser Frage. Einige sehen in der Weitergabe der Sprache von einer Generation an die nächste die Ursache für Veränderungen. Aber das ist ja eine allgemeine Tatsache. Die Generationen folgen in allen Gesellschaften aufeinander, und sie haben es immer getan, aber die Entwicklung der Sprache folgt einem anderen – und oft ganz anderen – Rhythmus. Der Wechsel der Generationen bedingt die Veränderungen – wir haben dies gesehen – aber er ist nicht deren Ursache.

Obwohl es einleuchtend erscheint, daß man die Ursachen der phonologischen Veränderungen, wie die aller sprachlichen Veränderungen, in der Gesellschaft suchen muß, kennen wir doch nur selten präzise Fakten, die uns gestatten, eine Erklärung zu versuchen. Bei den walisischen und irischen Fällen, die ich benutzt habe, um die theoretischen Überlegungen zu veranschaulichen, glaube ich jedoch wenigstens die direktesten Ursachen aufzeigen zu können. Die betreffenden Phoneme, die Vokale ʎ: und *y* und der Konsonant χ sind auf den Britischen Inseln archaische Phoneme. Alle insularen keltischen Dialekte sind einem starken Einfluß des Englischen ausgesetzt, ein Einfluß vergleichbar dem, den die Gemeinsprachen in den anderen europäischen Staaten ausüben. Dieser Einfluß wirkt auf das ganze System ein, auf die Phonologie ebenso wie auf die Grammatik und die Syntax. Das gewöhnliche Englisch kennt die betreffenden Phoneme nicht. Wenn es sich um zwei sehr verschiedene Sprachen handelt und nicht um benachbarte Dialekte, wirkt sich der Einfluß aufgrund des Bilingualismus besonders auf die Jugend aus. Ich habe die Rolle, die der Bilingualismus in Irland spielt, untersuchen können. Einer der Söhne des Lehrers von Torr in Donegal, bei dem ich lange Zeit wohnte, wurde während meines Aufenthalts auf eine Schule in einer englischsprachigen Gegend geschickt. Bis dahin hatte er die örtliche Schule seines Vaters besucht, wo alle Kinder das Irisch von Torr sprachen, und er sprach diese Sprache auch zu Hause. Als er zurückkehrte, um seine ersten Ferien zu Hause zu verbringen, war seine Artikulation des phonologischen Systems des Irischen deutlich vom Anglo-Irischen beeinflußt. Ich war nicht der einzige, der dies bemerkte. Auch seine Eltern stellten es fest und waren darüber erstaunt. Die

Rolle des Bilingualismus ist von den Sprachwissenschaftlern zu sehr vernachlässigt worden. Er ist von großer Bedeutung innerhalb der Sprachgeschichte. Hauptsächlich durch die Vermittlung der Zweisprachigen gehen phonetische und phonologische Merkmale von einer Sprache auf die andere über.

Man sieht also, daß die historische Sprachwissenschaft sich nicht isolieren kann. Sie besitzt ihre eigenen Methoden, aber sie muß eng mit den anderen Humanwissenschaften zusammenarbeiten, wenn sie die Probleme der Kausalität lösen will. Und die historische Sprachwissenschaft darf sich nicht von der strukturalistischen Linguistik isolieren, die durch ihre neuen Methoden in der Lage ist, sprachliche Systeme mit einer Genauigkeit zu analysieren, die alles, was ihre Vorgängerinnen haben leisten können, übertrifft. Was ist also die Aufgabe der historischen Sprachwissenschaft? Sie muß die Veränderungen, die die Sprachen der Welt erfahren haben, untersuchen und erklären. Und sie muß mehr leisten. Sie hat die Pflicht, die Beziehungen, die zwischen den Sprachsystemen und den Gesellschaften bestehen, zu denen diese gehören, zu erforschen und zu erläutern, damit der Mensch zu einem Verständnis seiner selbst gelangen kann. Das menschliche Denken ist auf Sprache gegründet. Will man Sprache als soziales Faktum verstehen, muß man eine genaue Kenntnis ihrer Struktur besitzen. Aus diesem Grund müssen sich die Methoden der historischen Sprachwissenschaft und die der strukturalistischen Linguistik ergänzen.

Übersetzt von Regina und Herbert Blume

Literatur

R. Aron (1938), *Introduction à la philosophie de l'histoire. Essai sur les limites de l'objectivité historique*, Paris 1938.

R. G. Collingwood (1946), *The Idea of History*, Oxford 1946.

J. van Ginneken (1907), *Principes de linguistique psychologique. Essai de synthèse*, Amsterdam/Paris/Leipzig 1907.

M. Grammont (1895), *La dissimilation consonantique dans les langues indoeuropéennes et dans les langues romanes*, Dijon 1895.

M. Grammont (1938), *Traité de phonétique*, Paris 1938.

A. W. de Groot (1941), „Structural Linguistics and Phonetic Law", *Archives néerlandaises de phonétique expérimentale* 17 (1941) 71–106.

M. Halbwachs (1934), „La loi en sociologie", in: *Cinquième semaine internationale de synthèse. Science et loi*, Paris 1934, 173–196.

A. Meillet (1924), *Introduction à l'étude comparative des langues indoeuropéennes*, Paris [1903] [6]1924 [[7]1934].

J. Monnerot (1946), *Les faits sociaux ne sont pas des choses*, Paris 1946.

H. Piéron (1934), „La loi en psychologie: conception de la psychologie", in: *Cinquième semaine internationale de synthèse. Science et loi*, Paris 1934, 143–150.

P.-J. Rousselot (1891), *Les modifications phonétiques de langage étudiées dans le patois d'une famille de Cellefrouin (Charente)*, Thèse présentée à la Faculté des lettres de Paris, Paris 1891.

K. Schmidt-Phiseldeck (1944), *Nomos. Nogle Prolegomena til en Historieteori*, København 1944.

F. Simiand (1934), [Intervention], in: *Cinquième semaine internationale de synthèse. Science et loi*, Paris 1934, 197–200.

A. Sommerfelt (1922), *The Dialect of Torr, Co. Donegal*, Christiania 1922.

A. Sommerfelt (1924), „Notes sur les changements phonétiques", *BSL* 24 (1924) 138–141 [wiederabgedr. in: A. Sommerfelt, *Diachronic and Synchronic Aspects of Language. Selected Articles*, 's-Gravenhage [2]1971, 155–157].

A. Sommerfelt (1925), *Studies in Cyfeiliog Welsh. A Contribution to Welsh Dialectology* [. . .], Oslo 1925.

A. Sommerfelt (1930), „Sur la propagation des changements phonétiques", NTS 4 (1930) 76–128 [wiederabgedr. in: A. Sommerfelt, *Diachronic and Synchronic Aspects of Language. Selected Articles*, 's-Gravenhage [2]1971, 158–197].

JOSEF VACHEK

Zum Zusammenspiel von internen und externen Faktoren bei der Sprachentwicklung*

I

Das Problem, in welchem Maße externe (d.h. ökonomische, soziale und kulturelle) Faktoren die Sprachentwicklung beeinflussen, gehört zweifellos zu den in höchstem Grade komplexen und kontroversen Fragestellungen linguistischer Theorie. Gewiß, der Einfluß externer Faktoren auf den Wortschatz einer Sprache ist nur zu offenkundig: die zunehmende Komplexität der außersprachlichen Realität, die sich in der entsprechenden Erweiterung, Anreicherung und Differenzierung des Wortschatzes einer Sprache zeigt, ist überwiegend durch externe Faktoren begründet[1]. Viel weniger klar ist jedoch das Problem, ob und in welcher Weise sich der Einfluß externer Faktoren auf die Entwicklung anderer, nicht-lexikalischer Ebenen der Sprache, besonders der grammatischen und phonischen Ebene auswirkt.

Keiner, der sich ernsthaft mit Sprache befaßt, kann die genannte Fragestellung einfach übergehen; sie verlangt eine Antwort, ob explizit oder implizit. Unter den Antworten, die vorgeschlagen wurden, finden sich sogar einige extreme Ansichten. An einem Ende der Skala steht die Ansicht der Nachfolger N. Y. Marrs, nach dessen Meinung „aller Wandel in der Sprache in sozialen Ursachen begründet ist."[2] Diese Behauptung kann, wenn man sie konsequent zuende denkt, nur bedeuten, daß sogar auf der grammatischen und phonischen Ebene jeder Wandel auf die Wirkung dieses oder jenes externen Faktors zurückführbar sein muß. Am anderen Ende der Skala findet man diejenige Gruppe von Sprachwissenschaftlern, die programmatisch jede Bezugnahme auf die

* Anm. d. Übers.: Für die Durchsicht der Übersetzung und Verbesserungsvorschläge bin ich dem Autor sehr dankbar. D. Ch.

1 Für das Englische vgl. z.B. die bekannten grundlegenden Arbeiten von O. Jespersen, A. C. Baugh, B. A. Ilyisch und vielen anderen.

2 Meshchaninov (1950) 40.

Bedeutung von Sprachäußerungen aus ihren Untersuchungen ausschließen und – zumindestens in der Theorie – die Forderung aufstellen, daß die Erforschung von Sprachäußerungen ausschließlich auf die formale Struktur solcher Äußerungen und ihrer Bestandteile beschränkt sein soll.[3]

Zum Glück gab es auch Forscher, die sich nicht durch schlicht vereinfachende Formeln beeindrucken ließen. Diese Forscher bemerkten vielmehr richtig, daß Sprache niemals in einem leeren Raum existiert, und daß ein gewisser Einfluß externer Faktoren auf die strukturelle Beschaffenheit (make-up) der nicht-lexikalischen Sprachebenen zugestanden werden muß. Gleichzeitig verloren sie jedoch auch nicht die Tatsache aus den Augen, daß die Sprache ein strukturiertes Ganzes darstellt, das durch seine eigene Problematik und ein spezifisches Spannungsverhältnis (tension) zwischen seinen Bestandteilen charakterisiert ist; infolgedessen erkannten sie, daß der Einfluß externer Faktoren auf die gegebene Struktur einer Sprache immer unter besonderer Berücksichtigung der inneren, diese Struktur bestimmenden Gesetzmäßigkeiten untersucht werden müsse. Zu denen, die als erste die Wirkungsweise externer Faktoren aus diesem Blickwinkel beobachteten, gehört B. Havránek, der schon 1931 die Behauptung aufstellte, daß „nur mit Hilfe der inneren Ursachen erklärt werden könne, warum bestimmte äußere Einflüsse eine Wirkung zeigen, während andere ohne Wirkung bleiben [Übers. D. Ch.].“[4] Zwei Jahrzehnte später stellte V. N. Jartseva eine ähnliche These auf: Ihrer Meinung nach nimmt das grammatische System einer Sprache nur die fremden Elemente auf, die nicht im Widerspruch zu seinen strukturellen Eigenschaften (structure) stehen.[5]

Man kann sagen, daß Havráneks und Jartsevas Thesen fundamental richtig zu sein scheinen. Den Beweis dafür liefern einige interessante Beobachtungen, die wir bei der Untersuchung der historischen Entwicklung des Englischen (und in einem bestimmten Umfang auch des Tschechischen) machten. Sie sollen im Folgenden kurz diskutiert werden, um herauszufinden, ob die oben angeführten Formulierungen voll bestätigt werden können oder ob sie gewisser modifizierender Korrekturen (readjustment) bedürfen.

---

[3] Z. B. Bloch/Trager (1942) 68.

[4] *TCLP* 4(1931)304. – Fairerweise muß man aber feststellen, daß einige andere Wissenschaftler diesen Ansatz zur Lösung des Problems früher schon vorweggenommen haben, wobei sie es jedoch unterließen, das präzise zu formulieren (Vgl. bes. R. Jakobson in: *TCLP* 2(1929)27 und pass.).

[5] Jartseva (1952) 193 ff.

II

Zu einigen grundlegenden Punkten sind jedoch noch Vorbemerkungen erforderlich. Vor allem sollte man erkennen, daß der Einfluß externer (d.h. ökonomischer, sozialer und kultureller) Faktoren auf die nichtlexikalischen Ebenen eines Sprachsystems gewöhnlich nicht von direkter, unmittelbarer Art ist.[6] Sehr häufig liegt sekundärer Einfluß vor, der durch die Wirkung irgendeines anderen Sprachsystems vermittelt wird, das als Exponent externer Kräfte auftritt, die auf das betroffene Sprachsystem einwirken. Eine solche vermittelnde Wirkung eines anderen Sprachsystems zeigt sich besonders deutlich in einer historischen Situation, in der eine bestimmte Sprachgemeinschaft auf politischem und ökonomischem (und infolgedessen auch auf kulturellem) Gebiet in Abhängigkeit von einer anderen Sprachgemeinschaft gerät. Genau das geschah in England nach der normannischen Eroberung und 1620 in Böhmen nach der militärischen Niederlage in der ersten Phase des 30jährigen Krieges; die vermittelnden Sprachen waren in beiden Situationen das normannische Französisch einerseits und das Deutsche andererseits. Zu anderen Zeiten hat man es jedoch mit einer Abhängigkeit zu tun, die in erster Linie durch kulturelle Umstände verursacht ist: da das vermittelnde Sprachsystem hohes kulturelles Ansehen genießt, wird es als Modell angesehen, das von der eigenen Sprache imitiert werden soll (obwohl man zugeben muß, daß es sogar hier Fälle gibt, bei denen der politische Einfluß nicht völlig unbeteiligt ist). Als typisches Beispiel für diese Art von vermittelnder Sprache kann das Latein des Humanismus (und in gewissem Sinn auch des Klassizismus) erwähnt werden, dessen Einfluß z.B. auf die Syntax der Nationalsprachen zu bekannt ist, als daß es hierfür detaillierterer Nachweise bedürfte.

Es muß auch noch etwas dazu gesagt werden, wie die externen Faktoren die Entwicklung auf der phonischen Ebene der Sprache beeinflussen können. Es ist völlig klar, daß auch hier eine direkte Beeinflussung gewöhnlich nicht in Frage kommt: strukturelle Veränderungen auf der phonischen Ebene können in den meisten Fällen dann eintreten, wenn eine beträchtliche Anzahl Lehnwörter in der betroffenen Sprache heimisch geworden ist. Das bedeutet, wenn solche Lehnwörter hinsichtlich der Position bestimmter Laute eine Distribution aufweisen, die sich deutlich von derjenigen abhebt, die bei einheimischen Wörtern feststellbar ist, so kann das schließlich zu einer phonematischen Umwertung (phonematic revaluation) solcher Laute in der betroffenen Sprache

---

[6] Engels (1953) 503.

führen (in der Regel: was vorher nur eine kombinatorische Variante war, kann den Status eines Phonems erhalten).[7]

Mit unserer letzten Vorbemerkung wollen wir herausstellen, daß der Status eines externen Faktors, dessen Wirkung mit der Entwicklung einer Sprache interferiert, auch demjenigen Einfluß zugestanden werden muß, den die Schreibnorm dieser Sprache auf die Entwicklung ausübt.[8] Alle Beispiele dessen, was man gemeinhin als Schriftaussprache (spelling pronunciation) bezeichnet, fallen darunter. Daß man wirklich berechtigt ist, den Einfluß der Schreibnorm als Beispiel für die Wirkung externer Faktoren anzusehen, wird durch den Umstand bestätigt, daß hier optische Faktoren eine ihrem Wesen nach akustische Struktur beeinflussen; mit anderen Worten: die beeinflussenden Faktoren sind qualitativ heterogen gegenüber der Struktur, auf die Einfluß ausgeübt wird. Darüberhinaus sind Entstehung und Entwicklung der Schrift (und später des Drucks) zweifellos Fakten der Kulturgeschichte, und als solche gehören sie ohne Frage zu den externen Faktoren, die die Sprachentwicklung beeinflussen.

III

Nachdem wir uns über einige grundlegende Punkte hinsichtlich der Art, wie externe Faktoren in der Sprachentwicklung zur Wirkung gelangen können, Klarheit verschafft haben, wollen wir eine Anzahl von Musterbeispielen erörtern, die zeigen, wie diese Wirkung (assertion) konkret erreicht wird. Die Beispiele stammen aus der Entwicklung des Englischen, einer Sprache, deren System wiederholt starken Einwirkungen seitens anderer Sprachsysteme (Normannisch, später Zentralfranzösisch, Latein der humanistischen und klassizistischen Perioden etc.) und ebenso seitens der eigenen Schreibnorm ausgesetzt war. Die große Menge stark wirksamer externer Faktoren, die seine Entwicklung beeinflußten, macht das Englische zu einem besonders passenden Untersuchungsobjekt, um die Gültigkeit der oben erwähnten Thesen von Havránek und Jartseva zu überprüfen.

---

7 So phonologisierte das Me. die stimmhaften Frikative [v, z, ð], die bis dahin bloß kombinatorische Varianten der Phoneme /f, s, þ/ gewesen waren. Ein Grund für diese Phonologisierung war das Aufkommen normannischer Lehnwörter im Englischen, in denen [v, z] an Positionen im Wort vorkamen, die bis dahin den grundlegenden Varianten der betroffenen Phoneme, nämlich [f, s] vorbehalten waren. Vgl. Vachek (1957) 22.

8 Zur Diskussion des Problems der Schreibnorm vgl. Vachek (1959).

Das erste Beispiel, das erörtert werden soll, ist das Eindringen der einfachen Negation in negierte englische Sätze, die eine universale Aussage enthalten. Die einfache Negation in solchen Sätzen faßte im Englischen erst im Laufe des 18. Jh. festen Fuß: Altenglisch (Ae.), Mittelenglisch (Me.) und in gewissem Grade auch das Frühneuenglische (Fne.) bevorzugten die Mehrfachnegation, so wie sie noch im modernen Tschechischen (und anderen slawischen Sprachen) üblich ist. So liegt formal gesehen zwischen ae. *Nān monn nyste nān þing* und modernem tschech. *Nikdo nevěděl nic* ('keiner nicht-wußte nichts') völlige Übereinstimmung vor, während sich das ne. *Nobody knew anything*, das nur eine einfache Negation enthält, grundlegend davon unterscheidet. Die Ersetzung der mehrfachen durch die einfache Negation im Laufe der Entwicklung der englischen Sprache wurde oft auf den Einfluß der lateinischen Sprache zurückgeführt, in welcher negative Sätze, die eine universale Aussage enthalten, ebenfalls nur eine einfache Negation zulassen (*Nemo sciebat aliquid*).[9] Andere Erklärungen gehen davon aus, daß die Aufhebung der Mehrfachnegation in engem Zusammenhang steht mit der unbestreitbaren, im klassizistischen und rationalistischen 17. und 18. Jh. erkennbaren Tendenz, bzw. dem Bemühen, die Sprache so „logisch" (d.h. so rational) wie möglich zu machen.[10] Es ist klar, daß in beiden Erklärungstypen mit der Wirkung externer, außersprachlicher Faktoren auf die Entwicklung des Englischen gerechnet wird, und man kann solche Erklärungsversuche kaum als völlig unbegründet übergehen. Sie gewinnen an Wahrscheinlichkeit, wenn man die Verhältnisse betrachtet, wie sie im Cockney vorliegen. Dieser Dialekt, der sowohl vom lateinischen Einfluß als auch von den rationalistischen Tendenzen des 17. und 18. Jh. unberührt blieb, verwendet regulär die Mehrfachnegation in seinen negierten universalen Sätzen. (In der Regel fungiert eine solche Mehrfachnegation als Signal für eine stark emotionale Sehweise, die bewußt der intellektuellen Nüchternheit der Standardsprache entgegengesetzt wird.) Wie hoch der Grad der Wahrscheinlichkeit solcher Erklärungen auch anzusetzen ist, so zeigt doch eine gründlichere Analyse des vorliegenden Problems und der historischen Umstände, unter denen die untersuchte Sprachveränderung eintrat[11], daß solche Erklärungen nur einen Teil, nicht aber die ganze Wahrheit für sich beanspruchen können. Es scheint so, als ob man abgesehen von externen Faktoren wie dem Einfluß des Lateinischen und/oder der Rationalisierungstendenzen des betreffenden Zeitalters auch einen internen Faktor berücksich-

---

9 Sweet (1900) § 1520.
10 Knorrek (1938).
11 Für den Versuch einer solchen Analyse vgl. Vachek (1947).

tigen muß, nämlich die Bereitschaft des Sprachsystems, den Einfluß der externen Faktoren aufzunehmen und ihm zu entsprechen. Die Wichtigkeit dieses internen, rezeptiven Faktors wird bewiesen, wenn man das Englische in diesem speziellen Punkt mit dem Tschechischen vergleicht, als letzteres einer ähnlichen Situation ausgesetzt war. Auch das Tschechische, welches normalerweise die „unlogische“ Mehrfachnegation in seinen negierten universalen Sätzen verwendet, erlebte eine Periode starken rationalistischen Einflusses in der zweiten Hälfte des 18. Jh. und zu Beginn des 19. Jh. Der Einfluß war umso stärker, als eben in dieser Zeit (der Periode des „National Revival“) J. Dobrovský, ein typischer Rationalist, die Grundlagen für den neuen literarischen Standard des Tschechischen legte. Und doch vermochte es dieser gesamte Einfluß rationalistischen Denkens nicht, die Mehrfachnegation im Tschechischen zum Verschwinden zu bringen, wie er es, wenn auch indirekt, im Englischen erreicht hatte. Offensichtlich unterschied sich das Tschechische vom Englischen durch das Fehlen des internen Faktors, dessen Wirkung das Englische in den Stand versetzt hatte, der Wirkung des externen Faktors, des rationalistischen Einflusses, zu entsprechen.

Eine detailliertere Analyse des Problems, wie sie in unserer oben (vgl. Anm. 11) genannten Abhandlung durchgeführt wurde, zeigt, daß dem Tschechischen im Unterschied zum Englischen zwei wichtige strukturelle Voraussetzungen fehlten, um die Veränderung der mehrfachen zur einfachen Negation durchzusetzen. Die notwendige Voraussetzung für die Entstehung des englischen Konstruktionstyps *I have not anything* war die Existenz indefiniter Pronomina vom Typ *any* im grammatischen System. Semantisch sind bei diesem Typ die Merkmale ‘Universalität innerhalb bestimmter Grenzen’ und ‘potentielle Realisierbarkeit der behaupteten Beziehung für alle implizierten Individuen’ vereint. Demgegenüber läßt sich feststellen, daß kein Indefinitpronomen des Tschechischen beide oben erwähnten semantischen Merkmale in sich vereinigt: Den Pronomina *kterýkoli* (engl. *whichever*), *jakýkoli* (engl. *whatever*) fehlt das erste Merkmal, während die Pronomina *každý* (engl. *every*), *všechen* (engl. *all*) das letztere nicht haben.[12]

Wenden wir uns dem Konstruktionstyp *I have nothing* zu, der im Englischen neben *I have not anything* existiert: Die Voraussetzung für sein Aufkommen im Englischen war die semantische Neutralität des finiten Verbs hinsichtlich der positiven oder negativen Qualität der Handlung. Mit anderen Worten: die im konkreten Fall positive Bedeu-

[12] Versuche, ein Pronomen dieses Typs im Tschechischen zu etablieren, fehlten nicht im Laufe der Entwicklung des Tschechischen (vgl. alttschech. *ikto*, *žádný*), aber sie erwiesen sich letztlich nicht als erfolgreich.

tung des englischen finiten Verbs (d.h. seine Referenz auf die konkrete Existenz der prädizierten Handlung) oder seine im konkreten Fall negative Bedeutung (d.h. seine Referenz auf die konkrete Nicht-Existenz dieser Handlung) wird nicht schon durch das finite Verb allein, sondern durch das Vorhandensein bzw. Nichtvorhandensein eines anderen negierenden Wortes im Kontext des gegebenen Satzes signalisiert. Diese Voraussetzung der semantischen Neutralität des finiten Verbs fehlt wiederum dem Tschechischen völlig: ein tschech. finites Verb ist entweder seinem Wesen nach positiv und signalisiert die konkrete Existenz der prädizierten Handlung oder seinem Wesen nach negativ und signalisiert dessen konkrete Nicht-Existenz – tertium non datur. Unsere Annahme in diesem Punkt wird durch einige seltene Fälle von tschech. Sätzen des Typs *Nobody knows* bestätigt, welche sich jedoch nicht auf das Nichtvorhandensein, sondern das Vorhandensein der prädizierten Handlung beziehen. So ist ein Satz wie tschech. *Nic se na něho šklebilo* nicht äquivalent mit ne. *Nothing grinned at him* (was sich auf das Nichtvorhandensein von Grinsen bezieht), sondern mit ne. *Nothingness grinned at him* (womit Bezug genommen wird auf das Vorhandensein von Grinsen als Attribut des hypostasierten, personifizierten „Nothing"). Und genau wegen des seinem Wesen nach positiven Charakters des formal positiven finiten Verbs im Tschechischen konnte die tschechische Mehrfachnegation des Typs *Nemám nic* ('ich nicht-habe nichts') nicht durch die einfache Negation des Typs **Mám nic* ('ich habe nichts') ersetzt werden.

Unsere obige Analyse hat gezeigt, daß im Tschechischen in negierten universalen Sätzen, – im Unterschied zu den entsprechenden Fällen im Englischen –, die Mehrfachnegation nicht durch die „logischere" einfache Negation ersetzt werden konnte, da im grammatischen System des Tschechischen einige interne Voraussetzungen fehlten (während sie das grammatische System des Englischen besaß), die notwendig gewesen wären, um den von der lateinischen Sprache und/oder dem rationalistischen Denken ausgehenden Einfluß aufzunehmen. Bei dem untersuchten Beispiel war es die grammatische Ebene der Sprache, die dem Einfluß von außen ausgesetzt war. Es ist aber auch möglich, (wenn auch nicht so zahlreiche) Beispiele zu finden, wo extreme Faktoren Veränderungen in der phonischen Gestalt von Wörtern bewirken oder sogar Einfluß auf das phonematische System einer Sprache ausüben können. Wie bereits festgestellt, hat man es hier mit Beispielen zu tun, in denen offensichtlich die Schreibnorm einer Sprache einen gewissen Einfluß auf die korrespondierende Aussprachenorm ausübt. Zwei besonders interessante Beispiele dafür, die wiederum der Geschichte des Englischen entnommen sind, werden im Folgenden erörtert.

IV

Beim ersten der beiden Beispiele geht es um die ne. Wörter des Typs *joint, point*, deren gesprochene Form den Diphthong [ɔi] enthält. Bis zum Ende der me. Periode enthielten jedoch diese Wörter den Diphthong *ui*. Vom Beginn der fne. Periode an machte der erste Bestandteil dieses Diphthongs eine Entwicklung durch, die genau parallel zur Entwicklung des ne. kurzen *u*-Lautes verlief.[13] So veränderte sich der Diphthong *ui* schrittweise zu *òi*, *əi;* dieser letzte Zustand läßt sich noch für die Mitte des 18. Jh. nachweisen. Die Dichter des 17. und 18. Jh. reimen öfters Wortpaare wie *joins – refines*. Das letzte Wort enthielt ursprünglich ein me. *ī*, welches, wie allgemein bekannt ist, durch den sog. Great Vowel Shift schrittweise zu *Ii* > *ei* > *əi* > *ai* diphthongiert wurde. Der Zustand *əi* wurde im Laufe des 17. Jh. erreicht, so daß zu dieser Zeit (und ebenso weiter ins 18. Jh. hinein) Wortpaare wie *refines – joins* reine Reime erbrachten. Unter diesen Umständen hätte man erwarten können, daß der Diphthong *əi* in Wörtern wie *joint, point* sich zusammen mit dem aus me. *ī* entstandenen *əi* zu *ai* entwickelt hätte. Der endgültige Zusammenfall von ursprünglich me. *ī* und *ui* trat tatsächlich in einer Anzahl von Dialekten, nicht aber in der Standardsprache ein. Ganz im Gegenteil, man kann bei Wörtern des Typs *joint, point* feststellen, daß sich in ihnen von der Mitte des 18. Jh. an der Diphthong [ɔi] durchsetzte, der bis heute charakteristisch für die Standardaussprache solcher Wörter geblieben ist.

Diese unerwartete Wendung in der Entwicklung wird im allgemeinen dem Einfluß der Schreibung zugewiesen.[14] Wie man wohl weiß, hatte die geschriebene Form von Wörtern wie *joint, point* den Digraphen *oi/oy* enthalten, seit diese Wörter während der me. Periode aus dem normannischen Französisch übernommen worden waren. Es existiert kein Grund, warum man diese Erklärung zurückweisen sollte; und doch enthält sie wiederum nur einen Teil der Wahrheit, nicht die ganze. Es ist wichtig darauf hinzuweisen, daß die angeführte Erklärung einen Aspekt des Prozesses unerklärt läßt: wie es nämlich dazu kommt, daß sich der Einfluß der Schreibnorm auf ihre Entsprechung in der Aussprache bei diesem speziellen Typ von Wörtern durchsetzen konnte, während bei einigen anderen Typen von Wörtern, bei denen das geschriebene *o* ebenso einem gesprochenen *ə* entsprach, keine derartige Wirkung beobachtet werden kann – vgl. z.B. Wörter wie *come, done, love*, die im Me. [kum, dun, luv], im 17. Jh. [kəm, dən, ləv] im Ne.

[13] Luick (1914–1940) § 544.
[14] Luick a.a.O.; Horn/Lehnert (1954) § 185.

[kʌm, dʌn, lʌv] ausgesprochen werden. Wie läßt sich die Unterschiedlichkeit in der Entwicklung der beiden Worttypen erklären?

Bei dem Versuch, diese Frage zu beantworten, muß man sich wieder der Tatsache erinner, daß der Einfluß der Schreibnorm einer Sprache auf ihre Entsprechung in der Aussprache nur ein spezifischer Fall eines allgemeineren Phänomens ist, nämlich des Einflusses externer Faktoren auf die Entwicklung eines Sprachsystems. Da wir davon überzeugt sind, daß dem System der Schreibnorm ein besonderer Charakter eigen ist (vgl. oben Anm. 8), steht für uns außer Zweifel, daß die Einwirkung dieser Norm auf die Struktur der korrespondierenden Aussprachenorm externer Art ist: die Einwirkungen sind qualitativ verschieden von den internen Veränderungen, die sich innerhalb der Struktur der Aussprachenorm abspielen. Da jedoch diese internen Veränderungen oft durch die strukturellen Bedürfnisse (needs and wants) der Aussprachenorm verursacht zu sein scheinen, ist es nur natürlich, eine Hypothese aufzustellen, daß gerade die Einwirkung der Schreibnorm irgendwie mit der strukturellen Situation innerhalb der Aussprachenorm in Zusammenhang steht. Mit anderen Worten: man sollte sich fragen, ob nicht die Schriftaussprache [ɔi] in Wörtern wie *joint*, *point* durch „raisons intrinsèques" (Havránek) der englischen Aussprachenorm verursacht worden sein könnte.

Um diese Frage angemessen beantworten zu können, muß man sich der Tatsache erinnern, daß der Diphthong [ɔi] eine ganz spezifische Rolle im phonematischen System des Ne. spielt. Wie an anderer Stelle im Detail gezeigt wurde[15], signalisiert das ne. [ɔi] unter synchronischem Aspekt den Fremdwortcharakter des Wortes, das ihn enthält.[16] Es muß als ein derartiges Signal seit der fme. Periode aufgefaßt worden sein, als der Diphthong *ǫi* (und *ui* !) zum ersten Mal im Englischen in Lehnwörtern normannischen Ursprungs auftrat. Graphisch wurden beide Diphthonge durch ein und denselben Digraphen, nämlich *oi/oy* wiedergegeben. Als nun Wörter, die das me. *ui* enthielten, die Entwicklungsstufe *əi* erreichten, ergab sich die konkrete Möglichkeit des endgültigen Zusammenfalls von ursprünglichem me. *ī* und me. *ui*. Man sollte jedoch sehen, daß ein derartiger phonematischer Zusammenfall (phonematic merger) die Wörter des Typs *joint*, *point* gerade des Merkmals beraubt hätte, das ihren Fremdwortcharakter signalisierte; d.h. die Wörter dieses Typs wären ihrem Wesen nach heimisch gemacht worden. Diese Anpassung an das heimische System hätte solche Wörter

---

15 Vachek (1933) bes. 133, 165.

16 Zu synchronisch als Fremdwörter empfundenen Ausdrücken vgl. Mathesius (1935).

in drastischer Weise von jenen lexikalischen Einheiten französischen Ursprungs abgetrennt, die den Diphthong *ǫi* (gleichfalls ein Signal für den Fremdwortcharakter) enthielten und auch in Zukunft diesen Diphthong bewahren sollten (vgl. z.B. *choice, joy*). Man kann daher zu dem Schluß kommen, daß im Fne. eine Tendenz aufkam, die der Möglichkeit einer Anpassung von Wörtern wie *joint, point* an das heimische System entgegenwirkte; Ziel dieser Tendenz könnte die Verstärkung der lexikalischen und stilistischen Bindungen zwischen Wörtern dieses Typs und solchen des Typs *choice, joy* gewesen sein, die in gleicher Weise unter synchronischem Aspekt als Fremdwörter empfunden wurden. Um das zu erreichen, fügte man *ǫi* in Wörter des ersten Typs (*joint, point*) ein. Es kann kein Zweifel daran bestehen, daß der Diphthong *ǫi*, eine herausragende und wegen seines strukturell assymmetrischen Wertes[17] sehr auffallende phonematische Einheit der Sprache, sich besonders für den Zweck eignete, den unter synchronischem Aspekt geltenden Fremdwortcharakter, der beiden diskutierten Wortkategorien gemeinsam ist, zu unterstreichen.

Das Bedürfnis, möglichst deutlich zwischen synchronisch als Fremdwörter empfunden und solchen Wörtern zu unterscheiden, die synchronisch als heimisch angesehen werden, war im Englischen angesichts der bedeutenden stilistischen Rolle, die fremde lexikalische Einheiten seit der me. Periode in dieser Sprache spielten[18], besonders stark vorhanden. Aber auch andere Sprachen bieten ähnliche Beispiele einer zunehmenden Unterscheidung: vgl. z.B. die Rolle, die das Phonem /g/ in der niederen tschechischen Umgangssprache (vulgar colloquial Czech) spielt; in heimischen Wörtern unbekannt wurde es jedoch öfters in (synchronisch gesehen) Fremdwörter eingefügt, wiederum mit der Absicht, deren Fremdwortcharakter unter synchronischem Aspekt zu unterstreichen (vgl. Beispiele wie *balgón* 'Balkon', *cirgus* 'Zirkus', *bicygl* 'Fahrrad', *plagát* 'Plakat', auf die zum ersten Male V. Mathesius hingewiesen hat).[19]

Die Norm des gesprochenen Englisch des 18. Jh. scheint also bereitwillig dem externen Einfluß seitens der ihr korrespondierenden Schreibnorm entsprochen zu haben, da das Einwirken letzterer von ersterer als annehmbar und sogar vorteilhaft empfunden wurde. Denn auf diese Weise konnten ihre zwei lexikalischen Schichten, die so wichtig für stilistische Zwecke waren, in Zukunft wirksamer als bisher abgegrenzt und unterschieden werden. Gleichzeitig kann diese funktionale Auffassung unseres Problems eine befriedigende Erklärung für die Tatsache ab-

---

[17] Vgl. unsere oben Anm. 15 zitierte Abhandlung, bes. 110.

[18] Baugh (1952) bes. 230ff.

[19] V. Mathesius, „La structure phonologique du lexique du Tschèque moderne", *TCLP* 1(1929)67–84.

geben, daß sich in den oben angeführten Beispielen wie *come*, *done*, *love*, deren Struktur im 17. Jh. auch den Gegensatz von geschriebenem *o* und gesprochenem *ə* aufwies, keine Schriftaussprache durchsetzte. Es liegt auf der Hand, daß bei Beispielen dieses Typs keine Voraussetzungen dafür gegeben waren, daß sich die Schriftaussprache durchsetzen konnte. Denn erstens gehören Wörter wie *come*, *done*, *love* nicht zur lexikalischen Schicht der (synchronisch gesehen) Fremdwörter, sondern zur heimischen lexikalischen Schicht, welche als merkmalloser Bestandteil der Opposition „fremd" – „heimisch" keiner spezifischen phonischen Signale bedarf, um diese Schicht vom restlichen Wortschatz abzusetzen. Zweitens war das Phonem /ɔ/, welches von der Durchsetzung der Schriftaussprache bei *come*, *done*, *love* positiv betroffen gewesen wäre, niemals charakteristisch für diese oder jene Schicht des englischen Wortschatzes. Es findet sich häufig in beiden sich gegenüber stehenden Schichten und ist daher, anders als der Diphthong [ɔi], nicht dazu geeignet, als phonisches Signal zur Charakterisierung für eine der beiden zu fungieren.

Fassen wir zusammen: Auch die Umstände, die bei der Durchsetzung der Schriftaussprache [ɔi] in Wörtern wie *joint*, *point* mitspielten, scheinen die Geltung der oben angeführten These von B. Havránek voll zu bestätigen; man kann also annehmen, daß sich die Geltung der These nicht auf die grammatische Ebene der Sprache beschränkt (wie es die Formulierung der entsprechenden These V. N. Jartsevas nahelegen könnte), sondern auch auf die phonische Ebene erstreckt.

V

In einem anderen interessanten Fall der Durchsetzung der Schriftaussprache im Fne. geht es um das unbetonte Suffix *-ing*, das häufig mit verbalen Wurzeln (wie *be-ing*, *mak-ing*, *speak-ing*) verbunden wird. Wie allgemein bekannt ist, wurde das auslautende [-ŋg] dieses Suffixes zu [-ŋ] vereinfacht (die Veränderung kann schon im 14. Jh. eingetreten sein; spätestens am Ende des 16. Jh. muß sie sich in der Standardaussprache durchgesetzt haben). In der fne. Periode (in einigen Dialekten sogar früher) wurde dieses [-ŋ] zu [-n] vereinfacht, was sich ebenfalls in der Standardaussprache durchsetzte. Da jedoch die Schreibnorm der Standardsprache die Schreibweise *-ing* beibehielt, gaben sich die englischen Orthoepisten alle Mühe, die ursprüngliche Aussprache [-iŋ] wiederherzustellen. Die Anstrengung erwies sich als erfolgreich: Gegen Ende des 17. Jh. wurde [-iŋ] in der Standardaussprache wiederhergestellt, während die Aussprache [-in] nur in Dialekten (und in gewissem Umfang in der Sprache des konservativen Adels) bewahrt wurde.[20]

Die Durchsetzung der Schriftaussprache weist in diesem Fall einige spezifische Merkmale auf, die sie unter dem Aspekt der allgemeinen Linguistik sogar bemerkenswerter erscheinen läßt als die Durchsetzung der Schriftaussprache in Wörtern wie *joint*, *point*. Man hatte es hier nämlich nicht mit dem Problem der Differenzierung zweier lexikalischer Schichten zu tun, sondern mit einem der strukturellen Probleme des englischen Phonemsystems insgesamt, d.h. ohne Rücksicht auf stilistische Differenzierung betrachtet[21]. Es ist festzuhalten, daß die Veränderung des suffigierten [-iŋ] zu [-in] ernsthaft die Existenz des Phonems /ŋ/ im Englischen gefährdete. Nach jener Veränderung konnte das Phonem /ŋ/ nur noch in einer einzigen Position, nämlich am Ende eines betonten Morphems (wie bei *sing*, *tongue* etc.) vorkommen, und sogar dort hätte der Laut [-ŋ] anders interpretiert werden können, d.h. als Realisierung (manifestation) der biphonematischen Gruppe /ng/ (obwohl man gerechter Weise feststellen muß, daß auch diese alternative phonematische Interpretation einige spezifische Schwierigkeiten mit sich gebracht hätte). Unter diesen Umständen schien es nahe zu liegen, das Phonem /ŋ/ aufzugeben, und das um so mehr, als in Wörtern wie *ink*, *tank*, *finger* für die velare Artikulation des [-ŋ]' deutlich das folgende [k] oder [g] verantwortlich war, so daß diese Beispiele von [ŋ] leicht als kombinatorische Varianten des Phonems /n/ hätten weginterpretiert werden können. Um so überraschender erscheint dann die Wiederherstellung von [-ŋ] im Suffix *-ing*, da sie offenbar konträr zur Entwicklungstendenz verlief, die man im Englischen vor der Periode dieser Wiederherstellung feststellen kann. Angesichts dessen nimmt sich das externe Einwirken der Schreibnorm in diesem Fall wie ein Faktor aus, der nicht nur unorganisch, sondern sogar destruktiv wirkte, da er die anstehende Lösung eines drängenden phonematischen Problems blockierte, d.h. die Abschaffung des Phonems /ŋ/ unmöglich machte, dessen funktionale Belastung sehr gering geworden war, und das daher als höchst unökonomische sprachliche Einheit erscheinen mußte. Mit anderen Worten: Das Einwirken eines externen Faktors scheint hier nicht nur nicht im Einklang mit den Bedürfnissen des Sprachsystems gewesen zu sein, sondern widersprach sogar offenkundig diesen Bedürfnissen. Und es scheint natürlich auch in offenem Widerspruch zu der oben erwähnten These von Havránek zu stehen.

---

20 Luick a.a.O. § 767; Horn/Lehnert a.a.O. § 408.
21 Eine detailliertere Analyse des Problems findet sich bei Vachek (1964).

Dennoch muß eine detailliertere Analyse der strukturellen Situation des Fne. zeigen, daß sich sogar im Falle der Wiederherstellung des [ŋ] im Suffix *-ing* der externe Einfluß der Schreibnorm nur deswegen durchsetzen konnte, weil die Aussprachenorm im Fne. eine wichtige strukturelle Voraussetzung aufwies, die es ihr ermöglichte, diesem externen Einfluß zu entsprechen. Diese Voraussetzung war das, was A. Martinet die „volle Integration" des Phonems /ŋ/ nennt.[22] Wie allgemein bekannt ist, hält man dasjenige Phonem für voll in sein phonematisches System integriert, das mit seinen distinktiven Merkmalen zu einer größeren Anzahl von Phonemen, die im System neben ihm existieren, in Opposition steht. So kann /p/ im Englischen als voll integriert angesehen werden, da es nicht nur zu /b/ in Opposition steht (von dem es als gespanntes (tense) Gegenstück unterschieden ist), sondern auch zu /f/ und /t/ (die unterscheidenden Merkmale sind hier beim [p] die Artikulationsart explosiv (explosive) bzw. gravis).[23] Das Prinzip der Ökonomie, dessen Wichtigkeit für die Sprache Martinet richtig herausstellt, ist verantwortlich für die Tendenz, die Phoneme einer Sprache so weitgehend wie möglich zu integrieren. Je mehr ein Phonem integriert ist, um so fester ist nach Martinets Meinung seine Verankerung im System und entsprechend umgekehrt: ein nicht ausreichender Grad von Integration eines Phonems kann zu einer merklichen Schwächung seiner Verankerung im System und letztlich sogar zu seiner Beseitigung innerhalb des Systems führen.

Konkrete Untersuchungen der Sprachentwicklung scheinen Martinets Theorie zu unterstützen. Vor einiger Zeit versuchten wir zu zeigen[24], daß eine der Hauptursachen des schrittweisen, aber konsequenten Prozesses der Beseitigung des ne. Phonems /h/ seine strukturelle Isolation unter den ne. konsonantischen Phonemen (d.h. sein Mangel an Integration) ist, und eine ähnliche, wenn auch weniger entschieden vertretene Behauptung von uns gilt auch für das ne. /r/.[25]

Die bedeutende Rolle, die der Grad der Integration dieses oder jenes Phonems spielt, wird auch durch die Tatsache bewiesen, daß voll integrierte Phoneme oft in Sprachen weiterbestehen ungeachtet ihrer geringen Vorkommenshäufigkeit in konkreten Kontexten und ungeachtet ihrer geringen funktionalen Belastung. Martinet selbst führt das ne. /ž/ als Musterfall für diese Kategorie an. Statistische Untersuchungen haben gezeigt, daß /ž/ von den ne. Phonemen die geringste Vorkommenshäufigkeit hat; die Tatsache, daß es an einer Anzahl wichtiger

22 Martinet (1955) 79ff.
23 Für die weniger bekannten Termini vgl. Jakobson/Halle/Fant (1952).
24 Vgl. unsere oben A.7 genannte Arbeit, bes. 11.
25 Vachek (1960).

Positionen im Wort (z.B. Wortanfang und -ende) nicht auftreten kann, bedingt seine geringe funktionale Belastung. Und doch, ungeachtet all dieser schwerwiegenden Beeinträchtigungen, besteht das Phonem /ž/ im Englischen nicht nur weiter fort, sondern es zeigt auch keinerlei Anzeichen einer bevorstehenden Beseitigung. Nach Martinets Meinung verdankt sich seine feste Verankerung im System dem relativ hohen Grad von Integration: /ž/ gehört zwei korrelierenden Reihen an und steht in Opposition zu /š/ und /č/ (die entsprechenden Merkmalsoppositionen sind jeweils ungespannt (lax) – gespannt (tense) und kontinuierlich (continuant) – diskontinuierlich (discontinuant)). Beim Verschwinden des Phonems /ž/ aus dem System der konsonantischen Phoneme des Ne. würde, – das liegt auf der Hand –, im Beziehungsgefüge der ne. Phoneme eine leere Stelle („case vide", wie es Martinet nennt) entstehen. Es sieht so aus, als ob genau die Tendenz, die Entstehung einer solchen leeren Stelle zu verhindern, dafür verantwortlich ist, daß /ž/ im phonematischen System des Ne. ungeachtet aller oben erwähnten Beeinträchtigungen weiterbesteht.

Wir wollen uns wieder dem Problem des ne. Phonems /ŋ/ zuwenden. Man wird sich erinnern, daß es heute ein voll integriertes Phonem ist und ein solches seit seinem Aufkommen im Englischen (d.h. seit dem späten Me. oder dem Fne.) war. Das wird deutlich durch das folgende Schema gezeigt:

/p/ – /t/ – /k/
/b/ – /d/ – /g/
/m/ – /n/ – /ŋ/

Das Schema macht klar, daß die Phonologisierung des /ŋ/ eine leere Stelle gefüllt hat, die im phonematischen System des Englischen vor dieser Phonologisierung vorhanden war, und daß die Beseitigung des Phonems /ŋ/ diese Leerstelle wieder eröffnen würde. Das oben diskutierte Beispiel des ne. /ž/ hat gezeigt, daß die Tendenz zur vollen Integration eines Phomens so stark sein kann, daß die Schwierigkeiten, die durch geringe Vorkommenshäufigkeit in Kontexten und geringe funktionale Belastung bedingt sind, bedeutungslos werden. Man kann daher die Annahme wagen, daß auch im Falle des ne. /ŋ/ die volle Integration in das System mehr zählte als seine relativ geringe funktionale Belastung. In diesem Licht gesehen scheint sogar die Wiederherstellung des [-ŋ] im Suffix *-ing* kein so unorganisch und destruktiv wirkender Faktor zu sein, wie man versucht sein könnte anzunehmen. Wenn man die Tatsache betrachtet, daß der Einfluß der Schreibnorm, verstärkt durch die Bemühungen der Orthoepisten, dazu beitrug, die Stellung des gefährdeten Phonems /ŋ/ zu stützen, indem eine seiner verlorengegangenen Positionen in englischen Wörtern wiedereingerichtet wurde, so scheint in der Tat die Wirkung von externen Faktoren auch in diesem Fall durch die Bedürfnisse des Sprachsystems verursacht zu sein. Genau wie im Fall von /ž/ trug die volle Integration von /ŋ/ dazu bei, ein Phonem in der Sprache zu bewahren, dessen Verankerung gemessen an quantitativen Maßstäben nicht besonders fest war. Unter diesen Umständen schien es von Vorteil zu sein, der Wirkung externer Faktoren dort zu entsprechen, wo diese Wirkung geeignet war, den phonematischen Status des gefährdeten, aber voll integrierten Phonems zu stärken.

Es ist wichtig, darauf hinzuweisen, daß in umgangssprachlichen Dialekten (popular dialects) (welche im Unterschied zur Standardsprache frei vom Einfluß der Orthoepisten waren) die Stellung des /ŋ/ im System ungeachtet seiner vollen Integration instabil blieb; wie in unserer oben, Anm. 21, zitierten Arbeit gezeigt worden ist, ist der Prozeß, der auf die Beseitigung von /ŋ/ als Phonem (d. h. auf die phonematische Umwertung von [ŋ] zu /ng/ oder, in anderen Positionen, zu /n/) zielt, ziemlich weit fortgeschritten.

Zusammenfassend kann man sagen, daß die Lautveränderungen beim fne. [ŋ] in höchst instruktiver Weise das Zusammenspiel von externen und internen Faktoren bei der Sprachentwicklung beweisen. Es ist festzustellen, daß bei aller Wichtigkeit der externen Faktoren die entscheidende Rolle beim Zusammenspiel auch hier ausnahmslos Faktoren der internen Struktur vorbehalten zu sein scheint. Mit anderen Worten: Sogar die Lautveränderungen beim fne. [ŋ] stehen nicht in Widerspruch zur These von B. Havránek; man kann, ganz im Gegenteil, sagen, daß sie völlig mit ihr übersinstimmen.

VI

Unser flüchtiger Blick auf drei bemerkenswerte Punkte in der historischen Entwicklung des Englischen hat bestätigt, daß der Einfluß externer Faktoren auf die Entwicklung der Sprachstruktur sich nur durchsetzen konnte, weil seine Durchsetzung mit den Bedürfnissen der Struktur, die diesem Einfluß ausgesetzt war, in Übereinstimmung stand. Diese Schlußfolgerung muß natürlich durch weitere Untersuchungen der Entwicklung anderer Sprachen überprüft werden, ehe ihr generelle Geltung zugesprochen werden kann. Im Augenblick soll wenigstens ein Einwand kurz berührt werden. Man kann manchmal beobachten, daß bei der Entwicklung einer Sprache ein externer Einfluß belegt werden kann, von dem nicht angenommen werden kann, daß er durch die strukturellen Bedürfnisse dieser Sprache motiviert wurde. Ein bemerkenswertes Beispiel dieser Art wird von Martinet (a.a.O. 191) erwähnt: Eine fremde Sprache (im gegebenen Fall: das Baskische) kann einen Einfluß auf die Dialekte der Nationalsprache (im gegebenen Fall: das Katalanische) ausüben, so daß sich diese in einigen Punkten auf eine Weise verändert, die überhaupt jeder strukturellen Motivation entbehrt. Inbezug auf solche Beispiele zögert Martinet nicht, sein Mißtrauen gegenüber rein funktionalen Erklärungen der Sprachentwicklung zu artikulieren. Er sagt ausdrücklich, daß „. . . es Fälle gibt, wo sie (= die funktionalen Lösungen J.V.), was man auch macht, nichts vermögen [. . .] sie sind keine Sammlung von Rezepten, die alles irgendwie erklärbar machen" (S. 191).

Doch es ist kaum nötig, wie wir schon an anderer Stelle betont haben[26], aus den gegebenen Prämissen eine so skeptische Schlußfolgerung zu ziehen. Sicher gibt es Fälle des Typs, wie ihn Martinet herausgestellt hat, aber sie heben in keiner Weise die Geltung der These auf, die die Notwendigkeit eines funktionalen Ansatzes bei der Untersuchung von externem Einfluß auf die Sprache nachdrücklich betont; sie veranlassen den Linguisten lediglich, die genannte These mit einiger Vorsicht zu formulieren. Offensichtlich kann nicht behauptet werden, daß ein Sprachsystem (und besonders seine phonische Ebene) sich nur einem externen Einfluß fügt, der den strukturellen Bedürfnissen dieses Sprachsystems entspricht. Es ist klar, daß eine negative Formulierung der Sache angemessener ist: Ein Sprachsystem (und besonders seine phonische Ebene) fügt sich nicht einem externen Einfluß, der mit seinen strukturellen Bedürfnissen unvereinbar ist. Anders gewendet: Sprache übt sozusagen das Kontrollrecht über den Einfluß aus, mit dem sie konfrontiert wird. Die Rolle des Sprachsystems ist daher eher regulativ als initiativ.[27]

Wenn unsere negative Formulierung der These von B. Havránek, die oben wiederholt erörtert wurde,gegenübergestellt wird, so läßt sich feststellen, daß kein grundlegender Unterschied zwischen ihnen besteht. Unsere endgültige Formulierung spezifiziert nur Havráneks Hinweise auf

---

26 Vachek (1958). – Vgl. ebenso P. Trosts Beobachtungen in Trost (1960).

27 Eine entsprechende regulative Kontrolle wird übrigens vom Sprachsystem auch über die Regeln ausgeübt, die den Mechanismus der Sprechorgane steuern. Diese Regeln verursachen (oder sind wenigstens Mitursache für) manch einen Lautwandel, wie z.B. unterschiedliche Assimilationen, Reduktionen in unbetonten Silben u.a.m. Bisweilen kommt es jedoch vor, daß eine Veränderung, welche als unmittelbar bevorstehend erscheinen könnte, nicht durchgeführt (materialized) wird, weil offensichtlich ihre Durchführung mit den strukturellen Bedürfnissen der Sprache interferieren würde. (Zu diesem Punkt vgl. auch Vachek (1954)).

die „raisons intrinsèques“ und verdeutlicht sie. Man kann in der Tat sagen, daß Havráneks Ansatz zur Lösung des Problems grundsätzlich richtig war, obwohl er schon mehr als drei Jahrzehnte zurückliegt. Was V. N. Jartsevas Formulierung betrifft, die auf das Jahr 1952 zurückgeht, so kann man ihr zugutehalten, daß sie richtig die regulative Rolle der Sprache bei der Anpassung an Einfluß von außen miteinschließt. Andererseits bezieht sich ihre These aber allein auf die grammatische Ebene der Sprache. Unsere oben aufgeführten Beobachtungen zeigen jedoch, daß die These eine größere Reichweite hat und daß sie auch auf die phonische Ebene der Sprache angewandt werden muß.

Übersetzt von Dieter Cherubim

Literatur

A. C. Baugh (1952), *A History of the English Language*, London 1952.

B. Bloch/G. L. Trager (1942), *Outline of Linguistic Analysis*, Baltimore 1942.

F. Engels (1953), *Ausgewählte Briefe*, Berlin 1953.

W. Horn/M. Lehnert (1954), *Laut und Leben. Englische Lautgeschichte der neueren Zeit* (1400–1950), 2 Bde., Berlin 1954.

R. Jakobson/M. Halle/C. G. M. Fant (1952), *Preliminaries to Speech Analysis*, Technical Report No. 13, Acoustics Laboratory, M. I. T. Cambridge, Mass. 1952.

V. N. Jartseva (1952), „O vnutrennych zakonach razvitija jazyka v svete trudov J. V. Stalina po jazykoznanija“, in: *Izvestija AN SSSR otd. lit. i jaz*, 11, Moskva 1952, 193–205.

M. Knorrek (1938), *Der Einfluß des Rationalismus auf die englische Sprache*, Breslau 1938.

K. Luick (1914–40), *Historische Grammatik der englischen Sprache*, I, 1.2, hg. F. Wild/H. Koziol, Leipzig 1914–40 [Nachdr. Stuttgart 1964].

A. Martinet (1955), *Économie des changements phonétiques*, Berne 1955 [^{3}1970].

V. Mathesius (1935), „Zur synchronischen Analyse fremden Sprachguts“, *Englische Studien* (Marburg) 70 (1935) 21–35.

I. I. Meshchaninov (1950), „Úloha Nikolaje Jakovleviče Marra ve vývoji sovětské jazykovědy“, in: *Pražské přednášky o jazyce* (Slovanské nakladatelství, Praha) 1950, 35–60.

H. Sweet (1900), *An English Grammar, Logical and Historical*, I, Oxford 1900.

P. Trost (1960), „K dnešní situaci historické fonologie“, *SS* 21 (1960) 7–9.

---

[28] A. Sommerfelts wertvoller Beitrag „External versus Internal Factors in the Development of Language“ (*NTS* 19(1960)296–315) erreichte den Autor erst, nachdem das Manuskript des obigen Beitrags zum Druck gegeben worden war, und konnte daher hier nicht ausführlicher bewertet werden.

J. Vachek (1933), „Über die phonologische Interpretation der Diphthonge mit besonderer Berücksichtigung des Englischen“, in: *Facultas philosophica universitatis Carolinae Pragensis. Práce z vědeckých ústavů* 33 (1933) 87–170.

J. Vachek (1947), „Obecný zápor v angličtině a v češtině“, in: *Facultas philosophica universitatis Carolinae Pragensis. Práce z vědeckých ústavů* 51 (1947) 7–12.

J. Vachek (1954), „Notes on the Phonological Development of the NE Pronoun *she*“, *SFFBU* A 2 (1954) 67–80.

J. Vachek (1957), „On the Interplay of Quantitative and Qualitative Aspects in Phonemic Development. A Contribution to the History of Some English Consonant Phonemes“, *ZAA* 5 (1957) 5–28.

J. Vachek (1958), „Dvě významné fonologické publikace zahraniční“, *SS* 19 (1958) 52–60.

J. Vachek (1959), „Two Chapters on Written English“, *BSE* 1 (1959) 7–38.

J. Vachek (1960), „The Decline of the Phoneme /r/ in English“, *SFFBU* A 8 (1960) 79–93.

J. Vachek (1964), „Notes on the Phonematic Value of the Modern English [ŋ]-Sound“, in: *In Honor of Daniel Jones*, London 1964, 191–205.

HORST ISENBERG

Diachronische Syntax und die logische Struktur einer Theorie des Sprachwandels

Die vorliegende Arbeit ist ein Versuch, auf der Grundlage der in den Arbeiten von Chomsky, Katz u. a. gewonnenen Erkenntnisse von den Eigenschaften natürlicher Sprachen in erster Annäherung Annahmen zu formulieren, die Ausgangspunkt für eine Theorie des Sprachwandels sind. Die im Verlaufe der Arbeit auftretenden Probleme werden dabei vorwiegend anhand von Beispielen aus der Entwicklung der spanischen Sprache diskutiert.[1]

1. Historische Grammatik und etymologisches Wörterbuch

Zur Einführung in die Problematik der Analyse des Sprachwandels wollen wir kurz skizzieren, welche Art von Aussagen aus traditionellen historischen Grammatiken und etymologischen Wörterbüchern zu entnehmen sind. In einer anschließenden Diskussion soll dann versucht werden, die Fragestellungen zu erarbeiten, die für eine Theorie des Sprachwandels – zumindest in ihrem Anfangsstadium – die bedeutendsten sind.

1.1. Nehmen wir als Beispiel folgenden spanischen Satz:

(a) *El hombre amanece en el club.*

(Dt. etwa: Der Mann befindet sich am nächsten Morgen im Klub.)

---

[1] Die vorliegende Arbeit ist im Rahmen meiner Tätigkeit am Institut für romanische Sprachen und Kultur der Deutschen Akademie der Wissenschaften zu Berlin entstanden. –
Ich möchte an dieser Stelle Herrn Prof. Dr. Eugen Seidel, Humboldt-Universität Berlin, meinen aufrichtigen Dank für die viele Mühe aussprechen, die er auf meine Ausbildung verwandt hat, der ich wesentliche Einsichten in die Probleme der vergleichenden und historischen Sprachwissenschaft verdanke, ohne die diese Arbeit nicht hätte geschrieben werden können.
Manche Anregung verdanke ich Diskussionen, die ich mit Dr. Bierwisch, Dr. Heidolph, Dr. Motsch und Dipl.-Math. Weinert führte.

Ein „historischer Kommentar“ würde dann unter anderem etwa folgende Angaben enthalten:

(1a) Der Satz (a) ist ein Exemplar aller möglichen Sätze des modernen Spanischen (siehe Diskussion).

b) Die spanische Sprache ist aus dem Lateinischen entstanden.

(2) Das spanische Wort *hombre* stammt etymologisch aus dem lateinischen *homo* (sp. *hombre* < lat. *homo*); *en* < lat. *in*; *el* < lat. *ille*; *amanecer* < vlat. **admanescere* oder *manescere*; *club* < engl. *club*. (vgl. Corominas 1961)

(3a) Sp. *hombre*, *el*, *en*, *amanecer* sind Erbwörter (aus d. Lat.).

b) Sp. *club* ist Lehnwort aus dem Englischen.

(4) *hombre* ist zuerst belegt (1. Dok.) in einem Text aus der Zeit um 950 u. Z. (Glosas Emilianenses); *el* – 1. Dok. um 1140 (Cid); *amanecer* – 1. Dok. um 1140 (Cid); *en* – 1. Dok. 19. Jhd.; *club* – 1. Dok. Mitte 19. Jhd. (Vgl. Corominas 1961)

(5a) Sp. *hombre* ist aus dem lat. *hominem* (Akk.) entstanden.

b) *(h)ominem* > *omine* > *omne* > *ombre* (nsp. *hombre*) (vgl. García de Diego 1961, 182).

(6) *Omne* Mensch, Mann ist (im Altspanischen) oft zum Pronomen abgeschwächt im Sinne des deutschen 'man' und steht dann ohne Artikel: *Fuera de las ruas bive omne mejor* 'außerhalb der Straßen lebt man besser' (Zauner 1921, 104).

(7) Sp. *en* in der Verbindung *en adelante* (1. Dok. 13. Jhd.) ist phonetische Reduktion aus *en(d)* für *ende*. (Vgl. Corominas 1961)

(8) Im Lateinischen gibt es keinen Artikel. Dieser ist erst im späten Latein bzw. Vulgärlatein entstanden.

(9a) Nach der sp. Präp. *en* steht – wie bei allen sp. Präpositionen – der Akkusativ, während im Lateinischen nach der Präp. *in* der Ablativ oder der Akkusativ stehen kann.

b) In einer Position wie im Satz (a) würde im Lateinischen nach *in* der Ablativ stehen.

(10a) Das Lateinische hatte ein ausgeprägtes Kasussystem. Im Spanischen gibt es keine Kasus mehr.

b) Die lateinischen Kasus sind durch präpositionelle Verbindungen ersetzt worden.

(11) Der Satz (a) hat keine „Übersetzung“ im Lateinischen, weil es zur damaligen Zeit weder das Wort *club* noch eine irgendwie dem Begriff ‚Club‘ entsprechende Bezeichnung oder Ausdrucksweise gab.

(12a) Syntaktische Verbindungen wie „(Persönliches Subjekt) + *amanece* + (Ortsangabe)" sind nicht aus dem Lateinischen erklärbar.

b) Solche Verbindungen sind folglich eine spätere Erscheinung.

c) Das Arabische hat diese „Veränderung" hervorgerufen, d. h. es gab während mehrerer Jahrhunderte eine zweisprachige Bevölkerung, die arabisch und mozarabisch (einen romanischen „Dialekt") sprach und die entsprechende im Arabischen übliche Wendung ins Spanische „entlehnte". (Vgl. dazu die Diskussion in Coseriu 1961)

Die voraufgehende Zusammenstellung von Aussagen erhebt keinerlei Anspruch auf Vollständigkeit im Hinblick auf die Einbeziehung der – immerhin beträchtlich hohen – Zahl von allgemeinen Problemen, die in historischen Grammatiken und etymologischen Wörterbüchern zum Ausdruck kommen. Die bisherigen Ergebnisse der Sprachwissenschaft haben meiner Meinung nach zur Genüge gezeigt, daß weder eine möglichst umfassende Problemkasuistik noch eine besonders umfangreiche Faktensammlung nach willkürlich gewählten Prinzipien eine hinreichende Grundlage für die Aufstellung von Theorien sein können. In vieler Hinsicht ist die möglichst klare und eindeutige Formulierung von theoretischen Annahmen eine notwendige Voraussetzung für die Erkenntnis von Problemen und Fakten. In diesem Sinne sind selbst grobe Vereinfachungen dabei in einem gewissen Stadium der Entwicklung einer Theorie nicht nur unvermeidlich, sondern können meistens geradezu in sehr hohem Maße fruchtbar sein.

1.2. Die Aussage (1a) ist einerseits für jeden Sprecher der spanischen Sprache unmittelbar einsichtig und bedarf diesbezüglich keines Kommentars. Andererseits handelt es sich aber gerade um eine Aussage, die zwar aus den Angaben einer diachronischen Beschreibung abgeleitet werden müßte, die de facto jedoch im strengen Sinne aus keiner vorhandenen diachronischen Beschreibung zu entnehmen ist. Da nun eine jede Grammatik hinreichende Annahmen enthalten muß, aus denen eindeutig hervorgeht, ob ein beliebiger gegebener Satz zu der beschriebenen Sprache gehört oder nicht, d. h. da die Grammatik ein Regelmechanismus ist, der alle wohlgeformten Sätze einer Sprache L erzeugt und phonologisch und semantisch interpretiert, muß von einer diachronischen Beschreibung der Entstehung der Sprache L mindestens gefordert werden, daß Aussagen vom Typ (1a) aus ihr ableitbar sein müssen (bzgl. der hier vertretenen Auffassung von Grammatik vgl. Chomsky 1964b). Daraus ergibt sich eine erste Forderung, die jede diachronische Beschreibung erfüllen muß:

(i) Aus einer diachronischen Beschreibung, die die Entstehung der Sprache L erklären soll, muß eindeutig hervorgehen, ob ein beliebiger Satz zu der Sprache L gehört oder nicht, d. h. es muß ableitbar sein, daß $s_i \in L$ ist.

1.3. Aussagen wie (1b) berühren ein weiteres Kernproblem jeder diachronischen Beschreibung. Einerseits ist (1b) – intuitiv betrachtet – unbezweifelbar, andererseits ist aber eine endlose Diskussion darüber entstanden, wann das Latein aufgehört hat, die Sprache des Volkes zu sein bzw. von wann ab das Spanische existiert. Man hat dann in diesem Zusammenhang die Existenz verschiedener „Sprachen" postuliert, wie z. B. Altlatein, Klassisches Latein, Vulgärlatein, Spätlatein, Mittellatein, Gemeinromanisch, Urromanisch, Protoromanisch, Westromanisch, Protohispanisch, Hispanolatein, Altspanisch, Neuspanisch, das „Spanische des 14. Jahrhunderts", die „spanische Sprache in den Werken des Cervantes" usw. Keiner dieser Begriffe, die jeweils nach verschiedenen Gesichtspunkten – und von verschiedenen Forschern in verschiedener Weise – begründet wurden, hat bei allen Forschern der entsprechenden Fachdisziplinen ungeteilte Zustimmung gefunden. Wenn dabei als „Sprache" einerseits beispielsweise die Gesamtheit der schriftlichen und mündlichen „Sprache" (Neuspanisch), die Gesamtheit literarisch hochwertiger Texte einer bestimmten Art (Klassisches Latein) bzw. literarisch weniger wertvoller bzw. minderwertiger Texte (Altlatein) oder literarisch unvollkommener bzw. irgendwie sprachlich entarteter Texte (Spätlatein) und andererseits das bloße Produkt eines Rekonstruktionsverfahrens (Urromanisch) oder die Summe der in frühen Texten mehrerer Sprachen gleichen Ursprungs belegbaren Erscheinungen (Gemeinromanisch) angesehen wird, so wird offenbar, daß man bei einer solchen Betrachtungsweise sowohl theoretisch als auch bei der konkreten Analyse von Wandlungsprozessen in unüberwindliche Schwierigkeiten geraten muß.

Nun haben zwar eine Reihe von Forschern wie Schuchardt, Hofman, Schmeck u. a. viele Nuancierungen und manche Richtigstellung verfehlter Auffassungen eingeführt – vor allem im Hinblick auf das Problem des Vulgärlateins –, doch ihre Feststellungen, die in mancher Hinsicht durchaus akzeptabel und fruchtbar sind, blieben zu allgemein und ungenau, so daß sich hier an der Praxis der konkreten sprachhistorischen Detailforschung im wesentlichen nichts geändert hat. Dies gilt insbesondere für die Auffassungen bezüglich der Rolle der Theorie sowie der Texte und der Fakten in der sprachwissenschaftlichen Forschung (vgl. § 4).

1.4. Der zunächst interessanteste Gesichtspunkt bei der Postulierung von „Sprachen“ wie den oben genannten ist die Gliederung nach Epochen, Sprachstufen oder Jahrhunderten (z. B. Lapesa 1959). So gibt es etwa eine zeitliche Aufeinanderfolge der „Sprachen“ Latein-Romanisch-Altspanisch-Neuspanisch. In der Praxis gerät man jedoch hierbei wie auch bei der Aufgliederung in Jahrhunderte infolge der Uneinheitlichkeit der sprachlichen Erscheinungen in solchen Zeitabschnitten in große Schwierigkeiten, so daß man daraus den Schluß gezogen hat, es ließen sich zeitliche Abgrenzungen überhaupt nicht vornehmen, weil die Sprache in ständiger Bewegung sei und jegliche zeitliche Abgrenzung von „Sprachen“ oder „Sprachstufen“ willkürlich sein müsse. Dagegen ist nun allerdings einzuwenden, daß Aussagen wie (1b), (2), (9a) durchaus möglich und sinnvoll sind, obwohl sie implizit eine zeitliche Abgrenzung enthalten. Ferner ist die in ihnen enthaltene zeitliche Festlegung durch die Begriffe „Lateinisch“ und „Spanisch“ in diesem Zusammenhang durchaus nicht als willkürlich anzusehen, sondern bezieht sich auf einen Sachverhalt, der bei hinreichenden theoretischen Annahmen eindeutig und präzise formulierbar ist.

Zusammenfassend können wir feststellen, daß erstens jegliche Festlegung von „Sprachen“ nach Gunst oder Ungunst der gegebenen Erkenntnismöglichkeiten – wie beispielsweise „Sprache der altlateinischen Inschriften“, „Sprache der in Spanien gefundenen lateinischen Inschriften“, das „zu rekonstruierende Urromanisch“, das „zu rekonstruierende Indogermanisch“ usw. (vgl. § 4) – grundsätzlich aufgegeben werden muß und daß zweitens der Gesichtspunkt der zeitlichen Aufeinanderfolge von „Sprachen“ für die diachronische Sprachwissenschaft wesentlich und unerläßlich ist.

1.5. Aussagen vom Typ (5b) sind besonders häufig in der traditionellen Sprachwissenschaft, und auf ihnen beruhen zum großen Teil die in der einzelwissenschaftlichen historischen Forschung gewonnenen Erkenntnisse, insofern sie Aussagen über den konkreten Verlauf von Wandlungsprozessen liefern. Wenn wir voraussetzen, daß in (5b) angenommen wird, daß die Veränderung *(h)ominem* > *omine* eine kleinste interpretierbare Veränderung ist, d. h. daß die Formen *(h)ominem* und *omine* unmittelbar aufeinander folgen und keine weitere Veränderung – wie etwa eine hypothetische Folge **(h)ominem* > *omineme* > *omine* – zwischengeschaltet ist, so ist der Abstand von *(h)ominem* zu *omine* genau das, was wir für eine Theorie des Sprachwandels brauchen. Offensichtlich hat in solchen Fällen die traditionelle Sprachwissenschaft implizit mit dem Prinzip der Einfachheit argumentiert (vgl. Halle 1961). Des weiteren wird klar, daß man hierbei nicht unmittelbar und ausschließlich von dem in Texten gegebenen Material ausgehen kann, da dieses Material jeweils nicht diachronisch aufgeschlüsselt vorliegt. In lateinischen Texten – z. B. in der Poesie – finden sich die „Schreibungen" *hominem* und *homine* „gleichzeitig" nebeneinander, und in altkastilischen Texten findet man *omne* und *ombre* „gleichzeitig" belegt. Man ist also darauf angewiesen, bei der Entschlüsselung des Materials nach einer strukturellen Motivierung für die Aufstellung einer Hypothese über die betreffende sprachliche Veränderung zu suchen. Solche Motivierungen laufen darauf hinaus, daß minimal differenzierte Sprachstrukturen unterschieden werden, zwischen denen die Veränderung eintritt. Wir wollen nun anstatt von den oben diskutierten „Sprachen" von Grammatiken ausgehen und sprachliche Veränderungen anhand von Beziehungen zwischen minimal differenzierten, unmittelbar aufeinanderfolgenden Grammatiken darstellen.

1.6. Die bisherigen Überlegungen führen zu einer wichtigen Forderung, sie sich zum Teil aus Forderung (i) ergibt. Man muß nämlich beachten, daß eine Veränderung wie zum Beispiel (*h*)*ominem* > *omine* durch eine Aussage ausgedrückt wird, deren Teile ((*h*)*ominem*, *omine*) selbst Aussagen sind. Mit anderen Worten, das „Wort" (*h*)*ominem* gehört zur lateinischen Sprache, d. h. die Sprecher der lateinischen Sprache benutzten es in ihrer sprachlichen Kommunikation, es ist ein Bestandteil ihrer Kenntnis von ihrer Sprache bzw. ihrer Kompetenz in der lateinischen Sprache. Wenn diese Voraussetzung nicht gemacht wird und man nicht annimmt, daß sie richtig ist, ist die Aussage über die Veränderung (*h*)*ominem* > *omine* falsch. Anders formuliert: wenn unsere Aussage über die Veränderung (*h*)*ominem* > *omine* richtig sein soll, muß mindestens gelten, daß das „Wort", die Phonemfolge und die syntaktische Einheit (*h*)*ominem* durch eine Grammatik G(Lat) erzeugt wird, die die sprachliche Kompetenz der Sprecher der lateinischen Sprache erklärt und die Regeln enthält, die angeben, in welchen wohlgeformten Sätzen (*h*)*ominem* vorkommt und wie solche Sätze phonologisch und semantisch interpretiert werden. Dasselbe gilt für *omine*. Dann muß die Veränderung formuliert werden, die die betreffende Regelmenge, die die Sätze mit *omine* erzeugt, überführt.

Daraus ergibt sich folgende Forderung:

(ii) Die Theorie des Sprachwandels muß *Veränderungen* definieren, die gestatten, eine Regelmenge $R_{a_i} \subseteq G_a$ in eine Regelmenge $R_{b_j} \subseteq G_b$ zu überführen, wobei G_a und G_b zwei Grammatiken sind, die unmittelbar aufeinander folgen.

1.7. Forderung (ii) ist durch vielerlei Erwägungen motivierbar. Eine wichtige Motivierung – abgesehen von der generellen Motivierung der Theorie der generativen Grammatik überhaupt – liegt z. B. in der Lösbarkeit von Streitfragen, die die historische Sprachwissenschaft beschäftigt haben und über die sich bis heute noch keine einheitliche Auffassung hat durchsetzen können. Dies ist der Fall bei Aussagen vom Typ (9a) oder (10a) und (10b), die Beobachtungen enthalten, über deren Deutung und historischen Erklärung sehr voneinander abweichende Meinungen vertreten werden. Solche Streitfragen sind aber prinzipiell unlösbar, solange die notwendigen Annahmen nicht hinreichend theoretisch exakt formuliert werden. Denn was ist der Sinn einer Aussage wie (10b)? Soll gesagt werden, daß es im Spanischen keine Kasus gibt, und bedeutet das, daß das Symbol „Kasus" in der Grammatik des Spanischen überhaupt nicht vorkommt? Letzteres muß stark bezweifelt werden, vor allem deswegen, weil das Spanische eine Reihe von Unterscheidungen im Pronominalsystem aufweist, die sich durch Benutzung von Kasussymbolen sicherlich gut erklären lassen. Die diachronische Sprachwissenschaft kann hier ebensowenig auf die genaue Analyse der Einzelsprache verzichten wie die synchronische. Das ergibt sich unmittelbar aus solchen Fällen wie (10b), wo eine historische Aussage gemacht wird, die nur darum anzuzweifeln ist, weil sie auf der synchronischen Aussagenfolge (10a) beruht, deren Einzelaussagen nicht empirisch begründet sondern ad hoc postuliert sind. Wenn aber die synchronischen Aussagen, auf denen eine diachronische Aussage beruht, falsch sind, so ist auch die diachronische Aussage falsch. Dasselbe gilt für alle möglichen diachronischen Aussagen.

Einige weitere Beispiele mögen das illustrieren. Vergleichen wir die Aussagen (2) (bezüglich *en* < *in*), (7), (9a) und (9b). Offensichtlich hängen diese Aussagen miteinander zusammen. Wie nun muß eine „Etymologie" *en* < *in* präzise formuliert werden, um diesen Zusammenhang darzustellen? Bisher sind solche Zusammenhänge nicht präzise dargelegt worden. Nehmen wir ein weiteres Beispiel. Vergleichen wir die Aussagen (2) (bezüglich *hombre* < *homo*), (5a), (5b) und (6) miteinander, und nehmen wir dazu noch einen Beispielsatz (b) aus Trueba, Cuentos populares 188 (19. Jh.):

(b) *Tengo la suerte más negra que hombre tiene en este mundo.*
(Dt. etwa: Ich habe ein schwereres Los als irgend jemand auf dieser Welt.)

Dazu eine Aussage (13) aus Alonso (1962) 336:

(13) „*hombre* kann noch im 19. Jh. statt *nadie* verwendet werden."

Im Gegensatz zu Satz (a) ist Satz (b) nach dem Empfinden der Sprecher des Spanischen nicht ganz korrekt, obwohl ihm ein hoher Grammatikalitätsgrad zugeordnet werden muß. Offensichtlich hat die Tatsache, daß dem Satz (b) heutzutage nicht die höchste Grammatikalitätsstufe zukommt, Alonso zu der Formulierung „kann *noch* im 19. Jh. verwendet werden" (d. h. implizit „wird heute nicht mehr verwendet") veranlaßt. (Vgl. die sehr typische Einschränkung „oft" in der „grammatischen" Aussage (6). Was uns interessiert, ist gerade „wann" bzw. genau in welchen Fällen das so ist.) Woher weiß aber Alonso, daß der Satz (b) im 19. Jh. noch verwendet werden kann bzw. wie er verwendet werden kann? Was ist damit erklärt? Eigentlich sagt er nicht viel mehr aus als die simple Tatsache, daß der Satz (b) in einem Text aus dem 19. Jh. belegbar ist, dessen Verfasser bekannt ist. Dies ist zwar unter gewissen Umständen nützlich zu wissen, doch es ist nicht das, was uns primär interessiert. Wir wollen ja wissen, ob er zu dem Zeitpunkt in hohem Grade grammatisch ist oder nicht und vor allem, durch welche Regeln er erzeugt wird. Mit anderen Worten, wir brauchen eine generative Grammatik, die durch ihre Regeln die entsprechende Menge von Sätzen erzeugt.

Wenn wir nun zu unserem Vergleich der Aussagen (2) (bezüglich *hombre* < *homo*), (5a), (5b), (6) und (13) zurückkehren, so wird deutlich, daß hier offenbar eine erheblich große Zahl von Fakten vorliegt, die eine Fülle von Problemen aufwerfen, die in einer diachronischen Beschreibung zu lösen sind, und daß angesichts der Komplexität aller dieser Erscheinungen die traditionelle historische Sprachwissenschaft nicht in der Lage ist, diese globalen Zusammenhänge in gleichem Maße klar darzustellen wie die in (5b) exemplifizierten Fälle. Gerade die Erarbeitung von Prinzipien der historischen Phonologie bzw. „Lautlehre" und die fruchtbare Analyse einer großen Zahl von Einzelerscheinungen wie (5b) in vielen Sprachen muß als großes historisches Verdienst der traditionellen Sprachwissenschaft angesehen werden. Das Fruchtbare in den Ergebnissen der traditionellen Sprachwissenschaft zu erkennen und für die moderne diachronische Linguistik nutzbar zu machen, ist eine der Aufgaben dieser Arbeit.

1.8. Eine weitere Forderung muß erfüllt werden, um Aussagen vom Typ (5b) derart umformulieren zu können, daß Aussagenfolgen in Einzelaussagen über Aussagenfolgen verwandelt werden. So kann man z. B. die Aussagenfolge (5b) derart abkürzen, daß eine neue Aussage vom Typ (5a) entsteht. Typ (5a) kommt nun in der sprachwissenschaftlichen Praxis äußerst häufig vor sowohl zur Abkürzung von bekannten Veränderungsfolgen als auch zur Zusammenfassung von Veränderungsfolgen, die nicht näher spezifiziert sind, weil sie noch unbekannt bleiben. Zu demselben Typ gehören außerdem die Aussagen (1b) und (10b). Diese

Beispiele zeigen die besondere Häufigkeit solcher Aussagen in der traditionellen Sprachwissenschaft sowie auch die Nützlichkeit, die sie für die Erkenntnis von sprachlichen Wandlungsprozessen haben. Hinzu kommen unter anderem vor allem die vielen Fälle, in denen man zwar Aussagen über eine frühe Sprachstufe und eine späte Sprachstufe vorliegen hat, die Zwischenstufe jedoch aus irgendwelchen Gründen unbekannt ist. Wenn wir z. B. Aussagen über das Indogermanische machen, von denen wir annehmen, daß sie richtig sind, und wenn wir gleichzeitig Kenntnisse über eine germanische Sprache besitzen, so können wir dann diese beiden Gruppen von Aussagen miteinander in Beziehung setzen, ohne das sogenannte Urgermanische oder Gemeingermanische usw. zu kennen. Es wird dabei dann lediglich angenommen, daß die betreffende germanische Sprache aus dem Indogermanischen entstanden ist bzw. daß das Indogermanische eine bestimmte, nicht näher spezifizierte Folge von Veränderungen durchlaufen hat, bis es sich in die betreffende germanische Sprache verwandelt. Solche Aussagen, die Ausgangspunkt und Endpunkt einer nicht näher spezifizierten Folge von Veränderungen miteinander verbinden, wollen wir *Modifikationen* nennen. (Zum Problem der Auffindung von Aussagen und Kenntnissen über eine „unbekannte" Sprache vgl. § 4.)

Wir können nun eine weitere Forderung formulieren:

(iii) Die Theorie des Sprachwandels muß *Modifikationen* definieren, die gestatten, Aussagen über eine beliebige Folge von nicht spezifizierten Veränderungen zu machen.

1.9. Von Veränderungen muß nun noch sinnvollerweise angenommen werden, daß sie eine Ursache haben. Daraus ergibt sich unmittelbar eine weitere Forderung, die von der Theorie des Sprachwandels erfüllt werden muß:

(iv) Veränderungen müssen so formuliert werden, daß sie kausal interpretierbar sind.

Aus Forderung (iv) ergibt sich, daß eine Modifikation kein kausal interpretierbarer Minimalschritt ist. In unserer Aussage (5b) wird angenommen, daß die in ihr formulierten Veränderungen kausal interpretierbare Minimalschritte sind. Die Modifikation (5a) ist dagegen nicht kausal interpretierbar. Diese Tatsachen spielen in der Praxis der traditionellen Sprachwissenschaft insofern eine große Rolle, als Aussagen vom Typ (5b), wenn sie genügend motiviert sind, von allen Forschern akzeptiert werden, dagegen Aussagen vom Typ (5a) häufig umstritten sind. Mit anderen Worten, Aussagen wie (5a) werden erst dann gemeinhin akzeptiert, wenn sie auf Aussagen wie (5b) zurückgeführt und analysiert werden können. Ein großer Teil der umstrittenen „Etymologien" des Indogermanischen beruht auf Problemen dieser Art.

1.9.1. Eine diachronische Beschreibung, die die Forderungen (i) – (iv) erfüllt, wollen wir von nun an *phänologisch adäquat* nennen. Eine diachronische Beschreibung, die mindestens phänologisch adäquate Aussagen enthält, nennen wir *Phänologie*.

Daß eine diachronische Beschreibung, die nichts über die Ursachen der in ihr beschriebenen Veränderungen aussagt, möglich ist, zeigen die bisherigen Ergebnisse der historischen Sprachwissenschaft. So ist es z. B. möglich gewesen, die germanische Lautverschiebung zu beschreiben und weitgehende Übereinstimmung aller Forscher zu wesentlichen Einzelheiten zu erreichen, während die Frage nach der Ursache der germanischen Lautverschiebung eine große Diskussion auslöste, während der man sich nicht einigen konnte.

Ohne Angaben über die Ursachen der beschriebenen Veränderungen bliebe aber eine diachronische Beschreibung, die die Entstehung einer Sprache erklären soll, unvollständig. Das heißt wir brauchen außer der Phänologie noch weitere Aussagen für eine Theorie des Sprachwandels, die die Ursachen der Veränderungen angeben. Probleme dieser Art sollen in § 3 angedeutet werden.

In diesem Zusammenhang ist es aus praktischen Gründen sinnvoll, den Terminus „historische Grammatik" aufzugeben. Unter einer *Grammatik* wollen wir von nun an ausschließlich einen Regelmechanismus verstehen, der die Sätze einer Sprache erzeugt und semantisch und phonologisch interpretiert. Da zu jeder Grammatik ein Lexikon gehört, das ein Teil der Grammatik ist, muß auch ein großer Teil der Angaben des „etymologischen Wörterbuches" mit in die diachronische Beschreibung eingehen.

2. Phänologie

Wir hatten festgestellt, daß von einer phänologisch adäquaten diachronischen Beschreibung zu fordern ist, daß die in ihr formulierten Veränderungen kausal interpretierbar sein müssen. Wir wollen hier nun zunächst wieder auf ältere Auffassungen zurückgreifen.

In diesem Zusammenhang findet sich wiederum eine überraschende Übereinstimmung in den Auffassungen einer großen Zahl von Forschern der traditionellen Sprachwissenschaft. Zu ihnen gehören vor allem Humboldt, Paul und Meillet. Die gemeinte Übereinstimmung findet sich auch in der „Ablösungstheorie" von E. Herzog (1904) 46 und in gewissem Sinne bei Matoré (1953) 57ff. und bei vielen anderen. Bei Paul (1880) 34 heißt es z. B.: „Es liegt auf der Hand, daß *die Vorgänge bei der Spracherlernung von der allerhöchsten Wichtigkeit für die Erklärung der Veränderung des Sprachusus sind*, daß sie die wichtigste Ursache für diese Veränderungen abgeben. Wenn wir, zwei durch einen längeren Zwischenraum voneinander getrennte Epochen vergleichend, sagen, die Sprache habe sich in den Punkten verändert, so geben wir ja damit nicht den wirklichen Tatbestand an, sondern es verhält sich vielmehr so: die Sprache hat sich ganz neu erzeugt und diese Neuschöpfung ist nicht völlig übereinstimmend mit dem Früheren, jetzt Untergegangenen ausgefallen." Im Jahre 1929 erklärte Meillet: „[. . .] Jedes Kind muß auf sich selbst gestellt die Fähigkeit erwerben, die Sprache der Angehörigen seiner sozialen Gruppe zu verstehen und sie zu gebrauchen. Die Sprache wird ihm nicht „en bloc", als ein Stück geliefert. Es hört niemals etwas anderes als einzelne, konkrete Sätze und nur wenn es diese Sätze untereinander vergleicht, gelingt es ihm, die Bedeutung der Äußerungen, die es hört, zu erfassen und seinerseits zu sprechen. Für jedes Individuum ist die Sprache wieder völlig neu zu schaffen, was unter dem Einfluß seiner Umgebung geschieht." (Meillet 1936, 74). An anderer Stelle heißt es bei Meillet (1921, 236): „Vor allem muß man den wesentlich diskontinuierlichen Charakter der Weitergabe von Sprache berücksichtigen: Das Kind, das sprechen lernt, empfängt keine fertige Sprache: es muß sie für seinen Gebrauch wieder völlig neu schaffen nach dem, was es in seiner Umgebung hört [. . .] Diese Diskontinuität bei der Weitergabe der Sprache genügt für sich allein nicht, etwas zu erklären. Aber ohne sie wären die Ursachen des Wandels ohne Frage unwirksam gewesen, die Bedeutung von Wörtern so radikal zu verändern, wie es bei einer großen Zahl von Fällen geschehen ist: ganz allgemein übrigens ist die Diskontinuität bei der Weitergabe von Sprache die erste Bedingung, die die Möglichkeit und die Modalitäten aller sprachlichen Veränderungen bestimmt." (Übers. D. Ch.). In einigen Punkten ähnliche Auffassungen vertritt neuerdings z. B. Halle (1962), der auch die betreffenden Zitate aus Meillet wiedergibt.

2.1. In § 1 hatten wir vier Forderungen empirisch motiviert, denen eine jede Theorie des Sprachwandels genügen muß. Im folgenden sollen nun Annahmen formuliert werden, die diese Forderungen erfüllen.

Die kausale Interpretierbarkeit (Forderung (iv)) wird durch Überlegungen aus dem Bereich einer Theorie der Spracherlernung motiviert, wie sie durch gewisse Aspekte in den obigen Zitaten illustriert ist. Die Spracherlernung kann als ein Prozeß angesehen werden, in dem durch das Kind – die junge „Generation" – auf der Grundlage der endlichen Zahl von gehörten Sätzen, Nichtsätzen und Korrekturen die Grammatik aufgebaut wird, die die unendliche Menge von wohlgeformten Sätzen der betreffenden Sprache erzeugt und semantisch und phonologisch interpretiert. Ein Erwachsener hat nun gewöhnlich nicht mehr die Fähigkeit, eine Fremdsprache in dem Maße vollkommen zu beherrschen wie ein Sprecher dieser Sprache, der sie von Kind auf erlernt hat. Halle (1962) erklärt diese Tatsache durch die Annahme, daß der Erwachsene die Fähigkeit verloren hat, auf der Grundlage eines begrenzten Corpus von Satzexemplaren optimale Grammatiken aufzubauen. Er nimmt an, daß Sprachveränderungen im späteren Leben auf das Hinzufügen oder Eliminieren von einigen wenigen Regeln innerhalb der Grammatik beschränkt bleiben und daß eine gesamte Umstrukturierung seiner Grammatik über die Fähigkeiten eines Durchschnittserwachsenen hinausgeht.

Wir wollen die Veränderungen der Grammatik eines einzelnen Sprechers als „Zunahme der Sprachkenntnis" dieses Sprechers – die Menge der von ihm „gelernten" Veränderungen seines Idiolekts – interpretieren und für die zu verändernde Grammatik nur zusätzliche Regeln zulassen, die diese Zunahme beschreiben. Nun bestehen aber prinzipiell Unterschiede zwischen Idiolekt, Dialekt und „Sprache" und entsprechend auch in den Grammatiken, die sie beschreiben. Wenn wir nun in der Phänologie eine Veränderung als „Zunahme der Sprachkenntnis einer Sprachgemeinschaft" interpretieren, so wird damit eine notwendige Idealisierung vorgenommen, die in gewissem Sinne der Idealisierung im Begriff „Sprache einer Sprachgemeinschaft" entspricht. In jedem Falle ist die in einer Veränderung in unserem Sinne beschriebene „Zunahme der Sprachkenntnis" kausal interpretierbar, wobei die kausale Interpretation der Veränderungen eines Idiolekts jedoch nicht ohne weiteres der von Veränderungen der Sprache einer Sprachgemeinschaft gleichgesetzt werden darf. Über die komplexen Beziehungen, die zwischen dem Prozeß der Spracherlernung von Individuen und dem der „Zunahme der Sprachkenntnis einer Sprachgemeinschaft" bestehen, ist jedoch zum gegenwärtigen Zeitpunkt noch relativ wenig bekannt, da unter anderem eine hinreichend ausgearbeitete Theorie der Spracherlernung, die in diesem Zusammenhang erforderlich wäre, noch nicht vorliegt. (Vgl. zur Spracherlernung Chomsky 1962, Chomsky/Miller 1963, zu Modellen der Sprachverwendung vgl. Miller/Chomsky 1963.)

2.2. Um Veränderungen formulieren zu können, benötigen wir ein Verfahren, das zwei Grammatiken miteinander in Beziehung bringt. Beziehungen zwischen Grammatiken lassen sich darstellen durch sogenannte *Erweiterungsregeln*. Dies wurde von Halle (1962) für die Phonologie und von Klima (1964) für die Syntax anhand von Beispielen im einzelnen gezeigt. Für die semantische Komponente der Grammatik steht der Nachweis im einzelnen noch aus.

Eine *Erweiterungsregel* ist eine Regel, die an einer bestimmten Stelle – anschließend an eine bestimmte Menge von Regeln, zum Beispiel im Falle der Ableitung von Kasusformen von Pronomina nach den Regeln für Kasus – in eine Grammatik G_1 eingefügt wird, so daß die so um eine Regel erweiterte Grammatik dieselbe Menge von Sätzen erzeugt wie eine Grammatik G_2. Dies ist unter anderem deswegen möglich, weil eine Grammatik eine geordnete Menge von Regeln ist und weil ein und dieselbe Menge von Sätzen durch mehrere Grammatiken erzeugt werden kann. (Umgekehrt ist die Beziehung eindeutig: von einer Grammatik wird eine eindeutig bestimmte Menge von Sätzen erzeugt.) Klima (1964) benutzt solche Erweiterungsregeln zur Darstellung von Beziehungen zwischen Grammatiken, die die Sätze verschiedener „koexistierender Stile" ableiten.

Unter einer *Veränderung* verstehen wir von nun an eine diachronisch interpretierte Erweiterungsregel. Wir wollen nun annehmen, daß in ein und demselben zu beschreibenden Zeitraum „gleichzeitig" mehr als eine Veränderung auftreten kann. Entsprechend muß dann einer Grammatik eine *Veränderungsmenge* zugeordnet werden, die sie in die nächstfolgende Grammatik überführt. Damit haben wir nun die notwendigen Voraussetzungen geschaffen, um eine Phänologie des Sprachwandels begründen zu können.

2.3. Desiderata:

Wir wollen hier zunächst voraussetzen, daß der genetische Zusammenhang von aufeinander folgenden Sprachen als solcher bekannt ist. Für eine phänologisch adäquate diachronische Beschreibung brauchen wir dann mindestens:

(1) eine endliche Menge von Grammatiken $G = \{G_1, \ldots, G_n\}$
(2) eine endliche Menge von Sprachen $L = \{L_1, \ldots, L_n\}$
(3) eine endliche Folge von Veränderungen $H = (H_1, \ldots, H_s)$
(4) eine endliche Folge von Veränderungsmengen $H^* = (H_1^*, \ldots, H_{n-1}^*)$

Durch die Indizes wird hier die Reihenfolge der Elemente festgelegt.

Wenn wir unter einem Segment Sg eine geordnete Menge von Regeln einer Grammatik G verstehen, wobei lediglich verlangt ist, daß die Reihenfolge der Regeln von Sg dieselbe ist, die diese in der vollständigen Grammatik einnehmen, so können wir folgende Definitionen geben:

(a) Eine *Veränderung* H_{ν_i} ist eine diachronisch interpretierte Erweiterungsregel, die einem Segment Sg_{ν_j} einer Grammatik G_ν hinzugefügt wird, so daß das so erweiterte Grammatiksegment dieselbe Menge von Ketten erzeugt wie ein entsprechendes Segment $Sg_{(\nu+1)_k}$ einer Grammatik $G_{\nu+1}$.[2]

---

[2] Der Begriff „Segment" muß noch genauer bestimmt werden, als es hier geschehen konnte. Es wäre z. B. nicht ohne weiteres richtig anzunehmen, daß – wie es z. B. in Klima (1964) geschieht – jedes Segment – wenn man dabei lediglich die in § 2.3. gegebene Definition zugrundelegt – Sätze erzeugt. Die Segmente in Halle (1962) beispielsweise *interpretieren* lediglich bestimmte – dort nicht näher beschriebene – abstrakte syntaktische Einheiten, die von der syntaktischen Komponente der Grammatik abgeleitet werden. (Bei Halle 1962 wäre z. B. vorauszusetzen, daß die syntaktischen Regeln, die die Einheiten erzeugen, in denen die lautlichen Veränderungen erscheinen, gleichbleiben.) Andererseits wäre es zu streng anzunehmen, daß in einem solchen Falle die gesamte Syntax gleichbleibt. Bei der Formulierung einer phonologischen Veränderung kann man nicht ohne weiteres voraussetzen, daß *sämtliche* Transformationsregeln „unverändert" bleiben bzw. daß im Transformationsteil keine Erweiterungsregel auftritt. Es könnten ja bestimmte syntaktische Veränderungen „gleichzeitig" eingetreten sein. Es läßt sich nun leicht zeigen, daß es bei einer gegebenen phonologischen Veränderung, die bestimmten Endketten der Oberflächenstruktur eine „neue" phonologische Interpretation zuordnet, bestimmte Transformationsregeln gibt, deren eventuelle „Veränderung" keinerlei Einfluß auf die Gültigkeit der phonologischen Veränderung haben. Andererseits muß jedoch angenommen werden, daß mindestens diejenigen Transformationsregeln unverändert bleiben, die Symbole einführen, denen eine besondere „neue" phonologische Interpretation zugeordnet wird. Es wäre also sinnvoll zu fordern, daß im Zusammenhang mit der Festlegung eines Segments explizit ausgedrückt werden muß, welche Regeln mindestens unverändert bleiben müssen, um die Gültigkeit der formulierten Veränderung zu garantieren. Eine genauere Bestimmung des Begriffes wäre vielleicht möglich, indem man ein Segment als eine geordnete Menge von Regeln definiert, die in einer bestimmten Weise an der Erzeugung von bestimmten Sätzen *partizipieren*, in denen die zu beschreibenden linguistischen Eigenschaften auftauchen. Das Segment beschreibt dann unter anderem diejenigen Eigenschaften, die durch eine Erweiterungsregel verändert werden sollen.
Nun ist es jedoch einsichtig, daß nicht alle beliebigen Segmente für eine zu formulierende Veränderung in Betracht kommen. Man wird z. B. nicht erwarten, daß es eine Veränderung gibt, die an ein Segment angefügt wird, das lediglich aus den ersten beiden Regeln der Grammatik besteht. Es gibt also keine Veränderung in folgender Position:
(1) S → NP Präd.-Phrase
(2) Präd.-Phrase → Aux VP (Ort) (Zeit)
(3) Veränderung
Es muß somit nach empirischen Motivierungen für weitere theoretische Annahmen gesucht werden, die genau festlegen, an welchen Stellen eine Veränderung in eine Grammatik eintreten kann (vgl. auch die Diskussion in Halle 1962). Eine Reihe von Beobachtungen sprechen z. B. dafür, daß Veränderungen vielleicht überhaupt nicht an Segmenten auftreten, die nur aus Expansionsregeln bestehen. Andererseits kann aber dann bei einer „längeren" Modifikation – z. B. bei einer bestimmten Modifikation zwischen Altlatein

Die Veränderung beschreibt einen Umwandlungsprozeß zwischen einer Sprache L_ν und einer Sprache $L_{\nu+1}$, wobei L_ν und $L_{\nu+1}$ unmittelbar aufeinander folgen.

(b) Eine *Veränderungsmenge* H_ν^* ist die Menge aller Veränderungen $\{H_{\nu_1}, \ldots, H_{\nu_p}\}$, die einer und nur einer Grammatik G_ν zugeordnet sind.

(c) *Sprachwandel* ist eine Folge von Veränderungsmengen, wobei jede Veränderungsmenge einer und nur einer Grammatik G_ν zugeordnet ist.

Wir können eine Veränderung als Zuordnung zwischen Segmenten zweier aufeinander folgender Grammatiken ansehen. Dafür führen wir nun das Symbol $\dashv$ ein. $Sg(a_\nu)_\nu$ bezeichne ein spezielles Segment der Grammatik G_ν. (Der Index innerhalb der Klammer soll dabei ausdrücken, daß es sich jeweils um verschiedene Segmente handelt; denn ein spezielles Segment Sg(a) einer Grammatik G ist nicht gleich dem speziellen Segment der folgenden Grammatik, mit dem es „in Beziehung" gebracht wird.) $Sg(a_\nu)_\nu \dashv Sg(a_{\nu+1})_{\nu+1}$ ist dann eine Schreibweise für Veränderung von $Sg(a_\nu)_\nu$ zu $Sg(a_{\nu+1})_{\nu+1}$. Jetzt können wir auf der Grundlage der erarbeiteten Begriffe eine Modifikation (symbolisiert $\Dashv$) definieren:

(d) $Sg(a_\nu)_\nu \Dashv Sg(a_{\nu+k})_{\nu+k}$ für $1 \leqslant \nu + k \leqslant n$ ist *Modifikation* von $Sg(a_\nu)_\nu$ zu $Sg(a_{\nu+k})_{\nu+k}$, wenn eine Kette $Sg(a_\nu)_\nu, Sg(a_{\nu+1})_{\nu+1}, \ldots, Sg(a_{\nu+k})_{\nu+k}$ existiert mit $Sg(a_{\nu+i})_{\nu+i} \dashv Sg(a_{\nu+i+1})_{\nu+i+1}$ für $0 \leqslant i < k$.

An dieser Stelle wollen wir folgende Konventionen einführen:

(I) Es soll *nicht* gelten: $Sg(a_{\nu+i})_{\nu+i} \cap Sg(b_{\nu+i})_{\nu+i} = \emptyset$, d. h. in einer Grammatik können verschiedene Segmente Regeln gemeinsam haben (vgl. Anmerkung 2).

(II) Es soll zugelassen werden, daß verschiedene Modifikationen in einer oder mehreren Grammatiken gleiche Segmente haben.

---

und Neuspanisch – an einem bestimmten Endpunkt der Fall auftreten, daß auch bestimmte Expansionsregeln anders zu formulieren sind als am Ausgangspunkt derselben Modifikation. Das wiederum zwingt dazu anzugeben, wo in solchen Fällen die entsprechenden Veränderungen in die Grammatik eintreten sollen, damit in den betreffenden Regeln der erforderliche „Effekt" erzielt wird. Schließlich gibt es noch eine Reihe von Beobachtungen grundsätzlicher Natur, die unter anderem verlangen, die *Beziehungen*, die *zwischen Veränderungen* bestehen können – d. h. z. B. Reihenfolgebeziehungen usw. – in theoretischen Annahmen explizit auszudrücken, mit anderen Worten, es gibt Probleme der *ätiologischen Adäquatheit* von diachronischen Beschreibungen (zum Begriff der ätiologischen Adäquatheit vgl. § 3.2.). Angesichts des inneren Zusammenhangs in den hier aufgeworfenen Fragen sollen auch die Probleme in Verbindung mit einer weiteren Präzisierung des Begriffes „Segment" hier vorläufig noch offengelassen werden.

Konvention (II) ließe sich aus folgenden Überlegungen ableiten. Es könnte der Fall eintreten, daß wir aus irgendwelchen Gründen mit einer Veränderung nicht auskommen, um die Entstehung des Segments Sg_{ν_j} zu beschreiben. In einem solchen Falle könnten dann z. B. zwei Segmente der voraufgehenden Grammatik $G_{\nu-1}$ beteiligt sein, denen je eine Veränderung hinzugefügt wird. Eine genaue Explikation der unserem Illustrationsbeispiel aus § 1 *(h)ominem > omine > omne > omre > ombre* zugrunde liegenden Umwandlungsprozesse könnte beispielsweise – rein hypothetisch gesehen – nicht in einer einfachen Kette von Veränderungen, sondern evtl. in komplizierteren Prozessen bestehen, die Überschneidungen enthalten. Wir wollen die einfachen Fälle einmal in einem Bild (B1) und etwas kompliziertere Fälle im Bild (B2) an hypothetischen Beispielen veranschaulichen (die Punkte in (B1) und (B2) sollen dabei Segmente darstellen):

(B1)
(B2)

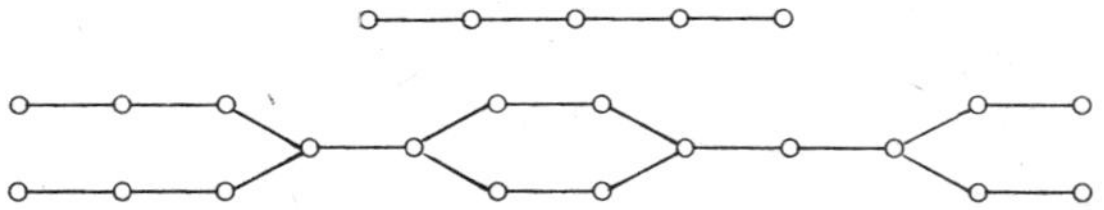

Auf die mit Konvention (II) verbundenen Probleme soll hier nicht weiter eingegangen werden, da sie im Zusammenhang mit den in § 3.2. aufgeworfenen Fragen näher untersucht werden müssen. Weitere Probleme für die Phänologie ergeben sich im Zusammenhang mit einigen noch offenen Fragen zur Struktur des Lexikons (vgl. die Diskussion in Chomsky 1964b).

2.4. Wenn man grundsätzlich berücksichtigt, daß es in der diachronischen Forschung ebensowenig wie in der synchronischen Linguistik Entdekkungsprozeduren geben kann, so beginnt die diachronische Untersuchung hier in gewissem Sinne ähnlich wie in der traditionellen Sprachwissenschaft auch. Auf Grund der verschiedensten heuristischen Erwägungen muß nach einer strukturellen Motivierung für die zu beschreibenden Veränderungen gesucht werden. Die Theorie verlangt dann lediglich, daß das Resultat der Untersuchung bestimmten Forderungen genügen muß, d. h. unter anderem, daß die zu formulierenden Grammatiken die Eigenschaft haben, die Chomsky (1964a) „explanatory adequacy" nennt, und daß die Veränderungen phänologisch adäquat beschrieben werden. Wie aus den in Halle (1962) und Klima (1964) gegebenen Beispielen zu entnehmen ist, können einige als Erweiterungsregeln formulierte Veränderungen dabei den „Effekt" haben, daß in dem auf Sg_1 folgenden Segment Sg_2 eine bestimmte Regel „nicht mehr auftaucht", daß eine „neue“ Regel erscheint oder daß die Reihenfolge der Regeln eine andere ist. Andere Veränderungen mögen andere „Effekte“ haben. Die Theorie entspricht hier in einem etwas variierten Sinne der Forderung von Bloomfield 1926, 30: „Unsere Annahmen müssen uns die Freiheit lassen, den historischen Prozeß in jedem erwünschten Grade von Detailliertheit zu untersuchen.“ (Übers. D. Ch.).

2.5. Die in den Definitionen (a) – (d) vorliegenden theoretischen Annahmen erfüllen die in § 1 empirisch motivierten Forderungen (i) – (iv).

Es bleibt hier jedoch noch ein wichtiges Problem ungelöst. Wir können jetzt Modifikationen als Folge von Veränderungen formal darstellen. Es ist aber noch nicht die Frage gelöst, wie eine beliebige Modifikation ohne *Spezifizierung* der einzelnen Veränderungen formal explizit darstellbar ist. Hier sind noch weitere Untersuchungen erforderlich. (Als Spekulation möchte ich an dieser Stelle anregen zu untersuchen, inwieweit sich Grammatiken derart umformulieren lassen, daß die in ihnen auftauchenden Symbole durch die Positionen definiert werden, die sie in der Grammatik einnehmen. Erweist sich dies als möglich, so ließen sich Modifikationen leicht als Umstellung bzw. als Hinzufügung oder Löschen von Positionen beschreiben. Dies würde wiederum auch den Vorstellungen von Modifikationen sehr nahekommen, die in den traditionellen diachronischen Beschreibungen zum Ausdruck kommen.)

Mit unseren Annahmen ist das *Zustandekommen* von Veränderungen noch nicht erklärt (zu diesem Problem vgl. § 3.2.). Wohl aber ist damit der Versuch gemacht, die Voraussetzungen zu schaffen, um zu einer zusammenhängenden Erklärung derartiger Erscheinungen zu gelangen. (Zu einigen Problemen der Dialektgeographie auf der Grundlage der generativen Grammatik vgl. Keyser 1963).

Auf eine ausführliche Illustration der Darstellbarkeit von Veränderungen anhand von Beispielen habe ich angesichts des begrenzten Umfangs dieser Arbeit verzichtet. Dies war um so eher möglich, weil es letztlich lediglich auf die Illustration der Darstellung von Erweiterungsregeln hinauslaufen würde, die durch die in Halle (1962) und Klima (1964) diskutierten Beispiele hinreichend demonstriert werden.

3. Bemerkungen zu Ätiologie und Sprachentwicklung

An dieser Stelle sollen keine weiteren theoretischen Annahmen formuliert werden. Die folgenden Überlegungen dienen lediglich dem Zweck, ein „Orientierungsmodell“ zu schaffen, das auf der Grundlage der bisher formulierten Annahmen einen provisorischen Überblick über den Gesamtzusammenhang der sprachgeschichtlichen Erscheinungen gestattet.

3.1. Wir kehren nun wieder zu unseren Beispielen aus § 1.1. zurück. Die mit gutem Grund bisher unberücksichtigt gebliebenen Aussagen (3a), (3b), (11), (12a), (12b), (12c) enthalten offensichtlich Fakten, die mit einer Phänologie allein nicht zu erklären sind. (Zu (4) vgl. unsere Ausführungen in § 4.) Nehmen wir zur Verdeutlichung noch ein weiteres Beispiel (14) hinzu:

(14) „Die Differenzierung des Portugiesischen vom Spanisch-Katalanischen läßt sich auf fünf Ursachen zurückführen: 1. geographische Isolierung, 2. geringeren germanischen Einfluß in der kritischen Periode, 3. politische Unabhängigkeit seit der Mitte des 12. Jh., 4. die Förderung der nationalsprachlichen Individualität durch die Renaissance, 5. den zunehmenden französischen Einfluß.“ (Formuliert nach Williams 1938, 17)

Es ist einleuchtend, daß Aussagen wie (14) in einem gewissen Sinne zur Erklärung der Sprachentwicklung beitragen. Vergleichen wir (14) mit den Beispielen (3a), (3b), (11), (12a), (12b) und (12c), so wird ein bestimmter Unterschied zwischen (14) und den übrigen Aussagen deutlich. Diesem Unterschied entspricht auch die Tatsache, daß Aussagen wie (14) in der traditionellen historischen Sprachwissenschaft in einem höheren Maße umstritten sind wie die übrigen, oder sie bleiben so allgemein, daß ihre Aussagekraft gering ist. Es läßt sich nun beobachten, daß zwischen den Fakten in (14), (12c), (11) und (3b) ein engerer Zusammenhang besteht als zwischen denen in (14), (12a), (12b) und (3a). Offensichtlich sind Aussagen wie (3a), (12a), (12b) in einem gewissen Sinne vorauszusetzen, um Aussagen wie (14), (12c), (11) und (3b) zu machen. Ganz deutlich wird es am Beispiel (12): die Reihenfolge (12a), (12b), (12c) ist logisch nicht umkehrbar.

Wir wollen unsere Beobachtungen näher präzisieren. Zwischen (3a), (12a), (12b) besteht ein theoretischer Zusammenhang, der ohne Benutzung des in den Aussagen (14), (12c) und (3b) zusätzlich gegebenen Vokabulars formulierbar ist. In beiden Fällen aber handelt es sich offensichtlich um Fakten, die zur Erklärung von „Ursachen“ des Sprachwandels mit herangezogen werden müssen. Keine dieser Aussagen ist mit dem Vokabular der Phänologie allein formulierbar. Wir sind also hier offenbar gezwungen, zwischen den Erscheinungen, die im prätheoretischen Sinne als Ursachen betrachtet werden können und somit als mehr oder weniger zusammengehörig erscheinen, mindestens zwei Klassen von Erscheinungen zu unterscheiden.

3.2. Wir wollen diejenigen Erscheinungen, die der Phänologie am nächsten stehen, einmal provisorisch als *ätiologische* Erscheinungen bezeichnen. Eine Theorie, die solche Erscheinungen erklärt, wäre dann *Ätiologie* zu nennen. Ätiologische Aussagen in dem Sinne liegen vor in (3a), (12a) und (12b). Hier werden Aussagen gemacht, die mit Aussagen zusammenhängen, die das *Zustandekommen* der betreffenden Veränderungen erklären, ohne daß über die gesellschaftlichen Ursachen etwas ausgesagt ist. Solche ätiologischen Aussagen umfassen offensichtlich einen Teil dessen, was man „innere Ursachen des Sprachwandels" genannt hat. Was hier erklärt werden muß, sind die Beziehungen, die zwischen den einzelnen Veränderungen bestehen. So gibt es viele Beobachtungen in der traditionellen Sprachwissenschaft, die beispielsweise zeigen, daß Veränderungen einer bestimmten Art anderen Veränderungen voraufgehen müssen, d. h. daß es Reihenfolgebeziehungen unter den Veränderungen gibt. Beziehungen dieser Art wurden oft dahingehend gedeutet, daß man annahm, daß eine gegebene Veränderung eine weitere Veränderung „verursacht" oder „bedingt", z. B. wird oft festgestellt, daß lautliche Veränderungen syntaktischen Veränderungen voraufgehen usw. Es wäre nun denkbar, daß die Phänologie derart bereichert werden kann, daß sie solche Beziehungen mit erklärt. Eine andere Möglichkeit bestünde darin, die ätiologischen Erscheinungen in einem weiteren Teil der diachronischen Beschreibung zu erklären, den wir – der gewählten provisorischen Terminologie entsprechend – Ätiologie nennen könnten. In jedem Falle müssen jedoch in einer – *ätiologisch adäquaten* – diachronischen Beschreibung die ätiologischen Erscheinungen mit erfaßt werden. Es wird hier unter anderem auch untersucht werden müssen, wie diejenigen Erscheinungen explizit darstellbar sind, die man mit den Termini „Gleichgewichtszustand" und „Ungleichgewichtszustand" eines Sprachsystems umschreiben könnte. Schließlich gibt es eine Reihe von Beobachtungen, die – vielleicht sehr weitgehende – theoretische Annahmen erfordern, Beobachtungen, die Jakobson (1963) 107 in folgender Formulierung zusammenfaßt: „Die zwei Stadien eines in Gang befindlichen Wandels wurden als zwei simultane Sprachstile uminterpretiert; der Wandel wurde als synchronisches Faktum gefaßt . . ." (Übers. D. Ch.). In diesem Zusammenhang kann eine interessante Beobachtung von Bloomfield (1939) erwähnt werden, nach der in bestimmten Fällen die Reihenfolge der nach dem Prinzip der Einfachheit – d. h. rein synchronischen Erwägungen – aufgestellten Regeln der Grammatik die relative Chronologie der Regeln widerspiegelt (zur Widerspiegelung der relativen Chronologie in generativen Grammatiken vgl. Halle 1962, 66f.; Klima 1964, 2, 6; Hartung 1964, 215 und insbesondere Teeter 1964, 1028ff.).

Seit dem ersten Internationalen Linguistenkongreß 1928 bemüht man sich immer mehr, den Sprachwandel als Wandel von Systemen darzustellen. Die in neuerer Zeit vorgeschlagenen „Erklärungsprinzipien" sind dabei zum Teil häufig als Versuche zu verstehen, bestimmte ätiologische Erscheinungen zu erklären (vgl. Kuryłowicz 1945–49, Mańczak 1957–58, Martinet 1955, Coseriu 1958, Růžička 1962a, 1962b u. a.). Man blieb hier jedoch bei der Betrachtung einzelner „Teilsysteme" stehen und erfüllte nicht die Forderung der phänologischen Adäquatheit.

3.2.1. Wir wollen nun einige Vorüberlegungen anstellen, um anzudeuten, auf welchem Wege man einer Erklärung der ätiologischen Erscheinungen näherkommen kann. In § 2.3. hatten wir eine Veränderung definiert als eine Erweiterungsregel H_1, die einem Segment Sg_1 einer Grammatik G_1 zugeordnet wird und in einem Segment Sg_2 der nächstfolgenden Grammatik G_2 einen bestimmten „Effekt" hat. Den Teil einer diachronischen Beschreibung, der solche Aussagen enthält, hatten wir Phänologie genannt. Wir können nun die mit in einer Veränderung gegebene Beziehung durch die Formel $Sg(a)_1 + H \rightarrow \cdot Sg(a)_2$ charakterisieren, wobei $Sg(a)_2$ *Effekt von* $H(Sg(a)_1)$ ist. Nach Konvention (II) (vgl. § 2.3.) können verschiedene Modifikationen in einer Grammatik gleiche Segmente haben. In einem solchen Falle kann nun $Sg(a)_2$ *Resultat von* $[H(Sg(a)_1) + H(Sg(b)_1) + H(Sg(c)_1)]$ sein. Wir haben hier den Begriff „Effekt" in einem anderen Sinne verwendet als in § 2.4., denn nun ist auch z. B. $Sg(a)_2$ *Effekt von* $H(Sg(b)_1)$, wobei $Sg(a)_2$ in unserem Beispiel gleichzeitig *Resultat* dreier Veränderungen ist. Wir wollen nun unsere bisherigen Annahmen dahingehend präzisieren, daß wir sagen, daß die Phänologie Effekt-von-Relationen und die Ätiologie Resultat-von-Relationen definiert.

Fruchtbar wird diese Unterscheidung insbesondere durch eine Reihe von Beobachtungen der traditionellen Sprachwissenschaft, die eine Art „Theorie der Grade der diachronischen Veränderbarkeit" fordern. So wurde z. B. oft festgestellt, daß die Syntax und die Phonologie sich langsamer oder weniger verändern als der Wortschatz. Wir wollen nun dementsprechend Umgestaltungen einzelner lexikalischer Einheiten von den in § 2.3. definierten Veränderungen unterscheiden und dafür den Terminus *Alternationen* einführen. Der Effekt von Alternationen, d. h. beliebige *von der Sprachgemeinschaft akzeptierte* Neubildungen an lexikalischen Einheiten wie z. B. diachronische „Metaphern", „Analogien", „Wortneubildungen", „syntaktische Einzelkonstruktionen" einschließlich sogenannter Modewörter und Modebildungen, soll – im Unterschied zur Veränderung – beliebig zwischen einer Grammatik G_1 und der nächstfolgenden Grammatik G_2 eintreten können. Nun ergibt sich die mit vielen Beobachtungen der traditionellen historischen Sprachwissenschaft übereinstimmende Möglichkeit, Alternationen in Resultat-von-Relationen eingehen zu lassen. Wenn A_1^* die Menge aller Alternationen ist, die zwischen G_1 und G_2 eintreten, so gibt es eine Teilmenge $A_1 \subseteq A_1^*$, derart, daß G_2 *Resultat von* $[H_1^* + A_1]$ ist. Man vergleiche hierzu etwa die Beobachtungen von Gilliéron (*Pathologie et thérapeutique verbales*, Paris 1921), der das „Verschwinden" von „Worten" in bestimmten Fällen als Resultat von „Lautgesetzen" erklärt. In gewissem Sinne entspricht hier unsere Unterscheidung von Effekt-von-Relationen und Resultat-von-Relationen zum Teil der traditionellen Unterscheidung zwischen „progressiver" und „retrospektiver" Sicht diachronischer Beschreibungen, sie unterscheidet sich aber von ihr dadurch, daß sie beide „Sichtweisen" in einen einheitlichen Zusammenhang bringt, der nicht willkürlich ist.

Wir wollen nun unsere Bemerkungen zur Theorie des Sprachwandels folgendermaßen zusammenfassen. Die Theorie des Sprachwandels muß vor allem die Tatsache erklären, daß natürliche Sprachen die Eigenschaft haben, sich verändern zu können. Somit muß eine solche Theorie als eine Metatheorie aufgefaßt werden, die den Begriff „diachronische Veränderbarkeit natürlicher Sprachen" definiert. Ein Teil der hier erforderlichen Definitionen läßt sich auf Grund unserer bisherigen Annahmen folgendermaßen formulieren:

(a) $Sg_1 + H_1 \rightarrow Sg_2$ definiert den Begriff „Veränderbarkeit grammatischer Segmente", wobei Sg_2 Teil von G_2 und Effekt von H_1 ist.

(b) $|E_1| \rightarrow |E_1| + N\ (< +\infty)$ definiert den Begriff „Veränderlichkeit der Anzahl der lexikalischen Einheiten einer Grammatik", wobei $|E_1|$ die Anzahl aller lexikalischen Einheiten von G_1 und N eine Anzahl neuer lexikalischer Einheiten verschiedenster Herkunft ist (ein Teil von ihnen sind Effekt von Alternationen), die beliebig zwischen G_1 und der nächstfolgenden Grammatik G_2 eintreten und von denen nicht alle in G_2 erhalten bleiben müssen.

Eine phänologisch und ätiologisch adäquate diachronische Beschreibung enthält jedoch keinerlei Angaben über die sozialen und sozialpsychologischen Gründe, die die Umgesaltung der Grammatik einer Sprachgemeinschaft hervorrufen.

3.3. In den Aussagen (3b), (12c) und (14) sind zusätzliche Informationen enthalten, die theoretische Annahmen verlangen, die in der Ätiologie noch nicht gegeben werden. Wir wollen hier wieder eine provisorische Benennung einführen und sagen, daß diejenigen Annahmen, die nicht in die diachronische Beschreibung eingehen – d. h. die Menge der in (14), (12c) und (3b) implizit enthaltenen zusätzlichen Annahmen –, von einer „Theorie der historischen Sprachentwicklung" zu fordern sind. Dort wären dann Erscheinungen wie Konvergenz und Divergenz der Sprachentwicklung, Lehnbeziehungen zwischen Sprachen und Dialekten, sozialpsychologische Erscheinungen wie das Kommunikationsbedürfnis der Sprachgemeinschaft und vieles mehr zu erklären.

3.4. Wie immer man das Problem der Erklärung der „ätiologischen Erscheinungen" sowie der „historischen Sprachentwicklung" auch im einzelnen theoretisch lösen mag, so müssen doch grundsätzlich bei der Erklärung von Ursachen von Veränderungen der logischen Struktur nach zwei Fragen unterschieden werden:

(1) Was ist die Ursache einer gegebenen Veränderung v?

(2) Was verursacht Veränderungen vom Typ V?

Es ist einsichtig, daß die Beantwortung von (2) eine notwendige Voraussetzung für die Beantwortung von (1) ist. Mit anderen Worten, die Beantwortung von (2) muß in eine umfassende „Theorie der Sprachgeschichte" eingehen, von der angenommen wird, daß sie für alle natürlichen Sprachen gilt, und die eine notwendige Voraussetzung für die Beantwortung von Fragen wie (1) ist.

3.5. Nehmen wir jetzt zur Illustration des bisher Gesagten unser Beispiel (3b). Eine phänologisch adäquate Beschreibung des Spanischen würde in der Phänologie eine Menge von Veränderungen enthalten, die erklären, daß in einer bestimmten Grammatik des Jh. ein neues Element CLUB im Lexikon erscheint, das bestimmte syntaktische, semantische und phonologische Merkmale hat, und daß bestimmte Veränderungen im syntaktischen, semantischen oder phonologischen Teil der Grammatik auftreten. Die Veränderungen werden durch Erweiterungsregeln beschrieben. Der ätiologische Teil der diachronischen Beschreibung müßte unter anderem erklären, wie die entsprechenden Veränderungen miteinander in Beziehung stehen. So ist z. B. der Plural *clubs* eine Neuerung (später kommen noch Plurale wie *cártels*, *fiords* u. a. hinzu). Im Kastilischen gab es ursprünglich keine auf Konsonant + s endenden „Worte". Die entsprechende in der Phänologie beschriebene phonologische Veränderung kann nun im ätiologischen Teil der diachronischen Beschreibung unter anderem auf das Eintreten des neuen Lexikon-Elements CLUB zurückgeführt werden. Damit würde das *Zustandekommen* der entsprechenden phonologischen Veränderung(en) erklärt. Die Theorie der historischen Entwicklung des Spanischen wird nun unter anderem erklären, daß bestimmte gesellschaftliche Bedingungen zu einer bestimmten Zeit gegeben waren, die im Zusammenwirken mit bestimmten sozialpsychologischen Gegebenheiten die in der diachronischen Beschreibung formulierte Umstrukturierung der Grammatik des Spanischen in einem bestimmten Zeitraum hervorgerufen haben. Die „Lehnbeziehung" (*club* ist Lehnwort aus dem Englischen) der traditionellen historischen Sprachwissenschaft wird hier aufgegliedert in eine diachronische Beschreibung von Sprachwandlungsprozessen und eine *historische Beschreibung* von Sprachentwicklungsprozessen. In diesem Sinne würden wir sagen, daß z. B. Erscheinungen wie Konvergenz und Divergenz – gesellschaftlich und sozialpsychologisch bedingte – Sprachentwicklungsprozesse sind.

3.6. Wir wollen nun unsere Beobachtungen folgendermaßen zusammenfassen:

Die historische Sprachwissenschaft muß zwei Fragen beantworten:

(A) Wie verändert sich eine Sprache L?

(B) Wie werden solche Veränderungen hervorgerufen?

Die Beantwortung von (A) ist eine notwendige Voraussetzung für die Beantwortung von (B). Wenn wir sagen, daß in der Beantwortung von (A) der Sprachwandel und in der Beantwortung von (B) die Sprachentwicklung beschrieben wird, so können wir jetzt unser provisorisches „Orientierungsmodell" folgendermaßen formulieren:

Es gibt eine umfassende *Theorie der Sprachgeschichte*, die aus zwei Teilen besteht: 1. einer *Theorie des Sprachwandels*, die *Sprachwandlungsprozesse* erklärt, und 2. einer *Theorie der historischen Sprachentwicklung*, die *Sprachentwicklungsprozesse* erklärt. Die Theorie des Sprachwandels liefert theoretische Annahmen, die für alle Sprachwandlungsprozesse aller natürlichen Sprachen gelten. Mit Hilfe der in der Theorie des Sprachwandels vorliegenden Erkenntnisse über die allgemeine Struktur von Sprachwandlungsprozessen kann in einer *diachronischen Beschreibung* eines gegebenen Sprachwandlungsprozesses im phänologischen Teil der *Sprachwandel* und im ätiologischen Teil das *Zustandekommen des Sprachwandels* beschrieben werden. Die Theorie der historischen Sprachentwicklung liefert theoretische Annahmen, die für alle Sprachentwicklungsprozesse aller natürlichen Sprachen gelten. Mit Hilfe der in der Theorie der historischen Sprachentwicklung gewonnenen Erkenntnisse über die allgemeine Struktur von Sprachentwicklungsprozessen kann eine *historische Beschreibung* eines gegebenen Sprachentwicklungsprozesses gegeben werden.

In einem gewissen Sinne sind ähnliche Beobachtungen zur logischen Struktur der Theorie der Sprachgeschichte in einzelnen Punkten zum Teil seit langem bekannt, obgleich nicht alle erforderlichen Konsequenzen daraus gezogen wurden. So heißt es z. B. bei Martinet (1960) 163: „Es ist somit sehr schwer, die Verursachung sprachlicher Veränderungen genau anzugeben, indem man von den Umformungen der sozialen Struktur und den dadurch entstehenden Veränderungen der Kommunikationsbedürfnisse ausgeht". Auch die in (A) und (B) formulierte Aufgabenstellung für die historische Sprachwissenschaft dürfte im Prinzip nicht im Widerspruch zu weitgehend akzeptierten Auffassungen stehen (vgl. etwa Martinet 1962, 134, wo die historische Sprachwissenschaft betrachtet wird als „diejenige, die bestimmt, wie und warum sich Sprachen im Laufe der Zeit wandeln, und das ist es, was hier mit sprachlicher Entwicklung gemeint ist." – Übers. D. Ch.).

Ich möchte noch einmal betonen, daß die Bemerkungen dieses Kapitels lediglich provisorische Umschreibungen für bestimmte Beobachtungen darstellen. Weitere empirische und theoretische Untersuchungen müssen zeigen, in welcher Weise die hier diskutierten Fakten zusammenhängend erklärbar sind.

4. Die Problematik der Heuristik bei der Beschreibung von „toten Sprachen"

Das Hauptproblem bei der Beschreibung „toter Sprachen" besteht in der Tatsache, daß höchstens nur eine endliche Menge von in Texten überlieferten Sätzen auffindbar ist und kein Sprecher der betreffenden Sprache zur Verfügung steht, dessen intuitive Auffassung von der Grammatikalität beliebig gebildeter Sätze testbar wäre. Daraus ergibt sich ein wesentlicher Unterschied in der empirischen Bestimmbarkeit der grammatischen Regeln. Es ist leicht nachzuweisen, daß es bestimmte Regularitäten gibt, die teils von der Sprachverwendung, teils von der Lebenssituation der Sprecher der zu beschreibenden Sprache bestimmt werden, und die verhindern, daß bestimmte Sätze mit bestimmten grammatischen Eigenschaften in Texten vorkommen. Die Grammatikalität solcher Sätze ist für lebende Sprachen im Prinzip immer testbar, für tote Sprachen dagegen nicht. Anders formuliert besteht der Unterschied zwischen einer „toten" und einer „lebenden" Sprache darin, daß die „lebende" Sprache uns in einer beliebigen Menge von Sätzen bzw. einer potentiell *unendlichen* Menge von Sätzen, die „tote" Sprache aber zunächst höchstens nur in einer *endlichen* Menge von belegbaren Satzexemplaren gegeben ist. Mit anderen Worten, das dem Forscher für lebende Sprachen zur Verfügung stehende *Material* ist jeweils ein beliebig erweiterbares Corpus von bewerteten Sätzen, für „tote" Sprachen jedoch höchstens ein *nicht beliebig erweiterbares* Corpus von nach ihrer Grammatikalität *nicht bewerteten* Sätzen.

Um einsichtig zu machen, mit welchem Recht Aussagen über den Regelmechanismus einer Sprache möglich sind, deren Sprecher zum Zeitpunkt der Untersuchung nicht mehr als Testpersonen herangezogen werden können, sind folglich eine Reihe von theoretisch-heuristischen Annahmen erforderlich. Solche Annahmen müssen eine hinreichende Grundlage liefern, um die fehlende unmittelbare Testbarkeit linguistischer Erscheinungen durch eine „mittelbare Testbarkeit" zu ersetzen. Etwas paradox formuliert ist folgendes Problem zu lösen: Wie müssen Tests aufgebaut sein, um die intuitive Sprachauffassung von Sprechern zugänglich zu machen, die nicht mehr leben?

Nun ging die traditionelle historische Sprachwissenschaft von der stillschweigend gemachten Voraussetzung aus, daß sozusagen aus Texten allein die Grammatik zu gewinnen ist. Sie setzte damit praktisch voraus, daß alle überlieferten Sätze gleich grammatisch sind und sah allenfalls in gewissem Sinne das Problem, wie Testfragen zu beantworten sind, für die kein entsprechendes Satzexemplar vorhanden ist. Daher ihr Vertrauen im Falle großer Mengen von überlieferten Texten und ihr Mißtrauen im Falle wenig belegter oder unbelegter Sprachen. Selbst wenn wir aber annehmen, daß richtige Regeln aus Texten zu gewinnen sind, und dabei annehmen, daß *nicht alle* so gewonnenen Regeln richtig sind, so heißt das lediglich, es gilt: (wenn G^+ die aus Texten gewonnene, G die nur die wohlgeformten Sätze erzeugende Grammatik ist): $G^+ \cap G \neq \emptyset$, d. h. es gibt $R_\sigma^+ \in G^+$ mit $R_\sigma^+ \in G$. Selbst wenn man dann noch annimmt, daß man von einigen – aber *nicht allen* – Regeln *entscheiden* könnte, ob sie richtig sind oder nicht, so bedeutet das auch nur, daß gilt: (wenn L_f eine unendliche Menge von beliebigen falschen – d. h. nicht wohlgeformten – Sätzen, $L(G^+)$ die Menge der von G^+erzeugten Sätze ist): $L_f \cap L(G^+) \neq \emptyset$. Es bleibt immer eine Menge D_f von nicht wohlgeformten Sätzen, die von G^+ erzeugt werden. Das alles läuft auf dasselbe heraus, was man durch eine einfachere Überlegung schon erschließen kann: wenn man in die „Theorie des grammatisch richtigen – wohlgeformten – Satzes der Sprache L" als Eingabe ein Corpus von nach ihrer Grammatikalität nicht bewerteten Sätzen benutzt, so kommt auch nur eine Menge von *nicht bewerteten* Sätzen als Ausgabe heraus, und es bleibt immer unentscheidbar, ob ein *gegebener* Satz wohlgeformt und ob eine *gegebene* Regel richtig ist. Prinzipiell ändert es nichts an unserer Problematik, wenn man annimmt, daß man in *einigen* – aber nicht allen Fällen – sich auf zeitgenössische Grammatiker berufen kann, die von diesem oder jenem Satz explizit sagen, daß er zu ihrer Zeit wohlgeformt ist. Die Rolle der Testperson kann der zeitgenössische Grammatiker – selbst im Falle einer Sprache wie des Lateinischen – nur in sehr wenigen Fällen übernehmen.

Wenn man nun überhaupt noch Aussagen über die Struktur „toter Sprachen" machen will, so folgt daraus, daß solche Aussagen „rekonstruiert" werden müssen. Mit anderen Worten, man braucht ein „Rekonstruktionsverfahren", das gestattet, beliebig genaue Aussagen über den Gegenstand zu machen. Ein solches Rekonstruktionsverfahren setzt mindestens die Kenntnis von formalen und substantiellen Universalien sowie der allgemeinen Struktur der Sprachgeschichte, die für alle natürlichen Sprachen gilt, voraus. Da nur lebende Sprachen beliebig genau erkennbar bzw. beschreibbar sind, wäre dafür der sicherste Ausgangspunkt die lebende Sprache, d. h. es müßte dann von beliebig genau beschreibbaren Eigenschaften lebender Sprachen auf spezielle Eigenschaften „toter Sprachen" geschlossen werden.

Nun ist der Begriff der Rekonstruktion in der traditionellen historischen Sprachwissenschaft keineswegs unbekannt. Nach den großen Erfolgen auf dem Gebiet der „Sprachvergleichung" im 19. Jh. stieß man jedoch bei der etymologischen Detailforschung auf immer mehr Schwierigkeiten, so daß dann seit Anfang des 20. Jh. ein starker Zweifel an der Rekonstruierbarkeit von Aussagen über „unbekannte" – d. h. nicht durch Texte belegte – Sprachen auftauchte. Dieser immer schärfer hervortretende Pessimismus steht dabei in einem auffälligen Gegensatz zu einem prinzipiellen Optimismus bezüglich der Möglichkeit, aus einer endlichen Zahl von überlieferten Texten hinreichende Aussagen über die grammatischen Eigenschaften der betreffenden Sprache zu gewinnen.

Wenn wir Rekonstruktionsverfahren ausarbeiten und diese auf gut belegte „tote Sprachen" anwenden, so sind solche Verfahren in einem gewissen Sinne überprüfbar, und es kann die Frage untersucht werden, wo die Grenzen der Rekonstruierbarkeit in einem bestimmten Bereich liegen. Die Tatsache, daß in der Romanistik mit dem traditionellen Verfahren des Sprachvergleichs vulgärlateinische Etyma rekonstruiert wurden, die sich erst *nachträglich* als tatsächlich belegbar erwiesen, so daß die Texte das Resultat der Rekonstruktion bestätigten, kann in diesem Zusammenhang als wichtiges Argument angeführt werden. Nun können wir von einem Rekonstruktionsverfahren nicht schlechterdings erwarten, daß dadurch Grammatiken *beliebiger* toter Sprachen rekonstruiert werden können. In diesem Zusammenhang ist die Kenntnis von Informationen wie (4) aus unseren Beispielen in § 1.1. unerläßlich. Die große Bedeutung der überlieferten Texte liegt dann darin, daß sie uns *unentbehrliche* Informationen einer gewissen Art unter anderem auch über den terminus ante quem liefern, d. h. sie beweisen die Existenz von bestimmten Erscheinungen in einer bestimmten Zeit, wenn bestimmte Bedingungen erfüllt sind. In diesem Sinne hat gerade die traditionelle historische Sprachwissenschaft Großes geleistet. Neben der Aufdeckung höchst komplexer Zusammenhänge in der Sprachentwicklung wie Konvergenz und Divergenz hat sie u. a. gezeigt, daß linguistische Universalien, vor allem bestimmte substantielle Universalien in vielen Sprachen oder Sprachfamilien vorhanden sind, ein Problem, zu dessen Erforschung dann die „Prager Schule" neue Impulse gegeben hat (vgl. etwa Seidel 1948, der die Unterscheidung von 'Belebt-Unbelebt', 'Persönlich-Unpersönlich' in vielen Sprachen nachweist. Zur Konvergenz vgl. neuerdings Seidel 1958, Weinreich 1953 u. a.)

In den letzten Jahren sind eine Reihe von Arbeiten erschienen, die eine optimistische Position zur Frage der Rekonstruierbarkeit vertreten, obwohl sie dabei vorwiegend die Rekonstruktion von nicht belegten Sprachen – also den weitaus schwierigsten Teil dieses Problems – berücksichtigen (vgl. Hockett 1958, 461ff., Gleason 1961, Hall 1950, 1960, insbesondere Hoenigswald 1960; vgl. die kritische Diskussion der theoretischen Grundlagen der „Lexikostatistik" in Teeter 1963). Wenn solche Untersuchungen von einer expliziten Theorie der Sprachgeschichte – mindestens aber von hinreichend formulierten Teilbereichen einer solchen Theorie – ausgehen bzw. eine solche entwickeln, können sie zu genaueren Resultaten führen.

Literatur

M. Alonso (1962), *Evolución sintactica del español*, Madrid 1962.

L. Bloomfield (1926), „A Set of Postulates for the Science of Language", *Lg* 2 (1926) 153–164, wiederabgedr. in: M. Joos (ed.), *Readings in Linguistics*, New York ²1958, 26–31.

L. Bloomfield (1939), „Menomini Morphophonemics", *TCLP* 8 (1939) 105–115.

N. Chomsky (1962), „Explanatory Models in Linguistics", in: E. Nagel/P. Suppes/A. Tarski (eds.), *Logic, Methodology and Philosophy of Science*, Stanford 1962, 528–550.

N. Chomsky (1964a), „The Logical Basis of Linguistic Theory", in: H. G. Lunt (ed.), *Proceedings of the Ninth International Congress of Linguists*, London/The Hague/Paris 1964, 914–978.

N. Chomsky (1964b), *Categories and Relations in Syntactic Theory*, Research Monograph, M. I. T., Cambridge, Mass. 1964.

N. Chomsky/G. A. Miller (1963), „Introduction to the Formal Analysis of Natural Languages", in: R. D. Luce/R. R. Bush/E. Galanter (eds.), *Handbook of Mathematical Psychology*, New York, II (1963) 269–322.

J. Corominas (1961), *Breve diccionario etimológico de la lengua castellana*, Madrid 1961.

E. Coseriu (1958), *Sincronía, diacronía e historia. El problema del cambio lingüístico*, Montevideo 1958 [Dt. Fassung u. d. T.: Synchronie, Diachronie und Geschichte. Das Problem des Sprachwandels, übers. von H. Sohre, München 1974].

E. Coseriu (1961), „¿ Arabismos o romanismos?“, in: *Nueva Revista de Filología Hispanica* 15, 1–2, *Homenaje a Alfonso Reyes*, I (Mexico 1961) 4–22.

V. Garcia de Diego (1961), *Gramática histórica española*, Madrid [2]1961.

H. A. Gleason, Jr. (1961), „Genetic Relationship among Languages“, in: R. Jakobson (ed.), *Structure of Language and Its Mathematical Aspects. Proceedings of the 12th Symposium in Applied Mathematics*, Providence 1961, 179–189.

R. A. Hall (1950), „The Reconstruction of Proto-Romance“, *Lg* 26 (1950) 6–27.

R. A. Hall (1960), „On Realism in Reconstruction“, *Lg* 36 (1960) 203–206.

M. Halle (1961), „On the Role of Simplicity in Linguistic Desriptions“, in: R. Jakobson (ed.), *Structure of Language and Its Mathematical Aspects. Proceedings of the 12th Symposium in Applied Mathematics*, Providence 1961, 89–94.

M. Halle (1962), „Phonology in Generative Grammar“, *Word* 18 (1962) 54–72.

W. Hartung (1964), *Die zusammengesetzten Sätze des Deutschen* (= Studia grammatica 4), Berlin 1964 [[5]1971].

E. Herzog (1904), *Streitfragen der romanischen Philologie*, Halle 1904.

Ch. F. Hockett (1958), *A Course in Modern Linguistics*, New York 1958.

H. M. Hoenigswald (1960), *Language Change und Linguistic Reconstruction*, Chicago 1960.

R. Jakobson (1963), „Efforts Toward a Means-Ends Model of Language in Interwar Continental Linguistics“, in: Ch. Mohrmann/F. Normann/A. Sommerfelt (eds.), *Trends in Modern Linguistics*, Utrecht/Antwerp 1963, 104–108 [Wiederabgedr. in: R. Jakobson, *Selected Writings* II (London/ The Hague/Paris [2]1971) 522–526].

S. J. Keyser (1963), [Review of] Kurath/McDavid, *The Pronunciation of English in the Atlantic States*, *Lg* 39 (1963) 303–316.

E. S. Klima (1964), „Relatedness Between Grammatical Systems“, *Lg* 40 (1964) 1–20.

J. Kuryłowicz (1945), „La nature des procès dits ‘analogiques’“, *ALH* 5 (1945) 15–37.

R. Lapesa (1959), *Historia de la lengua española*, Madrid [4]1959.

W. Mańczak (1957/58), „Tendances générales des changements analogiques I, II“, *Lingua* 7 (1957/58) 298–325, 387–420.

A. Martinet (1955), *Économie des changements phonétiques*, Berne 1955 [[3]1970].

A. Martinet (1960), *Éléments de linguistique générale*, Paris 1960, dt. Fassung u. d. T.: Grundzüge der allgemeinen Sprachwissenschaft, übers. von A. Fuchs, unter Mitarbeit von H.-H. Lieb, Stuttgart 1963 [[2]1967].

A. Martinet (1962), *A Functional View of Language*, Oxford 1962.

G. Matoré (1953), *La méthode en lexicologie. Domaine français*, Paris 1953.

A. Meillet (1921, 1936), *Linguistique historique et linguistique générale*, 2 Bde., Paris, I: 1921, [2]1948, II: 1936, [2]1952.

G. A. Miller/N. Chomsky (1963), „Finitary Models of Language Users“, in: R. D. Luce/R. R. Bush/E. Galanter (eds.), *Handbook of Mathematical Psychology* New York, II (1963) 419–492.

H. Paul (1880), *Principien der Sprachgeschichte*, Halle 1880, [5]1920 [letzter unver. Abdr. der 5. Aufl. Tübingen 1970].

R. Růžička (1962a), „Zur Rolle der asymmetrischen Korrelation in der historischen Syntax“, *WZUL* 11 (1962) 253–254.

R. Růžička (1962b), „Korrelationswandel als Erklärungsmodell in der diachronischen Grammatik“, *ZSl* 7 (1962) 678–685.

E. Seidel (1948), „Gibt es ein Genus personale?“, *Bulletin Linguistique* (Bukarest) 16 (1948) 5–93.

E. Seidel (1958), *Elemente sintactice slave în limba romîna*, Bukarest 1958.

K. V. Teeter (1963), „Lexicostatistics and Genetic Relationship“, *Lg* 39 (1963) 638–648.

K. V. Teeter (1964), „Algonquian Languages and Genetic Relationship“, in: H. G. Lunt (ed.), *Proceedings of the Ninth International Congress of Linguists,* London/The Hague/Paris 1964, 1026–1032.

U. Weinreich (1953), *Languages in Contact. Findings and Problems,* New York 1953 [8th. prnth. 1974].

E. B. Williams (1938), *From Latın to Portuguese*, Philadelphia 1938.

A. Zauner (1921), Altspanisches Elementarbuch, Heidelberg [2]1921.

PAUL KIPARSKY*

Sprachuniversalien und Sprachwandel[1]

1. Das Problem der psychologischen Realität

Nehmen wir an, es gelingt jemandem, eine Grammatik herzustellen, die die Sätze einer Sprache korrekt aufzählt und ihnen die adäquaten strukturalen Beschreibungen zuordnet. Eine solche Grammatik würde ipso facto korrekt die Gesamtheit dessen ausmachen, was ein gewandter Sprecher an Kenntnissen dieser Sprache besitzt. Doch würde sie nicht notwendigerweise die Form dieses Wissens in dem Sinne repräsentieren, daß sie tatsächlich dem Regelsystem entspräche, das vom Sprecher internalisiert ist und einen Teil dessen darstellt, was ihn dazu befähigt, beliebige Äußerungen in dieser Sprache zu erzeugen und zu verstehen. Ähnlich kann das Wissen einer Person, die die Arithmetik, d. h. die unendliche Menge korrekter arithmetischer Rechenoperationen, erlernt hat, mittels vieler differenter Regelsysteme definiert werden, zu denen sowohl psychologisch gesehen inadäquate (z. B. bestimmte Axiome der Mengentheorie, Computerprogramme usw.) zu zählen wären wie auch das psychologisch adäquate, all das Wissen nämlich, das zu arithmetischen Operationen benutzt wird, z. B. die Regeln der Schularithmetik und die Multiplikationstabelle. Wie können wir wissen, daß die generative Grammatik psychologisch gesehen nicht ein ebenso unrichtiges Modell der sprachlichen Kompetenz darstellt wie die Mengentheorie im Hinblick auf die arithmetische Kompetenz?

Die von der linguistischen Theorie spezifizierten Sprachuniversalien umfassen festgesetzte Notationen zur Formulierung von Grammatiken sowie einen Bewertungsmaßstab, die zusammen eine Hypothese konstituieren darüber, welche der zahllosen Grammatiken, die die Sätze einer Sprache beschreiben könnten, psychologische Realität besitzt in

* Ich bin J. R. Ross und W. G. Moulton dankbar für viele Verbesserungsvorschläge zu dieser Abhandlung. Sie stimmen jedoch nicht notwendigerweise mit meinen Ansichten überein, und folglich ruht allein auf mir die Verantwortung für das hernach Geschriebene.

1 Diese Untersuchung wurde teilweise durch die National Institutes of Health gefördert (Stip. Nr. MH 13390-02)

dem Sinne, daß sie die Form und nicht nur die Substanz der Kompetenz eines gewandten Sprechers repräsentiert. Aus der Fülle von möglichen Generalisierungen über die Sätze einer Sprache sondern sie diejenigen aus, die sich als sprachlich signifikant erweisen und den Generalisierungen entsprechen, zu denen ein Kind, das solche Sprachäußerungen hört, tatsächlich bei der Konstruktion seiner Grammatik gelangt. Es ist nun zu fragen, wie die verschiedenen Aspekte dieser Hypothese begründet werden.

Viele Merkmale der allgemeinen Grammatik lassen sich bereits genügend darin begründen, daß es ohne sie einfach nicht möglich wäre, Grammatiken zu formulieren, die die Sätze einer Sprache erklären. Besonders in der Syntax besteht, wie Chomsky hervorgehoben hat, das eigentliche Problem nicht darin, aus verschiedenen brauchbaren Theorien die richtige herauszusuchen, sondern darin, eine überhaupt applikable zu finden. Bei im wesentlichen abbreviatorischen Konventionen wie u. a. geschweiften und runden Klammern können jedoch echte Probleme einer empirischen Begründung entstehen. Eine Grammatik läßt sich immer durch eine deskriptiv adäquate ersetzen, in der keine dieser abkürzenden Notationen verwendet wird. Es dürfte wohl keine Sprache existieren, deren Sätze nur in einer bestimmten Weise aufgezählt werden können. Worin besteht aber dann, wenn überhaupt, die empirische Kraft solcher Notationskonventionen?

Die meisten Linguisten würden beispielsweise darin übereinstimmen, daß zwei Regeln des Typs

$$x \rightarrow y$$
$$z \rightarrow y\,,$$

falls innerhalb ihrer Anordnung nicht durch eine weitere Regel getrennt, durch Ausfaktorierung der ihnen gemeinsamen rechten Seite folgendermaßen zusammengefaßt werden sollten:

$$\begin{Bmatrix} x \\ z \end{Bmatrix} \rightarrow y$$

Wir würden sagen, die beiden Schweifklammern bezeichnen eine sprachlich signifikante Generalisierung hinsichtlich dieser beiden Regeln. Wie jedoch wissen wir, daß dies so ist? Wie würden wir diese Konvention einem Linguisten A gegenüber begründen, der sie als inkorrekt bezeichnet und nach dessen Ansicht die beiden Regeln getrennt bleiben sollten? Oder – was wahrscheinlicher eintreten könnte – wie würden wir sie einem anderen Linguisten B gegenüber rechtfertigen, nach dessen

Ansicht die beiden Theorien gegeneinander keinen nachweislichen Korrektheitsanspruch erheben können und beide infolge ihres Charakters als wechselseitig austauschbare Notationsvarianten äquivalente Hypothesen über die vom Sprecher internalisierte Grammatik darstellen?

Es bestehen keine bewußten apriorischen Vorstellungen von Allgemeingültigkeit (generality), auf die wir hier rekurrieren könnten wie etwa auf intuitive Erfahrungen, die – wie z. B. Ambiguität und Synonymie – Merkmale von Strukturbeschreibungen widerspiegeln. Da sich die Prozesse des normalen Spracherwerbs unbewußt vollziehen, besitzen wir absolut keine Vorstellung von der Form von Grammatiken, andererseits jedoch klare Vorstellungen über die Form von Sätzen, die in den Grammatiken erklärt werden. Zwar gelangt der Linguist im Laufe seiner Arbeit bald zu Vorstellungen hinsichtlich der Form von Grammatiken und solcher Begriffe wie der Allgemeingültigkeit. Diese Vorstellungen resultieren jedoch irgendwie aus seiner Beschäftigung mit den Sprachen. Uns interessiert, worauf sie sich gründen.

Ebensowenig genügt die Tatsache, daß eine Generalisierung vorgenommen werden kann, um aufzuzeigen, daß sie real ist. Es lassen sich unschwer allerhand absurde Notationskonventionen erfinden, mit denen sich unechte Generalisierungen ausdrücken ließen, die wir gern aus Grammatiken ausschlössen. Konventionen müssen gerechtfertigt werden, indem man aufzeigt, daß die mit ihnen formulierbaren Generalisierungen keine akzidentielle Geltung haben. Zu diesem Zweck könnte man argumentieren, daß eine in Grammatiken häufig verwendbare Konvention kein akzidentielles Sprachfaktum wiedergeben kann. Viele mutmaßlich falsche Konventionen würden sich jedoch sehr oft als nützlich innerhalb von Sprachbeschreibungen erweisen. Stellen wir uns z. B. einen Linguisten C vor, nach dessen Meinung die Schweifklammer-Notation darauf ausgedehnt werden sollte, Regeln des Typs

$$\begin{array}{l} X \to Y \\ Z \to X \end{array}$$

zu überführen in den Typ

$$_{Z \to}\left\{ X \right\}^{\to Y}$$

Er wird uns ebensoviele Fälle zeigen können, in denen solche Klammern in Grammatiken zur Regelgruppierung verwendet werden können. Oder, um einen konkreten Linguisten zu zitieren: Pāṇini verwendet oft eine abbreviatorische Konvention, die der folgenden, innerhalb der generativen Grammatik[2] nicht gestatteten Klammerbenutzung entspricht:

$$\begin{array}{l} A \rightarrow \quad \left.\begin{array}{l} B \\ E \end{array}\right\} / - C \\ D \rightarrow \left\{\begin{array}{l} E \\ \\ F \quad / - G \end{array}\right. \end{array}$$

Falsch erscheint hieran, daß mittels dieser Konvention Regeln für heterogene Prozesse zusammengefaßt werden können. Von den hier kombinierten Regeln haben zwei absolut nichts miteinander gemeinsam, nämlich die erste Regel

$$A \rightarrow B \;/\; - C$$

und die letzte Regel

$$D \rightarrow F \;/\; - G\,.$$

Wir würden es indessen vorziehen, innerhalb einer Grammatik die Regeln zu Blöcken zu kombinieren, deren Teile in einer mehr als nur partiellen Identität aufeinander bezogen wären. In idealer Weise sollten diejenigen Regeln zu natürlichen Blöcken gruppiert werden, deren Teile verschiedene Aspekte desselben Basisprozesses darstellen würden.

Ist die Psycholinguistik in der Lage, auf experimentellem Wege Beweise für die Form von Grammatiken zu liefern? Psycholinguistische Experimente, die kürzlich unternommen wurden mit dem Ziel, die psychologische Realität der generativen Grammatik zu testen, beschäftigten sich hauptsächlich mit zwei Fragestellungen. In einer Gruppe von Experimenten war man auf der Suche nach verhaltenstypischen Korrelaten zu den von der generativen Grammatik postulierten strukturalen Beschreibungen. Bever, Fodor und Garrett entdeckten z. B. in einer Versuchsreihe, daß die Stelle, an der innerhalb eines gleich-

---

2 Dies ist darin begründet, daß innerhalb der – ursprünglich oralen – indischen Grammatiktradition abbreviatorische Konventionen nicht mittels graphischer Mittel wie Klammern, Parenthesen oder etwas Gleichwertigem realisiert wurden, sondern eher dem Konjunktions-Reduktionsprozeß der natürlichen Sprache ähnlich waren. In den folgenden drei Sutren zum Beispiel werden die eingeklammerten Wörter ausgelassen und als von der vorausgegangenen Sutra übertragen angesehen:

6.1.77 iko yaṇ aci (hochtonige Vokale werden zu Gleitlauten vor Vokalen)
6.1.78 eco'yavāyāvah [aci] (*e*, *o*, . . . → *ay*, *av*, . . . vor Vokalen)
6.1.79 [eco] vānto yi pratyaye (*o*, *au* → *av*, *āv* vor *y*)

Es ist kaum möglich, diese drei Regeln durch Erweiterung der Konventionen der generativen Grammatik zu einer einzigen zusammenzufassen.

zeitig gegebenen Satzes das Auftreten eines Geräusches wahrgenommen wird, sich von seiner tatsächlichen Lokalisierung in einem Ausmaß unterscheidet, das anhand der Oberflächen-Konstituentenstruktur des Satzes vorherbestimmbar ist. In einer anderen Versuchsreihe sollten Beweise für die Behauptung gefunden werden, daß ein Regelsystem wie das von der generativen Grammatik postulierte bei der Erzeugung und dem Verstehen sprachlicher Äußerungen involviert sei. Gegenüber den erfolgreichen Experimenten zur psychologischen Realität strukturaler Beschreibungen sind die mit der psychologischen Realität von Grammatiken befaßten Tests im ganzen negativ ausgefallen (Fodor/Garrett 1967). Zwar konnte man anfänglich eine ganze Reihe von Erfolgen verbuchen, und es schien eine klare Beziehung sichtbar zu werden zwischen der grammatischen Komplexität eines Satzes, wie sie an der Zahl der an seiner Strukturierung beteiligten grammatischen Regeln gemessen wird, und seiner wahrgenommenen Komplexität, wie sie anhand verschiedener experimentell ermittelter Performanzparameter gemessen wird. In jüngst durchgeführten Experimenten an komplexerem Sprachmaterial ist jedoch diese Beziehung fast wieder verschwunden. Es leuchtet ein, daß der Gebrauch der vom Sprecher internalisierten grammatischen Regeln einen höchst komplexen Prozeß darstellt, wobei auf komplizierte Weise die relevanten Regeln aufgespürt und Sätze erzeugt werden in einer Weise, daß direkt aus der Performanz gewonnene Parameter sich keineswegs unmittelbar auf soche groben grammatischen Eigenschaften von Sätzen beziehen lassen wie die Zahl der bei ihrer Ableitung betroffenen Regeln. Daß Grammatiken keine Performanzmodelle darstellen bedeutet vermutlich, daß die Frage, ob sie korrekte Kompetenzmodelle seien, wahrscheinlich so lange nicht anhand gegenwärtig bekannter experimenteller Verfahrensweisen beantwortbar ist, bis die Leistungen der Kompetenz von den über die Performanz bekannten Fakten säuberlich getrennt werden können.

Was wir wirklich brauchen, ist ein Fenster hin zur Form der linguistischen Kompetenz, das nicht verdunkelt wird durch Faktoren wie die Performanz, über die fast nichts bekannt ist. Im Sprachwandel besitzen wir genau so ein Fenster.

2. Die Form des Sprachwandels

Wir können uns den Sprachwandel ungefähr so vorstellen: Grammatiken unterliegen zweierlei Änderungen, nämlich der Hinzufügung neuer Regeln und der Vereinfachung. In der Phonologie entspricht die Erweiterung des Regelapparats etwa dem Begriff des „Lautwandels" (Halle 1962, Postal 1968). Derjenige Lautwandel zum Beispiel, bei dem im Deutschen und in vielen anderen germanischen Sprachen am Wortende stehende Obstruenten stimmlos werden, ist die Hinzufügung der Regel

1. [+ Obstruent] → [- stimmhaft]/ — #

Anhand von Alternanzen wie z. B. *bunt* : *bunde* (vs. *bunt* : *bunte*), in denen diese Regel deutlich wird, wird sie von jeder Sprechergeneration von neuem als Teil der Sprache erlernt, und selbst im heutigen Deutsch behalten die zugrundeliegenden Repräsentationen der meisten Wörter das in Mittelstellung artikulierte stimmhafte Segment bei. Die Hinzufügung von Regel 1 läßt jedoch das Lexikon nicht ganz unberührt. Wörter wie *ab*, *ob* und *weg*, die niemals vor einer Flexionsendung erscheinen, welche das Wiedererscheinen eines zugrundeliegenden stimmhaften Obstruenten hervorrufen könnte, zeigen sich nach dem Lautwandel nur mit stimmlosem finalem Obstruenten; bei diesen isolierten Formen haben die folgenden Sprechergenerationen keine Veranlassung dazu, zugrundeliegende Formen mit stimmhaften Obstruenten anzusetzen. So bewirkt dieser Wandel in bescheidenem Maße eine Restrukturierung des Vokabulars.

Es ist zu hoffen, daß diese Verwendung des Begriffs *Generation* nicht das absurde Bild einer Gesellschaft heraufbeschwört, die horizontal in eine Reihe mit individuellen Grammatiken versehener verschiedener Altersgruppen segmentiert ist. Es kommt mir hier einfach darauf an, daß eine Sprache nicht irgendein sich allmählich und unmerklich wandelndes, sanft durch Zeit und Raum gleitendes Etwas darstellt, wie es die auf philologischen Daten gründende Historiolinguistik allzu leicht suggeriert. Die Weitergabe von Sprache geschieht eher diskontinuierlich, und eine Sprache wird von jedem Kind auf der Basis der gehörten Sprachdaten nachgeschaffen. Ebensowenig sollte der Terminus *Restrukturierung* (restructuring) als Bezeichnung eines Überwechselns von der Grammatik eines Sprechers zu einer anderen verstanden werden, bezieht er sich doch gerade auf den diskontinuierlichen Sprachwandel, wie er aus der Differenz zwischen der von einem Kind konstruierten Grammatik und der Grammatik derjenigen erwächst, deren Sprachäußerungen seine sprachliche Erfahrung konstituieren. Bei einer dermaßen vereinfachten Diskussion des Sprachwandels verfehlen wir naturgemäß eine Reihe wichtiger Faktoren, die auf die Dauer nicht unbeachtet gelassen werden dürfen. So bildet beispielsweise, wie Jakobson gezeigt hat, die etwa solche Phänomene wie den sozialen Wert differenter Sprachformen betreffende metalinguale Information einen wichtigen Teil dessen, was ein Sprecher weiß, und Labovs Studien von 1963 und 1965 zeigen ganz deutlich ihre Relevanz in diachronischer Sicht auf. Eine Grammatikkonzeption, die diesen breiter angelegten Aspekten der Kompetenz explizit Rechnung trägt, wird hoffentlich eine allgemeine Basis liefern, auf der ihre Funktion innerhalb des Sprachwandels untersucht werden kann.

Ich werde im folgenden häufig auf einen Lautwandel Bezug nehmen: den Umlaut im Germanischen. Durch diese Regel werden Vokale palatalisiert vor *i* (z. B. ahd. *wurmi* > *würme* [*würmi*] 'Würmer', *tāti* > *tǣte* [*tǣti*] 'Taten', *nōti* > *nȫte* [*nȫti*] 'Bedürfnisse'[3a]. Kurzes /a/ wird nicht nur palatalisiert, sondern auch zu /e/ gehoben (z. B. *slagi* > *slegi* 'Schläge', *gasti* > *gesti* 'Gäste'). Die ursprüngliche Umlautregel war folgende[3]:

$$2.\quad \begin{bmatrix} \text{V} \\ \langle\text{- lang}\rangle \end{bmatrix} \rightarrow \begin{bmatrix} \text{- velar} \\ \langle\text{- tief}\rangle \end{bmatrix} / \;\text{——}\; C_0 i$$

Im heutigen Deutsch begegnen wir dieser Regel in einer etwas anderen Form. In den meisten Dialekten findet sich als produktiver Umlaut von /a/ nicht ursprüngliches /e/, sondern /æ/. Der niederdeutsche Dialekt von Prignitz (Mackel 1905–1907) zeigt z. B. *gast* : *gæst*, *kraft* : *kræftig* mit tiefem Vorderzungenvokal in den umgelauteten Formen anstelle des erwarteten *gast* : *gest*, *kraft* : *kreftig*. Die einzigen Fälle von zu /*æ*/ umgelautetem /e/ gehen zurück auf produktiven Umlaut von /a/. Phonemisches /e/ ist unverändert geblieben. Dies betrifft nicht nur ursprüngliches germanisches /e/ in Wörtern wie *Nest*, sondern auch von historisch umgelautetem /a/ herrührendes /e/ wie z. B. in *Bett* und *Netz* [Anm. d. Übers.: Im Original *bet* bzw. *net*], wo /e/ phonemisch wurde, da es keinen Grund gab, es synchronisch aus einem zugrundeliegenden /a/ abzuleiten. Vergleichbare Tatsachen sind auch im Altenglischen zu beobachten. Grammatisch gesehen ist dieser weitverbreitete Wandel eine Vereinfachung der Umlautregel von ihrer ursprünglichen Form 2 hin zur Form 3:

$$3.\quad \text{V} \rightarrow [\text{- velar}] / \ldots$$

(wobei ich hier die für unsere Zwecke gegenwärtig irrelevante Frage offenlasse, in welcher Umgebung sich genau genommen der Umlaut im heutigen Deutsch vollzieht).

[3a] Anm. d. Übers.: In [] stehen die im Original verwendeten Formen. Es handelt sich – nach freundlicher Auskunft des Autors – um die erschlossenen phonetischen Formen. Orthographisch erscheinen sie in der von uns verwendeten Form.

[3] Wenn der Sekundärumlaut einbezogen werden soll, muß diese Regel erweitert werden.

Der Wandel von 2 zu 3 hin ist ein Beispiel für den zweiten grundlegenden Typ des Sprachwandels, die Regelvereinfachung[4]. Ich erläutere hier zunächst diesen Typus lediglich an Beispielen und hoffe ihn später ausführlicher begründen zu können. Die Regelvereinfachung ist eine generalisierte und uminterpretierte Version des traditionellen Begriffs der Analogie (Matthews unveröff., Kiparsky 1965, 1967), besonders evident in ihrer einfachsten Form, der morphologischen Regulierung wie in Veränderungen des Typs engl. *brought* > *bringed*, die bei Lexikoneinträgen wie engl. *bring* den Verlust eines besonderen, sie als morphologische Ausnahmen kennzeichnenden und die Natur ihres außergewöhnlichen Verhaltens spezifizierenden Merkmals mit sich bringen. In vieler Hinsicht weit interessanter sind solche Fälle, in denen die Regelvereinfachung eher auf die Regeln der Grammatik einwirkt als auf das Lexikon. Im allgemeinen führt eine solche Vereinfachung zum Fortfall eines Teils der Grammatikregeln wie z. B. im Falle der gerade erwähnten Umlautregel, wo der die Hebung von /a/ betreffende Teil in Fortfall geraten ist. Dieser Prozeß kann sogar zum Verlust ganzer Regeln führen. Regel 1, die das Stimmloswerden von Obstruenten im Wortauslaut betrifft, galt einmal für alle Dialekte des Deutschen und ist jetzt in einigen Dialekten der Nordschweiz sowie in einigen Varianten des Jiddischen verlorengegangen. Anstelle von *bunt* : *bundes* hat man dort *bund* : *bundes*, wobei die morphophonemische Distinktion der Sonorisierung (voicing) nun wieder phonetisch im Wortauslaut erscheint. Wir wissen, daß diese Sprachen einst Regel 1 besaßen, da sie seitdem ständig auf einige isolierte Wörter eingewirkt hat wie *(a)vek* 'weg', *ap* (jiddisch *op*) 'weg', die einen stimmhaften Obstruenten im Wortauslaut besaßen, ihn jedoch sogar morphophonemisch verloren im Anschluß an die phonetische Entsonorisierung (devoicing), da die Beibehaltung nicht durch irgendwelche Flexionsformen motiviert war. Daher gab es bei diesen Wörtern keinen Grund für die Wiedereinführung der Sonorisierung, nachdem Regel 1 durch Vereinfachung aus der Sprache verschwunden war.

Weiterhin ist evident, daß die Anordnung (order) der Regeln innerhalb einer Grammatik dem historischen Wandel unterliegt. Ich werde

---

4 Ich will hier nicht den bisweilen irreführenden Terminus *Generalisierung* verwenden, der singgemäß nur auf Vereinfachungen innerhalb der Strukturanalyse einer Regel applizierbar ist. Vereinfachung innerhalb der Strukturveränderung ist schwerlich Generalisierung in diesem selben Sinne. Selbst hinsichtlich der Strukturanalyse fällt es einigen Wissenschaftlern schwer, sich mit der Vorstellung vertraut zu machen, daß eine für Verschlußlaute und /f/ geltende Regel weniger generell ist als eine, die lediglich bei Verschlußlauten Anwendung findet.

später zu zeigen versuchen, daß es sich hier um einen speziellen Fall der Regelvereinfachung handelt; hier vorerst einige Beispiele. Aufgrund einer historisch gesehen recht alten Regel werden im Finnischen zugrundeliegende (underlying) lange halboffene Vokale diphthongiert wie z. B. *vee* > *vie*. In der Folge bewirkt der Fortfall bestimmter im Inlaut stehender stimmhafter Dauerlaute (continuants) das Aufkommen neuer langer halboffener Vokale, z. B. *teγe* > *tee*. In der finnischen Standardsprache halten sich diese neuen langen halboffenen Vokale, und die sie einführende Regel muß sich deshalb der Diphthongierung anschließen. Das bewirkt die Anordnung

a) Diphthongierung,
b) Verlust stimmhafter medialer Dauerlaute.

In vielen finnischen Dialekten wurden jedoch in der Folgezeit auch die neuen langen halboffenen Vokale diphthongiert, z. B. *teγe* > *tee* > *tie*. Das bedeutet eine Veränderung der Regelanordnung zu

a) Verlust stimmhafter medialer Dauerlaute,
b) Diphthongierung.

Das bedeutet jedoch n i c h t etwa das, was Anhänger der traditionellen Historiolinguistik automatisch zu glauben geneigt sind, daß nämlich im Standardfinnischen, wo keine Diphthongierung von *tee* (aus *teγe*) stattfindet, die Diphthongierungsregel nicht „produktiv" sei. Das Gegenteil ist der Fall, denn diese Regel muß auch für zugrundeliegende Formen gelten wie *vee*, in denen der lange zugrundeliegende halboffene Vokal angenommen werden muß aufgrund morphophonemischer Regeln wie z. B. der für die Präteritalbildung, z. B. *vee* + *i* > *vei* ähnlich wie *saa* + *i* > *sai*, wie McCawley (unveröff.) aufgezeigt hat. Die Differenz zwischen diesen beiden Dialektarten betrifft nicht die Produktivität der Diphthongierungsregel, sondern vielmehr ihre Anordnung hinsichtlich des Verlusts medialer stimmhafter Dauerlaute.

Im folgenden gebe ich ein wiederum den Umlaut betreffendes Beispiel für Regelumordnung (reordering). In den Dialekten der Nordostschweiz wird der velare halboffene Vokal /o/ zu /ɔ/ gesenkt, wenn er einem dentalen oder palatalen (nicht-dunklen oder, wie ihn Halle nun nennt: coronalen) echten Konsonanten oder /r/ unmittelbar vorausgeht. Vgl. im Kanton Schaffhausen (Wanner 1941):

Beibehaltung des /o/:
vor /l/: *foll*, *holts*, *gold;*
vor Labialen: *grob*, *ops*, *hobəl*, *xnopf*, *dobə*, *ofə*, *xopf;*
vor Velaren *xoxxə*, *xnoxxə*, *rokx*, *kflogə*, *bogə*.

Senkung zu /ɔ/:
vor /r/: *hɔrn*, *tɔrn*, *šɔrə;*
vor Dentalen und Palatalen: *rɔss*, *xrɔttə*, *lɔsə*, *ksɔttə*, *bɔdə*, *pɔšt.*

Die Allophondistribution wird bezeichnet durch die Regel

4. $$\begin{bmatrix} \text{V} \\ \text{-hoch} \\ \text{+velar} \end{bmatrix} \rightarrow \begin{bmatrix} \text{+tief} \end{bmatrix} \, / \, \_\_\_ \begin{bmatrix} \text{+konsonantisch} \\ \text{-dunkel} \\ \text{-lateral} \end{bmatrix}$$

Diese muß notwendigerweise auf die Velarvokale beschränkt werden. Aus /o/ umgelautetes /ö/ wird nicht gesenkt. *Bogə* und *bɔdə* bilden den Plural *bögə* und *bödə* mit einem halboffenen *ö*. daraus ergibt sich die relative Anordnung

a) Regel 3 (Umlaut),
b) Regel 4 (Senkung)

für die Situation einiger Dialekte am Nordrand der Schweiz. Mit dem Wechsel der Landschaft ändert sich der Sachverhalt.

Ich ziehe nun einen Dialekt heran, der in allen anderen wichtigen Punkten dem der Schaffhauser Gegend identisch ist, nämlich den von Kesswil im benachbarten Oberthurgau (Enderlin 1911). Auch hier gilt Regel 4 unverändert. Alle oben hinsichtlich der Schaffhauser Dialekte verzeichneten lexikalischen Beispiele erscheinen auch in Kesswil mit derselben Verteilung von /o/ und /ɔ/. Im Unterschied hierzu besitzt jedoch Kesswil (wie die meisten nordostschweizerischen Dialekte) zwar /ö/ als Umlaut für /o/, doch /ɔ̈/ als Umlautform für /ɔ/. In diesen Dialekten bildet *bogə* den Plural *böge*, *bɔdə* jedoch den Plural *bɔ̈də*.

Am ehesten könnte sich hier die Lösung aufdrängen, die Senkungsregel in (4) sei vereinfacht worden zugunsten der Anwendbarkeit auf gerundete Vokale ohne Rücksicht darauf, ob sie vorn oder hinten gebildet werden. Dem steht jedoch entgegen, daß phonemisches /ö/ in der Umgebung von 4 nicht zu /ɔ̈/ gesenkt wird. Entscheidend sind Formen wie *plötsli* und *frösš* 'Frosch' (ursprünglich ein Plural). Das Verhalten dieser isolierten, im Vokal nicht gesenkten Formen zeigt folglich, daß wir es in Wirklichkeit nicht mit einer Senkung von /ö/ zu /ɔ̈/ zu tun haben, sondern eher mit dem Umlaut von /ɔ/ ebenso wie von /o/. Es hat sich also nun folgende Regelanordnung ergeben:

a) Regel 4 (Senkung),
b) Regel 3 (Umlaut).

Auf dieselben zugrundeliegenden Formen wie oben angewandt, erzeugen diese Regeln nun das Segment /ɔ̈/, das mit Hilfe der alten Anordnung nicht gebildet werden konnte.

3. Ein Kriterium für die psychologische Realität

Kehren wir nun nach diesem kurzen Überblick über einige Haupttypen des phonologischen Wandels zurück zur eingangs gestellten Frage nach der Rechtfertigung einer Annahme der psychologischen Realität der generativen Grammatik und formulieren wir nun diese Frage hypothetisch im Hinblick auf einen bestimmten Aspekt der generativen Grammatik wie z. B. das Erfordernis, daß Grammatiken eine gewisse Repräsentationsebene enthalten müssen oder daß sie mittels bestimmter Notationskonventionen abzufassen sind. Die oben umrissene Konzeption des Sprachwandels, bei der die sprachliche Struktur an einigen Punkten eine entscheidende Rolle spielt, legt nahe, als einen Test zur Bestimmung der Antwort die Frage zu stellen, ob die von dieser Theorie geforderten Ebenen, Regeltypen usw. überhaupt eine Rolle innerhalb des Sprachwandels spielen. Indem wir erneut den einfachen Fall der Notation mit Schweifklammern als Beispiel heranziehen, können wir uns fragen: Bilden durch Klammern zusammengefaßte Regelblöcke Einheiten derart, daß sie einem systematischen Wandel unterworfen werden können? Wenn ja, ist hiermit ein starkes Argument für diese Notation gegeben, wenn nicht, so werden wir prima facie einen Beweis dafür haben, daß diese Notation falsch ist. Zu diesen Fragen lassen sich Beweise folgender Art ermitteln:

Im Englischen werden zugrundeliegende Langvokale, die sonst als Diphthonge realisiert werden, hauptsächlich in zwei phonologischen Umgebungen gekürzt: vor zwei oder mehr Konsonanten (z. B. *keep* : *kept*) und in drittletzter Wortsilbe (z. B. *vain* : *vanity*, *severe* : *severity*). Hierfür gelten folgende Regeln:

5′ $\quad V \rightarrow [\text{-lang}] \,/\, \text{——}CC$
5″ $\quad V \rightarrow [\text{-lang}] \,/\, \text{——}C\ldots V\ldots V$

Nach der Theorie der generativen Grammatik müssen 5′ und 5″ zu folgender Regel zusammengefaßt werden:

$$5.\quad V \rightarrow [\text{-lang}] \,/\, \text{——}C\begin{Bmatrix} C \\ \ldots V\ldots V \end{Bmatrix}$$

Sie behauptet, daß von den zwei deskriptiv äquivalenten Grammatiken (von denen die erste beide Regeln (5′ und 5″) als separate Prozesse enthält, die andere dagegen als ein Prozeß, in dem beide mittels Ausfaktorierung des ihnen Gemeinsamen und Einklammerung des Rests unter (5) vereinigt werden) die letztere die psychologisch korrekte ist.

Regel 5 entstand im Frühmitttelenglischen als Generalisierung eines noch weiter eingeschränkten Verkürzungsprozesses. Im Altenglischen wurden Vokale vor *drei* oder *mehr* Konsonanten gekürzt (z. B.

gōdspell > *godspell*, *brǣmblas* > *bræmblas*) sowie, vorausgesetzt, es folgten *zwei* Konsonanten, in drittletzter Wortsilbe (z. B. *blēdsian* > *bledsian*)[5]. Dem entsprachen die Regeln

6′ V → [-lang] / ——CCC
6″ V → [-lang] / ——CC. . .V. . .V ,

die wiederum zusammengefaßt werden mußten zu

$$6.\ V \rightarrow [\text{-lang}] / \text{——}CC \begin{cases} C \\ \ldots V \ldots V \end{cases}$$

Beim Vergleich der altenglischen Regel in 6 und der frühmittelenglischen (und ebenso neuenglischen) Regel in 5 zeigt sich der einzige Unterschied darin, daß letztere einen der in ihrer Umgebung geforderten Konsonanten verloren hat. Sie steht für eine einfachere, allgemeinere Form des altenglischen Vokalkürzungsprozesses und ist wirksam in allen Fällen möglicher Anwendung von 6, jedoch auch dann, wenn 6 keine Anwendung fände. Offensichtlich gibt der Wandel von 6 zu 5 ein Beispiel für Regelvereinfachung, die wir ja bereits als einen der grundlegenden Mechanismen des Sprachwandels erkannt haben. In einer linguistischen Theorie allerdings, in der die Klammernotation keine Rolle spielt, ist die Beziehung zwischen dem altenglischen und dem frühmittelenglischen Kürzungsprozeß eine andere. Gehörte die Klammernotation nicht zur linguistischen Theorie, so hätten wir es mit zwei getrennten Veränderungsprozessen (changes), nämlich 6′ > 5′ und 6″ > 5″, zu tun und sähen uns mit der höchst sonderbaren Tatsache konfrontiert, daß zwei separate, beziehungslose Regeln an derselben Stelle der englischen Sprachgeschichte eine identische Modifikation durchgemacht haben. Diejenige linguistische Theorie, auf die sich die traditionelle historische Grammatik stützte, ist ein Beispiel hierfür, und die traditionelle historische Grammatik hat hier in der Tat eine Regelmäßigkeit übersehen und den besagten Wandel als zwei getrennte Prozesse behandelt.

Ebenso können wir uns weiterhin fragen, ob Regeln des Typs

$$\begin{Bmatrix} x \\ y \end{Bmatrix} \rightarrow z$$

---

5 Luick (1921, 204; 352–353). In einzelnen Wörtern trat die altenglische Kürzung auch vor Geminaten auf. In diesen isolierten Wörtern jedoch führte sie zur Restrukturierung, und da es im Altenglischen keine Kürzung bei abgeleiteten Wörtern gab, besaß die (synchronische) phonologische Regel des Altenglischen die bereits geschilderte Struktur. Diese Regel deckt alle Fälle ab, in denen im Altenglischen wirkliche Alternanz herrschte zwischen langen und kurzen Vokalen.

Grammatiken hinzugefügt werden können. Vorausgesetzt, Lautveränderungen stellten natürliche Prozesse dar und die Klammernotation würde Regeln zu natürlichen Blöcken gruppieren, so ließe sich voraussagen, daß durch Klammern zusammengefaßte Regeln Grammatiken hinzugefügt werden können. Es gibt naturgemäß zahlreiche Beispiele eines solchen Wandels. Die Hinzufügung von Regel 6 zur Grammatik des Altenglischen ist in der Tat wahrscheinlich ein solcher Fall. Ähnlich würden wir voraussagen, daß durch Klammern zusammengefaßte Regeln als Blöcke an der Regelumordnung beteiligt sein sollten.

Der vorgeschlagene Test macht solche Notationen außerordentlich angreifbar gegenüber möglichen Gegenbeweisen seitens des historischen Wandels. Die Gegenbehauptung seitens einer Theorie, die Schweifklammern ausschließt, könnte darin bestehen, daß Regeln wie $5'$ und $5''$ bzw. $6'$ und $6''$, sollten sie gemeinsam innerhalb einer Grammatik auftreten, ohne durch notwendigerweise intervenierende Regeln getrennt gehalten zu werden, einzeln einer Regelvereinfachung unterzogen werden können derart, daß das resultierende Regelpaar hiernach nicht durch Klammern zusammengefaßt werden kann. Eine solche Veränderung, innerhalb dieser Theorie eine legitime Regelvereinfachung, wäre weder als Lautwandel noch als Regelvereinfachung möglich innerhalb einer Theorie, die eine Zusammenfassung mit Schweifklammern erlaubt, und würde deshalb in ihr ausgeschlossen werden. Im Falle ihrer Existenz wären solche Veränderungsprozesse ein klarer Gegenbeweis gegen die Schweifklammernotation und würden die Vermutung nahelegen, daß es sich bei den durch Klammerverwendung herbeigeführten um unechte Generalisierungen handle. Das eine Klammerverwendung ausschließende Konzept würde auch einschließen, daß eine Regel zwischen zwei durch Klammern zusammengefaßte Regeln eingesetzt werden könnte derart, daß diese hiernach nicht länger so zusammengefaßt bleiben könnten. Schließlich würde dies auch bewirken, daß die Teile derart zusammengefaßter Regeln für sich fähig wären, mit anderen Regeln der Grammatik an Umordnungsprozessen beteiligt zu sein. Die Tatsache, daß anscheinend keine solchen Veränderungsprozesse existieren, ist ein starker negativer Beweis, der zur historischen Unterstützung der essentiellen Korrektheit dieser abbreviatorischen Konvention der generativen Grammatik beiträgt.

Der bereits erwähnte Linguist C, der Abkürzungen wie

$$\begin{array}{l} \quad\;\; \left\{ x \right\} \rightarrow y \\ z \rightarrow \end{array}$$

einführen wollte, und Pāṇini, der andere von der generativen Grammatik nicht gebilligte Konventionen unterstützte, bekommen nun eine echte Chance zur Beweisführung darin, aufzuzeigen, daß die aus solchen Konventionen resultierenden Regelblöcke als Einheiten bei der Regelvereinfachung fungieren (wenn z. B. die gemeinsame (Laut-) Umgebung X vereinfacht wird) oder daß sie als Einheiten Grammatiken hinzugefügt bzw. unter Berücksichtigung anderer Regeln als Einheiten umgeordnet werden. Meines Wissens sind keine Beweise in Aussicht, die sie bei dieser Suche ermutigen könnten.

Eine Antwort auf die Frage nach der empirischen Basis der Notationskonventionen der linguistischen Theorie besteht nun darin, daß diese Konventionen ein essentieller Teil jedes Versuchs sind zu charakterisieren, was ein möglicher Sprachwandel ist bzw. nicht ist. Das bedeutet in gewissem Sinne nur, aus Halles Gedanken (1962), daß die Klasse möglicher Lautveränderungen (qua hinzugefügter Regeln) mit der Klasse möglicher phonologischer Regeln identisch sei, systematisch Schlußfolgerungen zu ziehen, und den zusätzlichen Beweis der Regelvereinfachung einzubringen, deren Rolle innerhalb des Sprachwandels Halle nicht in Betracht zog.

Dieses Kriterium für die Natürlichkeit von Regeln unterstützt entscheidend und in vieler Hinsicht die Annahmen, die üblicherweise innerhalb der Theorie der generativen Grammatik gemacht werden. Akzeptiert man jedoch die Äquivalenz von möglichem Lautwandel und möglicher Regel, so verpflichtet dies dazu, den Notationen grammatischer Deskriptionen viele gegenwärtig noch nicht anerkannte Restriktionen aufzuerlegen; anderseits erweckt dies die Vorstellung von der Notwendigkeit vieler neuer Konventionen und neuer Notationserweiterungen, die in die linguistische Theorie zu integrieren wären. Wenn wir beispielsweise behauptet haben, Klammern seien nötig, so ist dies nur der halbe Sachverhalt. Wir würden es für gut halten, Klammern nur so zu verwenden, daß hiermit lediglich solche Prozesse kombiniert würden, die in gewissem Sinne tatsächlich miteinander in Beziehung stehen und gemeinsam einen Lautwandel hervorrufen können. Nehmen wir einmal an, wir entdeckten eine Sprache mit drei phonologischen Prozessen, die sich sämtlich vor Vokalen vollziehen und nicht durch andere Regeln getrennt werden müssen:

a) stimmhafte Verschlußlaute werden zu Dauerlauten,
b) *s* wird zu *h*,
c) Vokale fallen fort.

Daß sich alle drei Prozesse vor Vokalen vollziehen, ist ganz natürlich, und für jeden von ihnen ließen sich Beispiele aus Dutzenden von Sprachen aufzählen. Es wäre jedoch nicht ganz richtig, sie aufgrund ihrer gemeinsamen Umgebung zusammenzufassen. Offensichtlich sind a) und b) stärker aufeinander bezogen als beide gegenüber c), und ebenso evident sollte eine adäquate Theorie die Kombination von a) und b) (und nicht c)) verlangen. Dieser Auffassung liegt m. E. nichts anderes als die Tatsache zugrunde, daß a) und b) typischerweise gemeinsam bei Sprachveränderungen auftreten und so einen natürlichen Block phonologischer Prozesse bilden. Tatsächlich hat ihre Verwandtschaft nichts mit der ihnen gemeinsamen Umgebung zu tun, sondern ergibt sich aus einer grundlegenden Verwandtschaft der betroffenen phonetischen Prozesse. Deshalb sollten sie innerhalb einer Grammatik zusammen angeordnet werden, selbst dann, wenn beide kontextfrei wären. Die Determinierung der natürlichen Regelgruppierungen war ein Ziel der traditionellen Historiolinguistik, das weitgehend innerhalb des Strukturalismus (zumindest in den USA) aufgegeben wurde. a) und b) wären z. B. als *Schwächungen* betrachtet worden. Vermutlich würde die Phonologie von dem Versuch profitieren, solche Begriffe weiterzuentwickeln und zu präzisieren, wie sie traditionelle Grammatiken verwenden, um in ihre Behandlung der diachronen Phonologie eine Ordnung einzubringen.

4. Diachronische Beweise für phonologische Ebenen

Die psychologische Realität der in verschiedenen linguistischen Theorien erscheinenden Repräsentationsebenen unterliegt in ähnlicher Weise der Verifikation und Falsifikation durch diachronische Beweise. Wann immer eine Repräsentationsebene als linguistisch relevant bezeichnet wird, sollte die Frage aufgeworfen werden, ob diese Ebene innerhalb des Sprachwandels funktioniert. Ein eindrucksvoller und, wie ich meine, schlüssiger Beweis für die Realität der autonomen („taxonomischen") Phonemik wäre z. B. dann gegeben, wenn die Existenz von Lautveränderungen nachgewiesen werden könnte, deren determinierende Umgebung (conditioning environment) auf natürliche Weise nur auf genau dieser Ebene dargestellt werden könnte. Es sollte deutlich gemacht werden, was eine solche Darstellung tatsächlich involvieren würde: den Nachweis, daß 1. die Umgebungen dieses Lautwandels nicht morphophonemisch sind und (was entscheidend ist) daß sie 2. auf der phonetischen Ebene nicht umformuliert werden könnten, ohne daß gerade die als Bindeglied zwischen der phonetischen und phonemischen Ebene fungierenden Regeln neu dargestellt werden müßten. Per definitionem ist es natürlich immer möglich, eine phonemische Umgebung als Repräsentation umzuformulieren; deshalb wäre nachzuweisen, daß bei einer Neudarstellung (restatement) der einen Lautwandel determinierenden Umgebung eine signifikante Generalisierung verlorenginge. Ein hypothetisches Beispiel dafür, worauf man achten muß, wäre etwa ein innerhalb eines russischen Dialekts auftretender Wandel, der alle stimmhaften Obstruenten betraf außer [ǯ] und [ʒ], die beide im Russischen nicht phonemisch sind und nur durch die automatische Sonorisierungsassimilation (voicing assimilation) von [č] und [c] zutagetreten. Meines Wissens hat noch niemand ein derartiges Beispiel vorgelegt, deshalb besteht auch kein Grund zu behaupten, die Fakten des Lautwandels stützten auf irgendeine Weise eine Ebene der autonomen Phonemik. Wie außerdem mehrmals dargelegt wurde (Halle 1962, Chomsky/Halle 1968, Postal 1968, Kiparsky 1965 und 1967), bieten die Fakten des Lautwandels einen klaren Beweis für eine tiefer liegende Repräsentationsebene der Phonologie.

Es ist oft behauptet worden, die Ebene der autonomen Phonemik sei in etwas anderer Hinsicht bedeutsam für den Lautwandel. Man vermutet, die Richtung des Lautwandels werde durch Tendenzen bestimmt, die sich auf eine Symmetrie phonologischer Einheiten hinbewegen. Wichtig innerhalb unserer gegenwärtigen Diskussion ist, daß diese Einheiten oft als spezifisch autonome Phoneme betrachtet werden. Auch hier gilt das schon Gesagte: wäre die fragliche Ebene hier die nachweislich relevante und könnten die fraglichen Tendenzen als real existent nachgewiesen werden, so würde dies entscheidend diejenigen widerlegen, die die Existenz dieser Ebene in Abrede stellen. Der nötige Beweis ist jedoch, um es nochmals zu betonen, meines Wissens niemals erbracht worden.

Nachdem sich Moulton, um diese Begriffe des „phonologischen Raums" zu überprüfen, mit den Vokalsystemen schweizerischer Dialekte befaßt hatte, behauptete er (1961), Regel 4 (die Senkung von /o/ zu /ɔ/vor Dentalen, Palatalen und /r/, deren Beziehung zum Umlaut wir als Beispiel für Regelumordnung erörterten) werde hervorgerufen durch eine Bewegung zur Symmetrie hin, wobei die „Leerstellen" in jenen Systemen „ausgefüllt" würden, die nach Ansicht Moultons diese Dialekte vor dem Eintritt der Senkung besessen hätten:

(A)	*i*	*ü*	*u*	(B)	*i*	*ü*	*u*
	e	*ö*	*o*		*e*	*ö*	*o*
	ε				ε		
	æ		*a*			*a*	

Wie läßt sich jedoch die Annahme begründen, System *B* habe eher diese asymmetrische Struktur besessen als die normalerweise anzunehmende symmetrische Struktur C?

(C) *i ü u*
e ö o
ɛ a

Warum ordnete Moulton in diesen Dialekten /a/ nicht den velaren Vokalen (back vowels) zu wie im Falle der unter A gefaßten Dialekte? Moulton hat seine Entscheidung an anderer Stelle (Moulton 1960, 174) diskutiert und das asymmetrische System B damit begründet, daß diese Dialekte den durch Regel 4 bewirkten Senkungsprozeß durchgemacht hätten: „Die Tatsache, daß sich die anschließende Entwicklung des Vokalsystems im Norden nicht parallel zu dem des Westens und der Mitte, jedoch zu dem des Ostens vollzog, bestätigt die Überzeugung, daß Anordnung (B oben) die sprachliche Wirklichkeit zuverlässiger repräsentiert und daß Anordnung (C oben) in der Tat lediglich als spielerische Manipulation von Symbolen auf Papier zu sehen wäre." Das heißt also, diese Dialekte besaßen ein asymmetrisches System, weil sie die Senkung von /o/ zu /ɔ/ durchmachten, und sie unterzogen sich diesem Prozeß, weil sie ein asymmetrisches System besaßen!

Kurz gesagt führen solche Theorien zu der Voraussage, daß bestimmte phonologische Veränderungen davon abhängig sein sollten, ob oder ob nicht Paare von bestimmten Lauten in irgendeiner phonetischen Umgebung kontrastieren, und daß folglich durch phonologische Veränderungen entstehende Isoglossen die gleiche Erstreckung aufweisen sollten wie zwischen verschiedenen autonomen phonemischen Systemen bestehende Grenzen. Gewiß sind auch andere Voraussagen involviert, und die von mir erwähnten Fälle geben keine vollwertige oder auch nur repräsentative Anschauung weder vom Umfang getroffener Voraussagen noch von der Art des zu ihrer Überprüfung vorliegenden Beweismaterials. Sie zeigen jedoch, in welcher Weise diese und verwandte Theorien ganz spezifische Konsequenzen haben, die mittels historischen Materials vollständig überprüft werden können. Im Anschluß hieran wird sich vermutlich herausstellen, daß hinreichend reale Tendenzen zur phonologischen Symmetrie existieren, diese jedoch nichts zu tun haben mit der autonomen phonemischen Ebene, für die sie oft in Anspruch genommen werden. Vermutlich werden sie eher durch vereinfachende phonologische Veränderungsprozesse herbeigeführt wie z. B. die Regelvereinfachung und -umordnung, und die von ihnen bewirkte Symmetrie ist eher phonetischer als phonemischer Natur. Dies jedenfalls legt das kürzlich von Moulton untersuchte schweizerdeutsche Dialektmaterial nahe.

5. Diachronische Beweise für Merkmale und Basisrepräsentationen

Das von mir bereits erörterte spezielle schweizerdeutsche Beispiel wirft eine ganze Reihe weiterer Probleme auf, die zwar nichts zu tun haben mit der Realität der autonomen phonemischen Ebene, aber höchst bedeutsam sind für das allgemeine Thema der Relevanz des Sprachwandels für die Sprachuniversalien. Man wird bereits bemerkt haben, daß das oben angeführte phonemische System A mit seinen vier distinktiven Vokalhöhen ein klares Gegenbeispiel darstellt zu Jakobsons System der „distinktiven Merkmale (distinctive features)", das die Existenz von nur drei phonemischen Vokalhöhenstufen innerhalb einer Sprache gestattet. Zunächst kontrastieren die vier Stufen eindeutig in einfachen, unabgeleiteten Wörtern und können in keiner Weise, die nicht ad hoc wäre, mittels allgemeiner Regeln aus einem nur drei Höhenstufen umfassenden System vorausgesagt werden, z. B.

ælf 'elf' *gɛld* 'Geld' *šelm* 'Schelm' *bild* 'Bild' *šæməl* 'Schemel' *šwɛbəl* 'Schwefel' *šnebəl* 'Gerstenkorn (am Auge)' *šwibəl* 'Griff' *hæks* 'Hexe' *xrɛps* 'Krebs' *blits* 'Blitz' *hællər* 'Heller' *šɛllə* 'Schelle' *nets* 'Netz' *willə* 'Wille' *xellə* 'Kelle'

Diese Dialekte besitzen zusätzlich ein phonemisches /a/, das sich gänzlich von allen diesen Vordervokalen absetzt. Offensichtlich sollten also Jakobsons Merkmale „kompakt" und „diffus" (tief und hoch) durch zwei andere, vier distinktive Vokalhöhenstufen gestattende Merkmale ersetzt werden. Natürlich wäre folgende Anordnung:

	æ	*ɛ*	*e*	*i*
hoch	-	-	+	+
mittel	-	+	+	-

Verlagern wir jedoch unseren Standpunkt ein wenig und betrachten wir unmögliche Systeme einfach als Endpunkte von Skalen steigender Markiertheit, so ist die vorgeschlagene, vier Zungenhöhen gestattende Veränderung relativ geringfügig. In gewissem Sinne, besonders wenn historische Beweise eingebracht werden, untermauern diese Dialekte Jakobsons These in der modifizierten Form, wonach Vokalsysteme mit vier Höhen komplex sind, d. h. stark merkmaltragend im technischen Sinne. Historisch gesehen mußte nämlich ein derartiges 4-Höhen-System in allen hochdeutschen Dialekten entstehen. Überall jedoch – mit Ausnahme eineiger kleiner schweizerischer Gebiete in Appenzell und im Toggenburg – haben sich die vier Höhen auf drei reduziert durch Verschmelzungen der zwei Mittel- oder der zwei Tieftonvokale. Diese Verschmelzungen haben völlig unabhängig in zahlreichen Dialekten stattgefunden und besitzen so eher den Charakter einer Strömung (drift) oder Regelvereinfachung als den normaler Lautveränderungen. Dies scheint darauf hinzudeuten, daß Systeme mit vier Vokalhöhen unstabil sind wegen ihrer Komplexität, eine Folgerung, die in jedem Falle angedeutet wird durch die Seltenheit solcher Systeme innerhalb der Sprachen der Welt.

Die besondere Art und Weise, in der diese 4-Höhen-Systeme innerhalb verschiedener Dialekte reduziert wurden, stellt ihrerseits ein kleines Stück historischer Unterstützung des von mir vorgeschlagenen Merkmalsystems dar. Die andere mögliche Alternative, vier Vokalhöhen durch zwei Merkmale zu beschreiben, würde so aussehen:

	æ	ɛ	*e*	*i*
hoch	–	–	+	+
gehoben	–	+	–	+

Die Verschmelzung von halboffenen Vokale könnte hier auf keine natürliche Art und Weise formuliert werden, da diese hinsichtlich der gegebenen Merkmale keine natürliche Klasse ausmachen.

Andererseits suggeriert diese Alternative Verschmelzungsprozesse wie /æ/ mit /e/ oder /ɛ/ mit /i/, die sicherlich nicht stattfinden. Auch die in vielen Sprachen häufigen Vokalverschiebungen des Typs /i/ > /æi/ wären in dem von mir vorgeschlagenen System einfacher auszudrücken. Eine möglicherweise sogar vorzuziehende und keineswegs auszuschließende Alternative besteht darin, daß die Vokalhöhe nicht etwa in zwei binäre Dimensionen aufgegliedert wird, sondern eine einzige Dimension bildet in Gestalt eines Merkmals, das in Basisrepräsentationen (underlying representations) höchstens vier Werte annehmen kann (bzw. mindestens zwei annehmen muß).

Man könnte versucht sein, der Analyse, die vier Vokalhöhenstufen in diesen Dialekten ansetzt, die Plausibilität abzusprechen, da nahe verwandte Dialekte nur drei Höhenstufen besitzen, und man würde erwarten, daß sich nahe verwandte Dialekte nicht in dem ihnen zugrundeliegenden phonemischen System unterscheiden, sondern allein in jenen Regeln, die phonemische mit phonetischen Repräsentationen in Beziehung setzen. Dies jedoch wäre eine gänzlich unerlaubte Folgerung. Man hat empirisch beobachtet, daß verwandte Dialekte oft dasselbe phonemische System besitzen, doch setzt man bei verwandten Dialekten diesen Sachverhalt nicht theoretisch voraus. Es anders zu sagen hieße, Kindern historisches oder dialektologisches Wissen zuzuschreiben, das sie unmöglich besitzen können. Die Tatsache, daß die Kinder einer jeden neuen Generation beim Erwerb ihrer Sprache die hiermit verbundenen Fakten von neuem kennenlernen, liefert den

Grund dafür, daß Basisrepräsentationen nur dann vermittelt werden, wenn dies durch die synchronischen Sprachfakten gewährleistet wird. Die Argumentation ist ebenso irrelevant und aus genau demselben Grunde, wie wenn man behaupten wollte, Sprache L müsse die Regel R in ihrer Grammatik besitzen, weil R ein Lautwandel in L war.

Ein schwerwiegenderer Einwand beruht darauf, daß /æ/ in diesen Dialekten einen produktiven Umlaut von /a/ darstellt. Zur Erklärung des morphologischen Umlauts in einer Sprache wie dem Deutschen muß eine abstrakte determinierende Umgebung (abstract conditioning environment) als Eigenschaft bestimmter Endungen wie z. B. des pluralischen *-er* angenommen werden. Dabei ist unwichtig, ob es sich hier, wie Zwicky (1967) vorschlug, um ein Merkmal [± Umlaut] handelt oder eine phonologische Eigenschaft von Basisrepräsentationen. Was auch immer diese abstrakte Umgebung(sbedingung) ist, so gestattet gegenwärtig (und erfordert vermutlich auch) die generative Phonologie den Kunstgriff, sie zu einem obligatorischen Element isolierter Wörter wie *schön*, *plötzlich*, *Tür* zu machen, die Umlautvokale besitzen, die keinen Velarvokalen in irgendwelchen verwandten Formen entsprechen. Diese Wörter erscheinen dann mit zugrundeliegenden Velarvokalen, die aufgrund dieser Eigenschaft ihrer Basisrepräsentationen einen obligatorischen Umlaut durchmachen. Das bewirkt die gänzliche Abschaffung der Umlautvokale innerhalb des phonemischen Systems. Dann würde in unserem Falle *æ* niemals als phonemisch behandelt werden, und wir brauchten uns nur mit drei phonemischen Vokalhöhen herumzuschlagen.

Wiederum zeigt das historische Beweismaterial, daß dieses Verfahren irrig ist und daß Wörter wie *schön*, *plötzlich*, *Tür* phonemische Umlautvokale besitzen müssen. Zur Veranschaulichung dessen wollen wir auf das Beispiel für Regelumordnung hinsichtlich der Regeln 3 und 4 in der Nordostschweiz zurückgreifen. Wie wir uns erinnern, wurde durch Regelumordnung abgeleitetes /ö/ wie im Plural *bödə* zu /ɔ̈/, phonemisches /ö/ wie in *plötsli* blieb jedoch unverändert. Ein derartiger (und durchaus nicht atypischer) Wandel wäre unerklärbar innerhalb einer Theorie, nach deren Ansicht *alle* Umlautvokale zugrundeliegende Velarvokale wären; wir könnten dann nämlich nicht auf natürliche Weise die tatsächlich so abgeleiteten und einer Senkung unterliegenden Umlautvokale von den nur scheinbar so abgeleiteten und keiner Senkung unterliegenden unterscheiden. Dieser Sprachwandel kann erst dann hinreichend erklärt werden, wenn die phonologische Theorie derart gestrafft wird, daß Kunstgriffe der oben geschilderten Art ausgeschlossen werden. Was auch immer sich hierbei als die exakt richtige Verfahrensweise herausstellen möge, so werden hierdurch – dies kann interessanterweise festgestellt werden – die Basisrepräsentationen der generativen Phonologie dem deskriptiven Vorgehen Sapirs (McCawley 1967) einen Schritt näher gebracht werden. Und wenn einmal dieser notwendige Schritt vollzogen ist, so kann die Existenz von Systemen mit vier Vokalhöhen-Stufen nicht mehr wegdiskutiert werden[6].

Bezeichnenderweise beruht diese letzte Schlußfolgerung gegenwärtig gänzlich auf historischen und ziemlich indirekten Beweisen. Ob wir nun diesen Schluß ziehen oder nicht, hängt davon ab, was wir als hauptsächlichen Gegenstand der Linguistik ansehen. Wir könnten ihn nicht ziehen, betrachteten wir eine Grammatik einfach als Theorie der Sätze einer Sprache und eine linguistische Theorie als Theorie der Grammatiken. Diese Haltung schlösse in sich, daß der Sprachwandel kein Gegenstand der linguistischen Theorie sei, obwohl wir es natürlich gern sähen, wenn die linguistische Theorie auf Fragen des Sprachwandels nutzbringend „applizierbar" wäre. Wir sähen uns jedoch nicht veranlaßt, von einer linguistischen Theorie zu verlangen, sie müsse (in Verbindung mit einer Theorie des Sprachwandels) eine Erklärung für die sprachlichen Regelmäßigkeiten der Diachronie liefern. Etwas ganz anderes bedeutet es, wenn wir eine Grammatik als Theorie der sprachlichen Kompetenz betrachten und das Feld der Linguistik als Erforschung der universellen Grammatik ansehen. Unter diesem Aspekt, der im Mittelpunkt dieser Tagung steht und den auch ich vertrete, gewinnen die Fakten des Sprachwandels eine neue Relevanz als empirisches Beweismaterial hinsichtlich der Natur der Sprache. Wir müssen damit rechnen, daß sie sogar für rein synchronische Fragestellungen von Bedeutung sind, und der Tatsache, daß ein Sprachwandel mit einer bestimmten und keiner anderen linguistischen Theorie erklärbar ist, das nötige Gewicht beimessen in der Entscheidung zwischen diesen beiden Theorien. Die Applikation des Sprachwandels auf die linguistische Theorie wird nun mindestens ebenso wichtig wie der entgegengesetzt verlaufende Prozeß.

Aus den oben angedeuteten Beobachtungen lassen sich verschiedenartige Schlußfolgerungen ziehen im Hinblick auf die grammatische Form, und zwar aus der Art und Weise, wie diese die Sprachveränderung strukturiert. Ich habe mich oben mit den phonologischen und nicht den syntaktischen Veränderungen beschäftigt, weil ich über größere Erfahrungen in der Phonologie verfüge und weil ferner die historischen Fakten hier viel leichter zu eruieren sind und die von ihnen

---

6 David Stampe weist mich darauf hin, daß die von ihm (auf dieser selben Tagung) vorgeschlagene Natürlichkeitsbedingung genau diejenigen Basisrepräsentationen erfordert, die wir als historisch begründet erkannt haben.

beigebrachten Beweise in der Phonologie eher benötigt werden als in der Syntax. Ich habe mein Augenmerk nicht so sehr darauf gelenkt, die Vorteile und Mängel spezifischer Notationen, Ebenen usw. aufzuzeigen (hierzu hätte es bei fast jedem der oben abgehandelten Probleme weit mehr an Beweisen bedurft), sondern vielmehr darauf, ein Plädoyer vorzubringen zugunsten der Legitimität und potentiellen Ergiebigkeit bestimmter genereller Typen (patterns) von Schlußfolgerungen aus dem Sprachwandel auf die Natur der Grammatik. In keinem Falle waren die Folgerungen abhängig von etwa sehr spezifischen oder umstrittenen Annahmen über den Sprachwandel. Sie beruhen vielmehr auf der sehr bescheidenen Vermutung, daß, wo immer die Grammatik in den Sprachwandel einbezogen (involved) ist, dies mit ihren natürlichen Komponenten und Regeln geschieht.

Dies trifft nicht zu bei einer anderen Schlußfolgerung vom Sprachwandel auf die grammatische Form, der ich mich nun zuwenden möchte. Diese Folgerung basiert so schwerwiegend auf der Existenz grammatischer Regelvereinfachung als Form des Sprachwandels, daß ich vorab die Rechtfertigung der Annahme der Existenz einer solchen Form des Sprachwandels skizzieren möchte.

6. Formale Begründung der Regelvereinfachung

Die Folgerung, daß es solche Veränderungsprozesse wie die Regelvereinfachung und Regelumordnung geben müsse, beruht nicht und kann nicht nur auf der Tatsache beruhen, daß wir bei verwandten Dialekten eine Differenz hinsichtlich ihrer Regelanordnung oder zumindest kleinere Unterschiede in den Einzelheiten der ihnen in der Hauptsache gemeinsamen Regeln beobachten. Zwar handelt es sich bei solchen Unterschieden um typische Isoglossen, doch ist dies vereinbar mit dem Standpunkt, daß die Regelhinzufügung (addition of rules) die einzige Form phonologischer Veränderung darstellt. Solange wir nämlich Dialekte ohne das Wissen um ihren historischen Ursprung betrachten, könnten wir jede zwischen ihnen auftretende Differenz in der Regelanordnung mittels einer Wellentheorie erklären. So könnte zum Beispiel eine sich verbreitende Regel (spreading rule) an einer Stelle innerhalb der Regelfolge in dem einen und an anderer Stelle in dem anderen Dialekt übernommen werden. Ein weiter Effekt (der Anwendung) der Wellentheorie kann eine verschiedenartige Anordnung von Regelpaaren in verschiedenen Dialekten hervorrufen. Verbreitet sich Regel A vom Westen nach Osten und Regel B in umgekehrter Richtung über ein Dialektgebiet hinweg, so wird, falls beide Regeln hinsichtlich ihrer gegenseitigen Beziehung kritisch angeordnet werden, das westliche Gebiet mit der Reihenfolge A, B und das östliche mit der Folge B, A abschließen. Unzweifelhaft handelt es sich hier in beiden Fällen um sehr verbreitete Ursachen der Unterschiede in der Regelanordnung (ordering differences) zwischen Dialekten. Im Zuge ihrer Ausbreitung von einem Dialekt zum anderen können durchaus geringfügige Unterschiede hinsichtlich der Form von Regeln eintreten. Man hat beobachtet, daß ein solcher Entlehnungsvorgang oft einhergeht mit einer Verengung der Reichweite von Regeln. So wurde im Zuge ihrer südlichen Verbreitung innerhalb schweizerischen Gebietes die Diphthongierung mittelhochdeutscher langer Hochtonvokale zu einem bestimmten Zeitpunkt auf den Auslaut beschränkt, bevor sie in ihrer Verbreitung gänzlich einhielt. Hiermit zu vergleichen ist auch die innerhalb des sogenannten Rheinischen Fächers zu beobachtende allmähliche Einschränkung der hochdeutschen Konsonantenverschiebung[7].

Wir entdecken jedoch genau dieselben Typen geringerer Unterschiede in der Form der Regeln und in ihrer Anordnung, wenn wir anstelle von geographisch angrenzenden Dialekten aufeinanderfolgende Zustände desselben Dialekts miteinander vergleichen, und hier werden die Wellentheorie und Erklärungen durch unvollkommene Entlehnung ausgeschlossen. Des weiteren verändert sich in solchen Fällen die Form der Regeln fast immer in Richtung auf größere Einfachheit hin. Können solche Veränderungen unter der Annahme erklärt werden, daß die Regelhinzufügung die einzige Form phonologischer Veränderung darstellt?

Betrachten wir nochmals das im 2. Abschnitt zitierte finnische Beispiel, bei dem die Diphthongierungsregel dialektal nach unten verlagert wurde, so daß sie derart dem Verlust medialer stimmhafter Dauerlaute folgte, daß sie auch applikabel wurde auf die Langvokale, die durch diese historisch gesehen spätere Regel entstanden (z. B. *teγe* > *tee* > *tie*). Technisch gesehen ist es nicht unmöglich, diesen Wandel durch Regelhinzufügung zu erklären. Hierzu gibt es sogar zwei Verfahrensweisen: die eine besteht darin anzunehmen, daß eine mit der ursprünglichen Regel identische Regel des Fortfalls stimmhafter medialer Dauerlaute vor der Diphthongierung eingeführt wurde, die die ursprüngliche Regel funktionslos werden ließ und in Fortfall brachte. Andererseits läßt sich annehmen, daß eine mit der ursprünglichen identische Diphthongierungsregel *im Anschluß* an den Ausfall stimmhafter medialer Dauerlaute

---

7 Emmon Bach hat mich auf die Fragwürdigkeit dieser Beispiele hingewiesen. Wenn, wie er vermutet, Regeln niemals im Zuge der Entlehnung eingeschränkt werden, verschiebt sich die Lage noch mehr zugunsten der Regelvereinfachung.

eingeführt wurde. Die hinsichtlich des resultierenden Outputs optimale Grammatik wäre wieder einmal die erwünschte. Der unglückliche Aspekt hierbei liegt in der Willkür der zwischen den beiden Deskriptionen zu treffenden Wahl. Schwerlich kann festgestellt werden, wie eine Unterscheidung zwischen ihnen irgendeiner sprachlichen Verschiedenheit entsprechen könnte. Die beiden unterschiedlichen Grammatiken, die eine identische Regel, die als virtuelle Zwischenglieder erforderlich sind, an zwei verschiedenen Punkten enthalten, scheinen bloße Artefakte einer Theorie zu sein, die die Regelumordnung als Mechanismus des Wandels ausschließt und daher eine unangemessene Ausdehnung der Regelhinzufügung vornehmen muß, um eine gänzlich differente Art von Prozeß erklären zu können.

Die Schwierigkeiten werden beträchtlich in einem Falle wie dem im Schweizerdeutschen und Jiddischen zu beobachtenden Fortfall des Stimmloswerdens im Wortauslaut. Wir können natürlich nicht einfach annehmen, man habe eine späte Regel hinzugefügt, nach der Obstruenten im Auslaut stimmhaft wurden. Eine solche Regel könnte nicht unterscheiden zwischen morphophonemisch stimmhaften und stimmlosen Verschlußlauten und würde fälschlich zu *bund* nicht nur das mit *bunde*, sondern auch das mit *bunte* verwandte *bunt* verwandeln. In unserer Verzweiflung könnten wir bei einer ad-hoc-Regel Zuflucht nehmen, die auf irgendeine Weise morphophonemisch stimmhafte Verschlußlaute mit einem diakritischen Merkmal vor deren Entsonorisierung versehen und später dieses diakritische Merkmal als die Resonorisierung auslösende Umgebung benutzen würde; hiernach könnte das diakritische Merkmal wieder getilgt werden. Offensichtlich besteht hier nicht die geringste Ähnlichkeit mit dem tatsächlich Geschehenen, und niemand würde um den Preis einer so absurden Analyse eine Theorie retten wollen.

Chomsky/Halle (1968) diskutierten eine Konvention für den Umgang mit Ausnahmen zu solchen Regeln, die in diesem besonderen Beispiel Verwendung finden könnte. Es wird davon ausgegangen, daß Grammatiken Regeln des Typs

X → [–Folgeregel]

enthalten können, in denen X diejenigen Sonderfälle spezifiziert, in denen eine Regel nicht angewendet werden darf. Man könnte nun behaupten, eine Regel

[ ] → [–Folgeregel]

sei dem Stimmloswerden am Wortende stehender Obstruenten unmittelbar vorausgegangen und habe so diesen Prozeß verhindert. Die unwirksame „Entsonorisierungsregel“ (devoicing rule) würde dann einfach nicht in die Grammatiken der nächsten Generation aufgenommen werden.

Der Unterschied betrifft hier nicht nur die Notation. Die Lösung mit der Ausnahmeregel generalisiert weder gegenüber dem gerade erwähnten Beispiel für Regelumordnung noch in Fällen wie der an früherer Stelle angeführten Vereinfachung der Umlautregel 2 zur Regel 3. Da das hier Getilgte Teil einer Regel war und die Chomsky–Hallesche Konvention des Umgangs mit Ausnahmen es Einheiten nicht gestattet, Ausnahmen von Regelteilen zu sein, steht die im vorhergehenden Fall durch die Konvention ermöglichte Lösung hier nicht zur Verfügung. Wir könnten bestenfalls sagen, daß sich der erwähnte Wandel aus zwei getrennten, doch gleichzeitig ablaufenden Vorgängen zusammensetzt: zunächst wird durch Voranstellung einer Chomsky–Halleschen Ausnahmeregel die alte Umlautregel (2) unwirksam gemacht, sodann tritt die neue Umlautregel (3) an ihre Stelle. Wir sind daher gezwungen, diesen Vorgang als gemeinsames Produkt zweier gleichzeitig ablaufender Veränderungsprozesse zu betrachten, von denen ein einziger weitaus bedeutsamere Folgen hätte als beide zusammen. Dies läßt uns völlig im unklaren darüber, warum soviele Dialekte (völlig unabhängig voneinander, wie aus ihrer geographischen Verteilung ersichtlich ist) ein so kompliziertes Paar von Veränderungen durchgemacht haben sollten.

Um solche Beispiele mit Hinzufügung von Regeln zu erklären, wären wir gezwungen, die vorgeschlagene Einschränkung, wonach ein Lautwandel die Hinzufügung einer Regel zur Grammatik darstellt, derart zu lockern, daß einem einzigen historischen Wandel gestattet wird, die Hinzufügung *zweier* Regeln einzuschließen. In jenem Fall werden alle Argumente, wie sie im 3. Abschnitt über den Lautwandel als Kriterium der Natürlichkeit von Regeln angeführt wurden, sofort gegenstandslos. Ist dies erst einmal geschehen, bereiten wir damit den Weg für zahllose absurde Beschreibungen anderer Veränderungsprozesse. So bestehen beispielsweise im Falle der finnischen Umordnung der Diphthongierung und des Fortfalls der stimmhaften medialen Dauerlaute (s. Abschnitt 2 oben) nun zwei weitere Alternativen, die zur allgemeinen Willkür beitragen: so könnte der Wandel gleichzeitig die Diphthongierung unwirksam machen und eine exakte Kopie hiervon nach dem Fortfall der stimmhaften medialen Dauerlaute hinzufügen oder gleichzeitig den Fortfall der stimmhaften medialen Dauerlaute unwirksam machen und eine exakte Kopie hiervon vor der Diphthongierung zusetzen.

Auch der umgekehrt verlaufende Wandel läßt sich nun genauso leicht ausdrücken: es handelt sich hier um eine Veränderung, bei der die Anordnung

a) Fortfall der stimmhaften medialen Dauerlaute,
b) Diphthongierung

übergeht in

a) Diphthongierung,
b) Fortfall der stimmhaften medialen Dauerlaute.

Infolgedessen würden alle durch Ableitung von /ee/ aus /eγe/ entstandenen /ie/-Diphthonge zu ihrer intermediären Darstellung /ee/ zurückkehren, während das aus zugrundeliegendem /ee/ abgeleitete /ie/ unverändert bliebe. Zweifellos sollte eine Theorie des Sprachwandels entweder die Möglichkeit einer solchen Veränderung völlig ausschließen oder der offenkundigen Tatsache Rechnung tragen, daß es sich hier um einen weitaus komplexeren und unwahrscheinlicheren historischen Prozeß handelt als das, was sich tatsächlich ereignete. Die Theorie, nach der die Regelhinzufügung die einzige Form des Sprachwandels ausmacht, hat sich jedoch damit zu einer Version hin bewegt, die hierzu gänzlich unfähig ist. Da die bittere Notwendigkeit, eine (bestimmte) Menge von Daten irgendwie (mir ihr) in Einklang zu bringen, es erzwungen hat, daß sie immer mehr abgeschwächt und ausgeweitet wurde, hat sie die Fähigkeit eingebüßt, die Fakten des Lautwandels auszudrücken, die sie (die Theorie) ursprünglich motivierten.

7. Regelvereinfachung und Spracherwerb

Zur Vermeidung dieser hoffnungslosen Misere wäre das Konzept der Regelvereinfachung nötig, selbst wenn wir uns nur damit beschäftigten, die möglichen Arten und Weisen aufzuzeigen, in denen sich aufeinanderfolgende Sprachzustände unterscheiden (womit dem Zweck sprachlicher Rekonstruktion genügt würde). Wir möchten jedoch auch eine Erklärung dafür finden, warum sich Sprachen in der ihnen eigentümlichen Weise verändern können. Die Gründe zur Annahme, daß die Regelvereinfachung eine Form des Sprachwandels darstellt, werden in jenem Falle noch zwingender. Wir können dann unsere Augen nicht der Tatsache gegenüber verschließen, daß die Art strömungsähnlicher Veränderungen, die von der Regelhinzufügung nicht ohne die Sonderakrobatik, von der wir im Abschnitt 6 Proben vorgelegt haben, bewältigt werden können, zu eben der Art von Grammatiken führen, die spontan als Zwischenstufen im Laufe des kindlichen Spracherwerbs erscheinen.

Ich denke hier nicht an die Tatsache, daß Beispiele morphologischer Analogie wie engl. *oxes*, *bringed* ebenso charakteristisch für die Kindersprache sind wie für den historischen Wandel, wenngleich dies vielleicht das deutlichste Beispiel der Entsprechung darstellt. Die Parallelität reicht noch tiefer. So besteht z. B. in vielen Sprachen ein Trend zur mehrfachen Negation wie z. B. im nichthochsprachlich-englischen *I don't see nothing nowhere.* Eine solche mehrfache Negation hat sich auch in den romanischen Sprachen und in anderen Teilen Europas entwickelt. Jespersen versuchte diese Strömung einer vagen Tendenz zur Redundanz zuzuschreiben, die seiner Ansicht nach die Richtung des Sprachwandels bestimme. Dies kann jedoch kaum zutreffen, denn in anderen Sprachen wie dem Finnischen ist kein vergleichbarer Trend zur mehrfachen Negation zu beobachten. Folglich kann es nicht stimmen, daß die mehrfache Negation lediglich ein allgemeines Ziel darstellt, zu dem hin sich alle Sprachen entwickeln. Ich halte es in der Tat für zutreffend, daß die mehrfache Negation nur in denjenigen Sprachen erscheint, die ein Äquivalent besitzen zu der von Klima formulierten Regel der NEG-Eingliederung, die negative Quantoren erzeugt wie das englische *nobody*, *nothing* und das französische *rien*[8]. Dies steht sicherlich in Beziehung zu den von Bellugi (zitiert aus McNeill 1966) hinsichtlich der Entwicklung der Negation in der Kindersprache eruierten Fakten. Sie entdeckte, daß zu dem Zeitpunkt, da Kindersätze wie engl.

I didn't see something.
You don't want some supper.

zurücktreten zugunsten von Sätzen mit negativen Quantoren wie *nobody*, *nothing*, *no supper*, zunächst eine Periode der mehrfachen Negation einsetzt. Wenn das Kind zuerst seine NEG-Eingliederungsregel formuliert, hat diese die (möglicherweise nie zuvor von ihm gehörte) Form des unterhalb der Standardsprache liegenden Englisch und erzeugt anstelle „normaler" Sätze wie

I saw nothing.
Nobody likes me.

---

8 Das Finnische besitzt Indefinitpronomina wie *kukaan*, *mikään* entsprechend dem englischen *anybody*, *anything*; mit ihnen kann sich jedoch kein Negationsmorphem zwecks Bildung von Entsprechungen zu *nobody*, *nothing* zusammenschließen.

zunächst

I didn't see nothing.
Nobody don't like me.

Auf diese Weise kann eine zwischen der „nichtstandardsprachlichen“ und der „standardsprachlichen“ NEG-Eingliederung bestehende Verwandtschaft für die Tatsache verantwortlich sein, daß erstere natürlicherweise letzterer innerhalb der Entwicklung des kindlichen Sprachsystems vorausgeht und daß durch den Sprachwandel sich natürlicherweise erstere aus letzterer ergibt.

Diese Tatsachen beginnen sich zu summieren, wenn wir den Spracherwerb als Prozeß ansehen, bei dem das Kind schrittweise zur Grammatik der Erwachsenen gelangt dadurch, daß es ständig versucht, der gehörten Sprache eine Folge von Hypothesen von (im linguistischen Sinne) steigendem Komplexitätsgrad zuzuordnen in dem Maße, wie diese ständig komplexer werdenden Hypothesen dem Kind im Laufe seines Reifungsprozesses verfügbar werden. Für die Phonologie wurde dies deutlich durch Jakobsons spektakuläre Entdeckung aufgezeigt, daß das Kind die Phoneme in einer größtenteils feststehenden Reihenfolge erlernt, die nicht von außen her durch die Reihenfolge oder Häufigkeit, mit der sie gehört werden, bestimmt wird, sondern von innen her durch ihre relative sprachliche Komplexität, was sich auch in den Regeln widerspiegelt, die die in den Sprachen der Welt möglichen phonemischen Systeme festlegen (Jakobson 1942). So erzeugt das Kind zuerst die maximal unmarkierten, stimmlosen, unbehauchten Verschlußlaute, selbst wenn diese – wie im Englischen – nicht vorkommen (ausgenommen in einigen besonderen Fällen), und untergliedert erst dann diese erste Verschlußlautreihe in zwei Reihen. Folglich wird in der Phonologie die Reihenfolge, innerhalb der ein Kind eine spezielle Einzelheit in die von ihm internalisierte Grammatik einverleibt, nicht durch Häufigkeit oder Reihenfolge der Präsentation, sondern durch die Bereitschaft des Kindes bestimmt, die dem Einzelphänomen zugrundeliegende Struktur zu verarbeiten. Wenn wir annehmen, daß die Reihenfolge der Entfaltung der kindlichen Syntaxregeln von innen her in derselben Weise determiniert wird, läßt sich die mehrfache Negation des Kindes als seinem stimmlosen, unbehauchten Verschlußlaut analog verstehen in dem Sinne, daß es sich in beiden Fällen um notwendige Frühformen (prior structures) handelt, die erst nach Herausbildung der voll funktionsfähigen Struktur abgelegt werden können. Dies ist berechtigt in Anbetracht dessen, daß die mehrfache Negation mittels einer Version der NEG-Eingliederung erzeugt wird, die in zweierlei Hinsicht einfacher ist als die von den Erwachsenen verwendete Version dieser Transformation. Erstens nämlich fügt die Erwachsenenregel dem Quantor nicht nur ein NEG bei, sondern tilgt auch das ursprüngliche NEG im Anschluß an das Tempus; diese zusätzliche Operation der Tilgung fehlt in der kindlichen ersten Regelversion. Zweitens fügt die Erwachsenenregel nur einem einzigen Quantor innerhalb des Satzes ein NEG bei, wogegen das Kind das NEG auf alle im Satz erscheinenden Quantoren verteilt und auf diese Weise Strukturmuster wie das folgende erzeugt:

I can't do nothing with no string.

Normalerweise weichen diese vom Kinde auf seinem Wege zur Erwachsenensprache konstruierten, stark vereinfachten grammatischen Zwischenstufen schließlich der vollen Komplexität des Erwachsenensystems. Der Sprachwandel der Regelvereinfachung ereignet sich in jenen verhältnismäßig seltenen Fällen, in denen ein Merkmal dieser Intermediärgrammatiken bis zur Erwachsenenstufe überlebt und von der Sprachgemeinschaft als neue Sprachnorm übernommen wird.

Hierzu bemerkt Jakobson (S. 332 der 1962 erschienenen Ausg.):

„Die Sprachveränderung ist kein äußerer Beitrag, den die Kinder dem Sprachgebilde aufzwingen, sondern sie antizipieren dessen innerlich vorherbestimmte, sozusagen in der Luft schwebende Umwandlungen."

Die Möglichkeit eines solchen Überlebens überrascht nicht so sehr, wenn wir die extreme Unzugänglichkeit berücksichtigen, die Kinder gegenüber von Erwachsenen kommenden Sprachkorrekturen an den Tag legen, wie es hinsichtlich der mehrfachen Negation folgender Dialog veranschaulicht (McNeill 1966, S. 69):

Kind: *Nobody don't like me.*
Mutter: *No, say "nobody likes me."*
Kind: *Nobody don't like me.*
(achtmalige Wiederholung dieses Dialogs)
Mutter: *No, now listen carefully: say "nobody likes me".*
Kind: *Oh! Nobody don't likes me.*

Auf diese Weise können wir die Begriffe der Regelhinzufügung und der Regelvereinfachung mit der Erwachsenen- bzw. Kindersprache in Verbindung bringen. Typische Form der Regelhinzufügung ist die Entlehnung von Regeln im Erwachsenenbereich, die Regelvereinfachung dagegen ist typisch innerhalb des kindlichen Spracherwerbs anzutreffen. Hieraus folgt interessanterweise, daß durch die Verbreitung von Regeln innerhalb eines Sprachgebiets gebildete Isoglossen ausgedehnte, zusammenhängende Dialekträume bilden sollten, während die durch die Regelvereinfachung gebildeten bezeichnenderweise diskontinuierlich sein sollten aufgrund der in mehreren Sprachgemeinschaften unabhängig nebeneinander herlaufenden Entwicklung desselben Sprachwandels. Die historisch interessanten Isoglossen sollten deshalb auf der An- bzw. Abwesenheit von Regeln gründen und nicht auf Verschiedenheit in Form und Anordnung gemeinsamer Regeln. Dies haben die Dialektologen stets implizit vorausgesetzt. Die Grenzziehung zwischen den hauptsächlichen Dialektgebieten Deutschlands wird ihren Regeln wie z. B. den Konsonantenverschiebungen entsprechend vorgenommen. Die Isoglosse zwischen den beiden Formen 2 und 3 der Umlautregel (d. h. zwischen /e/ und /æ/ als produktivem Umlaut von /a/) würde ein historisch unbedeutendes, sinnloses Stückwerk ausmachen. Ebensowenig würde jemand auf die Idee kommen, eine historische Beziehung zwischen dem Jiddischen und dem Schweizerdeutschen anzunehmen aufgrunddessen, daß der Fortfall der Regel der wortfinalen Entsonorisierung ihnen beiden gemeinsam ist. In stark schematischer Darstellung sähen die beiden Isoglossentypen folgendermaßen aus (die schraffierten Flächen stellen die Innovationszonen dar):

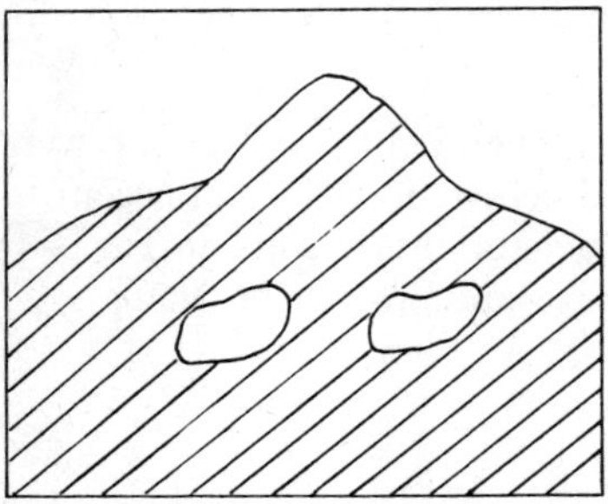

Regelverbreitung

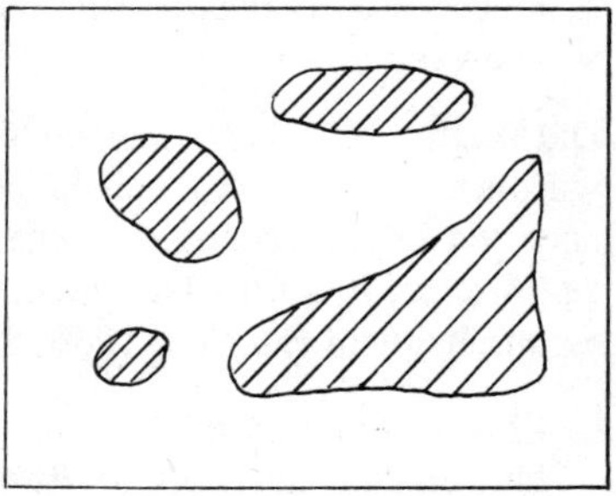

Vereinfachung

8. Regelumordnung als Regelvereinfachung

Die Regelumordnung ähnelt der Regelvereinfachung sowohl hinsichtlich der negativen Eigenschaft, daß ihr die (Erklärung durch) Regelhinzufügung in kläglicher Weise nicht gerecht werden kann, wie auch in der positiven Eigenschaft ihres strömungsähnlichen Charakters. Ich werde nun behaupten, daß die Regelumordnung tatsächlich einen Sonderfall der Regelvereinfachung darstellt und daß die Richtung der Regelumordnung vorherbestimmt wird durch allgemeine Prinzipien, die bestimmten Anordnungstypen einen höheren Wert beimessen als anderen. Wenn dies nachweisbar ist, so ist die landläufige phonologische Theorie, die nicht zwischen verschiedenen Arten der linearen Anordnung unterscheidet, im Irrtum und mit Rücksicht auf diese Asymmetrie zu revidieren.

Um überzeugt zu sein, daß es sich bei der Regelumordnung – ebenso wie bei der übrigen Regelvereinfachung – um einen Einwegprozeß (one-way affair) handelt, genügt es, die einzelnen Beispiele zu überprüfen. Viele schweizerische Dialekte zum Beispiel haben die Umlautregel (3) dem Wandel /o/ > /ɔ/ (Regel 4) hintangestellt, keiner von ihnen hat jedoch den umgekehrten Schritt vollzogen, was auch wohl schwerlich vorstellbar wäre. Und ein finnischer Dialekt, in dem aus *teγe* > *tee* abgeleitetes *tie* wieder zu *tee* wird, *vie* aus *vee* jedoch den Diphthong beibehält (d. h. ein Dialekt, in dem sich die Diphthongierung zur ursprünglichen Anordnung hin umkehrt vor dem Fortfall medialer stimmhafter Dauerlaute (was ich kurz als γ > Ø bezeichnen möchte)) ist ebenso undenkbar. Es entsteht die Frage, wie diese Asymmetrie, die in jedem besonderen Fall intuitiv hinreichend deutlich ist, generell charakterisiert werden kann.

Von den verschiedenen zwischen Regeln möglichen funktionalen Beziehungen sind hier zwei von Bedeutung. Eine Möglichkeit der funktionalen Beziehung zweier Regeln A und B besteht darin, daß durch Anwendung von A Repräsentationen geschaffen werden, auf die B applizierbar ist, d. h. die Applikation von A setzt für B inapplikable Formen in solche um, auf die B applizierbar ist, was sich schematisch darstellen läßt:

A. [ ] > [φ]
B. [φ] > [ ]

Eine solche Beziehung besteht z. B. zwischen /ɣ/ > ∅ *(teγe > tee)* und der Diphthongierung (*tee* > *tie*) in unserem finnischen Beispiel. Werden die Regeln in jener Reihenfolge appliziert, entsteht durch /ɣ/ > ∅ eine Reihe neuer Fälle (namentlich die aus *eγe* abgeleiteten), die der Diphthongierung unterworfen werden können. Nennen wir unter solchen Umständen A eine *Feeding-Regel* (feeding rule [dt. etwa: Zufuhrregel]) zu **B** (so z. B. /ɣ/ > ∅ gegenüber der Diphthongierung) und diese Beziehung zwischen Regeln eine *Feeding-Relation* (feeding relationship) (so z. B. zwischen /ɣ/ > ∅ und der Diphthongierung) sowie die lineare Anordnung, in der die Feeding-Regel vorangeht, eine *Feeding-Anordnung* (feeding order) (eine solche ist z. B. 1. /ɣ/ > ∅, 2. Diphthongierung).

Dann heißt eines der die Richtung der Regelumordnung determinierenden Prinzipien:

I. Die Feeding-Anordnung neigt zur Maximierung. D. h. schematisch:

A. $[\varphi] > [\ ]$ B. $[\ ] > [\varphi]$
B. $[\ ] > [\varphi] >$ A. $[\varphi] > [\ ]$

Ein weiteres Beispiel für I betrifft die verschiedenen Palatalisierungen im Slawischen. Durch die sogenannte Primärpalatalisierung wurden /k/ und /g/ zu /č/ bzw. /ǯ/ vor Palatalvokalen und *y*, z. B. **kĭto* > *čĭto* 'was', **givŭ* > **ǯivŭ* 'lebendig'[9].

7. $$\begin{bmatrix}\text{+konsonantisch}\\ \text{-diffus}\end{bmatrix} \rightarrow \begin{bmatrix}\text{-dunkel}\\ \text{+scharf}\end{bmatrix} \Big/ \text{——} \begin{bmatrix}\text{-konsonantisch}\\ \text{-velar}\end{bmatrix}$$

Die resultierende stimmhafte Affrikata ǯ ist jedoch in allen slawischen Sprachen zu einem Dauerlaut ž geworden durch die Regel

8. $$\begin{bmatrix}\text{+stimmhaft}\\ \text{-dunkel}\\ \text{+scharf}\end{bmatrix} \rightarrow \begin{bmatrix}\text{+dauernd}\end{bmatrix}$$

z. B. *ǯivu* > *živŭ*

In der Folge erscheinen neue Palatalvokale hinter Velaren durch die Regel

9. *ai* → *ě*

Durch die sogenannte Sekundärpalatalisierung wurden die mittels einer früheren Regel aus /k/ und /g/ abgeleiteten /k'/ und /g'/ zu /c/ und /ʒ/ vor diesen neuen Palatalvokalen, z. B. *k'*ěna* > *cěna* 'Preis', *g'*ělo* > *ʒělo* 'sehr':

10. $$\begin{bmatrix}\text{+Obstruent}\\ \text{-dunkel}\\ \text{-scharf}\\ \text{-diffus}\end{bmatrix} \rightarrow \begin{bmatrix}\text{+scharf}\\ \text{+diffus}\end{bmatrix}$$

Die resultierende Affrikata /ʒ/ bleibt, ungleich dem früheren /ǯ/, erhalten im Altkirchenslawischen und im heutigen Polnisch. Die diesen Sprachen zugehörigen Grammatiken besitzen die Regeln 7–10 als phonologische

---

9 Andere Aspekte der slawischen Palatalisierungen behandeln Halle und Lightner in einer noch nicht publizierten Untersuchung. Die angeführten Regeln gehen sämtlich auf diese Arbeit zurück. Ich formuliere hier die Regel mit den Jakobsonschen Merkmalen anstatt mit einer der vorgeschlagenen Alternativen, die das System bedeutend verbessert haben.

Regeln in einer ihrer relativen Chronologie entsprechenden Reihenfolge. Anderweitig ist jedoch im Slawischen /ʒ/ auch durch den ihm entsprechen den Dauerlaut /z/ ersetzt worden, z. B. *ʒělo* > *zělo*. Diese Sprachen besitzen ebenfalls die vier erwähnten Regeln, doch folgt hier 8 auf 10 und ist somit auch auf die durch Sekundärpalatalisierung erzeugte Affrikata anwendbar. Zwischen eben diesen beiden Regeln ist die Feeding-Relation wirksam. Regel 10 ist die Feeding-Regel, und die Regelumordnung errichtet eine Feeding-Anordnung zwischen 10 und 8.

Es ist zu beachten, daß diese Beziehung die Funktion und nicht die Form von Regeln betrifft. Im slawischen Beispiel besteht (wie auch oft in anderen Fällen) eine formale Ähnlichkeit zwischen den verwandten Regeln aufgrund gemeinsamer Erwähnung einiger Merkmale usw. Es wäre jedoch nicht möglich, die Verwandtschaft im korrekten Sinne auf der Basis der Regelformen zu definieren. Die beiden oben zitierten finnischen Regeln haben sehr wenig gemeinsam, die Beziehung zwischen ihnen ergibt sich allein aus Eigenschaften der spracheigenen Derivationen.

Eine andere mögliche funktionale Verwandtschaft zwischen zwei Regeln besteht darin, daß A Repräsentationen tilgt, auf die B sonst applikabel wäre:

$$\begin{array}{ll} \text{A.} & [\quad] > [\sim \varphi] \\ \text{B.} & [\varphi] > [\quad] \end{array}$$

Eine solche Beziehung besteht beispielsweise zwischen dem Umlaut (A) und dem Wandel /o/ > /ɔ/ (B) innerhalb des im Abschnitt 2 erwähnten Beispiels. Auf diese Weise verwandelt die Applikation des Umlauts /o/ in /ö/, einen Palatalvokal, auf den die Senkungsregel nicht mehr angewandt werden kann. Steht die Senkungsregel jedoch innerhalb der Regelanordnung an erster Stelle, tritt sie in Kraft und verwandelt /o/ in /ɔ/, und der Umlaut kann dann noch appliziert werden. In der Ausdrucksweise der indischen Grammatiktradition bildet der Umlaut hier die „nitya" oder „konstante Regel". Wir bezeichnen A gegenüber B als *Bleeding-Regel* (bleeding rule [dt. etwa: Entzugsregel]), die Beziehung zwischen A und B als *Bleeding-Relation* und die Anordnung, worin A der Regel B vorausgeht, eine *Bleeding-Anordnung* (bleeding order). In diesem Falle liegt folgendes Prinzip der Anordnungs-Asymmetrie zugrunde:

II. Die Bleeding-Anordnung neigt zur Minimierung.

$$\begin{array}{ll} \text{A.} & [\quad] > [\sim \varphi] \\ \text{B.} & [\varphi] > [\quad] \end{array} > \begin{array}{ll} \text{B.} & [\varphi] > [\quad] \\ \text{A.} & [\quad] > [\sim \varphi] \end{array}$$

Die ursprüngliche Reihenfolge mit Umlaut an erster und Senkung an zweiter Stelle wechselte somit über zu einer neuen, in der ein Entzug nicht stattfand.

Die durch II hervorgerufene Wirkung läßt sich weiterhin veranschaulichen an der Beziehung zwischen zwei die stimmhaften Obstruenten des Deutschen betreffenden Regeln. Die historisch ältere bewirkt das Stimmloswerden am Wortende stehender Obstruenten (z. B. *bund* > *bunt*, *tāg* > *tāk*). Dies ist die bereits an mehreren Stellen erörterte Regel 1. Die andere, nur in einer bestimmten Dialektgruppe (Žirmunskij 1962, 302) festgestellte Regel bewirkt die Spirantisierung postvokalischer stimmhafter Verschlußlaute, z. B. *tagə* > *tāγə*, *sāgt* > *sāγt* (> *sāxt*). Ursprünglich ging das Stimmloswerden der postvokalischen Spirantisierung voraus. Da bei dieser Reihenfolge morphophonemische finale stimmhafte Verschlußlaute ihre Stimmhaftigkeit vor Eintreten der Spirantisierung verloren, blieben sie weiterhin Verschlußlaute; es ergab sich der Kontrast *tāk* : *tāγə*. Diese Bleeding-Anordnung, innerhalb der einige stimmhafte Verschlußlaute im Wortauslaut durch Stimmloswerden der unter anderen Umständen wirksamen Spirantisierung entzogen werden, wird noch in einigen elsässischen, bairischen und mitteldeutschen Dialekten bewahrt. Häufiger jedoch findet man die umgekehrte Anordnung, wobei die finalen stimmhaften Verschlußlaute zunächst die Spirantisierung (*tāg* > *tāγ*) durchmachen und sodann stimmlos werden (*tāγ* > *tāx*). Diese Reihenfolge ist weitverbreitet und besonders häufig in den niederdeutschen Dialekten anzutreffen. Wir wissen, daß es sich hier um eine sekundäre Entwicklung handelt, da einige Wörter wie (*a*)*wek* (standardsprachlich *weg*), in denen sich die Stimmhaftigkeit des Verschlußlauts morphophonemisch nicht stützen ließ, selbst in den Dialekten, die eine Umordnung durchführten, eine Spirantisierung nicht durchmachten. Dies wäre unerklärlich, vermuteten wir nicht, daß selbst in diesen Dialekten das Stimmloswerden historisch gesehen früher eintrat, obzwar es synchron gesehen an späterer Stelle steht.

Wir können aus demselben vertrauten Gebiet ein weiteres Beispiel anführen. Die Rundung von /ā/ zu /ɔ̄/ ist ein in deutschen Dialekten weitverbreiteter Lautwandel (Žirmunskij 1962, 212). Da das aus /ā/ umgelautete /ǣ/ von dieser Veränderung verschont bleibt, verursacht es Alternanzen zwischen /ɔ̄/ und /ǣ/ wie z. B. *šwɔ̄n* 'Schwan': *šwǣn* 'Schwäne', *špɔ̄t* 'spät': *špǣter* 'später'. Es existiert demnach eine Bleeding-Anordnung bei den Regeln

a) Umlaut,
b) /ā/ > /ɔ̄/.

Viele moderne deutsche Dialekte besitzen eben dieses System (s. Rabeler 1911 und Hotzenköcherle 1934 hinsichtlich eines niederdeutschen bzw. schweizerdeutschen Dialekts). In anderen (z. B. Wanner 1941) hat sich das System insofern geändert, als /ɔ̄/ zu /ɔ̈̄/ umgelautet wird, z. B. *šwɔ̈̄n*, *špɔ̈̄tər*. Der grammatische Unterschied besteht darin, daß der Umlaut nun nach statt vor der Rundung von /ā/ eintritt. Da phonemisches /ǣ/ in Wörtern wie *tsǣ* 'zäh' und *lǣr* 'leer' ungerundet bleibt (ein weiterer Beweis für die Richtigkeit dessen findet sich im Abschnitt 5), ist einsehbar, daß die Möglichkeit einer Vereinfachung der Rundungsregel hinsichtlich aller langen und kompakten Vokale ausgeschlossen wird, womit wir wiederum einem Falle der Regelumordnung gegenüberstehen, der sich völlig an das unter II. angeführte Prinzip anpaßt.

Den beiden Umordnungstendenzen (I und II) liegt ein noch allgemeineres Prinzip zugrunde, das sie unter einem einzigen, weiter gefaßten Begriff der breiteren Anwendung zusammenfaßt und zugleich ihr Wesen intuitiv klarer werden läßt:

III. Regeln tendieren zu einer Anordnung, die ihre breiteste Anwendung innerhalb der Grammatik gestattet.

Wenn es stimmt, daß ein solches Prinzip die Richtung der Regelumordnung determiniert, so folgt hieraus, daß die auf diese Weise von den Regeln angestrebte Anordnung sprachlich einfacher ist als ihr Gegenteil. Es läßt sich schwerlich eine andere Erklärung finden für eine so beständige Neigung zu einer spezifischen Art der Anordnung innerhalb des Sprachwandels. Als geeignete Termini für die entsprechend den Prinzipien I bis III vermiedenen oder vorgezogenen Anordnungstypen (order types) schlage ich *markierte* bzw. *unmarkierte* Anordnung (marked vs. unmarked order) vor. Es kann durchaus sein, daß Markierungskonventionen, die denen analog sind, die innerhalb der segmentalen Phonologie die unmarkierten Merkmalwerte bezeichnen, ein geeignetes Mittel dafür abgeben, auch die Asymmetrie von Anordnungsrelationen (ordering relations) abzubilden.

9. Ausgleich und Ausdehnung

Zur Begründung meiner Behauptung, daß es unidirektionale Tendenzen der Regelumordnung gibt und daß sie den Prinzipien I–III gehorchen, möchte ich ergänzend eine unerwartete Parallelität anführen, die zwischen Regelumordnung, wenn sie so eingeschränkt wird, und Regelvereinfachung zu beobachten ist. Beginnen wir mit einer innerhalb der traditionellen und der strukturalen historischen Grammatik getroffenen Unterscheidung zwischen zwei Arten der Analogie, nämlich *Ausgleich* (leveling) und *Polarisierung* (polarization) oder *Ausdehnung* (extension). Ausgleich bezeichnete ungefähr den Sachverhalt, daß bestehende Alternanzen entweder verringert oder gänzlich eliminiert werden mit dem Ergebnis, daß Allomorphe einiger Morpheme einander ähnlicher werden oder völlig miteinander verschmelzen. Auf diese Weise würde man den Wandel *bunt* : *bunde* zu *bund* : *bunde* als Ausgleich der Alternanzen stimmhafter und stimmloser Verschlußlaute im Wortauslaut ansehen. Die Vereinfachung der Umlautregel (2) zu deren anderer Version (3) mit dem Wandel von *kraft* : *kreftig* zu *kraft* : *kræftig* würde als Ausgleich der Höhenalternanz zugunsten des Tieftonvokals innerhalb des gesamten Paradigmas betrachtet werden.

Andererseits bezeichnet die Polarisierung oder Ausdehnung einen Typ des analogischen Wandels, bei dem sich bestehende Alternanzen auf neue Fälle hin ausweiten. Die sprachlichen Kontraste erscheinen hier weiter durchgeführt als zuvor, während der Ausgleich die genau entgegengesetzte Wirkung ausübt. Wir hätten es vermutlich mit einer Ausdehnung zu tun, wäre z. B. die Alternanz inlautender Stimmhaftigkeit und auslautender Stimmlosigkeit bei Geräuschlauten wie in *tāge* : *tāk*, *bunde* : *bunt* anstelle völliger Eliminierung über ihren ursprünglichen Bereich hinaus auch auf die Sonorlaute (sonorants) ausgedehnt worden, wie es tatsächlich im Isländischen geschehen ist. Der Wandel der eingeschränkten altenglischen Vokalkürzungsregel (6) hin zu ihrer gegenwärtigen, allgemeineren Form (5) ist ein anderes Beispiel für Ausdehnung.

Diese Distinktion, die implizit, jedoch selten systematisch (s. jedoch Hoenigswald 1960, 63, 108) in traditionellen historischen Untersuchungen vollzogen wurde, ist sehr nützlich, teilweise aus Gründen, die mit der sprachlichen Rekonstruktion in Verbindung stehen. Ausgleich wird oft durch historische Rekonstruktion wiederauffindbar sein, da die Reliktformen ältere Sprachstufen widerspiegeln, die der Ausgleich zurückläßt. Die Ausdehnung jedoch wird im allgemeinen nicht so rekonstruierbar sein, da sie, abgesehen von sehr interessanten Ausnahmefällen, keine Reliktformen zurücklassen kann. Der Unterschied zwischen diesen beiden Analogietypen läßt sich sehr einfach definieren als die formalen Unterschiede zwischen zwei Arten von Regelvereinfachung. Regeln bestehen aus zwei Teilen, einer Strukturanalyse, die genau festlegt, auf welche Formen die Regel angewendet wird, und einer Strukturveränderung, die das zum Ausdruck bringt, was mit diesen Formen geschieht. Innerhalb der für phonologische Regeln gebräuchlichen Notation bildet die Strukturveränderung den zwischen Pfeil und Schrägstrich (slash) stehenden Teil; die Strukturanalyse ist alles übrige. Jede die Strukturveränderung einer Regel modifizierende Regelvereinfachung (ob sie nun ebenfalls die Strukturanalyse modifiziert oder nicht) ist dann ein *Ausgleich*, und jede die Strukturveränderung einer Regel nicht modifizierende Regelvereinfachung ist eine *Ausdehnung*. Somit beeinflussen der Verlust finalen Stimmloswerdens (Regel 1) und die Vereinfachung von Regel 2 zu Regel 3 hin die Strukturveränderung der Regel und sind folglich Ausgleichsvorgänge; die Veränderung der Kürzungsregel im Englischen wirkte jedoch nicht auf deren Strukturveränderung ein und ist daher eine Ausdehnung.

Es ist eine recht überraschende Tatsache, daß die beiden von uns entdeckten Arten von Regelumordnung, nämlich die durch I und II gesteuerten, paarweise diesen beiden Arten der Regelvereinfachung und weiterhin der traditionellen Unterscheidung zwischen Ausdehnung und Ausgleich entsprechen. Eine durch II gesteuerte Regelumordnung resultiert im Ausgleich und entspricht so der Vereinfachung innerhalb der Strukturveränderung einer Regel. Die Setzung des Umlauts hinter /o/ > /ɔ/ bewirkt z. B. einen Ausgleich der Höhenalternanz in *bɔdə : bödə* und zahllosen ähnlichen Fällen; die resultierenden Formen *bɔdə : bödə* behalten den tiefen Vokal innerhalb des gesamten Paradigmas. So resultiert die Umordnung der Spirantisierung und des wortauslautenden Stimmloswerdens im Ausfall einer zweimerkmaligen Alternanz (*tak* : *taγə*, mit Veränderung von Stimmhaftigkeit und Lautdauer (continuance)) zugunsten einer einfacheren einmerkmaligen Alternanz (*tax* : *taγə*, mit Dauerlaut innerhalb des ganzen Paradigmas), d. h. wiederum in einem Ausgleich. In ihrer Wirkung auf Oberflächen-Formen und auf die Beziehung von Oberflächen-Formen wirken sich der durch Vereinfachung innerhalb der Strukturveränderung von Regeln und der in Übereinstimmung mit dem Prinzip II durch Regelumordnung geleistete Ausgleich in ähnlicher Weise aus darin, daß sie die verschiedenen Morphemstrukturen einander ähnlicher werden lassen. Dies bewirken sie jedoch auf verschiedene Weise, denn Ausgleich durch Regelvereinfachung nähert die Formen mehr ihren Basisformen an, während der durch Regelumordnung eintretende Ausgleich die Formen weiter von ihren Basisformen entfernt. Beiden Typen ist jedoch gemeinsam, daß sie Reliktformen hinterlassen können, die eine Wiederentdeckung dieser Prozesse durch sprachliche Rekonstruktion möglich werden lassen. Was uns in jedem dieser Fälle den Zustand der früheren Grammatik garantiert, sind Formen wie *weg* (beim Fortfall der Entsonorisierungsregel und im Falle ihrer Umordnung gegenüber der Spirantisierung), *plötsli* (im Falle der Umordnung von Umlaut und /o/ > /ɔ/) usw.

Andererseits resultiert die Regelumordnung nach I in einer Ausdehnung (Polarisierung) und entspricht so der nur auf die Strukturanalyse von Regeln einwirkenden Vereinfachung. Im Falle der slawischen Palatalisierungen (s. Abschnitt 8) z. B. wird die zwischen dem stimmhaften Verschlußlaut und der stimmhaften Affrikata bestehende Alternanz polarisiert zu einer neuen zwischen stimmhaftem Verschluß- und stimmhaftem Dauerlaut. Selbstverständlich unterwerfen sich in diesem Falle alle Formen, die von der alten Regelform betroffen werden, den Regeln auch nach der Regelumordnung, so daß Reliktformen, die eine Rekonstruktion des Wandels ermöglichen würden, nicht gebildet werden könnten.

Diese Beziehungen werden in der folgenden Tabelle zusammengefaßt:

Regel-umordnung	entspricht der Vereinfachung der	rekon-struierbar anhand von Reliktformen?	Oberflächen-wirkung
durch I	Struktur-analyse allein	Nein	Ausdehnung (Polarisierung)
durch II	Struktur-veränderung	Ja	Ausgleich

Übersetzt von Wolfgang Näser

Literatur

N. Chomsky/M. Halle (1968), *The Sound Pattern of English*, New York 1968.

F. Enderlin (1911), *Die Mundart von Kesswil im Oberthurgau*, Frauenfeld 1911.

J. Fodor/M. Garrett (1967), „Some Reflections on Competence and Performance", in: J. Lyons/R. J. Wales (eds.), *Psycholinguistic Papers*, Chicago 1967, 135–154.

M. Halle (1962), „Phonology in Generative Grammar", *Word* 18 (1962) 54–72.

H. M. Hoenigswald (1960), *Language Change and Linguistic Reconstruction*, Chicago 1960.

R. Hotzenköcherle (1934), *Die Mundart von Mutten*, Frauenfeld 1934.

R. Jakobson (1942), „Kindersprache, Aphasie und allgemeine Lautgesetze", in: Sprakvetenskapliga Sällskapets i Uppsala förhandlingar 1940–42 (= Uppsala Universitets Arsskrift 9 (1942)) 1–83, wiederabgedr. in: R. Jakobson, *Selected Writings*, I (London/The Hague/Paris 1962) 328–401.

P. Kiparsky (1965), *Phonological Change*, unver. Diss. M. I. T. Cambridge, Mass. 1965.

P. Kiparsky (1967), „A propos de l'accentuation grecque", *Langages* 8 (1967) 73–93.

E. S. Klima (1964), „Negation in English“, in: J. Fodor/J. J. Katz (eds.), *The Structure of Language*, Englewood Cliffs, N. Y. 1964, 246–323.

W. Labov (1963), „The Social Motivation of a Sound Change“, *Word* 19 (1963) 273–309 [wiederabgedr. in: W. Labov, *Sociolinguistic Patterns*, Philadelphia 1972, 1–42].

W. Labov (1965), „On the Mechanism of Linguistic Change“, in: Ch. W. Kreidler (ed.), *Report of the Sixteenth Annual Round Table Meeting on Linguistics and Language Studies*, Washington, D. C. 1965, 91–114 [vgl. in diesem Band S. 305–334].

K. Luick (1914–40), *Historische Grammatik der englischen Sprache*, I, 1.2, hg. F. Wild/H. Koziol, Leipzig 1914–40 [Nachdr. Stuttgart 1964].

E. Mackel (1905–1907), „Die Mundart der Prignitz“, *NJb* 31 (1905) 65–164, 33 (1907) 1–54.

G. H. Matthews (unveröff.), *Proto-Siouan Obstruents*, unveröff. Paper.

J. D. McCawley (1967), „Sapir's Phonologic Representation“, *IJAL* 33 (1967) 106–111.

J. D. McCawley (unveröff.), *Finnish Phonology*, unveröff. Paper.

D. McNeill (1966), „Developmental Psycholinguistics“, in: F. Smith/G. A. Miller (eds.), *The Genesis of Language*, Cambridge, Mass. 1966, 15–84.

W. G. Moulton (1960), „The Short Vowel Systems of Northern Switzerland“, *Word* 16 (1960) 155–182.

W. G. Moulton (1961), „Lautwandel durch innere Kausalität: Die ostschweizerische Vokalspaltung“, *ZMaF* 28 (1961) 227–251.

P. M. Postal (1968), *Aspects of Phonological Theory*, New York/Evanston/London 1968.

Th. H. F. Rabeler (1911), „Niederdeutscher Lautstand im Kreise Bleckede“, *ZDPh* 43 (1911) 141–202, 320–377.

G. Wanner (1941), *Die Mundarten des Kantons Schaffhausen*, Frauenfeld 1941.

V. Žirmunskij (1962), *Deutsche Mundartkunde*, Berlin 1962.

A. M. Zwicky, Jr. (1967), „Umlaut and Noun Plurals in German“, in: *Phonologische Studien* (= Studia grammatica 6), Berlin 1967, 35–45.

ELIZABETH CLOSS TRAUGOTT

Zu einer Grammatik des syntaktischen Wandels

Es gibt eine umfangreiche Literatur zu formalisierten Theorien des phonologischen, des morphologischen und des semantischen Wandels; leider nur wenig jedoch zur Theorie des syntaktischen Wandels. Einen überzeichneten Eindruck von der Situation kann Lehmanns Lehrbuch *Historical linguistics: An Introduction* (1962) vermitteln, das den genetischen Wandel, wenn auch knapp, auf jeder Sprachebene behandelt, nur nicht auf der syntaktischen. Gleichwohl ist die Tendenz dieses Buches symptomatisch (vgl. das Fehlen von syntaktischem Material in Hoenigwalds *Language Change and Linguistic Reconstruction* (1960)). Der vorliegende Aufsatz versucht von einem transformationellen Standpunkt aus teilweise die Lücke zu schließen und auf einige der verschiedenen Arten des Wandels aufmerksam zu machen, die in der Satzstruktur auftreten, ohne das Lexikon zu berücksichtigen. Besonderer Nachdruck wird dabei auf die beiden Vorgänge gelegt, die gewöhnlich als grundlegende Universalien des Sprachwandels angesehen werden: *Vereinfachung* (simplification) und *Ausgestaltung* (elaboration).

Vollständigkeit wird nicht angestrebt. Vielmehr diskutieren wir nur eine begrenzte Zahl von möglichen Typen des Wandels; doch es ist unwahrscheinlich, daß andere Veränderungen demgegenüber grundsätzlich verschiedene Eigenschaften aufweisen. Die hier vorgetragenen Beobachtungen und Hypothesen können in vielversprechender Weise an der Geschichte von vielen verschiedenen Sprachen überprüft werden, so daß schließlich eine Universalgrammatik des syntaktischen Wandels entwickelt werden kann. Die von uns angeführten Beispiele entstammen sämtlich der Geschichte der englischen Sprache.[1] Die üblichen Be-

---

[1] Die Hauptmasse der Primärdaten entstammt:
1) „King Alfred's Orosius" (c. 880). Ed. H. Sweet, EETS No. 79. London 1883; 2) „The works of Geoffrey Chaucer" (2. Hälfte des 14. Jhs.). Ed. F. N. Robinson. New York 1957, 2. Aufl.; 3) „The complete works of Shakespeare" (Ende des 16., Anfang des 17. Jhs.). Ed. H. Craig. Chicago 1951. Andere Zitate entstammen den folgenden Werken: 4) „The romance of Sir Beues of Hamtoun" (c. 1327). Ed. E. Kölbing. EETS Extra Series No. 46. London 1885; 5) „Cursor Mundi" (ca. 1400). Ed. R. Morris. EETS No. 57.

zeichnungen Altenglisch (AE), Mittelenglisch (ME), Frühneuenglisch (FNE) und Neuenglisch (NE) sind als Termini zu verstehen, die jeweils für die Zeiträume 500–1150, 1150–1500, 1500–1700 bzw. 1700–Gegenwart stehen. Dennoch ist anzumerken, daß der traditionell scharfe Schnitt zwischen ME und FNE allein auf der Basis der phonologischen, morphologischen und orthographischen Veränderungen gemacht wird; vom rein syntaktischen Standpunkt aus sind sich ME nach 1300 und FNE bemerkenswert ähnlich; die Hauptveränderungen auf syntaktischem Gebiet finden sich in der ae., der frühen me. und der ne. Periode, nicht aber im FNE.

Historischer Wandel im Spiegel der synchronischen Grammatik

Ehe wir uns unserer eigentlichen Untersuchung zuwenden, mag es nützlich erscheinen, einige Ansichten zu einer Frage zusammenzufassen, die in jüngster Zeit häufig diskutiert worden ist: in welchem Ausmaß überschneiden sich diachronische und synchronische Grammatiken? Eine synchronische Grammatik ist keineswegs das Modell eines statischen, monolithischen Sprachblocks; vielmehr muß sie notwendigerweise „aus chronologischen Schichten zusammengesetzt sein" (Kuryłowicz 1964, 9), von denen einige eher archaischen, andere eher innovierenden Charakter haben. Das ist das unvermeidliche Ergebnis des Spracherwerbs, der dialektalen Interferenzen und vieler anderer äußerer wie innerer Merkmale, die auf die Einzelsprachen einwirken. Eben diese vielfältige Schichtung ist oft als Ausgangspunkt für die innere Rekonstruktion und für vergleichende Sprachwissenschaft auf phonologischem und morphologischem Gebiet benutzt worden: „Wenn wir aus synchronischen Strukturen keine diachronischen Schlüsse ziehen können, können wir nicht vergleichende Sprachwissenschaft betreiben" (Teeter 1964, 1031). Allgemein bekannte Beispiele für solche diachronischen Implikationen in synchronischen Strukturen sind im morphophonemischen Bereich konsonantische Alternationen wie die in *house–houses*, *breath–breathe*, die, wie gezeigt werden kann, Überreste aus ae. Zeit sind, als es phonemisch nur eine

London 1874; 6) „The New Testament in English by John Wycliffe" (c. 1380). Ed. J. Forshall and F. Madden. Oxford 1879 (Repr.); 7) „The Paston Letters 1422–1509". Ed. J. Gairdner. London 1904; 8) „Le Morte Darthur by Syr Thomas Malory" (c. 1469). Ed. H. O. Sommer. London 1889; 9) „Pierce Penilesse his supplication to the diuell" (1592), in „The works of Thomas Nashe", Vol. I. Ed. R. B. McKerrow. Oxford 1958; 10) „The Holy Bible", Authorized version (1611). Oxford; 11) „The life and correspondence of the late Robert Southey" (Ende des 18., Anfang des 19. Jhs.). Ed. C. C. Southey. London 1849.

Spirantenreihe gab. Stimmhafte und stimmlose Spiranten waren ungefähr in folgender Weise vorhersagbar: im Inlaut stimmhaft, sonst stimmlos.

Verschiedene Kriterien, wobei das der Einfachheit das wichtigste ist, legen es nahe, die morphophonemischen Regeln, die Konsonantenalternationen wie in *house–houses* oder Vokalalternationen wie in *serene–serenity* erklären, in einer synchronischen Untersuchung des NE in eine (bestimmte) Anordnung zu bringen (vgl. besonders Halle 1961, 1962). Diese Anordnung wurde bis vor kurzem auf gänzlich metatheoretischer Basis vorgenommen. Die Anordnung (der Regeln) ist streng logisch, atemporal. Aber man hat auch bemerkt, daß eine derartige Anordnung tatsächlich oft historischen Wandel widerspiegelt. Diese Beobachtung ist nicht neu; leicht abgewandelt kann sie in der folgenden vielzitierten Stelle aus Bloomfields „Menomini morphophonemics" (1939, 106) wiedergefunden werden:

> „Der Beschreibungsprozeß veranlaßt uns, jedes morphologische Element in einer theoretischen Grundform anzusetzen, um dann die Abweichungen von dieser Grundform festzustellen, die bei der Kombination dieser Elemente mit anderen Elementen auftreten [. . .] Unsere Grundformen sind nicht die Urformen von, sagen wir, Proto-Algonkin, [. . .] aber dennoch ähneln unsere Grundformen in gewisser Weise jenen, die für eine Beschreibung von Proto-Algonkin anzusetzen wären [. . .]. Einige unserer Aussagen über Alternationen [. . .] ähneln [. . .] in Bezug auf Inhalt und Reihenfolge der historischen Entwicklung von Proto-Algonkin bis zur Gegenwart" (Übers. H.-D. K.).

Dieses Konzept ist kürzlich weiter ausgearbeitet und Gegenstand vielfältiger theoretischer Überlegungen geworden (z. B. Halle 1962; Stockwell 1964; Saporta 1965; Kiparsky 1967, 1968; Goman 1967). Man hat vorgeschlagen, daß dort, wo zwei Anordnungen gleichermaßen möglich sind, diejenige ausgewählt werden sollte, die die historische Abfolge widerspiegelt. Das soll nicht heißen, daß synchronische und historische Anordnung gleich sind oder gleich sein sollten (vgl. zur ausdrücklichen Zurückweisung einer solchen Hypothese Chomsky 1967, 127; Chomsky/Halle 1968, 251; Kiparsky 1967, 91); sie können allerdings zusammenfallen, und wenn das geschieht, können uns daraus wesentliche Einblicke in das Phänomen des Spracherwerbs (Halle 1962) und der Dialektbeziehungen (Klima 1964b) erwachsen. Darüberhinaus können sie für das Prinzip der Geordnetheit von Regeln in synchronischen Grammatiken einen Maßstab für deren psychologische Realität abgeben (Kiparsky 1968, 181).

Aber nicht nur der Anordnung als einem metatheoretischen Prinzip kann durch solch historischen Befund psychologische Realität verliehen werden; das gilt auch für andere Konstrukte, wie z. B. tiefenstrukturelle Beziehungen, Merkmale etc., die angesetzt wurden, um synchronischen Phänomenen gerecht zu werden, ohne daß sie jedoch notwendigerweise zu einer bestimmten Zeit in der Oberfläche ausgedrückt wären. Katz/Postal (1964, 97) bemerken, daß ihre Analyse der „ja-nein"-Fragesätze als *wh*-Fragen der Struktur *wh-either or S + S* nicht nur in der „indirekten Frageform" *I asked him whether he came* realisiert wird, die in Opposition zur „direkten Frageform" *Did he come?* steht, sondern auch in der fakultativen ae. ja-nein-Frage-Einleitung *hwaeđer(wh + aegđer = wh + either/one of two)*, vgl.:

> Alfred, *Or.* 220.8: *Hwaeþer Romane hit witen nu aenegum men to secganne hwaet hiera folces . . . forwurde?* ‚Would the Romans now blame anyone for saying how many of their men . . . fell?

mit *hwaeđer*, neben:

> Alfred, *Or.* 94.30: *Ne gepyncð þe swelc gewin noht lustbaere?* ‚Does such conflict seem to you in no way desirable?'

ohne *hwaeđer*. Ferner finden wir im AE in der Oberfläche der Sprache hinreichend deutlich erkennbare (overt) Unterstützung für die Hypothese, daß bestimmte Verben inhärent negativ sind. Im NE stehen unbestimmte Zahlwörter wie *some*, *someone*, *somebody* und unbestimmte „Zeitadverbien" wie *sometimes* im Suppletivverhältnis zu jeweils *any*, *anyone*, *anybody*, *ever* unter spezifizierbaren Bedingungen, wozu auch das Vorhandensein von Verbalergänzungen in verneinten Sätzen wie z. B. *He doesn't allow me to see anyone* gehört. Suppletion von *some* durch *any* usw. tritt auch bei den Verbalergänzungen von Verben wie *doubt, refuse, forbid, dislike* usw. auf, obwohl weder der Matrixsatz noch die satzwertige Ergänzung eine NEG (Satznegation) enthält; vgl. *I allowed you to do something*, aber: *I forbade you to do anything*; *He agreed to see somebody*, aber: *He refused to see anybody*. Da diese Verben Suppletion verursachen, kann angenommen werden, daß sie ein inhärentes Merkmal [+NEG] aufweisen, das Suppletion auslöst, das aber in die Oberfläche keine erkennbaren verneinenden Elemente wie *not* einführt (vgl. Klima 1964a; Fillmore 1967; UCLA 1967, Negation). Im AE erforderten solche Verben allerdings nicht nur die Suppletivform der Zahlwörter in den satzwertigen Akkusativergänzungen, sondern führten fakultativ auch eine in der Oberfläche auftretende Negation in einen semantisch affirmativen Nebensatz ein:

> Alfred, *Or.* 262.22: *Forbead þaet mon na ðaer eft ne timbrede.* ‚Forbade that one *never* there after *not* built = Forbade anyone ever to build there after.'

mit verneinenden Formativen in der Ergänzung, neben:

Alfred, *Or*.254.8: *Forbead þaet hiene mon god hete*. ‚Forbade that him one called God = Forbade that anyone should call him God.'

ohne solche Formative. Beide Veränderungen, die zum Verlust der Oberflächenkennzeichnung der Tiefenstrukturen führten, verdeutlichen eine allgemeine Tendenz in der Geschichte der englischen Sprache, daß Tiefenelemente mehr und mehr verdeckt (covert) auftreten, soweit es die phonetische Realisierung angeht.

Die Diskussion in diesem Abschnitt galt bisher nur den Arten von zusätzlicher Information und der Unterstützung, die diachronische Grammatiken bekanntermaßen für synchronische Grammatiken liefern. Da historische Befunde mehr und mehr für die Grammatiktheorie bedeutsam werden, besonders soweit sie sich mit Universalien beschäftigt, werden sie wahrscheinlich eine zunehmend wichtige Rolle spielen, selbst wenn es immer eine zweitrangige ist. Wenige neuere theoretische Arbeiten ignorieren die Diachronie gänzlich. McCawley (1968) z. B. bringt, wenn er vorschlägt, daß P(hrasen-) S(truktur)-Regeln ungeordnet sein sollten, unterstützende Beweise nicht nur von Seiten mathematischer Modelle und synchronischer Grammatiken, sondern auch aus indirekten historischen Belegen: z. B. die Tatsache, daß man keine Beispiele von dialektalen Unterschieden gefunden hat, die sich aus unterschiedlicher Anordnung von PS-Regeln ergeben, während viele derartige Unterschiede gefunden wurden, die sich aus unterschiedlicher Anordnung von T(ransformations)-Regeln erklären lassen. Wenn keine derartigen Dialektunterschiede auftreten, dann mindestens zum Teil deshalb, weil es historisch keine Umordnung (reordering) von PS-Regeln gegeben zu haben scheint. Wenn die historischen Befunde die Theorie stützen, daß die PS nicht als geordnete Menge von Regeln betrachtet zu werden braucht, ja nicht betrachtet werden sollte, unterstützen sie auch die Theorie, daß PS-Regeln intern nicht von links nach rechts angeordnet zu werden brauchen. In meiner Arbeit zur Geschichte der englischen Sprache hat mich fortwährend das Problem der Wortstellung beschäftigt. Im AE ist die normale Wortstellung $[NP\ [AUX\ V\ NP]_{VP}]_S$; in koordinierten und subordinierten Sätzen hingegen ist sie $[NP\ [NP\ V\ AUX]_{VP}]_S$. Während Abweichungen von diesen beiden Anordnungen häufig auftreten, kann gezeigt werden, daß die meisten davon eine „markierte" Struktur anzeigen. (vgl. bes. Bacquet 1962). In einer synchronischen Grammatik des AE ist es einfacher, das zu tun, was Bach (1962) für das Neuhochdeutsche vorschlug, und die Wortstellung im Nebensatz als Basis anzusetzen. Eine T-Regel würde diese Nebensatzwortstellung in den passenden Strukturzusammenhängen in die Wortstellung des Hauptsatzes umformen. Wir könnten dann fordern, daß diese Regel für den Wechsel der Wortstellung im ME vorherrschend wurde, bis sie schließlich zu einer Änderung in der PS-Ordnung führte, so daß wir mit dem FNE nur noch die Anordnung $[NP\ [AUX\ V\ NP]_{VP}]_S$ haben. Die Schwierigkeit besteht darin, daß eine solche Veränderung für die Grammatik sehr bedeutsam erscheinen würde (d. h. zu extensiven grundlegenden Mutationen führen würde), da sie Veränderungen in der Tiefenstruktur (TS) einschließen würde; allerdings begleitet keine Veränderung in der Funktion der Wortstellung solch eine vermutlich tiefgreifende Veränderung der Struktur. Sowohl im AE als auch im ME stellt die Wortstellung das entscheidende Funktionssignal dar; wenn auch das ae. Kasussystem relativ mehr Freiheit zuließ als im ME möglich war, war doch die funktionale Belastung der Wortstellung sehr hoch, wie Bacquet überzeugend nachweist; es gibt keinen Beweis, der die These unterstützt, daß die ae. Wortstellung zufällig und ausschließlich eine Funktion von Beschränkungen des Miteinandervorkommens sei, während die me. Wortstellung funktional sei (ebenso wie sie gelegentlich Vorkommensrestriktionen enthalte). Aber nur, wenn sich eine solche Annahme als wahr erwiese, könnten wir mit Recht behaupten, daß es sich dort um einen Wandel in der TS handelt. Eine Möglichkeit wäre, zu sagen, daß die ae. und me. Wortstellung in der TS gleich waren, und die Veränderungen der Wortstellung für koordinierte und subordinierte Sätze in den T-Regeln zu spezifizieren. Der einzige Unterschied zwischen AE und NE, soweit die Wortstellung betroffen ist, bestünde dann darin, daß die Regel zur Veränderung der Wortstellung in fne. Zeit getilgt wird (sie dauerte die me. Periode hindurch fort, trat aber mehr und mehr zurück). Eine andere Möglichkeit wäre, das metatheoretische Prinzip zurückzuweisen, daß Konstituenten innerhalb von PS-Regeln von links nach rechts angeordnet sein sollten. Eine PS-Regel würde dann ungeordnete Kategorien und Beziehungen generieren, d. h. $[NP, VP]_S$ würde sowohl für $[NP - VP]_S$ als auch für $[VP - NP]_S$ stehen und $[AUX, V, NP]_{VP}$ würde für alle logisch möglichen Anordnungen der drei Konstituenten stehen. Die Anordnung (einschließlich der Exklusion von nicht möglichen Anordnungen) würde nur durch die T-Regeln erreicht. Ähnliche Vorschläge werden gegenwärtig unter besonderer Bezugnahme auf den Begriff des tiefenstrukturellen Kasus diskutiert (vgl. besonders Fillmore 1966); den von Fillmore vorgebrachten theoretischen Argumenten kann eine zusätzliche Dimension durch den diachronischen Befund verliehen werden, daß dem relativen Mangel an Innovation in tiefenstrukturellen Kasusbeziehungen (was die Zugehörigkeit zur Tiefenstruktur (TS) einschließt) eine relative Häufigkeit von Wortstellungsveränderungen (was die Zugehörigkeit zur Oberflächenstruktur (OS) einschließt) gegenüber steht.

Typen des syntaktischen Wandels

Wie die Veränderungen auf anderen Gebieten der Grammatik, können auch die meisten syntaktischen Veränderungen den zwei einander entgegengesetzten Tendenzen der Vereinfachung und der Ausgestaltung untergeordnet werden. Beide gänzlich voneinander zu trennen, ist schwierig, da sie oft an der Entwicklung ein- und derselben Struktur beteiligt sind. Außerdem kann Vereinfachung auf einem Gebiet an anderer Stelle Ausgestaltung auslösen. Andererseits kann man, wenn die beiden Tendenzen nicht wenigstens anfangs voneinander getrennt werden, den genauen Abläufen der Veränderung ebensowenig in adäquater Weise gerecht werden wie den substantiellen Unterschieden und Gemeinsamkeiten zwischen phonologischem und morphologischem im Gegensatz zu syntaktischem Wandel.

In seiner Diskussion des phonologischen Wandels hat Kiparsky (1968, 200–202) gezeigt, daß Vereinfachung nicht in einer, sondern zumindest in zwei verschiedenen Arten auftritt, je nachdem, auf welchen Teil der Regel sie einwirkt, d. h. je nachdem, ob sie auf die Strukturbeschreibung (structure index) einwirkt (jenen Teil der Regel, der die Elemente bestimmt, auf die die Regel angewandt wird) oder auf die Strukturveränderung (structure change) (jenen Teil der Regel, der angibt, was mit den in der Strukturbeschreibung aufgeführten Elementen geschieht). Er legt dar, daß die Vereinfachung der Strukturbeschreibung keine Reliktformen (relic forms) in der OS hinterläßt und deshalb in synchronischen Grammatiken nicht wiederauffindbar ist; außerdem führt sie zu dem, was traditionellerweise als analoge Ausdehnung oder Polarisierung bekannt ist, wobei eine relativ seltene Form in mehr und mehr Kontexten benutzt wird. Andererseits kann eine Verschiebung in der Strukturveränderung zu Reliktformen in synchronischen Grammatiken führen und deshalb wiederauffindbar sein: sie führt zu dem, was traditionellerweise als analoger Ausgleich (leveling) bekannt ist, wobei eine Reliktform in immer weniger Kontexten gebraucht wird und in einigen Fällen schließlich ganz ausfällt.

Es ist nützlich, Veränderungen in der Strukturbeschreibung und in der Strukturveränderung auch im Bereich der syntaktischen Komponente voneinander zu unterscheiden, obwohl der verschiedene Status der zu diskutierenden Elemente (grammatische Elemente vs. phonologische Merkmalmatrizes) unausweichlich zu einigen Verschiedenheiten bei den Typen des damit verbundenen Wandels und deren Auswirkungen führt. Die Termini *Strukturbeschreibung* und *Strukturveränderung* werden ab sofort mit den Abkürzungen SB bzw. SV bezeichnet, um mögliche Verwechslung zwischen historischem Wandel und nur in der

Ableitung vollzogenen ahistorischem „Strukturwandel" zu vermeiden. Die Wörter „Wandel" oder „Veränderung" (change) werden nur benutzt, wenn historische Prozesse gemeint sind.

Veränderungen in der SB und SV in der morphophonemischen Komponente stellen nur ein Analogon zum Transformationsteil der Syntax dar, da es sich um Veränderungen bei den Operationen handelt, die auf Ketten angewandt werden; sie stellen kein Analogon zur tiefenstrukturellen Komponente der Syntax dar. Da die PS Konstituenz und Relationen zwischen den Konstituenten spezifiziert, ziehen Veränderungen in dieser Komponente nicht Veränderungen im Verfahren, sondern Veränderungen der zugrundeliegenden Struktur der Grammatik selbst nach sich. Idealiter kann die PS einer beliebigen Grammatik als Teilmenge einer für Sprache universal gültigen Menge von Kategorien und Relationen angesehen werden (vgl. Katz/Postal 1964; Chomsky 1965); Veränderungen in der PS bringen somit idealiter die Entwicklung einer neuen Teilmenge des universalen Rasters (grid) mit sich. Vom Gesichtspunkt formaler Universalien aus kann man zeigen, daß auch T-Regeln insofern Teil einer universalen Menge sind, als sie je nach Typ (Adjunktion nach links (left-sister adjunction), Tilgung etc.) oder je nach Operation (Verknüpfungstransformation des Relativpronomens usw.) klassifiziert sind. Andererseits sind die vorliegenden (konkreten) Details der T-Regeln (z. B. mit welchem Element ist irgendeine Konstituente als linke Nachbarkonstituente (left sister) verknüpft?) zum größten Teil einzel-sprachspezifisch, so daß, wenn wir von Veränderungen in T-Regeln sprechen, wir uns oft nicht auf Veränderungen in der Teilmenge universaler Regeln beziehen, sondern eher auf Veränderungen in den besonderen Spezifizierungen bei der SB oder SV. Soweit die Grammatik als Ganze betroffen ist, sind deshalb Veränderungen in der PS in mehrfacher und unterschiedlicher Hinsicht funktional verschieden von Veränderungen in den T-Regeln. Trotzdem können wir sagen, daß Vereinfachung und Ausgestaltung die Hauptarten der historischen Prozesse sind, die die gesamte Grammatik betreffen; das Resultat dieser Veränderungen wird davon abhängen, auf welche Komponente sie angewandt werden, aber der Typ der Veränderung bleibt konstant.

Vereinfachung

Innerhalb der Geschichte der englischen Sprache gibt es wenige Beispiele für PS-Vereinfachung, wenn wir annehmen, daß die PS solche Regeln umfaßt, wie sie in Chomskys *Aspects of the Theory of Syntax*

(1965, vgl. bes. S. 102) angeführt sind; vielleicht werden sich immer weniger Veränderungen zeigen, je mehr die PS durch Angabe von grammatischen Merkmalen einschließlich Tempus [TENSE] (vgl. Rosenbaum/Lochak 1966, 9), logischer Beziehungen (vgl. Lakoff 1965, 1966; Bowers 1967), grammatisch-semantischer Merkmale (vgl. Klima 1964 a; Weinreich 1966) usw. verfeinert wird. Wie dem auch sei, einige reduktive Vereinfachungen der PS können deutlich festgestellt werden. Eine davon ist der Verlust der für alle Modalverben erforderlichen Infinitivkennzeichnung INF am Ende der me. Periode; da diese Veränderung nur die phonologische Gestalt der auf Modalverben folgenden Verben betrifft, nicht jedoch die Beziehung zwischen Konstituenten oder ihre Funktionen, sollte INF wahrscheinlich kein tiefenstruktureller Status verliehen werden. Interessanter sind Veränderungen bei gewissen Hierarchisierungen und Zuweisungen von Merkmalen zu Kategorien. Ein allseits bekanntes Beispiel liefert uns die Geschichte der Genusunterschiede im Englischen. Ein Charakteristikum des AE war das grammatische Geschlecht, zumindest soweit das Nominalsystem betroffen war. Ein Substantiv im AE mußte unter anderem die Merkmale

(a) $\left\{\begin{array}{l} \pm \text{BELEBT} \\ + \text{GESCHLECHT} \end{array}\right\}$
(b) + GESCHLECHT → ± FEM
(c) - FEM → ± MASK

usw. aufweisen, wobei [+ GESCHLECHT] und [± BELEBT] simultane Merkmale sind und [- MASK] ‚Neutrum' ist. Personalpronomen (und auch Relativpronomen), die als Pro-Formen für diese Nomina stehen, folgen entweder diesem System oder dem folgenden Alternativsystem:

(I) ± BELEBT
(II) + BELEBT → + GESCHLECHT
(III) + GESCHLECHT → ± FEM
(IV) - FEM → + MASK
(V) - BELEBT → - MASK

Um das zu illustrieren: im AE war das belebte N *wif* 'Frau, Weib' [- MASK] nach Regel (c); Artikel und Adjektive, die mit *wif* übereinstimmten, mußten mit dem Merkmal [- MASK] versehen sein; aber die Pro-Form konnte entweder [- MASK] sein, realisiert als *hit* 'es', oder, häufiger noch, [+ FEM] nach Regel (III), realisiert als *heo* 'sie'. Umgekehrt war das unbelebte N *burh* 'Stadt' gemäß Regel (b) [+ FEM], aber die Pro-Form konnte gemäß (V) [- MASK] sein. Während der me. Periode wurde die Merkmalmenge, die das syntaktische Genus bestimmte, erheblich reduziert; mit dem FNE wurde das Genussystem dann nur noch insofern auf Nomina angewandt, als Pronominalisierungsregeln mit im Spiele waren, und es verlor jegliche Bedeutung für Artikel und Adjektive oder für nominale Kasusendungen. Die einzigen Reliktformen eines morphologischen Genusmerkmals für N finden sich in einigen „weiblichen" Ableitungssuffixen wie *-ess*, *-ette*. Das Genussystem der Pronomen ist selbst im wesentlichen das der Regeln (I–V) so daß wir jetzt ein System des „natürlichen", nicht des „grammatischen" Geschlechts haben, d. h. ein System, das nur auf die Pro-Formen belebter N angewandt wird (abgesehen von einigen Reliktformen des grammatischen Genussystems, das noch für Schiffe, Autos usw. besteht, wobei der Gebrauch oft vom Geschlecht und von den beruflichen Interessen des Sprechers abhängt). Es scheint somit, daß für das AE jedes N auf zwei Arten gekennzeichnet werden muß, einerseits für das Genussystem, das auf die Nominal-Form obligatorisch und auf die Pro-Form fakultativ anwendbar war, andererseits für das alternative Genussystem, das nur auf die Pro-Form anwendbar war; mit dem FNE geht das erste Genussystem verloren und das zweite wird obligatorisch.

Ein weiteres Beispiel für Veränderungen in der Zuweisung von Merkmalen zu Kategorien findet sich in der Spezifikation von [± DUAL], aber dieses Mal ist die Veränderung weniger weitreichend. [+ DUAL] ist noch gültig für Zahlwörter (vgl. *both*), für disjunktive Konjunktionen (vgl. *either-or*), für Präpositionen (vgl. *between*), aber nicht mehr für Pronomen. Im AE bestand eine Opposition zwischen *ic* 'ich', *wit* 'wir beide' (Dual im Gegensatz zu *we twegen* 'wir zwei', das Bestandteil der Reihe 'wir drei', 'wir vier' ist), und *we* 'wir' (mehr als zwei *oder* nicht markiert in bezug auf Dualität); Opposition bestand auch zwischen *þu* 'du', *ȝit* 'ihr zwei' und *ȝe* 'ihr'; eine Dualform der dritten Person der Pronomen existierte jedoch nicht. Dualität als Merkmal der Personalpronomen schwand während des ME völlig; im Gegensatz zum Ausfall der nominalen Genuszuweisung betraf dies jedoch nicht die Grammatik als Ganze, sondern nur einen sehr begrenzten Teil davon.

Eine andere Art von Vereinfachung der PS, die in der Geschichte des Englischen zu finden ist, betrifft die Generalisierungen von gegenseitiger Exklusion zu wechselseitiger Kookkurrenz. Für das AE gibt es keine Daten, die vermuten lassen, daß Modalverben und Perfektaspekt miteinander vorkommen konnten. Mit anderen Worten: ein Satz wie

**He wolde* (MODAL) *gefeohten* (MV) *habban* (PERFEKT). ‚He would have fought.'

ist augenscheinlich ungrammatisch, während es hunderte, ja tausende von Konstruktionen wie die folgenden gibt:

Alfred, Or.88.28: *Ic haebbe* (PERFEKT) *nu gesaed* (MV) *hiora ingewinn.* ‚I have now said/told of their ancient battles.‘
Alfred, Or.21.4: *And hyt motan* (MODAL) *habban* (MV) *eall.* ‚And must/may keep ist all.‘

Außerdem scheinen Hilfsverben der Verlaufsform (progressives) nur mit Modalverben gemeinsam vorzukommen, nicht aber gemeinsam mit Perfekthilfsverben (perfects):

Alfred, Or.274.19: *þa sceoldon* (MODAL) *on siml beon* (PROGRESSIV) *winnende* (MV). ‚These should/had to always be fighting.‘
**þa haefdon* (PERFEKT) *on siml gewesen* (PROGRESSIV) *winnende* (MV). ‚These had always been fighting.‘

Das läßt vermuten, daß – gemäß den Regeln, wie sie in den *Aspects* gebraucht werden – im AE die Kategorie Aux spezifiziert werden müßte als:

$$\text{AUX} \rightarrow \text{TENSE} \begin{Bmatrix} \text{(MODAL)} & \text{(PROGRESSIV)} \\ \text{(PERFEKT)} & \end{Bmatrix}$$

wobei MODAL ein Sammelbegriff für M – INF ist, d. h. für die Formative *cunn-* ‘können’, *mag-* ‘dürfen’, *mot-* ‘müssen’, *scul-* ‘sollen’, *will-* ‘wollen’ die beim folgenden Verb jeweils die Infinitivkennzeichnung verlangen; und wobei PROGRESSIV ein Sammelbegriff für *beo-* ‘sein’, *wes-* ‘sein’, *weorđ-* ‘sein, werden’ ist, von denen jedes beim folgenden Verb die Kennzeichnung für Partizip Präsens verlangt. Im ME finden wir hingegen, daß auf MODAL PERFEKT folgt, wie in

Chaucer, T. of Mel.2287: *David the king, that wolde* (MODAL) *have* (PERFEKT) *slayn* (MV) *him*. ‚David the King, who would have slain him‘ (oder ist *wolde* das HV *will-* ‘intend’?).

und daß vereinzelt nach PERFEKT PROGRESSIV steht:

Chaucer, K.T.929: *We han* (PERFEKT) *ben* (PROGRESSIV) *waitynge* (MV) *al this fourtenyght.* ‚We have been waiting all this fortnight.‘

Es scheint somit, daß die me. Regel für die Kategorie Aux der für das NE sehr ähnelt. Neben anderen Elementen, die weiter unten diskutiert werden sollen, haben wir für das ME wahrscheinlich die Sequenz:

AUX → TENSE (MODAL) (PERFEKT) (PROGRESSIV)

In anderen Grammatiken, in denen Modi und Aspekte entweder als Satzelemente (möglicherweise als Teil des Prä-Satzes) oder als Hauptverben (vgl. McCawley 1967, Ross 1967; Boyd/Thorne 1969; Traugott/Waterhouse 1969) generiert werden, können diese Unterschiede durch Restriktionen in der Hierarchisierung von Satzelementen oder durch Einbettungsbeschränkungen ausgedrückt werden (bei letzterem betreffen die Veränderungen nicht die PS, sondern die SB). Unabhängig von der jeweils besonderen Analyse bedeutet der historische Wandel Generalisierung und deshalb Vereinfachung.

Die Entwicklung der Kategorie PERFEKT selbst ist interessant, obwohl Details bei der Beschreibung wiederum von der besonderen Form der benutzten Grammatik abhängen. Wenn *have – P(ast) P(articiple)* im NE als Realisierung eines abstrakten tiefenstrukturellen PERFEKT betrachtet wird, dann sind die unten diskutierten Veränderungen Teil des Lexikons und der morphophonemischen Regeln und sollten uns hier nicht interessieren. Aber solange Grammatiken grammatische Morpheme in die PS einführen, müssen die Veränderungen, die sie einschließen, der Tiefenstruktur zugeordnet werden. Im AE erschien PERFEKT in der Umgebung transitiver Verben als *habb-* - PP. In der Umgebung von intransitiven Verben war es gewöhnlich eins von drei Verben, die PP verlangten; diese sind *beo-* 'sein', *wes-* 'sein', und *weorđ-* 'sein, werden'. Bei einigen wenigen Intransitiva wie *far-* 'gehen' war auch *habb-* - PP zugelassen. Im Verlauf der Geschichte des Englischen trat letzteres generell zu den meisten Verben, gleichgültig ob sie transitiv waren oder nicht, obwohl eine große Zahl der intransitiven Verben bis in das 17. Jh. hinein fakultativ *be* – PP als Realisierung von PERFEKT selektieren konnte. Einige sogar, vornehmlich *come*, selektieren *be* – PP im Shakespeareschen Drama und in der Autorisierten Version der Bibel noch fast ohne Ausnahme, vgl.

Shakespeare: Merry Wives III.1.49: *We are come to you to do a good office.*
Bible: Isa.10.28: *He is come to Aiath, he is passed to Migron.*

neben dem seltenen:

Shakespeare: Ant. and Cleo, II.iii.11: *Would I had never come from thence.*
Bible: Isa.7.17: *The Lord shall bring upon thee* [. . .] *days that have not come.*

Sowohl bei Shakespeare als auch in der Bibel wird *have* mit *come* und ähnlichen Intransitiva fast ausschließlich in verneinten Sätzen gebraucht. Was die Bedeutung dieser Beschränkung sein mag, ist noch unklar. Im

NE findet sich *be*- PP (oft obligatorisch) nur bei adjektivierten „Zustandsverben" (statives) (vgl. *be frozen*) und Verben mit inhärenten Perfektiva (vgl. *be born*), die allesamt historisch mit dem Perfekthilfsverb der beiden Gruppen *be* – PP in Verbindung gebracht werden können, von denen keine der beiden Gruppen aber ein direkter Reflex der hier diskutierten regulären Kategorie PERFEKT ist. Die zwei Typen der Kategorie PERFEKT, die im AE fast gleiche funktionale Belastung hatten, bewegten sich in entgegengesetzte Richtungen, wobei beide Vereinfachung mit sich brachten; in bezug auf *habb*- – PP bringt dies Generalisierung mit sich, während es in bezug auf die anderen Formative verschiedene Stufen des Verlustes mit sich bringt (*weorđ*- – PP ging in der Mitte der me. Periode völlig verloren; *beo*- – PP und *wes*- – PP blieben beide in einigen Dialekten einschließlich dem Shakespeares (vgl. *they be* vs. *they are*, beide als Indikative) bis zum Ende der fne. Periode erhalten und wurden dann, zumindest im Standardenglisch, zum Suppletivverb *be* – PP, das seinerseits als reguläre Realisierung der Kategorie PERFEKT in der Umgebung von Intransitiva verloren ging.)

Wenn wir uns von der Vereinfachung der PS zur Vereinfachung der SB wenden, stellen wir fest, daß auch sie immer eine bestimmte Art von Generalisierung mit sich bringt oder aber den gänzlichen Verlust irgendeiner Restriktion oder formalen Spezifizierung. Generalisierung kann bei rein oberflächlicher Sicht als Ausgestaltung oder Hinzufügung betrachtet werden, da sie Ausdehnung auf immer größere Kontexte mit sich bringt; andererseits, von einem innergrammatischen Standpunkt her gesehen, bedeutet Generalisierung Vereinfachung, da sie eine Verminderung in der Anzahl der Restriktionen mit sich bringt. Weitere Einzelheiten aus dem Auxiliarsystem mögen genügen, um die Erweiterung der SB zu illustrieren. Im AE konnten zusätzlich zu TENSE nur Modalverben in der SB der passiven Sätze auftreten, aber nicht Perfekthilfsverben oder Hilfsverben der Verlaufsform. So finden wir:

Alfred, Or.128.5: *þa Darius geseah þaet he oferwunnen* (MV) *beon* (PASSIV-MARKER) *wolde* (MODAL). ‚When Darius saw that he would be defeated.'

aber offensichtlich nicht:

**þa Darius geseah þaet he oferwunnen* (MV) *gewesen* (PASSIV-MARKER) *haefde* (PERFEKT). ‚When Darius saw that he had been defeated.'

**þa Darius geseah þeat he oferwunnen* (MV) *wesende* (PASSIV-MARKER) *waes* (PROGRESSIV). ‚When Darius saw that he was being defeated.'

Im Verlauf des ME wurden auch Perfekthilfsverben zugelassen:

> Chaucer, T. of Mel.2210. *By cause of the wrong and of the wikkednesse that hath* (PERFEKT) *been* (PASSIV MARKER) *doon* (MV). ‚Because of the wrong and wickedness that has been done.'

Hilfsverben der Verlaufsform können schließlich mit dem Ende des 18. Jh. ebenfalls vorkommen:

> Southey, Vol.I.249.24 (Brief vom 9. Okt. 1795):
> *Like a fellow whose uttermost upper grinder is being torn out by the roots by a mutton-fisted barber.*[2]

Die Veränderungen werden in solchen SB (für Passivtransformationen) wie:

(a)	für AE:	X NP TENSE (MODAL) V NP PASSIV Y 1 2 3 4 5 6 7
(b)	für ME u. FNE:	X NP TENSE (MODAL) (PERFEKT) V NP PASSIV Y 1 2 3 4 5 6 7
(c)	für NE:	X NP AUX V NP PASSIV Y 1 2 3 4 5 6 7

gespiegelt, wo nur die Konstituenten von Element 3 wechseln, und wo SV gleich bleibt, abgesehen von einigen Einzelheiten, die jene grammatischen Morpheme betreffen, die als passive Hilfsverben und als Präpositionen, die den Agentiv anzeigen, fungieren (was weiter unten diskutiert werden soll).

Es ist besonders wichtig festzustellen, daß, während diese Veränderungen phonologischen Veränderungen der SB insofern entsprechen, als sie in der Oberfläche nicht wiederauffindbar sind, die Erweiterung der SB im Transformationsteil nicht so sehr häufigeren Gebrauch einer seltenen Einheit mit sich bringt, als vielmehr Erweiterung, so daß höhere Knoten in der PS mit erfaßt werden.

Vereinfachung der SV kann Reduktion der Hinzufügungen mit sich bringen, wenn die T-Regel eine Adjunktion einführt, oder sie kann eine extensivere Tilgung mit sich bringen, wenn sie zum tilgenden Typ gehört usw. Eine anscheinend offenkundige Art der Vereinfachung ist diejenige, die bei der Reduktion der von den SV eingeführten grammatischen Formative eine Rolle spielt. Oben ist bereits erwähnt worden, daß Passiv-SB sich im Laufe der Geschichte des Englischen leicht veränder-

2 Zitiert von Mossé (1938) II,48 als erstes authentisches Beispiel dieser Konstruktion.

ten. Die Einzelheiten sind folgendermaßen: im AE waren die drei passiven Auxiliarformative *beo-* 'sein', *wes-* 'sein', *weorđ-* 'sein, werden' homonym mit den intransitiven Perfekthilfsverben und verlangten wie diese PP; mehrere Präpositionen konnten als Agentivkennzeichnung fungieren, besonders *from*, *mid*, *þurh*, obwohl auch viele andere verfügbar waren (vgl. Dam 1957, 23). Während der me. Periode wurden die für Passiv gebrauchten Hilfsverben, zusammen mit denen, die als Aux für Perfekt- und Verlaufsform bei Intransitiva dienten, durch den Verlust von *weorđ* auf zwei reduziert und die Agentivkennzeichnungen wurden durch *with* und *by* ersetzt (die beide noch zu Shakespeares Zeit in Gebrauch waren). Erst im NE setzten sich die einzelnen Formative *be* – PP und *by* als einzig mögliche durch. In Grammatiken, in denen abstrakte Elemente wie PASSIV AUX und AGENTIV durch Adjunktionstransformationen eingeführt werden, sind solche Veränderungen genau gesagt keine Angelegenheit der SV, sondern des lexikalischen und morphophonemischen Wandels. Die vorwiegend lexikalische Natur der Veränderung ist deutlich sichtbar, wenn man bemerkt, daß *with* im ME *mid* in allen Kontexten ersetzte, nicht nur in passiven Sätzen, sondern auch in Adverbialsätzen der Art und Weise, des begleitenden Umstands usw. Im AE gab es zwar eine Präposition *wiþ*, aber sie bedeutete 'gegen'; die Gründe für die Verschiebung von *wiþ* 'gegen' zu *with* 'mit' lassen sich noch an der Mehrdeutigkeit des Gebrauchs solcher Wendungen wie *to fight with* = 'gegen jem. kämpfen' vs. *to fight with* = 'zusammen mit, auf der selben Seite wie jem. kämpfen', ablesen.

Die meisten der bis hierher diskutierten Beispiele sind relativ einfach gewesen, insofern als sie einen Wandel mit sich bringen, der nur e i n e Art der Struktur betrifft. Oft hingegen können zwei oder mehr Strukturebenen von einer Serie von Veränderungen betroffen sein, oder Beziehungen zwischen Regeln, die für sich eine geschlossene Menge bilden, können geändert werden. Ein hervorragendes Beispiel für komplexen Wandel liefert uns die Geschichte der Oberflächenkasuszuweisung im Englischen.[3] Im AE wurden die Substantive nicht nur in bezug auf Genus, sondern auch in bezug auf Numerus und Kasus markiert. Während Genus und Numerus inhärente Merkmale

[3] Es ist wesentlich festzustellen, daß die vorliegende Diskussion lediglich „akzidentielle" Erscheinungen in der Oberfläche betrifft. Der „inhärente" oder „innere" Kasus als tiefenstrukturelle Beziehung (vgl. bes. Fillmore 1966, Anderson 1968) ist nicht direkt betroffen; Veränderungen in den Realisierungsregeln dieses Tiefenkasus sind bes. interessant unter dem Gesichtspunkt der Wechselbeziehung zwischen Kasus und Präposition, doch lassen sich Einzelheiten darüber erst aussagen, wenn weitere Untersuchungen vorliegen.

von N sind, die in die PS eingeführt werden können, ist der Kasus nicht inhärent, noch gibt es nur einen Typ von Kasus. Erstens gibt es [+NOMINATIV], der automatisch dem oberflächenstrukturellen Subjekt zuzuschreiben ist, sei es N oder Pronomen. Er ist ausschließlich eine Funktion der Beziehung „Subjekt von" und kann durch eine T-Regel eingeführt werden, die nach der Passiv-Transformation angeordnet ist. Prädikative Nominalgruppen und Adjektive sind auch mit [+NOMINATIV] versehen, aber hier ist der Kasus nicht nur eine Funktion der Beziehung „Prädikatsergänzung", sondern auch des verbalen Lexems. Alle Verben mit Ergänzungen (und Präpositionen) können im Lexikon als solche aufgeführt werden, die inhärent gewisse Kasus zu ihrer Ergänzung fordern. Verben, die als Kopula (link verbs and copulas) fungieren, werden im Lexikon mit dem Merkmal [+NOMINATIV]-Ergänzung versehen; Transitiva mit [+AKKUSATIV] (z. B. *seo-* 'sehen'), [+GENITIV] (z. B. *bruc-* 'genießen') oder [+DATIV] (z. B. *help-* 'helfen'), wobei [+AKKUSATIV], [+GENITIV], [+DATIV] (in einer detaillierten Grammatik wären sie vermutlich zu hierarchisieren) Submerkmale von [-NOMINATIV] sind. Letzteres ist eine Funktion der Beziehung „Objekt von" und des verbalen Lexems. Die Kasusmerkmale werden auf die Ergänzungen durch eine Adjunktionstransformation abgebildet. Eine dritte Art von Kasuszuweisung ist notwendig, um der Tatsache Rechnung zu tragen, daß Artikel und Adjektive im AE in Numerus, Genus und Kasus mit den Nomina übereinstimmen, denen sie auf gleicher Ebene zugeordnet sind (entweder aufgrund von PS-Regeln oder von T-Regeln wie z. B. Relativtransformationen). Eine Adjunktionstransformation auf sehr niedriger Ebene wird diese Kongruenz von den Nomina auf die relevanten Konstituenten abbilden. Alle drei Arten der Kasuszuweisung erfuhren drastische Vereinfachung während des ME, beginnend mit dem Verlust der Submerkmale [+AKKUSATIV], [+GENITIV], [+DATIV] im Lexikon. Aus Raumgründen ist es nicht möglich, Details des schrittweisen Wandels bei den lexikalischen Regeln und der SV anzugeben. Die Feststellung möge genügen, daß seit dem FNE nur Pronomen in der Oberfläche weiterhin Unterscheidungen zwischen [+NOMINATIV] und [-NOMINATIV] aufwiesen. Die Kongruenzregel ging verloren und die T-Regel, die die Kasus von Verben (und Präposition) auf Ergänzungen abbildete, verschmolz mit der ersten Regel, die dem Kasus nur eine funktionale Beziehung zuwies. Diese Regel wurde generalisiert, um sowohl Oberflächensubjekte als auch Ergänzungen zu erfassen, mit dem Ergebnis, daß [-NOMINATIV] im Lexikon als inhärentes Merkmal von Verben nicht mehr angegeben werden mußte. Die (Schul-) Grammatiken haben diese Regel großenteils so beibehalten; aber anderenorts wurde sie bald zumindest insofern abgewandelt, als die Unterscheidung zwischen interrogativem und relativem *who–whom* verloren ging. Im FNE z. B. sind austauschbare Möglichkeiten wie in:

Shakespeare, Oth. I.ii.53: Iago. *He's married.* Cassio. *To who?*
Shakespeare, Cor. II.i.7: Men. *Pray you, who does the wolf love?*
Sic. *The lamb.*
Men. *Ay, to devour him.*

ebenso akzeptabel wie solche mit *whom*. Das sogenannte Standardenglisch, das einen *who–whom*-Kontrast beibehält, ist deshalb (in dieser Hinsicht) archaischer als viele Dialekte des FNE. In diesem Zusammenhang ist die Feststellung wichtig, daß synchronische Regeln, die den unterschiedlichen Gebrauch des Pronominalkasus in Dialekten erklären, nur dann historische Anordnungen spiegeln, wenn das Standardenglisch als Norm dient (wie bei Klima 1964b). An anderen Stellen in der Grammatik, wie in dem Teil, der den Gebrauch von *do* erfaßt (vgl. die Diskussion unten), werden wir feststellen, daß das Standardenglisch in stärkerem Maße innovierend ist und daß Regeln, die Unterschiede im Gebrauch in anderen Dialekten betreffen, nicht Innovationen reflektieren, sondern vielmehr archaischere Stufen.

Der Verlust ganzer Regeln ist eindeutig eine Vereinfachung der Grammatik, die weder in das Gebiet von Veränderungen der SB noch der SV fällt. Obwohl Veränderungen in Teilen von Regeln ganze Strukturkomplexe beeinflussen können, tun sie das häufig nicht (vgl. Veränderungen in der Passivbildung), und haben oft keine deutlich wahrnehmbaren Auswirkungen auf die Oberflächengrammatik. Jedoch führt der Verlust ganzer Regeln gewöhnlich zu zumindest in der Oberfläche markierten Unterschieden (vgl. den Verlust einiger Genus- und Kasusregeln.)

Eine andere Art von Vereinfachung, die ganze Gruppen von Regeln betrifft, ist die Regelumordnung (reordering). Dies führt zu größerer Ausnutzung der Regeln. Kiparsky stellt fest, daß eine Tendenz in Richtung auf solche verstärkte Ausnutzung in der Phonologie wahrscheinlich universal ist (1968, 196). Möglicherweise trifft das auch für die Syntax zu, obwohl Daten, die sich nur auf die englische Syntax beschränken, für eine Diagnose selbstverständlich nicht ausreichen. Illustrationen für diese Art des Wandels lassen sich im Umkreis der Genitivkonstruktionen bei Wortgruppen und der „cleft sentences" finden. Eine Möglichkeit, fne. und ne. Konstruktionen wie *The wife of Bath's tale*, *The Mayor of London's mace* zu erklären, liegt darin, zunächst die Gruppierung zu spezifizieren und dann die Genitivverknüpfung. Im Fall der bekannten me. Konstruktion:

Chaucer, Troilus and Criseyde 2: *That was the kyng Priamus* (Genitiv) *sone of Troye*. ‚That was King Priam of Troy's son'.
Chaucer, Clerk's T: *Folweth the Prolog of the Clerkes* (Genitiv) *Tale of Oxenford*. ‚Here follows the Prologue of the Clerk of Oxford's Tale'.

scheint es notwendig, daß wir vor der Gruppierung erst die Genitivverknüpfung benötigen. Die fne. und ne. Anordnung erlaubt zunehmend generalisierten Gebrauch der Genitivverknüpfungen, indem sie jetzt nicht nur [[DET of N]'s N] zuläßt, sondern auch, umgangssprachlich zumindest, solche Sätze wie *The girl who lives next door's boy-friend*. Was auch immer die genaue Ableitung der „cleft sentences" sein mag, so ist auch klar, daß die Verbkongruenzregeln bei me. Sätzen wie:

Malory, Morte Darthur 134.16: *It ben the damoyseles . . . that so name me*. ‚It is (wörtlich, it are) the damsels who call me this.'
Wycliffe, Mt.X.20: *It ben nat ȝe that speken*. ‚It is (wörtlich, it are) not you that speak.'[4]

anders angeordnet werden, als es bei fne. und ne. Sätzen des Typs *It is the girls who call me this* der Fall ist. In bezug auf diese me. Sätze zumindest müssen wir sagen, daß Kongruenz mit dem Verb der Plazierung von *it* vorangeht (wobei *it* irgendein Platzhalter (dummy form) sein kann, der *the ones/they* in einer Struktur ersetzt, die *The damsels are the ones that so name me* zugrundeliegt), während für spätere Zeiten Kongruenz mit dem Verb der Plazierung von *it* folgen muß und somit die Verbkongruenz mit dem Subjekt in der Oberfläche generalisiert wird.

Hinzufügungen und Ausgestaltungen

Theoretisch gesehen umfassen Hinzufügungen (additions) zur PS Zusätze einer gewissen Eigenschaft, die mit dem universalen Raster in Zusammenhang steht, ob Kategorie, Merkmal oder Beziehung. Tatsächlich scheinen sich in der Geschichte des Englischen keine derartigen Veränderungen vollzogen zu haben. Wenn die PS jedoch sprachspezifische Formative enthalten darf, wie es bei den meisten neueren Grammatiken der Fall ist, dann i s t es möglich, auf bestimmte Hinzufügungen zur PS zu verweisen. Im ME enthielt die Kategorie AUX zwei Formative mehr (*do* und *gin*, die beide INF erfordern) als im AE; diese waren in

4 Beide Sätze sind zitiert bei Visser (1963) I,49.

ihrer Funktion völlig verschieden von allem, was sich im AE findet. Zuerst treten sie in poetischen Texten auf, *do-* INF nicht vor dem 13. Jh. Allgemein gebräuchlich wurden sie in der Londoner Prosa erst um 1400. Zu dieser Zeit scheinen sich *do* und Hilfsverben der Verlaufsform gegenseitig auszuschließen, aber *do* kann auch mit Modalverben und Perfekthilfsverben vorkommen. Ellegård führt aus, daß alle Vorkommen von *do*-INF nach MODAL in südenglischen Texten kausativ sind, aber viele Beispiele selbst im Süden sind zumindest mehrdeutig in bezug darauf, ob sie kausativ sind oder nicht. Zweifelsohne ist *do*-INF gebräuchlich nach *have*-PP, manchmal im Wechsel mit *do*-PP, d. h. manchmal erfordert es eine Partizip-Perfekt-Kennzeichnung an Stelle von INF. Da kein Unterschied in der Funktion damit zusammenzuhängen scheint und da PP, wenn es von *do* erfordert wird, als redundante Partizip-Kennzeichnung angesehen werden kann, die von PP in PERFEKT als Oberflächenerscheinung ausgelöst wird, wird *do*-PP nicht als von *do*-INF unterschiedenes PS-Element angesehen. Vielmehr wird PP fakultativ durch eine T-Regel eingeführt werden, die verschiedenen Redundanzen (wie etwa doppelter Superlativ usw.) gerecht wird. Obwohl es mir nicht möglich gewesen ist, nicht-mehrdeutige Beispiele von *gin*-INF nach MODAL oder PERFEKT oder in der Satzkoda [z. B. in „tags" oder in Ausdrücken wie *He ran and so did I*] zu finden, scheint mir nichtsdestoweniger gerechtfertigt, es in der gleichen Weise zu generieren wie *do*-INF in einer Regel für ME wie:

$$\text{AUX} \rightarrow \text{TENSE (MODAL) (PERFEKT)} \left(\begin{Bmatrix}\text{PROGRESSIV} \\ do\text{ - INF} \\ gin\text{ - INF}\end{Bmatrix}\right)$$

da es oft in verschiedenen Manuskripten des gleichen Textes mit *do*-INF alterniert (für viele Beispiele von alternierenden Texten mit *do* ~ *gin* oder *do* ~ *gin* ~ kein Hilfsverb oder *gin* ~ kein Hilfsverb vgl. Funke 1922). Einige Beispiele für die zwei Hilfsverben sind:

Chaucer, Summoner's T.2042: *And thus he dide doon sleen hem alle thre*. ‚And thus he caused them all three to be slain' (mit dem Hilfsverb *do* und dem kausativen MV *do*)

Paston, Vol. 4.212.10 (1460, No.403): [*They*] *with here hevedy and fumows langage have and dayly do uttyr lewd and shrewd dalyauns.* ‚They with their heady and irrascible language have uttered and daily do utter lewd and sharp dallying speeches' (*do* parallel zu *have* in der Satzkoda).

Paston, Vol. 4.149.37 (1465, No.585): *More playnly than I may do wryte at thys tyme*. ‚More plainly than I may write at this time' (*do* nach Modalverb).

Chauceer, Clerk's T. 1096: [. . .] *but God, of his mercy/And youre benyngne fader tendrely / Hath doon you kept.* ‚but God, of his mercy, and your benign father in his tenderness, has preserved you' (*have*-PP, *do*-PP).

Chaucer, Parl. Foules 143: *For with that oon encresede ay my fere, / And with that other gan myn herte bolde; / That oon me hette, that other dide me colde.* ‚For with the one my fear ever increased, and with the other my heart took courage; the one warmed me, the other chilled me (made me cold?)' (*gin/do/* ohne Hilfsverb: offenbar alle äquivalent).

Bevis of Hamtoun 797 (MS A): *þus þe bataile gan leste long / Til the time of euesong* (MS SN: *þus þe* bataile lasted long). ‚Thus the battle lasted long until the time of evensong.'

Cursor Mundi 2009 (MS Göt.): *A neu liuelad gan he bigin* (MS Trin. C. *dud*). ‚He began a new life' (Hilfsverb *gin* neben MV *bigin*).[5]

Gin-INF scheint quasi einen Aspekt auszudrücken, indem es Unmittelbarkeit, Intensität, manchmal sogar Ingression anzeigt. Häufig jedoch, besonders mit PAST, hat es kaum eine andere Funktion als die eines nur füllenden Elementes; das trifft besonders für die Dichtung zu, wo es anscheinend meist aus rhythmischen Gründen gebraucht wird oder um den Reim zu erleichtern. Auch *do*-INF, besonders mit PAST, hat, wenn überhaupt, meist wenig Bedeutung; in manchen Kontexten dient es allerdings zur feierlichen Versicherung oder Intensivierung und kann möglicherweise als offene bzw. Oberflächenrealisierung eines universalen (?) tiefenstrukturellen Elementes „Assertion" betrachtet werden, das zu anderen Zeiten nur verdeckt auftritt.

Im Verlauf des 17. Jhs. fällt *gin* (das nun nicht mehr eine INF-Kennzeichnung benötigt, da alle Beispiele mit INF am Ende der me. Periode verloren gegangen waren) fast gänzlich aus, ohne eine auffindbare Spur zu hinterlassen. Mit PAST bestand es länger als mit PRÄSENS; mit PAST ist es bei Spencer sehr gebräuchlich, bei Shakespeare und Milton hingegen selten; letzterer benutzt es überhaupt nicht mit PRÄSENS. Während der Gebrauch von *gin* im späten 16. Jh. weitgehend poetisch ist, treten auch ein paar Beispiele für Prosagebrauch auf, z. B.

Nashe, Pierce Penilesse 226:16: *who awaking his hundred eies at these unexpected tidings gan persue them wheresoever they went.*

Do andererseits, (das wie *gin* mit dem Ende der me. Periode INF verlor) hat eine sehr interessante Geschichte. Im südlichen Englisch des 16. Jhs.

---

[5] Zitiert im „Middle English Dictionary" s. v. *ginnen* 3b; ein nordenglischer Text.

schlossen sich *do* und alle anderen Hilfsverben gegenseitig aus (daher wurde es stärker generalisiert, d. h. einer Vereinfachung unterzogen).[6] Reliktformen des me. Gebrauchs bestehen indessen noch in jenen Dialekten fort, die Konstruktionen erlauben wie *I have done cook* und, sehr viel gebräuchlicher, *I have done gone* (mit PP). Während des 17. Jhs. wurde *do* stärker auf verneinte Sätze, Fragesätze, Intensivierungen und Frageanhängsel (tags) beschränkt, bei denen kein anderes Hilfsverb auftrat; im Standardenglisch ist es jetzt völlig vorhersagbar. Dieser Wandel hat eine Verschiebung in der Funktion bewirkt vom Ausdruck feierlicher Versicherung zum reinen Tempus-Träger und somit von einem (manchmal) bedeutungsvollen Oberflächenelement zu einem „leeren". Er hat auch eine Vereinfachung der PS mit sich gebracht und der SB, die für Fragesätze, verneinte Sätze usw. nötig sind; aber er hat auch die T-Regeln um eine ganz neue Regel erweitert, die Unterstützung durch *do* bewirkt. Die Veränderungen in den SB der Fragesätze usw. sind Vereinfachungen, da sowohl *do* als auch V aus den Spezifikationen der SB entfernt wurden; z. B. erfordert die Verschiebungsregel bei Fragesätzen für das (späte) ME und FNE zumindest:

$$\text{SB: } \underset{1}{\underline{\text{X}}}\ \underset{2}{\underline{\text{NP Y}}}\ \underset{3}{\underline{\text{TENSE} \begin{Bmatrix} \text{M} \\ \text{have} \\ \text{be} \\ \text{do} \\ \text{gin} \\ \text{V} \end{Bmatrix}}}\ \underset{4}{\underline{\text{Z}}}$$

$$\text{SV: } \rightarrow 1, 3, 2, 4$$

für das NE hingegen brauchen wir nur:

$$\text{SB: } \underset{1}{\underline{\text{X}}}\ \underset{2}{\underline{\text{NP Y}}}\ \underset{3}{\underline{\text{TENSE} \left(\begin{Bmatrix} \text{M} \\ \text{have} \\ \text{be} \end{Bmatrix} \right)}}\ \underset{4}{\underline{\text{Z}}}$$

$$\text{SV: } \rightarrow 1, 3, 2, 4$$

aufzustellen.

---

[6] Das „Oxford English Dictionary" zitiert unter *do* 31.III aus dem 16. Jh. verschiedene schottische Vorkommen des Hilfsverbs *do* mit anderen Hilfsverben, darunter: Douglass, „Aeneis" XII.x.103 (1513): *Onto his ceptre thou sall* (MODAL) *do succeed*; Dunbar, „Lament for Makeris" 49 (1508): *He hes* (PERFEKT) *done petuously devour The noble Chaucer*; „Scot. Poems" 16th C.II.189 (1578): *And many other fals abusion The Paip hes* (PERFEKT) *done invent.*

Wie wir im vorherigen Abschnitt gemäß der hier eingenommenen Sicht von Vereinfachung und Ausgestaltung festgestellt haben, sind Veränderungen der SB, die zu Generalisierungen führen, Beispiele für Vereinfachungen nicht notwendigerweise der Zahl der in einer vorgegebenen SB enthaltenen Elemente, sondern der Beziehungen innerhalb der Grammatik als Ganzes. Im Gegensatz dazu kann zunehmende Restriktion in der SB als Beispiel für Ausgestaltung oder Hinzufügung angesehen werden. Das Ergebnis dieser Restriktionen können weniger morphophonemische und somit weniger oberflächenstrukturelle Alternativen sein; da unser Interesse jedoch in der ganzen Diskussion auf Veränderungen in der Grammatik, nicht aber auf Veränderungen in der Oberflächenstruktur selbst liegt, betrifft uns die Zahl der verfügbaren Oberflächenmuster nicht. Die umgekehrte Beziehung zwischen Vereinfachung und Ausgestaltung grammatischer Strukturen und dem Anwachsen oder Abnehmen in der Zahl der verfügbaren Oberflächenmuster ist von beträchtlichem Interesse für Performanzgrammatiken, für die Spracherwerbstheorie und für Annahmen über die Ursachen des Sprachwandels. Einzelheiten dieser umgekehrten Beziehung können jedoch erst erwartet werden, wenn weitere Untersuchungen der Veränderungen in Kompetenzgrammatiken vorliegen.

Ein besonders klarer Fall der zunehmenden Beschränkungen in den für gewisse SV verfügbaren SB kann in den Unterschieden zwischen den fne. und den ne. einschränkenden Relativsätzen gesehen werden. Im NE darf ein Relativpronomen im Subjektskasus nur dann getilgt werden, wenn ihm *be* folgt; und wenn dieses Relativpronomen im Subjektskasus getilgt wird, dann muß auch *be* getilgt werden. Demzufolge finden wir:

I have a book (which is) yellow with age.
**I have a book is yellow with age.*
**I have a friend may be a genius.*

Hingegen konnte im FNE jedes (in der Oberfläche angesiedelte) Relativpronomen im Subjektskasus getilgt werden, sogar wenn es durch „existential constructions" (d. h. Konstruktionen, bei denen die Existenz des Subjekts vorweg behauptet wird. Anm. d. Übers.) oder durch „cleft sentence"-Konstruktionen eingeführt war. Das einem derart getilgten Relativpronomen folgende *be* konnte fakultativ getilgt werden, wie unten im ersten Beispiel, wurde häufiger jedoch nicht getilgt, wie im zweiten Beispiel:

Shakespeare, As you like it II.iv.74: *Here's a young maid with travel much oppress'd* (Relativpronomen im Subjektskasus und *be*

getilgt) / *And faints for succour* (Relativpronomen im Subjektskasus getilgt).
Shakespeare, Measure for measure II.ii.34: *I have a brother is condemn'd to die* (Relativpronomen im Subjektskasus getilgt, aber nicht *be*).
Shakespeare, King John IV.ii.69: *This is the man should do the bloody deed* (Relativpronomen im Subjektskasus getilgt).
Shakespeare, As you like it III.ii.377: *There is a man haunts the forest* („existential subject" getilgt).
Shakespeare, Merry wives IV.v.18: *It is thine host, thine Ephesian calls* (Relativpronomen im Subjektskasus in der Satzergänzung getilgt).

Die Regel zur Reduktion des Relativpronomens ist daher im FNE (und ME) sehr viel genereller als im NE. Es ist sogar möglich, daß sie von derselben Regel erfaßt werden kann, die sowohl Tilgung des Relativpronomens im Objektskasus (wie im NE) als auch der adverbialen Relativpronomen (wie nicht im NE) erlaubt, vgl.:

Shakespeare, As you like it III.ii.75: *I earn that I eat, get that I wear* (Relativpronomen im Objektskasus getilgt).
Shakespeare, I Henry VI II.v.53: *Declare the cause / My father, Earl of Cambridge lost his head* (relativisch gebrauchtes Frageadverb *why* getilgt).

In dem Fall könnte dieses besondere Beispiel von Restriktion im NE durch die Hinzufügung einer Regel, die Subjekttilgung zuläßt, als Gegensatz zu einer Regel, die Subjekttilgung nicht zuläßt, charakterisiert werden; ob eine solche zusätzliche Regel notwendig ist oder nicht, zusätzliche Beschränkungen müssen den SB auferlegt werden, die zugrundeliegende Beziehungen spezifizieren und somit zur Ausgestaltung der SB führen.

Hinzufügungen zu SV können die Einführung zusätzlicher Merkmalskennzeichnungen, zusätzlicher obligatorischer Elemente oder besonderer, alternativer SV nach sich ziehen. Ob letztere immer als Teil derselben Regel behandelt werden können oder als neue Regeln eingeführt werden sollten, ist nicht immer klar; solche Entscheidungen hängen oft von der Komplexität der speziellen Grammatik ab, die man schreibt. Die Geschichte der faktiven Nominalisierungen enthält ein mögliches Beispiel für die Hinzufügung alternativer SV; im NE haben wir beides:

That he came was good.
It was good that he came.

Es ist ziemlich schlüssig bewiesen worden (Lakoff 1965), daß derartige Sätze in beiden Fällen von etwas wie *It* [*That he came*] *was good* abgeleitet werden sollten, wobei alternative SV entweder Tilgung von *It* erlauben oder Extraposition von *It*. Die einzig mögliche Form im AE war Extraposition (mit oder ohne in der Oberfläche auftretendem *hit* / *đaet* als Komplementeinführung):

Alfred, Or. 194:28: *Hit waes þeh swiþe sweotol þaet se ilca Crist* [. . .] *him þone ren to gescildnesse onsende.* ‚It was, however, very clear that the same Christ [. . .] sent them the rain as a protection.'

**þaet se ilca Crist* [. . .] *him þone ren to gescildnesse onsende waes swiþe sweotol.* ‚That the same Christ [. . .] sent them the rain as a protection was very clear.'

Eine Art der Veränderung, die mit den Begriffen der Hinzufügung oder der Vereinfachung offenbar nicht leicht erklärt werden kann, ist der Wandel des obligatorischen zum fakultativen Status (vgl. die fakultative Tilgung von *be* nach der Tilgung des Relativpronomens im FNE, die im NE durch obligatorische Tilgung von *be* ersetzt wird, wenn eine Tilgung des Relativpronomens auftritt), oder umgekehrt. Der Grund dafür ist, daß sich die Anzahl der Regeln nicht ändert; es ändert sich nichts außer der Wahlmöglichkeit. Wenn jedoch das Problem erst so gestellt ist, kann man sehen, daß ein Wandel des fakultativen zum obligatorischen Status nur insofern eine Vereinfachung ist, als er weniger Alternativen in der OS zuläßt; unter innergrammatischem Aspekt stellt er eine Ausgestaltung dar, da er Beschränkungen auferlegt.

Die vorhergehende Diskussion der Hinzufügung sollte ganz deutlich zeigen, daß, obwohl Grammatiken sich oft in Richtung auf eine größtmögliche Generalisierung hin bewegen, es auch eine sehr deutliche Gegentendenz in Richtung auf eine zunehmende Restriktion hin gibt. Für die Phonologie ist postuliert worden, daß der phonologische Wandel charakteristischerweise einen Wandel von sporadischem → bedingtem → nicht bedingtem Vorkommen mit sich bringt (vgl. besonders Greenberg 1966a; Goman 1967). Während „sporadisches" Auftreten keine genaue Entsprechung in der Syntax hat, kann es in etwa gleichgesetzt werden mit fakultativem Auftreten in bestimmten Strukturen zur Zeit eines innovierenden Stadiums, oder in limitierten Sprechverwendungsweisen (registers), wie durch Bezugnahme auf den Gebrauch des Hilfsverbs *do* im ME und FNE gezeigt werden kann. Aber wie *do* auch beweist, ist die Folge bedingt → nicht bedingt keineswegs notwendig oder für einen späteren Zeitpunkt auch nur wahrscheinlich. Alle Arten von verstärkter Bedingtheit treten häufig in der Syntax auf. Alles, was man tun kann, ist, bestimmte bevorzugte Bedingungen für Vereinfachung oder Ausgestaltung aufzustellen. Die Richtung, die eingeschlagen wird, kann hingegen nicht festgelegt werden.

Eine Grammatik des Wandels

Der größte Teil unserer Erörterungen hat etwas über den Vergleich von Grammatiken ausgesagt und über eine Art von Mechanismus, der Grammatik A in Grammatik B verwandeln würde. Das hat seine Grenzen, obwohl es notwendigerweise einen Ausgangspunkt darstellt. Eine seiner Hauptbeeinträchtigungen ist, daß es die Aufmerksamkeit von universalen zu (einzel-) sprachspezifischen Fragen weglenkt, und – eine praktische, aber wichtige Angelegenheit – uns unausweichlich in die Probleme verwickelt, historische von synchronischer Anordnung zu unterscheiden. Wenn eine synchronische Grammatik eine bestimmte Teilmenge von Universalien syntaktischer, semantischer und phonologischer Merkmale ist, zusammen mit sprachspezifischen Regeln, sollte es uns sicherlich nicht nur darauf ankommen, individuelle Regeln an irgendeine Grammatik anzuhängen, um die Veränderung in einen anderen Zustand derselben Sprache vorherzusagen. Wir sollten uns auch bemühen, schließlich eine Theorie des Wandels zu begründen, die selbst eine universale Grammatik von Typen von Veränderungen wäre, einschließlich zumindest einiger derer, die wir im Hauptteil dieser Arbeit vorgeschlagen haben. Das würde ein von synchronischen Modellen getrenntes Modell konstituieren. Veränderungen, die auf bestimmte synchronische Grammatiken Anwendung finden, wären dann besondere Beispiele von Regeln der universalen Grammatik des Wandels. Auf der einen Seite wäre es dann möglich, auf synchronische Grammatiken Veränderungen derart abzubilden, daß man den schrittweisen Innovationen, die von Periode zu Periode stattfanden, und so schließlich den Mutationen gerecht wird, die zu grundlegender Restrukturierung führten. Andererseits wird es dann auch möglich sein, Veränderungen auf Mengen von Ketten verschiedener Grammatiken abzubilden, um Typologien des Wandels ohne Rücksicht auf die Sprachfamilie oder um sonst das wiederkehrende Muster bestimmter Veränderungen innerhalb einer Familie aufzustellen. Im ersten Fall hätten wir dann Entsprechungen zu „genetischen Beziehungen" und im zweiten zu „typologischen Beziehungen", wobei beide von derselben universalen Grammatik des Wandels abzuleiten wären.

Übersetzt von Hans-Dieter Kreuder

Literatur

E. A. Abbott (1877), *A Shakespearean Grammar*, London 1877.

J. Anderson (1968), „Ergative and Nominative in English", *JL* 4 (1968) 1–32.

E. Bach (1962), „The Order of Elements in a Transformational Grammar of German", *Lg* 38 (1962) 263–269.

P. Bacquet (1962), *La structure de la phrase verbale à l'époque Alfrédienne*, Paris 1962.

L. Bloomfield (1939), „Menomini Morphophonemics", *TCLP* 8 (1939) 105–115.

J. Bosworth/T. N. Toller (eds.) (1954), *An Anglo-Saxon Dictionary and Supplement*, Oxford 1954.

J. S. Bowers (1967), „Generic Sentences in English", ungedr. Vortrag 1967.

J. C. Boyd/J. P. Thorne (1969), „The Semantics of Modal Verbs", *JL* 5 (1969) 57–74.

N. Chomsky (1965), *Aspects of the Theory of Syntax*, Cambridge, Mass. 1965, dt. Fassung u. d. T.: Aspekte der Syntax-Theorie, übers. und hg. von einem Kollektiv unter Leitung von E. Lang, Frankfurt/M. 1969.

N. Chomsky (1967), „Some General Properties of Phonological Rules", *Lg* 43 (1967) 102–128.

N. Chomsky/M. Halle (1968), *The Sound Pattern of English*, New York/Evanston/London 1968.

E. Closs (1965), „Diachronic Syntax and Generative Grammar", *Lg* 41 (1965) 402–415.

N. E. Collinge (1970), „Linguistic Models: A Historian's Use", in: N. E. Collinge, *Collectanea Linguistica*, The Hague 1970, 128–191.

J. van Dam (1957), *The Causal Clause and Causal Prepositions in Early Old English Prose*, Groningen 1957.

A. Ellegård (1953), *The Auxiliary do. The Establishment and Regulation of its Use in English*, Stockholm 1957.

V. Engblom (1938), *On the Origin and Development of the Auxiliary do*, Lund 1938.

Ch. J. Fillmore (1966), „A Proposal Concerning English Prepositions", in: F. P. Dinneen, S. J. (ed.), *Report of the Seventeenth Annual Round Table Meeting on Linguistics and Language Studies*, Washington, D. C. 1966, 19–33.

Ch. J. Fillmore (1967), „On the Syntax of Preverbs", *Glossa* 1 (1967) 91–125.

W. Franz (1939), *Die Sprache Shakespeares in Vers und Prosa*, Halle/Saale [4]1939.

O. Funke (1922), „Die Fügung *ginnen* mit dem Infinitiv im Mittelenglischen", *Englische Studien* 56 (1922) 1–27.

R. D. Goman (1967), *Toward a Unified Method of Describing Language Change*, unveröff. Magisterarbeit Ohio State University 1967.

J. H. Greenberg (1963), „Some Universals of Grammar with Particular Reference to the Order of Meaningful Elements", in: J. H. Greenberg (ed.), *Universals of Language*, Cambridge, Mass/London 1963, [2]1966, 73–113.

J. H. Greenberg (1966a), „Language Universals", in: Th. A. Sebeok (ed.) *Current Trends in Linguistics*, III: Theoretical Foundations, The Hague/Paris 1966, 61–112.

J. H. Greenberg (1966b), „Synchronic and Diachronic Universals in Phonology", *Lg* 42 (1966) 508–517.

M. Halle (1961), „On the Role of Simplicity in Linguistic Descriptions", in: R. Jakobson (ed.), *Structure of Language and Its Mathematical Aspects. Proceedings of the 12th Symposium in Applied Mathematics,* Providence 1961, 89–94.

M. Halle (1962), „Phonology in Generative Grammar", *Word* 18 (1962) 54–72, überarb. Fassung in: J. A. Fodor/J. J. Katz (eds.), *The Structure of Language. Readings in the Philosophy of Language,* New Jersey 1964, 334–352.

M. A. K. Halliday (1967), „Notes on Transitivity and Theme in English", *JL* 3 (1967) 37–81.

H. M. Hoenigswald (1960), *Language Change and Linguistic Reconstruction,* Chicago/London 1960.

H. M. Hoenigswald (1963), „Are There Universals of Linguistic Change?", in: J. Greenberg (ed.), *Universals of Language*, Cambridge, Mass/London 1963, ^{2}1966, 30–52.

O. Jespersen (1909–1949), *A Modern English Grammar on Historical Principles,* 7 Bde., London 1909–1949.

J. J. Katz/P. M. Postal (1964), *An Integrated Theory of Linguistic Descriptions*, Cambridge, Mass. 1964.

P. Kiparsky (1967), „A propos de l'histoire de l'accentuation grecque", *Langages* 8 (1967) 73–93.

P. Kiparsky (1968), „Linguistic Universals and Linguistic Change", in: E. Bach/ R. T. Harms (eds.), *Universals in Linguistic Theory*, New York/Chicago/San Francisco [. . .] 1968, 170–202 [dt. Fassung in diesem Band S. 237–275].

E. S. Klima (1964a), „Negation in English", in: J. A. Fodor/J. J. Katz (eds.), *The Structure of Language. Readings in the Philosophy of Language*, New Jersey 1964, 246–323.

E. S. Klima (1964b), „Relatedness between Grammatical Systems", *Lg* 40 (1964) 1–20.

H. Kurath/S. M. Kuhn (eds.) (1952ff), *Middle English Dictionary*, Ann Arbor 1952ff.

J. Kuryłowicz (1964), „On the Methods of Internal Reconstruction", in: H. G. Lunt (ed.), *Proceedings of the Ninth International Congress of Linguists*, London/The Hague/Paris 1964, 9–36.

G. Lakoff (1965), *On the Nature of Syntactic Irregularity*, Mathematical Linguistics and Automatical Translation, Report No. NSF - 16, Cambridge, Mass. 1965 [jetzt als : *Irregularity in Syntax*, New York/Chicago/San Francisco [. . .] 1970].

G. Lakoff (1966), *A Note on Negation*, Mathematical Linguistics and Automatical Translation, Report No. NSF-17, Section III, Cambridge, Mass. 1966.

D. T. Langendoen (1966), „The Syntax of English Expletive ‚It'", in: F. P. Dinneen, S. J. (ed.), *Report of the Seventeenth Annual Round Table Meeting on Linguistics and Language Studies*, Washington, D. C. 1966, 207–216.

W. P. Lehmann (1962), *Historical Linguistics. An Introduction*, New York/ Chicago/San Francisco [. . .] 1962 [dt. Fassung u. d. T.: Einführung in die historische Linguistik, übers. von R. Freudenberg, Heidelberg 1969].

J. D. McCawley (1967), *Why Auxiliaries Are Verbs*, unveröff. Arbeitspapier 1967.

J. D. McCawley (1968), „Concerning the Base Component of a Transformational Grammar", *FL* 4 (1968) 263–269.

F. Mossé (1938), *Histoire de la forme périphrastique être et participe présent en germanique*, Paris 1938.

F. Mossé (1949–50), *Manuel de l'anglais du moyen-âge. Des origines au XIVe siecle*, 2 Bde. Paris 1949, 1950.

J. A. Murray (ed.) (1933), *Oxford English Dictionary*, Oxford 1933.

T. F. Mustanoja (1960), *Middle English Syntax*, Helsinki 1960.

P. M. Postal (1966), „On the So-called ‚Pronouns' in English", in: F. P. Dinneen, S. J. (ed.), *Report of the Seventeenth Annual Round Table Meeting on Linguistics and Language Studies*, Washington, D. C. 1966, 177–206.

R. Quirk/C. L. Wrenn (1957), *An Old English Grammar*, London 1957.

P. S. Rosenbaum/D. Lochak (1966), „The IBM CORE Grammar of English", in: D. Liebermann (ed.), *Specification and Utilization of a Transformational Grammar*, Scientific Report I, Yorktown Heights N. Y. 1966.

J. R. Ross (1967), „Auxiliaries as Main Verbs", Vortrag 1967, jetzt in: W. Todd (ed.), *Studies in Philosophical Linguistics* I, 1969, 77–102.

V. Salmon (1965), „Sentence Structure in Colloquial Shakespearean English", *TPhS* 1965, 105–140.

S. Saporta (1965), „Ordered Rules, Dialect Differences, and Historical Processes", *Lg* 41 (1965) 218–224.

C. S. Smith (1964), „Determiners and Relative Clauses in a Generative Grammar of English", *Lg* 40 (1964) 37–52.

R. P. Stockwell (1964), „Realism in Historical English Phonology", ungedr. Vortrag gehalten vor der Linguistic Society of America, Dezember 1964.

K. V. Teeter (1964), „Algonquian Languages and Genetic Relationship", in: H. G. Lunt (ed.), *Proceedings of the Ninth International Congress of Linguists*, London/The Hague/Paris 1964, 1026–1034.

E. C. Traugott (1967), „Deep and Surface Structure in Alfredian Prose", unveröff. Paper 1967.

E. C. Traugott (1968), „Old English Grammar I", in: J. Friedmann (ed.) *Computer Experiments in Transformational Grammar*, Report AF-33, CS-108, Stanford 1968.

E. C. Traugott/J. Waterhouse (1969), „*Already* and *Yet*: A Suppletive Set of Aspect-Markers?", *JL* 5 (1969) 287–304.

UCLA (1967), Air Force Syntax Conference, September 1967, ungedr. Arbeitspapiere, Los Angeles, Univ. of Calif., Dept. of Linguistics 1967 [jetzt: R. P. Stockwell/P. Schachter/B. H. Partee, *The Major Syntactic Structures of English*, New York 1973].

F. Th. Visser (1963–66), An Historical Syntax of the English Language, 2 Bde. Leiden 1963, 1966.

U. Weinreich (1966), „Explorations in Semantic Theory", in: Th. A. Sebeok (ed.), *Current Trends in Linguistics*, III: Theoretical Foundations, The Hague/Paris 1966, 395–477 [dt. Fassung u. d. T.: Erkundungen zur Theorie der Semantik, übers. von L. Lipka, Tübingen 1970].

WILLIAM LABOV

Zum Mechanismus des Sprachwandels*

Einleitung

Diese Arbeit skizziert die Ansätze zur Erklärung des Sprachwandels, denen wir innerhalb des Kontexts der Sprachgemeinschaft (speech community) in unserer gegenwärtigen Forschung nachgehen. Inzwischen steht fest, daß viele theoretische Probleme der Sprachstruktur nicht gelöst werden können, ohne daß Daten aus der Sprachgemeinschaft herangezogen werden[1]; ich will mich hier auf die umgekehrte Behauptung konzentrieren – daß Sprachwandel nicht mit Hilfe von Argumenten erklärt werden kann, die sich ausschließlich auf Beziehungen innerhalb des Systems stützen, selbst wenn externe, soziolinguistische Beziehungen als zusätzliche Bedingungsfaktoren anerkannt werden. Im Mechanismus der Sprachveränderungen, die wir beobachtet haben, sind die beiden Gruppen von Beziehungen auf systematische Weise miteinander verschränkt.

Grundlage der gegenwärtigen Diskussion sind Untersuchungen des Sprachwandels auf der Insel Martha's Vineyard und in New York City; dabei wird das Hauptaugenmerk auf den Vorgang des Lautwandels gelegt werden. Die wichtigsten Techniken, die bei dieser Untersuchung angewandt wurden, sind in verschiedenen früheren Arbeiten und Veröffentlichungen zusammen mit einer bestimmten Menge an Daten und den Ergebnissen veröffentlicht worden[2]. Die hier vorzulegenden Daten mögen stellvertretend für eine viel größere Menge von Tatsachen und Korrelationen stehen, die aus diesen Untersuchungen abgeleitet werden.

---

* Anm. d. Übers.: Die Übersetzung richtet sich nach der Originalfassung von 1965; nur in einigen Fällen wurde die veränderte Fassung von 1972 herangezogen. H.-D. Kreuder.

1 Dieser Gesichtspunkt wird eingehend dargestellt bei Labov (1964a).

2 Labov (1963a), (1964b), (1964c), (1965), (1966), (1968).

Die Probleme der Sprachentwicklung

Ungeachtet der Leistungen, die die historische Sprachwissenschaft des 19. Jhs. hervorgebracht hat, bleiben viele Wege zur genauen Untersuchung des Sprachwandels noch unerforscht. 1905 bemerkte Meillet, daß alle bis dahin aufgefundenen Gesetze der Sprachgeschichte lediglich Möglichkeiten darstellten[3]: „. . .uns bleibt es, die Variablen ausfindig zu machen, die die so entdeckten Möglichkeiten zulassen oder in Gang setzen.“ Das Problem, wie es sich uns heute stellt, ist genau so, wie Meillet es 60 Jahre zuvor skizziert hat, denn in bezug auf die Ermittlung der empirischen Faktoren, die historischen Wandel bedingen, sind kaum Fortschritte erzielt worden[4]. Die Hauptprobleme der Sprachentwicklung könnten in fünf Fragen zusammengefaßt werden:

1. Gibt es eine allgemeine Richtung der Sprachentwicklung?
2. Welcherart sind die auf den Sprachwandel einwirkenden universalen Beschränkungen (constraints)?
3. Was sind die Ursachen für die fortwährende Entstehung neuer Sprachveränderungen?
4. Unter Verwendung welcher Mechanismen schreiten Veränderungen fort?
5. Gibt es für die Sprachentwicklung eine Anpassungsfunktion (adaptive function)?[5]

Einen Zugang zur Sprachentwicklung bietet die Untersuchung von Veränderungen, die sich in der Vergangenheit vollzogen haben. Das war natürlich die Hauptstrategie der historischen Sprachwissenschaft und stellt den einzig möglichen Zugang zu den beiden ersten Fragen dar – nach der Richtung der Sprachentwicklung und nach den auf die Veränderung einwirkenden universalen Beschränkungen. Andererseits lassen sich Fragen nach dem Mechanismus des Wandels, den Ursachen, die einen Wandel hervorbringen, und den Anpassungsfunktionen des Wandels am besten durch detaillierte Untersuchungen

---

[3] Meillet (1921) 16.

[4] In dieser Hinsicht hat es in der Tat eine rückläufige Bewegung gegeben, in dem Sinne nämlich, daß Abhandlungen zum Sprachwandel, die im wesentlichen ahistorisch sind, populär geworden sind. Mit Bedacht beiseite geschoben werden chronologische Details in Arbeiten wie Pilch (1955) und Halle (1962).

[5] Diese Frage ist um so rätselhafter, wenn wir die linguistische Entwicklung biologischer Entwicklung gegenüberstellen. Es ist schwierig, die Entwicklung der Pflanzen- und Tierfamilien zu diskutieren, ohne sich in gewisser Weise auf deren Anpassung an verschiedene Umgebungen zu beziehen. Aber welcher denkbaren Anpassungsfunktion dient das „Aufblühen“ der indogermanischen Sprachfamilie? Vgl. hierzu Labov (1964a) und Hymes (1961).

von Sprachveränderungen im Vollzug analysieren. Der Mechanismus des Sprachwandels wird das Hauptthema der folgenden Diskussion sein; viele der Schlußfolgerungen werden allerdings von deutlicher Relevanz für die Fragen nach den auslösenden Ursachen und den Anpassungsfunktionen des Sprachwandels sein, und es wird sich herausstellen, daß vollständigere Antworten auf diese Fragen Methoden erfordern, die den hier benutzten ähnlich sind.

Eine wesentliche Voraussetzung dieser Forschungsrichtung ist eine uniformitaristische Lehre: die Forderung nämlich, daß die Wirkung der gleichen Mechanismen, die in der Vergangenheit zu weitreichenden Veränderungen führten, auch in den gegenwärtig ablaufenden Veränderungen beobachtet werden kann.

Eine Strategie für die Untersuchung von Sprachveränderungen im Vollzug

Obwohl Antworten auf die drei [bzw. fünf] oben gestellten Fragen die eigentlichen Ziele unserer gegenwärtigen Untersuchung sind, repräsentieren sie nicht die tatsächlich benutzte Strategie. Für die empirische Untersuchung von Veränderungen im Vollzug kann die Aufgabe in drei getrennte Problemstellungen unterteilt werden, die zusammengenommen dazu dienen, die oben gestellten Fragen zu beantworten.

1. Das *Übergangsproblem* (transition problem) bedingt, den Weg zu finden, auf dem ein Stadium des Sprachwandels aus einem früheren Stadium hervorgegangen ist. Unser Ziel ist es, genügend Zwischenstadien ausfindig zu machen, damit wir alle Hauptalternativen bis auf eine eliminieren können. Fragen der Regelmäßigkeit des Lautwandels, des Einflusses der Grammatik auf den Lautwandel, der „push chains“ vs. „pull chains“, der gleichmäßigen Bewegung vs. plötzlicher und diskontinuierlicher Verschiebungen sind alles Aspekte des Übergangsproblems.

2. Das *Einbettungsproblem* (embedding problem) bedingt, die kontinuierliche Matrix des sozialen und sprachlichen Verhaltens aufzufinden, in dem der Sprachwandel durchgeführt wird. Der Hauptlösungsweg führt über die Entdeckung der Korrelationen zwischen Elementen des Sprachsystems sowie zwischen jenen Elementen und dem nichtsprachlichen System sozialen Verhaltens. Die Korrelationen werden durch strenge Überprüfung der Variation der Begleitumstände erstellt: d. h. dadurch, daß gezeigt wird, daß eine kleine Veränderung in der unabhängigen Variable regelmäßig mit

einer Veränderung der sprachlichen Variable in einer vorhersagbaren Richtung verbunden ist.[6]

3. Das *Bewertungsproblem* (evaluation problem) bedingt, die subjektiven (oder latenten) Korrelate der objektiven (oder manifesten) Veränderungen aufzufinden, die beobachtet worden sind. Der indirekte Weg zur Lösung dieses Problems korreliert die allgemeinen Einstellungen und Erwartungen der Informanten mit ihrem Sprachverhalten. Der direktere Weg besteht darin, die unbewußten subjektiven Reaktionen der Informanten auf Werte der sprachlichen Variable selbst zu messen.

Hat man erst versuchsweise Lösungen dieser Probleme, ist es möglich, eine Erklärung einer Sprachveränderung zu geben, die die drei Fragen nach der auslösenden Ursache, dem Mechanismus und der Anpassungsfunktion beantworten. Wie bei jeder anderen Untersuchung steigt der Wert einer Erklärung in Relation zu ihrer Generalisierbarkeit, freilich nur so lange, als er auf der Grundlage zuverlässiger und reproduzierbarer Beweise beruht.

Die Beobachtung des Lautwandels

Das einfachste Material, das das Vorhandensein eines Sprachwandels dokumentiert, stellt eine Menge von Beobachtungen zweier aufeinanderfolgender Sprechergenerationen bereit – Generationen mit vergleichbaren sozialen Charakteristika, die Stadien in der Entwicklung der gleichen Sprachgemeinschaft repräsentieren. Hermann erhielt derartiges Material 1929 in Charmey, indem er Gauchats ursprüngliche Beobachtungen von 1899 weiterentwickelte.[7] Wir haben derartige Materialien von Martha's Vineyard, indem wir die Beobachtungen

[6] Den Begriff der sprachlichen Variable haben wir in Labov (1964d) entwickelt. Die Definition einer solchen Variable läuft auf eine empirische Bestätigung der Kovariation innerhalb oder außerhalb des Sprachsystems hinaus. Der grundlegende Unterschied zwischen einer Erklärung eines Sprachwandels und einer Beschreibung scheint der zu sein, daß eine Beschreibung keine derartige Behauptung erstellt. Bei einer Beschreibung des Wandels, so wie sie Halle (1962) versucht hat, ist die Wahrscheinlichkeit, daß ein Wandel in der beobachteten Richtung stattfindet, nicht größer als die, daß er in der umgekehrten Richtung vor sich geht. Zu beachten ist, daß das Einbettungsproblem hier als ein einziges Problem dargestellt ist, ungeachtet der Tatsache, daß es zwei voneinander unterschiedene Aspekte gibt: Korrelationen innerhalb des Sprachsystems und Korrelationen mit Elementen außerhalb des Systems. Der Hauptteil von Labov (1964d) rechtfertigt diese Entscheidung.

[7] Hermann (1929), Gauchat (1905).

von 1961 zu den Daten des Sprachatlas von 1933 hinzugefügt haben.[8] Für New York City fügen wir die laufenden Daten von 1963 den Daten des Sprachatlas von 1940 hinzu; außerdem haben wir viele andere Forschungsberichte, einschließlich der hervorragenden Beobachtungen von Babbitt aus dem Jahre 1896, um unserer Untersuchung darüber hinaus zeitliche Tiefe zu verleihen.[9]

Die hier vorgeschlagenen Lösungen für das Übergangsproblem werden von der genauen Untersuchung der Verteilung der Sprachformen in der für uns *sichtbaren Zeit* (apparent time) abhängen – d. h. entsprechend der Dimension, die durch die Altersgruppen der gegenwärtigen Bevölkerung [bzw. Untersuchungsgruppe. Anm. d. Übers.] gebildet wird. Eine solche Untersuchung ist nur möglich, weil uns die ursprünglich einfache Beschreibung des Wandels in der *realen Zeit* (real time) befähigt, Altersabstufungen in der gegenwärtigen Bevölkerung (bzw. Untersuchungsgruppe. Anm. d. Übers.) von Wirkungen des Sprachwandels her zu unterscheiden.[10]

Der Befund, den die hier dargestellten Forschungen erzielt haben, zeigt an, daß der regelmäßige Prozeß des Lautwandels durch Beobachtungen über zwei Generationen hinweg herausgearbeitet und aufgezeichnet werden kann. Dieser Prozeß wird durch eine schnelle Entwicklung einiger Einheiten eines phonetischen Subsystems charakterisiert, während andere Einheiten relativ konstant bleiben. Mehr als einzelne Wörter betrifft er eher Wortklassen als Ganze; doch können diese Klassen durch eine Vielzahl von Bedingungen sowohl morphophonematischer und grammatischer als auch phonetischer Art definiert werden. Er ist regelmäßig, mehr jedoch dem Ergebnis als seinem Beginn oder seiner Entwicklung nach. Außerdem scheint es, daß der Prozeß des Lautwandels nicht eine autonome Entwicklung innerhalb der Grenzen eines Sprachsystems ist, sondern eher eine komplexe Reaktion auf viele Aspekte menschlichen Verhaltens.

Einige Erläuterungen sind nötig zu der Möglichkeit, regelmäßigen Lautwandel zu beobachten, da die aus der Kontroverse der Junggrammatiker ererbten Argumente den Fortschritt der empirischen Forschung auf diesem Gebiet behindert haben. Die Erben der junggrammatischen Tradition, die am stärksten an einer empirischen Untersuchung des regelmäßigen Sprachwandels im Vollzug interessiert sein sollten, haben das bedeutsame Forschungsgebiet zugunsten abstrakter und spekulativer Erörterungen verlassen. Bloomfield und

---

[8] Kurath u. a. (1941).
[9] Frank (1948); Kurath/McDavid (1961); Hubbell (1949); Babbitt (1896).
[10] Hockett (1950).

Hockett haben in der Tat behauptet, daß Lautwandel im Prinzip mittels keiner gegenwärtig verfügbaren Technik untersucht werden kann.[11] Hockett ist so weit gegangen, den Lautwandel mit einem Bereich zufälliger Schwankungen bei der Tätigkeit der Artikulationsorgane zu identifizieren, ohne jede eigene Richtung, eine Verschiebung des Artikulationsziels, die kognitiv, expressiv oder sozial ohne Bedeutung ist.[12] Alle empirischen Beobachtungen von Sprachwandel im Vollzug, von denen berichtet wurde, werden als Ergebnis eines komplexen Entlehnungsvorgangs erklärt und einem Typ von Sprachverhalten zugewiesen, der als Schwankung oder Konflikt von Formen bekannt ist. Auf die Regelmäßigkeit dieses Prozesses wird kein Anspruch erhoben, und somit ist der Grundsatz von der Regelmäßigkeit des Lautwandels aller empirischen Signifikanz beraubt worden. Darüber hinaus werden die tatsächlich beobachteten Veränderungen als unsystematische Erscheinungen betrachtet, die man nur mit anekdotischen Beweisen diskutieren kann, die Kräften unterworfen sind, die gänzlich „außerhalb der Reichweite des Linguisten“ liegen, Faktoren, die sich „unserem Griff entziehen“, Schwankungen, die zu erfassen „über unsere Kräfte“ geht.[13]

Die Ergebnisse der gegenwärtigen Forschung lassen vermuten, daß dieser Rückzug voreilig war, daß der regelmäßige Prozeß des Lautwandels mittels empirischer Methoden beobachtet werden kann. Die geforderten Verfeinerungen der Methodologie sind nicht die mechanischen Vervollkommnungen, die die oben zitierten Autoren vorgeschlagen

---

[11] Bloomfield (1933) 347, 365; Hockett (1958) 439, 444; Hockett schreibt: „Niemand hat je einen Lautwandel beobachtet: wir haben ihn nur aufgrund seiner Auswirkungen feststellen können. Später werden wir sehen, daß eine direktere Beobachtung zwar theoretisch möglich, aber undurchführbar wäre, doch bis jetzt muß jeder angebliche Bericht von einer derartigen Beobachtung zweifelhaft erscheinen“ (Übers. H.-D. K.). Sein theoretischer Vorschlag ist, daß wir „über einen Zeitraum von fünfzig Jahren hinweg jeden Monat eintausend genaue akustische Aufzeichnungen machen sollten [. . .] allesamt von den Angehörigen einer engen (tight-knit) Gemeinschaft“. Der Vorschlag, die Daten auf diese Art zu vervielfältigen, ist nicht notwendigerweise hilfreich, wie die Erfahrung derjenigen, die soziologische Erhebungen durchgeführt und analysiert haben, gezeigt hat: Denn man benötigt relativ geringe Anzahlen, um den Wandel in einer Population zu messen, wenn die ungeklärten Prämissen der Auswahl eliminiert oder auf ein Minimum reduziert werden. Anderenfalls potenzieren wir lediglich die Fehler der Messung.

[12] Hockett (1958) 443–444 zufolge schließen die Variablen, die für den Lautwandel verantwortlich sind, „den Feuchtigkeitsgrad in Kehle, Nase und Mund des Sprechers, zufällige Strömungen in seinem Zentralnervensystem, Muskelzuckungen [. . .] den Zustand des äußeren Ohres beim Hörer (Vorhandensein von Ohrenschmalz oder Schmutz) [. . .]“ ein.

[13] Bloomfield (1933) 343–368.

haben; denn die reine Vermehrung der Daten bringt nur die Analyse durcheinander und läßt die (ungeklärten) Prämissen der Auswahl fortbestehen. Was wir brauchen, ist peinliche Genauigkeit bei der Analyse einer Population und bei der Auswahl der Informanten. Außerdem benötigen wir Findigkeit bei der Erklärung stilistischer Varianten, um über die sterile Methode endloser Zergliederung in Idiolekte hinauszukommen. Mit Hilfe derartiger Techniken stellen wir fest, daß dort Regelmäßigkeit auftritt, wo zuvor nur Verwirrung zu sehen war. Zufällige Schwankungen in der Artikulation lassen sich sicher finden; jedenfalls ist das die Ebene des „störenden Geräusches" (noise), die uns daran hindert, die Gestalt jeder Äußerung vorherzusagen, die unsere Informanten machen werden. Dennoch wäre es ein Irrtum, derartigen Schwankungen in der Ökonomie des Sprachwandels eine Hauptrolle zuzuweisen. Die Kräfte, die die beobachteten Veränderungen bestimmen, scheinen von gänzlich andersartiger Größenordnung zu sein, und die Veränderungen vollziehen sich sehr viel schneller, als es irgendein Prozeß zufälliger Verschiebung erklären könnte.[14]

Das Einzelbeispiel eines kürzlich beobachteten Lautwandels wird dazu dienen, den allgemeinen Weg zur Lösung des Übergangs-, Einbettungs- und Bewertungsproblems zu illustrieren. Dieses Beispiel ist einer der einfachsten Fälle – die Zentralisierung von (aw) auf Martha's Vineyard. Bei der Entwicklung dieses Falles werden wir einiges neues Beweismaterial zum Mechanismus der Lautveränderungen vorlegen, das bisher nicht veröffentlicht worden ist.

Die Zentralisierung von (aw) auf Martha's Vineyard

Wir beginnen mit einem eindeutigen Beispiel für die Existenz eines Sprachwandels auf Grund von Beobachtungen in der realen Zeit. 1933 fand Guy Lowman nur eine sehr geringe Spur der Zentralisierung von /aw/; die beobachtete signifikante Variation war die Palatalisierung des /aw/ von [aʊ] zu [æʊ]. 1961 zeigte eine vergleichbare Gruppe älterer Siedler aus den gleichen Dörfern, die in achter Generation von Yankee-

---

[14] Die folgende Tabelle kontrastiert auf diese Weise die beiden Gesichtspunkte:

Junggrammatiker:	Lautwandel	Formenschwankung	endgültige Regelmäßigkeit
gegenwärtige Diskussion:	sub-linguistische Schwankungen	Lautwandel	endgültige Regelmäßigkeit

Siedlern abstammten, eine sehr ausgeprägte Zentralisierung von /aw/ – jetzt deutlich die Variable (aw).[15]

Das *Übergangsproblem* wird mittels einer detaillierten Überprüfung der Formenverteilung über die für uns sichtbare Zeit hinweg untersucht – d. h. bei den verschiedenen Altersstufen in der gegenwärtigen Bevölkerung (bzw. Untersuchungsgruppe).[16] Der erste Schritt in der Analyse besteht darin, einen quantitativen Index für diskrete Werte der Variable zu konstruieren:[17]

aw-0	[aʊ]	aw-2	[ɐʊ]
aw-1	[a^ʊ]	aw-3	[əʊ]

Der Zentralisierungsindex wurde aus dieser Skala dadurch gewonnen, daß der Durchschnitt der numerischen Werte bestimmt wurde, die jeder Variante zugewiesen sind. So bedeutet (aw)-00 überhaupt keine Zentralisierung, während (aw)-3.00 durchgängige Zentralisierung auf der Ebene von [əʊ] bedeutet. Dieser Index wurde bei Interviews mit 69 Informanten angewandt, wobei jedes der Worte, das (aw) aufwies, gezählt wurde. Der erste Zugang zum Übergangsproblem kann dann dadurch gewonnen werden, daß die durchschnittlichen (aw)-Indexpunktzahlen für diese Interviews mit der Altersstufe der Sprecher korreliert werden. Die ersten drei Spalten von Tabelle 1 zeigen eine regelmäßige Korrelation, wobei der Zentralisierungsindex für vier aufeinanderfolgende Altersstufen regelmäßig ansteigt.

Tabelle 1: Zentralisierungsindexwerte nach Altersstufen

Generation	Altersstufe	(aw)-	(ay)-
Ia	über 75	0.22	0.25
Ib	61–75	0.37	0.35
IIa	46–60	0.44	0.62
IIb	31–45	0.88	0.81

15 In der hier gebrauchten Notation zeigen runde Klammern die linguistische Variable an, während Schrägstriche biunique Phoneme bezeichnen und eckige Klammern die übliche phonetische Notation wiedergeben. (aw) repräsentiert somit die Variable allgemein; (aw-2) ist ein besonderer Wert der Variable; (aw-22) ist eine durchschnittliche Indexpunktzahl für diese Variable.

16 Wie in vielen anderen Fällen, so war auch hier die ursprüngliche Stichprobe zu klein, um uns eine Untersuchung der Unterschiede nach Altersgruppen zu erlauben; 1933 wurden auf Martha's Vineyard nur vier Informanten ausgewählt.

17 Die ursprüngliche, nur auf dem Eindruck beruhende Skala wies sechs Stufen auf. Instrumentelle Messungen einer Stichprobe dieser Werte deuteten darauf hin, daß vier Stufen mit einem hohen Grad von Konformität in bezug auf die Formantenpositionen unterschieden werden konnten. Vgl. Labov (1963a) 286–287.

Die Gesamttendenz von Tabelle 1 zeigt eine Vermischung vieler verschiedener Sprechertypen und vieler verschiedener Tendenzen im Gebrauch von (aw). Skizze 1 stellt eine detailliertere Untersuchung des Übergangsproblems für eine entscheidende Teilgruppe dar. Hier ist die prozentuale Verteilung lexikalischer Einheiten für acht Individuen von 92–31 Jahren dargestellt. Die horizontalen Achsen zeigen die vier Kodierungsebenen der Variable (aw). Die vertikalen Achsen sind der Prozentsatz lexikalischer Einheiten, mit dem jede Variante vorkommt. Der Wortschatz ist in zwei Abteilungen aufgegliedert, die getrennt aufgeführt sind: die durchgezogene Linie repräsentiert Wörter, in denen auf (aw) ein stimmloser Obstruent folgt, wie in *out, house, about, mouth;* die gestrichelte Linie repräsentiert alle anderen Wörter (und besonders diejenigen, die auf einen Nasal enden, wie *town, found,* oder keinen Endkonsonanten aufweisen, wie *now, how,* usw.).[18]

Das erste Diagramm in Skizze 1 ist nicht das eines Individuums, sondern zeigt die zusammengefaßten Resultate der vier Sprachatlasinformanten, die 1933 interviewt wurden. Sie zeigen nur eine sehr geringe Spur von Zentralisierung. Das zweite Diagramm 1-b ist das des ältesten Informanten von 1961, eines 92jährigen Mannes. Das Durchschnittsalter der Atlasinformanten betrug 65 Jahre; Herr H. H. sen. war 1933 64 Jahre alt und gehört somit zur gleichen Altersgruppe. Seine Zentralisierungskurve ist der der Atlasinformanten in 1-a sehr ähnlich. Skizze 1-c betrifft eine 87jährige Frau, die nur eine leichte Zunahme der Zentralisierung aufweist. Skizze 1-d, Herr E. M., 83 Jahre alt, deutet einen kleinen, aber deutlichen Zuwachs im Auftreten von Variante (aw-2) an. Herr H. H. jr. in 1-e ist beträchtlich jünger; er ist 61 Jahre alt, der erste Vertreter der nächsten Generation, da er der Sohn von Herrn H. H. sen. ist. Hier stellen wir ein auffallendes Anwachsen der Zentralisierung fest, wobei sich beide Wortklassen um eine Norm von (aw-1) gruppieren. In Skizze 1-f zeigt Herr D. P., 57 Jahre alt, einen deutlichen Unterschied zwischen Wörtern, die auf stimmlose Obstruenten enden, und allen übrigen; erstere sind jetzt um eine Norm von (aw-2) gruppiert, während sich die zweite Gruppe um (aw-1) konzentriert. Dieser Prozeß setzt sich in der Sprache des 52jährigen Herrn P. N. fort, der vollkommen komplementäre Distribution aufweist. Vor den stimmlosen Obstruenten weist /aw/ ein Allophon auf, das fast immer (aw-2) ist, während es vor anderen Schlußlauten gewöhnlich nicht zentralisiert ist. Und an dieser Stelle gibt es keine Über-

---

[18] Die phonetischen Bedingungsfaktoren waren in der Tat sehr viel komplexer als dies hier, und sowohl die folgenden als auch die vorausgehenden Konsonanten sind mit betroffen. Labov (1963a) 290.

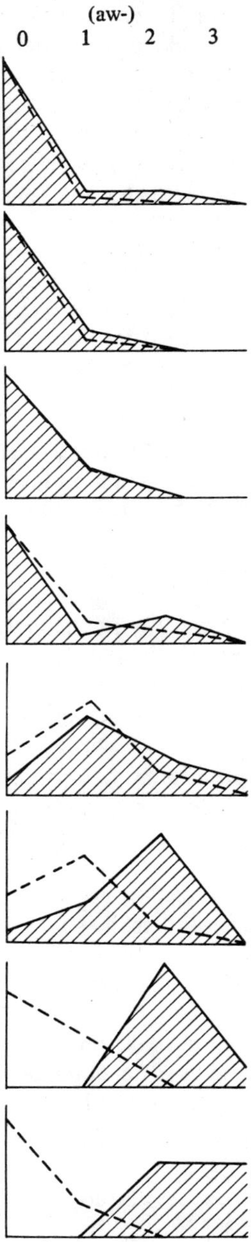

	(aw-) 0	1	2	3		(aw) Index
Skizze 1a Vier Atlasinformanten Durchschnittsalter 65 J.	15	1	1		_C°	
	22	1			sonst.	06
Skizze 1b Herr H. H. sen. 92 J.	15	2			_C°	
	14	1			sonst.	10
Skizze 1c Frau S. H. 87 J.	8	2			_C°	
	12	3			sonst.	20
Skizze 1d Herr E. M. 83 J.	19	2	4		_C°	
	20	3	3		sonst.	52
Skizze 1e Herr H. H. jr. 60 J.	1	6	4	1	_C°	
	4	8	2		sonst.	118
Skizze 1f Herr D. P. 57 J.	1	3	10		_C°	
	9	15	3		sonst.	111
Skizze 1g Herr P. N. 52 J.			17	2	_C°	
	10	6			sonst.	131
Skizze 1h Herr E. P. 31 J.			9	9	_C°	
	7	2			sonst.	211

Skizze 1: Stadien in der Entwicklung von (aw) auf Martha's Vineyard

lappung in der Distribution. In 1-h schließlich, dem extremsten Zentralisierungsfall, sehen wir eine noch schärfere Trennung: das ist Herr E. P., 31 Jahre alt, der Sohn von Herrn D. P. in 1-f.

Auf der rechten Seite von Skizze 1 finden wir die Zahlen für die tatsächliche Anzahl der beobachteten lexikalischen Einheiten und die errechneten Indexpunktzahlen für jeden der acht Fälle. Festzuhalten ist, daß (aw) nur 1/3 mal so häufig ist wie (ay), und daß die Regelmäßigkeit, die hier auftritt, nicht ein riesiges Korpus an Beobachtungen erfordert. Die Regelmäßigkeit entspringt der kontrollierten Informantenauswahl, den Befragungsmethoden und der Aufzeichnung der Daten.

Die acht Diagramme von Skizze 1 repräsentieren den am stärksten homogenen Typ der Bevölkerung (bzw. Untersuchungsgruppe). Alle Sprecher sind Yankee-Abkömmlinge der ursprünglichen Inselsiedler, alle stehen in Beziehung miteinander, viele entstammen derselben Familie, mit ähnlichen Einstellungen zur Insel. Alle waren auf dem Lande aufgewachsen und arbeiteten, von einer Ausnahme abgesehen, als Zimmerleute oder Fischer. Die fortlaufende Entwicklung der Zentralisierung repräsentiert somit genau das Modell eines junggrammatischen Lautwandels, der innerhalb zweier Generationen erreicht wurde.

Das *Einbettungsproblem* wurde zuerst dadurch angegangen, daß die Zentralisierung der offensichtlich miteinander in Beziehung stehenden Variablen (ay) und (aw) korreliert wurde, d. h. der Wandel von (aw) wurde in das (Teil-) System steigender (up-gliding) Diphthonge eingebettet. Die Atlasangaben für die 30er Jahre zeigen einen gemäßigten Grad von Zentralisierung, so daß wir wissen, daß die zentralisierten Formen von (ay) der Hebung von (aw) vorangingen. Die vierte Spalte von Tabelle 1 zeigt eine enge Korrelation der beiden Variablen, wobei (ay) anfangs leicht in Führung geht, am Ende (aw) jedoch stärker vorherrschend wird. Diese Anordnung wiederholte sich, als die Variablen mit einer Anzahl unabhängiger außersprachlicher Faktoren korreliert wurden: dem Beruf, der Ausbildung und der geographischen Herkunft des Sprechers und – was am wichtigsten ist – der Volksgruppe, zu der er gehörte. Die signifikanten Unterschiede in den Übergangswerten dieser verschiedenen Teilgruppen erlauben einen Lösungsvorschlag für das Einbettungsproblem wie folgt:

> Die Zentralisierung von (aw) war Teil eines allgemeineren Wandels, der mit der Zentralisierung von (ay) einsetzte. Diese Eingangsveränderung ging aus einer gemäßigten Zentralisierung von (ay) hervor, die vermutlich ein regionaler und rezessiver Zug war, der von den ursprünglichen Inselsiedlern ererbt war. Die Zunahme der Zentralisierung von (ay) begann in einer ländlichen Gemeinschaft von Yankee-Fischern, die direkt von diesen ursprünglichen Siedlern

abstammten. Von hier aus breitete sie sich auf Sprecher der gleichen Volksgruppe in anderen Berufen und anderen Gemeinschaften aus. Die strukturell symmetrische Variable (aw) begann in diesem Prozeß früh, ähnliche Tendenzen zu zeigen. Der Wandel wurde auch von der benachbarten Indianergruppe in Gay Head übernommen, und eine Generation später breitete er sich auf die große portugiesische Volksgruppe in den stärker besiedelten Teilen der Insel aus. In diesen zwei Volksgruppen wurde die Zentralisierung von (ay) von der Zentralisierung von (aw) eingeholt und überholt.

Skizze 1 könnte zu der Vermutung Anlaß geben, daß die lautliche Umgebung von (aw) ein wirksamer Faktor für die Auslösung des Lautwandels war. Darüber hinaus können wir beobachten, daß die Zentralisierung von (ay) auch in Generation Ib eine starke Tendenz aufwies, von phonetischen Bedingungen (phonetic conditioning) abhängig zu sein, ähnlich der für (aw) in Generation IIb dargestellten.[19] Die phonetischen Bedingungen von (ay) (d. h. die Beschränkung auf eine bestimmte phonetische Umgebung) wurden jedoch in der folgenden Generation aufgegeben, so daß Generation II eine übereinstimmende Norm für (ay) in allen lautlichen Umgebungen zeigt. Diese Entwicklung würde die Ansicht stützen, daß die phonetische Bedingung keine signifikante Rolle als auslösende Ursache der Zentralisierung von (aw) spielt, sondern eher als Bedingungsfaktor wirkt, der durch weiteren Wandel eliminiert werden kann.

Das *Bewertungsproblem* wurde auf Martha's Vineyard dadurch angegangen, daß eine Anzahl von Anhaltspunkten hinsichtlich der subjektiven Einstellungen zum Inselleben analysiert wurde, die sich im Laufe des Interviews ergaben. Einstellungen gegenüber Sommerurlaubern, gegenüber der Arbeitslosenversicherung, gegenüber der Arbeit auf dem Festland, gegenüber anderen Berufs- und Volksgruppen wurden erst mit Daten, die von führenden Persönlichkeiten der Gemeinschaft und aus historischen Aufzeichnungen gewonnen worden waren, und dann mit den sprachlichen Variablen korreliert. Es schien, daß die Hebung von (aw) mit der stufenweisen Integration von Gruppen in das Inselleben korrelierte, die vorher teilweise ausgeschlossen gewesen waren. Daraus wurde der Schluß gezogen, daß mit der Zentralisierung von (ay) und (aw) ein sozialer Wert (mehr oder weniger willkürlich) verbunden worden war und dieser soziale Wert am besten als „Status eines geborenen Vineyarders“ (native status as a Vineyarder) ausgedrückt

---

[19] Diese phonetischen Bedingungsfaktoren wirken mehr in der Art eines Kontinuums als die für (aw). Die vollständigen Daten für einen Sprecher von gleichem Alter und Hintergrund wie Herr H. H. jr. von Skizze 1 gibt Labov (1963a) 289.

werden konnte. So übernahm ein Individuum in dem Maße, wie es sich fähig fühlte, den Status eines geborenen Vineyarders zu beanspruchen und aufrechtzuhalten, die zunehmende Zentralisierung von (ay) und (aw). Söhne, die ihren Lebensunterhalt auf dem Festland zu verdienen gesucht hatten und später auf die Insel zurückkehrten, entwickelten sogar einen noch höheren Grad an Zentralisierung als es ihre Väter getan hatten. Dann jedoch, wenn ein Vineyarder seinen Anspruch aufgab, auf der Insel zu bleiben und dort seinen Lebensunterhalt zu verdienen, gab er auch die Zentralisierung auf und kehrte zu den nicht-zentralisierten Standardformen zurück.

Die Lösung des Bewertungsproblems stellt eine Aussage über die soziale Bedeutung der gewandelten Form dar – d. h. die Funktion, welche auf der nicht-kognitiven Ebene der Bedeutung der Form auf der kognitiven Ebene direkt äquivalent ist. Bei den hier beschriebenen Entwicklungen ist die kognitive Funktion von /ay/ und /aw/ konstant geblieben. Es ist klar, daß die nicht-kognitiven Funktionen, die von diesen phonologischen Elementen getragen werden, die wesentlichen Faktoren beim Mechanismus des Wandels sind. Dieser Schluß kann für viele andere Beispiele von komplexeren Veränderungen verallgemeinert werden, bei denen das deutliche Ergebnis ein tiefgreifender Wandel der kognitiven Funktion ist. Der auf Martha's Vineyard beobachtete Lautwandel hat keinen phonemischen Wandel hervorgebracht, bei dem durch eine kognitive Funktion definierte Einheiten verschmolzen oder aufgespalten wurden. Aber viele der Veränderungen im Vollzug, die in New York City beobachtet worden sind, brachten derartige Verschmelzungen und Aufspaltungen auf der Ebene der biuniquen Phoneme hervor.[20] Ein derartiger Wandel ist die Hebung von (oh), dem Vokal in *law*, *talk*, *off*, *more*, usw., der dazu dienen wird, viele Aspekte des Mechanismus des sprachlichen Wandels zu illustrieren, die für das einfachere Beispiel von Martha's Vineyard nicht relevant sind.

Die Hebung von (oh) in New York City

Es war nicht möglich, das Übergangsproblem in New York City direkt anzugehen. Obwohl die Aufzeichnungen des Sprachatlas sporadische

[20] Diese unten zu diskutierenden weitreichenden Verschiebungen und Verschmelzungen, die in dem System der langen und zentripetalen Vokale von New York City beobachtet wurden, beeinflussen nicht das morphophonemische System. Die detaillierte Verteilung der Variablen im Wandlungsprozeß scheint den Beweis für den systematischen Status der biuniquen Phoneme zu liefern. Vgl. Labov (1964a).

Hebung von (oh) auf relativ niedriger Ebene anzeigten, waren die Atlasinformanten in New York City nicht systematisch genug ausgesucht worden, als daß wir 1963 eine vergleichbare Stichprobe hätten zusammenstellen können.[21] Darüber hinaus zeigte ein umfassender Vergleich des Gebrauchs dieser Variable bei älteren und jüngeren Sprechern nicht die klare und regelmäßige Progression, die wir für (aw) auf Martha's Vineyard festgestellt hatten. Man vermutete, daß der Grund für diese Schwierigkeit bei den New Yorkern in der größeren Neigung zur stilistischen Variation lag und in der Heterogenität der Population nach sozioökonomischer Schicht und ethnischer Zugehörigkeit. Deshalb war es notwendig, vor dem Übergangsproblem erst das Einbettungsproblem anzugehen.

Die Variable (oh) ist Teil des Systems der langen und zentripetalen (ingliding) Vokale in der Struktur der Umgangssprache von New York City, der im wesentlichen kein *r* kennt: d. h., bei dem finales und prae-konsonantisches /r/ nicht als konsonantischer Gleitlaut auftritt. So tritt (oh) in der Wortklasse von *law*, *talk*, *broad*, *caught*, *off* und *more*, *four*, *board*, usw. auf. Um einen quantifizierbaren Index aufzustellen, wurden fünf Varianten wie folgt kodiert:[22]

(oh-1)	[ʊ:ᵊ]
(oh-2)	[o:˔ɔ˔ᵉ]
(oh-3)	[ɔ:˔ᵊ]
(oh-4)	[ɔ:]
(oh-5)	[ɒ:]

Die (oh)-Indexpunktzahl wurde dadurch gewonnen, daß der numerische Durchschnitt der Varianten genommen wurde, die in jedem gegebenen Teil der Rede aufgezeichnet waren, und dieser Wert mit zehn multipliziert wurde. Der durchgängige Gebrauch von (oh-2) ergab somit

---

[21] Bequemlichkeit spielte als Faktor offensichtlich eine größere Rolle bei der Auswahl der Atlasinformanten in New York als auf Martha's Vineyard. Die große Masse der New Yorker Population einschließlich der Schicht der Arbeiter und der Unterschicht war in der Stichprobe unzureichend repräsentiert. Die alteingesessenen Familien, die für die Atlasinterviews benutzt wurden, repräsentieren nur einen sehr kleinen Bruchteil der ethnischen Zusammensetzung der Stadt; im Höchstfall 1 oder 2%.

[22] Die Kodifizierung dieser Varianten kann durch den Gebrauch einiger Bezugspunkte, die die Art und Weise verdeutlichen, unterstützt werden. (oh-1) ist auf der Stufe des Vokals von (r-losem) *sure*; (oh-3) ist die Stufe des am meisten gebräuchlichen nordamerikanischen Vokals in *or* oder *nor* (mit vokalisiertem r); (oh-4) bei Kardinal – [C] der I. P. A.; (oh-5) auf der Ebene von im östlichen Neu England gesprochenem *cot*.

eine Punktzahl von (oh)-20 und ein durchgängiger Gebrauch von (oh-4) eine Punktzahl von (oh)-40.

Bei der in New York City angestellten Untersuchung wurde eine Methode entwickelt, um eine Reihe von eindeutig definierten Textsortenstilen (contextual styles) in der Sprache individueller Informanten herauszuarbeiten, und für jeden Textsortenstil wurden durchschnittliche Indexpunktzahlen bestimmt. Für die Auswahl einer Stichprobe aus einer großen städtischen Population wurde ein systematischer Ansatz verwendet, der Techniken der Erhebungsmethodik umfaßte, und für jeden Textsortenstil (style) wurden durchschnittliche Indexpunktzahlen für verschiedene Teilgruppen der zur Stichprobe gehörigen Population bestimmt. Das Einbettungsproblem wurde dann dadurch angegangen, daß die fünf wichtigsten sprachlichen Variablen jeweils miteinander und mit anderen Elementen des Sprachsystems, mit der Ebene der stilistischen Variation, in der sie festgestellt worden waren, und mit den unabhängigen Variablen der sozioökonomischen Schichtenzugehörigkeit (Beruf, Bildung und Einkommen), des Geschlechts, der Volksgruppe und der Altersstufe korreliert wurden.[23]

Korrelationen von (oh) mit der sozioökonomischen Schichtenzugehörigkeit ließen erkennen, daß die ungleichmäßige Verteilung von (oh) in der gesamten Population zum Teil der Tatsache entsprang, daß der Wandel noch nicht alle sozialen Schichten betroffen hatte. Skizze 2 stellt ein Diagramm der Stilschichtung (style stratification) von (oh) dar, in dem der Übergangszustand dieser Variable in synchronischem Schnitt erkannt werden kann. Die horizontale Achse repräsentiert die zehn für diese Analyse benutzten sozioökonomischen Schichten, informell unterteilt in Unterschicht (lower class), Arbeiterschicht (working class), untere Mittelschicht (lower middle class) und obere Mittelschicht (upper middle class). Die vertikale Achse repräsentiert die durchschnittlichen (oh)-Indexpunktzahlen: die niedrigeren Werte von (oh) sind, da sie für die höheren, stärker geschlossenen Vokale stehen, oben; und die höheren Werte von (oh) stehen unten, da sie offenere Vokale anzeigen. Die Indexpunktzahlen für jede sozioökonomische Gruppe sind auf dem Diagramm für jeden Textsortenstil eingetragen, und Werte für den gleichen Stil sind mittels durchgehender Linien verbunden.

Skizze 2 zeigt an, daß (oh) keine signifikante Variable für Sprecher aus der Unterschicht ist, die keine besonders hohen Werte dieses Vokals benutzen und überhaupt keine Stilschichtung zeigen. Sprecher aus der

---

23 In Übereinstimmung mit der allgemeinen Logik dieser Arbeit wird das Einbettungsproblem hier als ein Problem und nicht als zwei Probleme behandelt.

Skizze 2: Stilschichtung von (oh) für neun Teilgruppen sozioökonomischer Schichtung

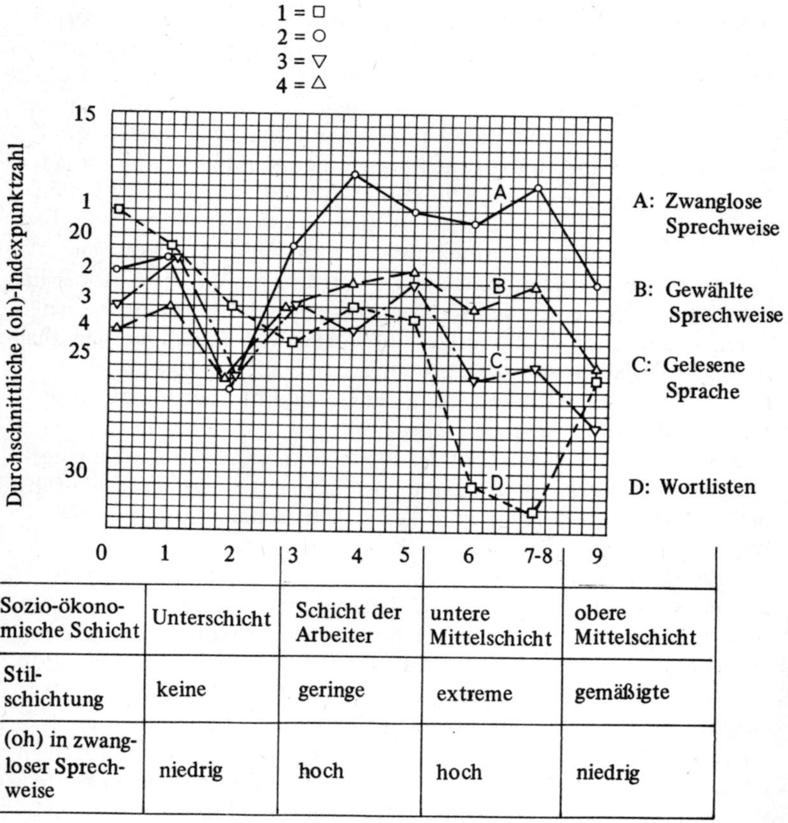

Sozio-ökonomische Schicht	Unterschicht	Schicht der Arbeiter	untere Mittelschicht	obere Mittelschicht
Stilschichtung	keine	geringe	extreme	gemäßigte
(oh) in zwangloser Sprechweise	niedrig	hoch	hoch	niedrig

Schicht der Arbeiter weisen ein jüngeres Stadium bei der Hebung von (oh) auf: sehr hohe Vokale bei zwangloser Sprechweise (casual speech), ansonsten jedoch sehr wenig Abstufung bei den in höherem Grade formalen Stilen und geringe Neigung zu dem extremen, hyperkorrekten (oh-4) und (oh-5). Hingegen zeigen Sprecher der unteren Mittelschicht den am stärksten entwickelten Zustand des Lautwandels, mit hohen Werten bei zwangloser Sprechweise und extremer Stilschichtung. Die Gruppe der oberen Mittelschicht schließlich ist in jeder Hinsicht gemäßigter als die untere Mittelschicht und behält noch immer das Muster der Stilschichtung bei.

Skizze 3: Schichtendiagramm für (oh) bei zwangloser Sprechweise auf sozioökonomische Schicht und Volksgruppe bezogen.

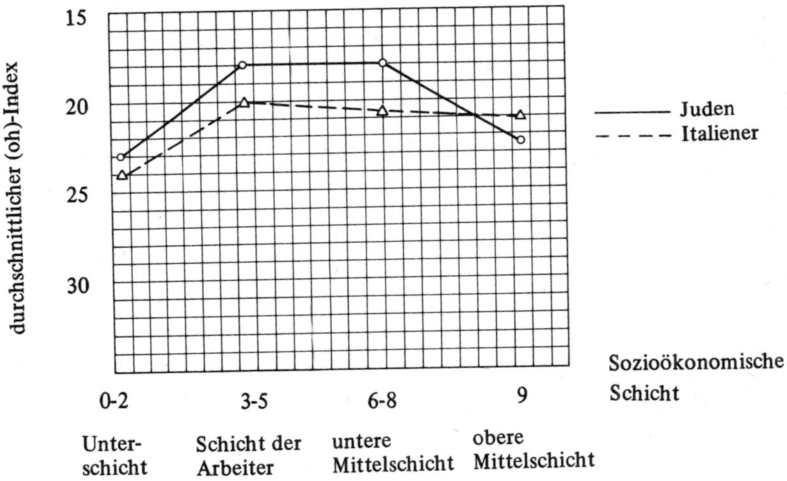

Die Zugehörigkeit zur Volksgruppe ist bei Sprechern aus New York City für ihren Gebrauch von (oh) noch relevanter als die Zugehörigkeit zur sozioökonomischen Schicht. Skizze 3 zeigt die Unterschiede zwischen Sprechern mit jüdischem und italienischem Hintergrund bei der Behandlung von (oh) in zwangloser Sprechweise. Außer in der oberen Mittelschicht benutzt die jüdische Gruppe überall höhere Werte von (oh).[24] Tabelle 2 zeigt, daß sowohl jüdische als auch italienische Sprecher bei der Hebung von (oh) mitgemacht haben, aber bei der jüdischen Gruppe scheint der Zuwachs seinen Höhepunkt früh erreicht zu haben und bei der italienischen Gruppe später. Deshalb ist für jede Volksgruppe eine getrennte Lösung des Übergangsproblems erforderlich.

24 Die Negergruppe zeigt keine signifikante Reaktion auf die Variable (oh) und zeigt einen konstanten Performanzindex auf niedriger Stufe. Wie oben angemerkt, ist die Unterschicht im allgemeinen ähnlich indifferent gegenüber (oh). Tabelle 2 zeigt ausschließlich jüdische und italienische Volksgruppen, wobei die Unterschicht nicht vertreten ist.

Tabelle 2: Durchschnittliche (oh)-Indexwerte nach Altersstufen und Volksgruppen bei zwangloser Sprechweise

Alter	*Juden*	*Italiener*
8–19	17	18
20–35	18	18
36–49	17	20
50–59	15	20
60–	25	30

Die Analyse des *Übergangsproblems* für die italienische Gruppe ist in Skizze 4 dargestellt. Der Werteverlauf ist nicht völlig regelmäßig, da sozioökonomische Schichtenzugehörigkeit, Geschlecht und andere Faktoren die Werte beeinflussen; dennoch gibt es eine beständige Aufwärtsbewegung von den ältesten Sprechern auf der rechten zu den jüngsten Sprechern auf der linken Seite. Innerhalb der gegenwärtigen Stichprobe von Sprechern aus New York City ist das die beste Lösung des Übergangsproblems, die erreicht werden kann.[25]

Zusätzlich zu den außersprachlichen Korrelationen, die wir oben erläutert haben, erfordert das *Einbettungsproblem* für (oh) eine Menge von verwickelten Korrelationen mit anderen Elementen im Sprachsystem. Wir finden, daß (oh) innerhalb des Subsystems der langen und zentripetalen Vokale fest eingebettet ist und strukturell auch zu anderen vokalischen Subsystemen in Beziehung steht. Quantitative Untersuchungen dieser Beziehungen lassen sich in fünf Gruppen unterteilen:

(1) Eine starke Korrelation besteht zwischen der Höhe von (oh) und der Höhe des korrespondierenden zentripetalen Vorderzungenvokals (eh) in der Wortklasse von *bad*, *ask*, *dance*, usw. Diese Variable entstand als Hebung von /æh/, verschmolz aber in der Entwicklung des Regionaldialekts von New York City früh mit /eh/ in der Wortklasse von *bare*, *bared*, *where*, usw. Die Beziehung zwischen (eh) und (oh) ist auffallend parallel zu der von (ay) und (aw) auf Martha's Vineyard. Der Vorderzungenvokal wurde zuerst gehoben, in New York schon in den 90er Jahren des 19. Jahrhunderts, und der Hinterzungenvokal folgte nach. Wie (aw) auf Martha's Vineyard, wurde auch die Variable (oh) zum Spezifikum für den Gebrauch einer besonderen

---

[25] Skizze 4 schließt italienische Informanten ein, die das eigentliche Interview verweigerten und deren Sprachmuster durch das Fernsehinterview erfaßt wurden, das im Anhang D von Labov (1964b) beschrieben ist.

Skizze 4: Distribution der (oh)-Indexpunktzahlen für italienische Sprecher auf Altersstufen bezogen

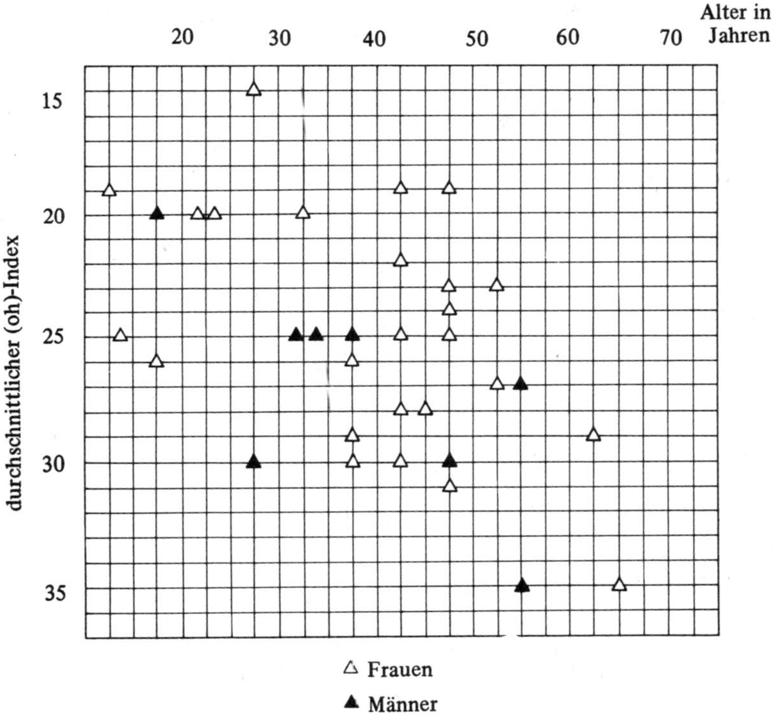

Volksgruppe: in dem Maße, wie die italienische Gruppe in zwangloser Sprechweise höheren Gebrauch von (eh) aufweist, zeigt die jüdische Gruppe höhere Werte von (oh), bis der Unterschied in der jüngsten Altersgruppe schließlich weitgehend aufgelöst wird durch die Verschmelzung von (eh) und /ih/, (oh) und /uh/.

(2) Die Variable (oh) hat ebenfalls enge Beziehungen zu dem höheren zentripetalen Vokal /uh/. Da wir in der zwanglosen Sprechweise jüngerer Informanten immer höhere Varianten von (oh) beobachten, wird sichtbar, daß eine Verschmelzung von (oh) und /uh/ nahe bevorsteht. Diese Verschmelzung hat in unserer Stichprobe bei den jüngsten Sprechern aus der Schicht der Arbeiter und der unteren Mittelschicht zweifelsohne stattgefunden. Tatsächlich haben wir viele Informanten, die die Verschmelzung sogar in den im höchsten Grade formalen

Stilen aufweisen, beim Lesen isolierter Wortlisten, und wir können *a fortiori* schließen, daß die Verschmelzung in zwangloser Sprechweise vorhanden ist. Eine genaue Untersuchung der Varianten ihrer zwanglosen Sprechweise weist die Verschmelzung als vollzogene Tatsache aus: obwohl die meisten Hörer, die sich der Überlappung nicht bewußt sind, *beer* höher als *bear* hören werden, sind beide außerhalb des Kontextes in Wirklichkeit voneinander nicht zu unterscheiden.

(3) Eine enge Korrelation besteht auch zwischen (oh) und /ah/, dem langen gespannten Vokal, den man in *guard*, *father*, *car*, usw. hört. Die Variable (ah) repräsentiert die Entscheidungsmöglichkeit für die wahlweise Hinter- oder Mittelzungenartikulation für die Teilklassen von *hot*, *heart*, *hod* und *hard*. Hohe Werte von (oh) werden mit niedrigen Velarpositionen von *heart*, *hod* und *hard* (wobei die beiden letzten im allgemeinen homonym sind) korreliert; niedrigere Werte von (oh) werden mit niedrigen Mittelzungenpositionen der Vokale in diesen Wortklassen korreliert. Diese Korrelation ist von der sozioökonomischen Schichtenzugehörigkeit oder von der Zugehörigkeit zu einer bestimmten Volksgruppe unabhängig. Während (oh) fest in die soziolinguistische Struktur der Sprachgemeinschaft eingebettet ist, trifft das für /ah/ nicht zu. Als eine linguistische Variable scheint (ah) nur eine Funktion der Höhe von (oh) zu sein: eine rein interne Variable.[26]

(4) (oh) steht auch in Beziehung zu der variablen Höhe des Vokals in *boy*, *coil*, usw., dem (oy) im System der vorderen schließenden Diphthonge. Die Höhe der Vokale in *coil* und *call* scheint in zwangloser Sprechweise direkt miteinander zu variieren, aber lediglich (oh) wird in stärker formalen Stilen zu niedrigeren Werten korrigiert. (oh) trägt die Hauptlast der sozialen Bedeutung und ist der Angriffspunkt des von außerhalb des Systems herrührenden Druckes von oben.

(5) Schließlich stellen wir fest, daß (oh) und (oy) zusammen mit der Variable (ay) korrelieren, was die Velarisierung oder die Palatalisierung des ersten Elementes des Diphthongs in *my*, *why*, *side*, usw. repräsentiert. Hohe Werte von (oh) und (oy) werden mit velaren Werten von (ay) korreliert, und niedrige Werte von (oh) und (oy) mit niedrigen Zentralwerten von (ay).

Über diese unmittelbaren Korrelationen hinaus gibt es indirektere, diffuse Beziehungen mit solchen Variablen wie (aw) und /ih/, mittels

---

[26] Die quantitativen Korrelationen werden in Kap. 12 von Labov (1964b) gegeben. Die Beziehung von (oh) und (ah) blieb innerhalb einer einzelnen Volksgruppe gleich.

derer (oh) mit allen anderen Vokalen im System der Umgangssprache von New York City verbunden ist. Es ist hier nicht der Ort, alle Einzelheiten dieser Menge von verwickelten strukturellen Korrelationen innerhalb des Sprachsystems zu verfolgen: dennoch sollte deutlich geworden sein, daß eine endgültige Lösung des Einbettungsproblems enthüllen wird, wie die internen Beziehungen der Sprachelemente die Richtung des Lautwandels bestimmen.[27] Die wichtigsten Beziehungen, die sich um (oh) gruppieren, können wir mit der folgenden Schreibweise zusammenfassen, die die strukturellen Einheiten auf der linken Seite der Gleichungen als sprachliche Variablen definiert:

(oh) $= f_1$(St, C, E, A, Sx, (eh))	St = Stil (style)
(ah) $= f_2$((oh))	C = sozioökonomische Schicht (socio-economic class)
(oy) $= f_3$((oh))	E = Volksgruppe (ethnic group)
(ay) $= f_4$((ah)) $= f_4(f_2$((oh)))	A = Altersstufe (age level)
(ay) $= f_5$((oy)) $= f_5(f_3$((oh))	Sx = Geschlecht (sex)

In New York City konnte das *Bewertungsproblem* direkter angegangen werden als auf Martha's Vineyard. Die unbewußten subjektiven Reaktionen der Informanten auf jede der Variablen wurden bestimmt. Einzelheiten dieser Methode sind an anderer Stelle dargelegt worden;[28] allgemein können wir sagen, daß die Zuverlässigkeit der Tests an dem hohen Grad von Gleichförmigkeit gemessen werden kann, den New Yorker aufwiesen im Gegensatz zu den verstreuten Ergebnissen jener Tests, die außerhalb von New York City durchgeführt wurden.

Die subjektiven Reaktionen auf (oh) lassen uns die soziale Bedeutung der Variable klar erkennen, wie aus Tabelle 3 hervorgeht. Die Mehrzahl der Informanten reagierte auf den Test in einer Art, die mit dem verpönten (stigmatized) Status von hohem (oh) übereinstimmt.[29] Ebenso wie die Lösung des Einbettungsproblems bei Sprechern der Unterschicht keine signifikante stilistische Reaktion auf (oh) erbrachte, stellen wir hier fest, daß Sprecher der Unterschicht keine signifikante (oh)-Negativreaktion zeigten. Die anderen Gruppen wiesen (oh)-Negativreaktionen

---

27 In einer Art, die die von Martinet (1955) ausgedrückte Sicht der Sprachstruktur empirisch bekräftigt.

28 Zusätzlich zu Kap. 11 von Labov (1964b) liegt die detaillierteste Darstellung dieser Methode in Labov (1963b) vor.

29 Die hier aufgezeigte (oh)-Negativreaktion bestand darin, drei Sprecher auf einer Skala der Berufseignung niedriger einzustufen, wenn sie Sätze mit hohen geschlossenen (oh) Vokalen aussprachen verglichen mit Sätzen ohne signifikante Variablen. Diejenigen, die die Einstufungen vornahmen, wußten nicht, daß sie dieselben Sprecher einstuften.

im Verhältnis zu der Durchschnittshöhe von (oh) auf, die sie in ihrer eigenen zwanglosen Sprechweise verwenden, und zu dem Grad der Stilschichtung in ihren Redemustern.

Tabelle 3: Prozentsatz der (oh)-Negativreaktionen auf die sozioökonomische Schicht und Altersstufe bezogen

Altersstufe	Unterschicht (SEC 0-2)	Schicht der Arbeiter (SEC 3-4)	untere Mittelschicht (SEC 5-8)	obere Mittelschicht (SEC 9)	*N*
20–39	25	80	100	60	4 10 11 5
40–59	18	60	62	57	11 15 13 7
60–	33	(00)	–	–	6 1 ––

Dieses Ergebnis veranschaulicht ein Prinzip, das ganz allgemein für New York City gilt: daß diejenigen, die den höchsten Prozentsatz einer verpönten Form in zwangloser Sprechweise benutzten, auch diejenigen waren, die sich als besonders empfindlich erwiesen, wenn es darum ging, sie in der Rede anderer als verpönte Form zu bewerten. So zeigten die Sprecher der unteren Mittelschicht zwischen 20 und 39 Jahren, die in ihrer eigenen zwanglosen Sprechweise die höchsten Werte von (oh) benutzten, eine 100%ige (oh)-Negativreaktion. In ähnlicher Weise stellen wir fest, daß der Prozentsatz der (oh)-Negativreaktion unter jüdischen und italienischen Sprechern proportional zu der Höhe von (oh) in zwangloser Sprechweise ist.

Diese Lösung des Bewertungsproblems kann schwerlich zufriedenstellend genannt werden. Es wird nicht klar, warum eine Sprechergruppe immer extremere Formen eines Sprachlautes annimmt, die sie selbst als schlechte Sprache abqualifiziert.[30] Weitere Erklärungsversuche sind deshalb notwendig.

Erstens ist deutlich geworden, daß sehr wenige Sprecher bemerken, daß sie selbst die verpönten Formen benutzen. Sie hören sich, als ob sie die Prestigeformen gebrauchen, die gelegentlich in ihrer gewählten Sprechweise (careful speech) und beim Lesen isolierter Wortlisten auftreten. Zweitens sind die durch unsere Tests ermittelten subjektiven

---

[30] Viele Personen reagierten auf den Test mit harten und unrealistischen Einstufungen, wenn sie z. B. eine Versuchsperson, die bei *coffee* und *chocolate* hohe Vokale benutzte, so einstuften, daß sie nicht einmal gut genug spräche, um Fabrikarbeiter zu sein.

Antworten nur die Oberflächenwerte – diejenigen, die mit den Wertsystemen der herrschenden Mittelschichtgruppe konform gehen. Auf einer tieferen Bewußtseinsebene gibt es sicher andere Werte, die die umgangssprachlichen Formen von New York City verstärken. Bisher haben wir diese stärker verdeckten Formen nicht systematisch erfaßt, aber aufgrund anekdotischen Beweismaterials können wir sicher sein, daß sie existieren – Werte, die mit den Themen Gruppenidentifikation, Männlichkeit, Freundschaftsbande usw. eng verbunden sind.

Im Falle der alternativen Vorliebe von jüdischen und italienischen Volksgruppen für (oh) und (eh) können wir einen vernünftigen Vorschlag unterbreiten, der auf dem Mechanismus der *Hyperkorrektur* (hypercorrection) basiert.[31] Der Einfluß des jiddischen Substrats führt zu einem Verlust der Unterscheidung zwischen gerundeten und ungerundeten tiefen Hinterzungenvokalen bei jüdischen Sprechern, die in erster Generation englisch sprechen, so daß *cup* und *coffee* den gleichen Vokal aufweisen. Bei Sprechern der zweiten Generation, die jüdischer Abkunft sind, führt die Reaktion auf diese Tendenz zu einer hyperkorrekten Übertreibung der Unterscheidung, so daß (oh) angehoben, gespannt und übermäßig gerundet wird. Ein paralleles Argument trifft für italienische Sprecher zu. Dieser Vorschlag ist um so plausibler, als gezeigt worden ist, daß Hyperkorrektur ein wichtiger Mechanismus des Sprachwandels bei einer Vielzahl von Umständen ist.[32]

Der Mechanismus des Lautwandels

An zwei Beispielen, die von Martha's Vineyard und aus New York City stammen, haben wir Lösungen des Übergangs-, des Einbettungs- und des Bewertungsproblems veranschaulicht. Es besteht die Möglichkeit, die Ergebnisse unserer Arbeit mit diesen und anderen Variablen für eine provisorische Antwort auf die Frage zu verwenden: welcherart ist der Mechanismus, nach dem ein Lautwandel vonstatten geht? Die folgende Skizze basiert auf der Untersuchung von zwölf Fällen von Lautveränderungen: drei in den ländlichen Verhältnissen von Martha's

---

31 Für diesen Vorschlag bin ich M. Herzog zu Dank verpflichtet.

32 *Hyperkorrektur* wird hier nicht gebraucht, um sporadische und unregelmäßige Verwendung einer Wortklasse anzuzeigen, sondern die Bewegung einer ganzen Wortklasse über das von dem Prestigemodell gesetzte Ziel hinaus. Dieser Mechanismus ist auf Martha's Vineyard ebenso evident wie in New York.

Vineyard und neun in den städtischen Verhältnissen von New York City.[33]

1. Die Lautveränderungen entstanden gewöhnlich bei einer begrenzten Teilgruppe der Sprachgemeinschaft zu einer Zeit, als die selbständige Identität dieser Gruppe durch inneren oder äußeren Druck geschwächt worden war. Die Sprachform, die sich zu verschieben begann, zeigte oft regionalen Status an bei einer unregelmäßigen Verteilung innerhalb der Gemeinschaft. Zu diesem Zeitpunkt ist die Form eine nicht definierte sprachliche Variable.

2. Die Veränderungen begannen als generalisierte Ausdehnung der Sprachform auf alle Mitglieder der Teilgruppe; dieses Stadium können wir als *Wandel von unten* (change from below), d. h. unterhalb der Ebene sozialer Bewußtheit, fassen. Die Variable zeigt kein Muster stilistischer Variation in der Sprache derer, die sie gebrauchen, und wirkt auf alle Einheiten einer beliebigen Wortklasse ein. Die sprachliche Variable ist ein *Indikator* (indicator), der als eine Funktion der Gruppenzugehörigkeit definiert ist.

3. Nachfolgende Sprechergenerationen innerhalb derselben Teilgruppe, die auf die gleichen sozialen Druckkräfte reagiert, führten die sprachliche Variable im Prozeß des Wandels über das durch ihre Eltern gesetzte Vorbild weiter hinaus. Wir können dieses Stadium als *Hyperkorrektur von unten* (hypercorrection from below) bezeichnen. Die Variable ist jetzt als eine Funktion der Gruppenzugehörigkeit und der Altersstufe definiert.

4. In dem Maße, wie die Bewertungen der ursprünglichen Teilgruppe von anderen Gruppen in der Sprachgemeinschaft übernommen wurden, breitete sich der Lautwandel mit seinem assoziierten Wert der Gruppenzugehörigkeit auf diese ihn übernehmenden Gruppen aus. Die Funktion der Gruppenzugehörigkeit wird jetzt in aufeinanderfolgenden Stadien neu definiert.

5. Die Grenzen der Verbreitung des Lautwandels waren die Grenzen der Sprachgemeinschaft, definiert als eine Gruppe mit einem allen gemeinsamen Satz von auf die Sprache bezogenen normativen Bewertungen.

6. Als der Lautwandel mit seinen assoziierten Bewertungen die Grenzen seiner Ausdehnung erreichte, wurde die sprachliche Variable eine der Normen, die die Sprachgemeinschaft definierten, und alle Angehörigen der Sprachgemeinschaft reagierten in gleicher Weise auf ihren Gebrauch (ohne sich dessen notwendigerweise be-

[33] Die hier vorgeschlagenen Stadien werden notwendigerweise in annähernd der Weise geordnet, wie sie aufgeführt sind, doch erfolgen unter den beobachteten Daten einige Umstellungen und Vertauschungen.

wußt zu sein). Die Variable ist jetzt ein *Merkmal* (marker) und beginnt, stilistische Variation zu zeigen.
7. Die Bewegung der sprachlichen Variable innerhalb des Sprachsystems führte immer zu Wiederanpassungsprozessen bei der Verteilung anderer Elemente innerhalb des phonologischen Raumes.
8. Die strukturellen Wiederanpassungen führten zu weiteren Lautveränderungen, die mit dem ursprünglichen Wandel in Zusammenhang standen. Gleichwohl übernahmen andere Teilgruppen, die in der Zwischenzeit in die Sprachgemeinschaft eintraten, den älteren Lautwandel als einen Teil der Gemeinschaftsnormen und behandelten den neueren Lautwandel als Stadium Nr. 1. Dieses Stadium des neueinsetzenden Kreislaufs (re-cycling) scheint die Hauptquelle für das fortwährende Entstehen neuer Veränderungen zu sein. In der darauf folgenden Entwicklung kann der zweite Lautwandel durch die neue Gruppe über die Ebene des ersten Wandels hinausgeführt werden. (Die Stadien 1–8 befaßten sich mit *Wandel von unten*; die Stadien 9–13 befassen sich mit *Wandel von oben*).
9. Wenn die Gruppe, in der der Wandel entstand, innerhalb der Sprachgemeinschaft nicht die Gruppe mit dem höchsten Status war, versahen Angehörige der Gruppe mit dem höchsten Status schließlich die gewandelte Form auf Grund ihrer Kontrolle der verschiedenen Institutionen des Kommunikationssystems mit einem negativen Kennzeichen (Stigma).
10. Diese negative Kennzeichnung führte zu einem *Wandel von oben* (change from above), einer vereinzelt auftretenden und unregelmäßigen Korrektur der gewandelten Formen in Richtung auf das Modell der Gruppe mit dem höchsten Status – d. h. dem *Prestigemodell* (prestige modell). Dieses Prestigemodell ist jetzt das Muster, das die Sprecher sich selbst gebrauchen hören: es lenkt die Hörkontrolle (audio-monitoring) für das Sprachsignal. Die sprachliche Variable zeigt jetzt sowohl regelmäßige Stilschichtung als auch soziale Schichtung, da das durch Motorik kontrollierte Modell der zwanglosen Sprechweise mit dem audio-kontrollierten Modell gewählterer Sprechweisen konkurriert.
11. Wenn das Prestigemodell der Gruppe mit dem höchsten Status nicht mit einer Form übereinstimmt, die von den anderen Gruppen in einigen Wortklassen benutzt wird, zeigt sich bei den anderen Gruppen eine zweite Art von *Hyperkorrektur*: indem sie ihre gewählte Sprechweise zu einer Form verschieben, die weiter über die gewandelte Form hinausgeht als es das Ziel darstellt, das die Prestigegruppe gesetzt hat. Wir können dieses Stadium *Hyperkorrektur von oben* nennen.

12. Bei extremer negativer Kennzeichnung (stigmatization) kann eine Form zum offenen Thema sozialer Bewertung werden und schließlich verschwinden. Sie ist somit ein *Stereotyp* (stereotype), das in wachsendem Maße von den Formen abgetrennt werden kann, die tatsächlich in der Sprache gebraucht werden.

13. Wenn der Wandel seinen Ursprung in der Gruppe der Gemeinschaft hatte, die den höchsten Status innehat, wurde er für alle Sprecher der Gemeinschaft zu einem Prestigemodell. Die gewandelte Form wurde dann in gewähltere Sprechweisen von allen anderen Gruppen entsprechend ihrem Kontakt mit Benutzern des Prestigemodells und in geringerem Ausmaß auch in die zwanglose Sprechweise übernommen.[34]

Viele der hier skizzierten Stadien beim Mechanismus des Lautwandels werden durch die beiden oben vorgelegten detaillierten Beispiele erläutert. Die Zentralisierung von (aw) auf Martha's Vineyard scheint Stadium 4 des Wandels von unten zu sein. Sie kann sogar Stadium 5 und 6 erreicht haben, aber die auf Martha's Vineyard angewandten Untersuchungsverfahren haben nicht das Beweismaterial geliefert, um diese Frage zu entscheiden. Dennoch besteht kein Zweifel darüber, daß die Zentralisierung von (aw) ein sekundärer Wandel ist, hervorgerufen durch den Prozeß des neu einsetzenden Kreislaufs, als die Zentralisierung von (ay) Stadium 8 erreichte.

Um den Platz der Hebung von (oh) in dieser Skizze festzustellen, ist es notwendig, kurz die Entwicklung des gesamten Vokalsystems von New York City zu behandeln. Der erste Schritt in der historischen Bestandsaufnahme ist die Hebung von (eh). Wir haben Grund zur Annahme, daß die Verschmelzung von /æh/ und /eh/ im letzten Viertel des 19. Jhs. begann.[35] Die Aufwärtsbewegung der sprachlichen Variable (eh) setzte sich jenseits dieser Verschmelzung fort und führte zu der herrschenden kumulativen Verschmelzung von /eh/ mit /ih/ unter den meisten jüngeren New Yorkern. In bezug auf die ganze Sprachgemeinschaft ist (eh) der vollen Kraft der *Korrektur von oben* (correction from above) unterworfen: Der Wandel hat Stadium 11 erreicht, so daß die sprachliche Variable durch Kovariation mit den Merkmalen soziale Schichtzugehörigkeit, Zugehörigkeit zu einer Volksgruppe, Altersgruppe und Textsortenstil definiert wird. Die Hebung von (oh) war der erste neueinsetzende Kreislaufprozeß, der einsetzte, als (eh) Stufe 8 erreichte. Für die Hebung von (oh)

---

[34] Wir finden in diesen Beobachtungen einiges, was die Ansicht unterstützt, daß die Leute nicht viel von Massenmedien oder von anderen entfernten Quellen übernehmen, sondern eher von den Personen, die hinsichtlich Alter oder sozialer Distanz höchstens ein oder zwei Grade von ihnen entfernt sind.

[35] Vgl. Babbitt (1896).

war hauptsächlich die jüdische Volksgruppe verantwortlich; die extrem nach oben gerichtete soziale Mobilität dieser Gruppe hat zu einer besonderen Empfindlichkeit bezüglich (oh) in der unteren Mittelschicht geführt. Auf diese Weise hat sich die Verschmelzung von /oh/ und /uh/ recht schnell vollzogen, und (oh) hat für die untere Mittelschicht Stadium 11 erreicht; doch für die Unterschicht hat es kaum Stadium 1 berührt.

Die dritte Stufe in dem Prozeß des neueinsetzenden Kreislaufs vollzog sich, als (oh) Stadium 8 erreichte. Die strukturellen Wiederanpassungen, die stattfanden, waren komplex: (oy) und (ah) waren mit (oh) eng assoziiert und wurden nur durch ihre Kovariation mit (oh) als sprachliche Variablen definiert. Auf diese Weise wurde die Hebung von (oy) und die Velarisierung von (ah) durch innere strukturelle Faktoren bestimmt. Wandel von oben wurde auf (oh) ausgeübt, aber nicht auf (oy). In gewählter Sprechweise könnte ein New Yorker sagen: [ɪts a:l tɪn fʊ:ɪl], *It's all tin foil.* Aber die Verschiebung von (ah) und (oy) hat ihrerseits zu einer Verschiebung von (ay) geführt, und dieser Vorgang hat augenscheinlich einen dritten Kreislauf in Gang gesetzt. Die Velarisierung von (ah) hat in der Tat selbst Stadium 8 erreicht und einen assoziierten vierten Kreislauf hervorgebracht, die Palatalisierung von (aw). Es gibt Anzeichen dafür, daß (ay) sich zu Stadium 9 entwickelt hat, mit dem Beginn einer offensichtlichen Korrektur von oben, obwohl (aw) erst Stadium 4 oder 5 erreicht hat.[36]

Es ist augenscheinlich, daß die hier betrachteten Typen struktureller Wiederanpassungen eine linguistische Theorie erfordern, die die Geometrie des phonologischen Raumes bewahrt. Die hier gefundenen strukturellen Beziehungen weisen eine erstaunliche Parallelität zu denjenigen auf, die Moulton in seiner Untersuchung der Kovariation von mittleren und tiefen Vokalen in schweizerdeutschen Dialekten festgestellt hat.[37] Die Untersuchungstechniken, das Gebiet, die untersuchten Gesellschaften sind ganz verschieden, und die Koinzidenz der Ergebnisse ist ein starker empirischer Beweis für die von Martinet herausgestellte Sicht der phonologischen Struktur.[38] Gleichwohl

---

36 Detaillierte Angaben finden sich in Kap. 12 von Labov (1964b).

37 Moulton (1962).

38 Beide Untersuchungen enthalten starke Beweisgründe für die Kovariation von tiefen Vokalen entlang der Dimension von vorne nach hinten mit Hinterzungenvokalen entlang der Dimension der Höhe. Die Theorie der distinktiven Merkmale, wie sie Halle (1962) verwendet, löst die Geometrie des phonologischen Raumes in eine Menge unabhängiger Dimensionen auf. Sogar dann, wenn für eine phonetische Form distinktiver Merkmale skalare Werte festgestellt werden, hat die Theorie der distinktiven Merkmale keine Erklärung für die Kovariation von dunkel (grave) und hell (acute) mit kompakt und diffus.

stellen die von Martinet projektierten rein internen Gleichgewichtszustände noch keine kohärente Theorie über den Mechanismus des Lautwandels dar. In der hier skizzierten Darstellung sind sie nur Teil eines umfassenderen Prozesses, der in die soziolinguistische Struktur der Gemeinschaft eingebettet ist.

Schlußfolgerung

Diese Diskussion konzentrierte sich auf das Thema, daß innere, strukturelle Druckkräfte und soziolinguistische Druckkräfte im Mechanismus des Sprachwandels in systematischem Wechsel wirksam werden. Man kann nicht länger das Argument vertreten, daß der Linguist seine Erklärungen des Wandels auf die wechselseitigen Einflüsse von Sprachelementen beschränken müsse, die durch die kognitive Funktion definiert sind. Noch kann in irgendeinem ernsthaften Sinn argumentiert werden, daß ein sich wandelndes Sprachsystem autonom ist. Ich habe hier versucht, die wissenschaftliche Auseinandersetzung über das reine Auflisten von Möglichkeiten hinauszuführen, indem ich eine große Anzahl von Zeugnissen für im Vollzug beobachtete Lautveränderungen vorgestellt habe. Auf der Basis dieser Zeugnisse können wir das stärkere Postulat aufstellen, daß es nicht möglich ist, eine Untersuchung der strukturellen Beziehungen innerhalb eines Sprachsystems zu Ende zu bringen und sich dann erst den äußeren Bedingungen zuzuwenden. Der hier skizzierte Prozeß eines neueinsetzenden Kreislaufs legt die Art der Antwort nahe, die wir auf die Grundfragen nach den auslösenden Ursachen des Sprachwandels, nach den Anpassungsfunktionen des Wandels wie auch nach dem Mechanismus, nach dem sich ein Wandel vollzieht, geben können. Wir können erwarten, daß weitere Untersuchungen den hier vorgelegten Entwurf modifizieren werden, daß aus der Sprachgemeinschaft herangezogene Daten jedoch auch weiterhin eine wesentliche Rolle bei der Analyse des Sprachwandels spielen werden.

Übersetzt von Hans-Dieter Kreuder

Literatur

E. H. Babbitt (1896), „The English of the Lower Classes in New York City and Vicinity", *Dialect Notes* 1 (1896) 457–464.

L. Bloomfield (1933), *Language*, New York 1933.

Y. A. Frank (1948), *The Speech of New York City*, Diss. Univ. Michigan 1948.

L. Gauchat (1905), „L'unité phonétique dans le patois d'une commune", in: *Aus Romanischen Sprachen und Literaturen. Festschrift H. Mort*, Halle 1905, 175–232.

M. Halle (1962), „Phonology in Generative Grammar", *Word* 18 (1962) 54–72.

M. E. Hermann (1929), „Lautveränderungen in der Individualsprache einer Mundart", *Nachrichten der Gesellschaft der Wissenschaften zu Göttingen*, phil.-hist. Kl. 11 (1929) 195–214.

Ch. F. Hockett (1950), „Age-grading and Linguistic Continuity, *Lg* 26 (1950) 449–457.

Ch. F. Hockett (1958), *A Course in Modern Linguistics*, New York 1958.

A. F. Hubbell (1949), *The Pronunciation of English in New York City*, New York 1949.

D. Hymes (1961), „Functions of Speech: An Evolutionary Approach", in: F. C. Gruber (ed.), *Anthropology and Education*, Philadelphia 1961, 55–83.

H. Kurath u. a. (1941), *Linguistic Atlas of New England*, Providence 1941.

H. Kurath/R. A. McDavid (1961), *The Pronunciation of English in the Atlantic States*, Ann Arbor 1961.

W. Labov (1963a), „The Social Motivation of a Sound Change", *Word* 19 (1963) 273–309 [jetzt auch in: W. Labov, *Sociolinguistic Patterns*, Philadelphia 1972, 1–42].

W. Labov (1963b), „Subjective Dimensions of a Linguistic Change in Progress", Vortrag gehalten vor der Linguistic Society of America, Chicago, Dezember 1963 [überarbeitete Fassung jetzt in: W. Labov, *Sociolinguistic Patterns*, Philadelphia 1972, 143–159].

W. Labov (1964a), „The Aims of Sociolinguistic Research", unveröff. Vortragsmanuskr. für das Soziolinguistik-Seminar Bloomington, Ind., Sommer 1964.

W. Labov (1964b), *The Social Stratification of English in New York City*, Diss. Columbia Univ. Washington 1964 [jetzt Washington, D. C. 1966].

W. Labov (1964c), „Phonological Correlates of Social Stratification", in: J. Gumperz/D. Hymes (eds.), *The Ethnography of Communication, AmA* 66, 6, Part II (1964) 164–176.

W. Labov (1964d), „The Linguistic Variable as a Structural Unit", Vortrag gehalten vor dem Washington Linguistics Club, Oktober 1964 [jetzt: *Washington Linguistics Review* 3 (1966) 4–22].

W. Labov (1965), „Stages in the Acquisition of Standard English", in: R. Shuy (ed.), *Social Dialects and Language Learning*, Champaign, Ill. 1965, 77–103 [wiederabgedr. in: H. Hungerford/J. Robinson/J. Sledd (eds.), *English Linguistics*, Glenview, Ill. 1970, 274–302].

W. Labov (1966), „Hypercorrection by the Lower Middle Class as a Factor in Linguistic Change", in: W. Bright (ed.), *Sociolinguistics*, The Hague 1966, 84–113 [jetzt auch in: W. Labov, *Sociolinguistic Patterns*, Philadelphia 1972, 122–142].

W. Labov (1968), „The Reflection of Social Processes in Linguistic Structures", in: J. Fishman (ed.), *A Reader in the Sociology of Language*, The Hague 1968, 240–251 [jetzt auch in: W. Labov, *Sociolinguistic Patterns*, Philadelphia 1972, 110–121].

A. Martinet (1955), *Économie des changements phonétiques*, Berne 1955 [^{3}1970]

A. Meillet (1921), *Linguistique historique et linguistique générale*, I, Paris 1921.

W. G. Moulton (1962), „Dialect Geography and the Concept of Phonological Space“, *Word* 18 (1962) 23–32.

H. Pilch (1955), The Rise of the American English Vowel Pattern“, *Word* 11 (1955) 57–63.

JOHN J. GUMPERZ

Zur Ethnologie des Sprachwandels

Wenn man den Terminus „Sprachwandel“ im gewöhnlichen Sinne gebraucht, kann man sich damit auf zwei Forschungsrichtungen beziehen: interne Geschichtsschreibung (internal history) oder historische Linguistik – die Rekonstruktion von Proto-Sprachen aus jüngeren historisch belegten Texten – und externe Geschichtsschreibung (external history) oder „Sprachgeschichte“ (Malkiel 1953), die die Wandlungen der Sprachform in ihrer Beziehung zur sozio-ökonomischen Umwelt betrachtet. Beiden Untersuchungsrichtungen hat man in der Vergangenheit beträchtliche Aufmerksamkeit geschenkt, doch hat die erstere am unmittelbarsten von der praktischen Anwendung linguistischer Methodologie profitiert und die bedeutendsten Ergebnisse gezeitigt. Hundertfünfzig Jahre Forschung auf diesem Gebiet führten zur Entwicklung von Techniken für die Erstellung von Lautgesetzen oder Lautentsprechungen, die sich als bemerkenswert verläßliche Indikatoren für prähistorische Verwandtschaftsbeziehungen herausgestellt haben. Obwohl viele Fragen der Anwendbarkeit auf spezielle Fälle offen bleiben, sind die allgemeinen Prinzipien vergleichender Rekonstruktion gut bekannt; die Ergebnisse können leicht reproduziert werden und die Methode gilt als wichtiges Werkzeug linguistischer und historischer Forschung.

Der Gegenstand der externen Sprachgeschichtsschreibung blieb dagegen bis in die jüngste Vergangenheit außerhalb des Bereichs formaler Untersuchungen. Zwar gibt es eine beachtliche Literatur über die Wirkung des politischen und ökonomischen Wandels auf das Sprachverhalten, über die Entstehung von Standardsprachen, über Sprachwechsel (language shift), über die Ersetzung (replacement) einer Sprache durch eine andere, über die Bildung von „Mischsprachen“, Pidgin-, Kreolsprachen, Handelsdialekte und ähnliches. Das vorgelegte Beweismaterial läßt keinen Zweifel daran, daß diese Entwicklungen gesellschaftlichen Ursachen zuzuschreiben sind und nicht der menschlichen Anatomie, dem Klima oder der geographischen Lage, wie man früher vermutete. In einigen Fällen wurden auch Korrelationen zum Wandel der Gesellschaft aufgezeigt. Aber immer noch fehlt uns eine Theorie von Sprache und Gesellschaft, die erklären würde, auf welche Weise spezifische Faktoren im Gesellschaftssystem zu sprachlichen Veränderungen führen können und wie sie auf Sprachstrukturen einwirken. Darüberhinaus haben die Vertreter der strukturalen Linguistik bis vor kurzem die geographisch und sozial distribuierten Varianten innerhalb eines einzelnen Kulturbereichs wenig beachtet, obwohl diese für das linguistische Studium der Sprachgeschichte eine wesentliche Datenquelle bilden. Ihr Interesse an methodischen Problemen führte die Strukturalisten dazu, sich auf einzelne homogene grammatische Systeme zu konzentrieren. Andererseits neigten diejenigen Forscher, die das Sprachverhalten in bestimmten Gemeinschaften studierten, dazu, die Anwendbarkeit formaler Methoden auf ihr Untersuchungsgebiet zu leugnen. So blieb die Sprachgeschichte beiden Disziplinen peripher, ein Thema für Diskussionen (wie Malkiel es formuliert) „in einem freundlichen Konferenzzimmer, wo Linguisten bereitwillig aktuelle Probleme von großer Tragweite mit historisch interessierten Kollegen diskutieren" (1953) – aber kaum ein Gegenstand formaler Untersuchungen.

Es gibt Anzeichen dafür, daß diese Einstellungen sich wandeln. Soziologen sind sich in ihren Studien zunehmend des Wertes linguistischer Indikatoren bewußt geworden. Man interessiert sich wieder für Sprache als Indikator (index) sozialer Schichtung und für die Rolle des Sprachwandels im Fortentwicklungsprozeß (process of modernization). Ein neueres wichtiges Forschungsunternehmen vereinigt mehrere ausführliche Fallstudien über Sprachwechsel in amerikanischen Minoritätsgruppen. Ferner beschäftigen sich die Linguisten in wachsendem Maße damit, die grammatische Struktur auf die umfassenderen Aspekte der Kommunikation zu beziehen. Indem wir mehr über die Einzelheiten des Sprachverhaltens in sprachlich verschiedenartigen Gemeinschaften lernen, wird es zunehmend deutlich, daß die Grenzen einzelner Sprachen oder Dialekte nicht notwendig mit denen von soziologisch definierten Gemeinschaften zusammenfallen (Hymes 1962, Gumperz 1962) und daß Sprachvariation und Sprachenkontakt oft eher als gruppeninterne Probleme denn als solche, die zwischen Gruppen bestehen, behandelt werden müssen. Eine einzelne Sprachgemeinschaft kann in ihren Grenzen Restgruppen, bei denen sich anderswo längst außer Gebrauch gekommene Formen erhalten haben, und innovierende, sich rasch verändernde Gruppen beherbergen. Ferner zeigen Sprecher in zweisprachigen Gesellschaften verschiedene Grade der Kompetenz. Einige beherrschen beide Sprachen gleich gut; andere sprechen gewöhnlich eine von ihnen und haben von der anderen nur eine oberflächliche Kenntnis. Wenn man das Sprachverhalten all solcher Bevölkerungsgruppen mit ihren gesellschaftlichen Merkmalen in Beziehung setzen und so vergleichend analysieren will, sollte man gerade stattfindende

Sprachwandelprozesse mitberücksichtigen, die denjenigen Prozessen gleichen, welche man früher hauptsächlich mittels der Textanalyse untersucht hat.

Der vorliegende Aufsatz berichtet über eine solche Untersuchung. Er versucht, gruppeninterne Prozesse des Sprachwandels zu beschreiben, und zwar mit Hilfe der Methoden des Interviews, der Teilnehmerbeobachtung und des kontrollierten Experiments, wie sie gewöhnlich in der anthropologischen Feldarbeit angewandt werden. Als Ausgangspunkt wählen wir die Untersuchung sprachlicher Formen, aber wir bewerten (evaluate) die Distribution dieser Formen soziologisch.

Ein jedes solches Unternehmen setzt natürlich eine zugrundeliegende Theorie über diejenigen Prozesse voraus, die die Ausbreitung sprachlicher Formen regeln. In der Tat beruhen auch die meisten früheren Arbeiten explizit oder implizit auf einer solchen Theorie. Jedoch arbeiten bei weitem die meisten Untersuchungen des Sprachwandels mit einem einfachen hierarchischen Gesellschaftsmodell, in dem Bevölkerungen vorgestellt werden als unterteilt in eine Reihe diskreter Gruppen, die sich mit Hilfe von Kategorien wie „Klasse", „Kaste", „Beruf", „Geschlecht" usw. unterscheiden lassen. Innerhalb dieser Struktur sollen sich Neuerungen in der Gesellschaftshierarchie abwärts ausbreiten, und zwar von einem Dialekt oder einer Sprache zur anderen durch Prestige-Imitation – ein Terminus, der benutzt wird, um eine Situation zu kennzeichnen, in der die niederen oder prestigeärmsten Gruppen die Formen der sozial Überlegenen übernehmen. Dem liegt die Annahme zugrunde, daß es zu jeder Kategorie eine spezifische Sprachform gibt, ein Idiom, das sich von allen anderen unterscheidet.

Wir finden Belege für diese Ansicht in historischen Texten. Formen, die zunächst nur den oberen Klassen vorbehalten sind, werden später generalisiert und Teil der gewöhnlichen Umgangssprache. Aber dieses Modell kann nicht das Verhalten in wirklichen Gemeinschaften erklären. Wenn wir die Theorie auf eine Sprachgemeinschaft anwenden, die nach Bloomfield (1933) definiert ist durch eine bestimmte Häufigkeit der Interaktionen zwischen Individuen oder Subgruppen, dann wäre zu erwarten, daß eine Ausbreitung der Neuerungen in einer Richtung, nämlich von der Spitze zur Basis, mit der Zeit zur sprachlichen Homogenität führen würde.

Doch lehren uns die Erfahrungen der Feldforschung, daß Sprachgemeinschaften immer innere Unterschiede aufweisen. Obgleich einzelne Gebiete im Hinblick auf das gesamte Ausmaß der inneren Sprachdistanz variieren mögen, besteht immer ein gewisser Grad an stilistischer oder dialektaler Variation. Demgemäß schlug Fischer (1958) eine etwas modifizierte Hypothese über einen Wandlungsprozeß in zwei Schritten vor:

Prestigearme Gruppen imitieren die ihnen sozial Überlegenen, um ihnen ähnlicher zu werden; doch die letzteren führen dann wiederum neue Veränderungen ein, um ihren Sonderstatus zu erhalten. So betrachtet ist eine Sprachgemeinschaft ein System im Gleichgewichtszustand, in dem Sprachunterschiede „die fortgesetzte Verfolgung einer Elite durch eine neidische Masse und die daraus sich ergebende Flucht der Elite" spiegeln.

Eine solche Theorie berücksichtigt sowohl die Aufgabe alter als auch die Erzeugung neuer Unterschiede und könnte so zur Erklärung vieler Fälle von Sprachwechsel und der Ausbreitung von Standardsprachen herangezogen werden. Es ist oft beobachtet worden, daß eben die Prozesse, deren Ergebnis der Untergang eines Dialekts oder einer Minoritätssprache ist, auch zur Bildung neuer beruflicher und sozialer Eliten und darauf beruhender neuer Sprachunterschiede führen. Aber eine Reihe von Fragen bleibt ungelöst. Wir haben keine Erklärung für die vielen Fälle, in denen Prestige-Imitation nicht zu wirken scheint. Emeneau (1962) nennt insbesondere den Fall der Toda, der Kota und der Badaga in Südindien. Diese Stämme haben mehrere Jahrhunderte lang in einer kastenähnlichen Beziehung miteinander gelebt. Die Toda stehen klar an der Spitze dieser sozialen Hierarchie, während die Kota und die Badaga spezifische Dienstleistungen für sie ausüben. Dennoch spricht nach wie vor jede Gruppe ihre eigene besondere Sprache. Ähnlich mehrsprachige Gruppen finden sich in ganz Asien und Afrika wie auch in Nord- und Zentralamerika. Wenn in all diesen Gruppen die Kombination aus Prestige-Imitation und Wandel der Elitesprache wirken sollte, würden wir erwarten können, daß sozial niedere Gruppen ihre Sprache(n) aufgäben und einen abweichenden Dialekt aus der Prestigesprache annähmen. Doch dies ist nicht der Fall.

Andere Fragen erheben sich im Hinblick auf die Ausbreitungsrichtung. In ihrer Untersuchung von Kasten-Dialekten des Tamil und Tulu in Südindien fanden Bright/Ramanujan (1964), daß Neuerungen in Dialekten der unteren Kasten nicht auf der Basis von Entlehnungen aus brahmanischen Dialekten erklärt werden können. Sie nehmen daher an, daß in einer Kasten-Gesellschaft verschiedene Gruppen unabhängig voneinander Neuerungen einführen können.

Diese Einwände legen nahe, daß man sich der Ausbreitungsfrage auf anspruchsvollere Weise nähern muß. Die Linguistik zeigt hier, wie sehr sie den Sozialwissenschaften verpflichtet ist; denn es sind die gesellschaftlichen Komponenten des Modells, die einer Revision am dringendsten bedürfen. Erstens muß man herausfinden, welche Implikationen solche allgemeinen Begriffe wie „Prestige" für die tatsächliche verbale Interaktion besitzen. Zweitens ist es bei weitem nicht klar, wie die soziologischen Kategorien, auf denen das hierarchische Gesellschaftsmodell oft beruht, auf wirkliche Gruppen in der Gesellschaft zu beziehen sind. Drittens müssen linguistische Interviewtechniken dem revidierten Modell angepaßt werden.

Wir tun einen ersten Schritt in Richtung einer Verfeinerung der Theorie, indem wir das Problem nicht in den Kategorien historischer Prozesse zu fassen suchen, sondern uns ihm als einem Problem des Sprachverhaltens nähern. Es ist festgestellt worden, daß unter dem Gesichtspunkt der gesellschaftlichen Interaktion die Distribution sprachlicher Varianten in wirklichen Gemeinschaften im allgemeinen zwei Formen annimmt (Gumperz 1962). *Dialektale* oder interpersonale Variation tritt auf zwischen sozial oder geographisch getrennten Gruppen; *überlagerte* oder intrapersonale Variation dagegen reflektiert Wechsel (shifts) in der Sprache einzelner Individuen. Dialektale Sprachmerkmale spiegeln die Lebensgeschichte eines Individuums. Sie zeigen seine familiäre Herkunft ebenso wie alle späteren Veränderungen in der Gruppenzugehörigkeit, d. h. ob er von einem Gebiet in ein anderes gezogen ist oder ob sich seine gesellschaftliche Stellung irgendwie geändert hat. Überlagerte Variationen spiegeln die Tätigkeiten, die ein Individuum in seiner täglichen Routine regelmäßig ausführt. Jedesmal, wenn er spricht, trifft er eine Wahl aus einer Reihe von Alternativen, die ihm für den Ausdruck seiner Absicht zur Verfügung stehen, indem er z. B. ein Ensemble von Formen gegenüber seinem Arbeitgeber, ein anderes gegenüber seinen Kollegen gebraucht und vielleicht ein drittes gegenüber seinen Kindern. In einer einsprachigen Gesellschaft ist die Auswahl beschränkt auf Alternanten derselben Sprache. In zweisprachigen oder bi-dialektalen Gesellschaften jedoch kann die Wahl zwischen zwei Dialekten oder zwei Sprachen soziale Funktionen erfüllen, ganz in der Art der stilistischen Variation in einsprachigen Gesellschaften. Zwar ist letzlich die Wahl einer Sprachform immer eine Angelegenheit individueller Freiheit, doch müssen sich solche Wahlen in dem Maße, wie ihnen allgemein verstandene Konnotationen anhaften, den institutionalisierten Symbolisierungsformen sozialer Beziehungen anpassen (Gumperz 1964). Wir brauchen deshalb Vorinformationen über die Gesamtheit von Dialekt, Sprachen und Sprachstilen, die in der Gemeinschaft gebraucht werden, und über die Regeln sprachlicher Etikette, denen ihr Gebrauch unterliegt. Außerdem variieren die Muster der überlagerten Variation von Untergruppe zu Untergruppe, selbst innerhalb derselben Gemeinschaft. Folglich sind die Populationen sorgfältig zu definieren.

Um eine Untersuchung so anzulegen, daß sie sowohl die überlagerte Variation (im folgenden: ÜV) als auch die dialektale Variation (im folgenden: DV) zutage fördert, kann man sie auf zwei Weisen planen. Sie kann die Form einer großdimensionierten statistischen Untersuchung einer Zufallsstichprobe annehmen, wobei sie mit soziologischen Kriterien, die durch koordinierte soziologische Forschung aufgestellt wurden, abzustimmen ist (Labov 1964). Oder sie kann – wie im vorliegenden Fall – die Form einer anthropologischen Studie über eine oder mehrere kleine Gemeinschaften annehmen.

Die Gemeinschaft, in der diese Methoden angewandt wurden, ist Hemnesberget, eine Handelssiedlung von etwa 1300 Einwohnern in der Mitte des Rana-Fjords in Nordnorwegen. Bis ins 19. Jh. wurde das Rana-Gebiet, das in einer der am dünnsten besiedelten Gegenden Europas liegt, weitgehend von einer kleinen Elite von Grundbesitzern, Kaufleuten und Beamten beherrscht. Diese besaßen riesige Ländereien und ein amtlich genehmigtes Handelsmonopol in dem Gebiet. Große Unterschiede in Besitz und Erziehung trennten sie von der Mehrheit der Bevölkerung, welche bäuerliche Pächter, Fischer, Landarbeiter und Diener waren. Im Jahre 1868 wurden die Handelsmonopole aufgehoben, und das Land ging allmählich in das Eigentum der Siedler über. Heute ist es eine Gegend kleiner Bauern, die ihren Lebensunterhalt mit Milchwirtschaft, Holzfällen, Bootsbau und Fischfang verdienen.

Im letzten Jahrzehnt gab es in den beiden örtlichen Handelszentren Mo und Hemnesberget eine zunehmende Tendenz in Richtung auf eine Spezialisierung und Ansammlung von Handwerkern und Arbeitern. So wuchs Hemnesberget schon zwischen 1865 und 1900 als Folge der Aufhebung der Handelsmonopole und der steigenden Erträge der Bootsbauindustrie, welche in die weiter nördlich liegenden waldarmen Fischerbezirke exportiert, von 100 auf 1000 Einwohner. Verschiedene ökologische Faktoren förderten diese Entwicklung. Bevor nach dem Krieg dort Straßen gebaut wurden, war Hemnesberget das natürliche Kommunikationszentrum der Gegend. Es lag in der Mitte des Fjordes und hatte einen eisfreien Hafen, der während des Winters freien Zugang zur See gewährte. Es war seit dem Mittelalter immer ein religiöser Mittelpunkt gewesen. Außerdem pflegten die Fischer-Bauern dort ihre Boote und Geräte für den Fischfang im Winter zu lagern.

Eine von der Regierung geförderte wirtschaftliche Entwicklung hat während der letzten drei Jahrzehnte die Rana-Gegend in ein wichtiges Zentrum der Eisen- und Stahlproduktion verwandelt. Das Mo-i-Rana-Gebiet an der Mündung des Fjords wuchs – vor allem durch Einwanderung aus Südnorwegen und der Gegend um Trondheim – von etwa 1000 Einwohnern in den zwanziger Jahren auf fast 20 000 im Jahre 1960. Mehrere Warenhäuser, Hotels, Restaurants und Kinos in der Innenstadt von Mo spiegeln dieses Wachstum. Eine Eisenbahnlinie von Trondheim nach Mo-i-Rana und weiter bis Bodø wurde eben erst fertiggestellt, und das Straßennetz wird laufend verbessert. Aber Hemnesberget bleibt relativ unberührt von diesen Entwicklungen. Obwohl regelmäßig einmal am Tag ein Schiff nach Mo und zweimal täglich Busse zur nächsten Bahnstation verkehren und obwohl ein paar Leute mit ihrem Privatauto oder dem Motorrad nach Mo zur Arbeit fahren, hat für die Mehrheit der Einwohner des Ortes das Leben seinen Mittelpunkt in der Heimatstadt und ihrer unmittelbaren Umgebung. Unsere Interviews zeigten zum Beispiel, daß Ereignisse in Mo-i-Rana oder den kleinen Nachbarstädten für sie nur von peripherem Interesse sind.

Wirtschaftlich ist die Siedlung Hemnesberget abhängig von der Forstwirtschaft des Bezirks. Die Produktion, und zwar in der Form des Boots- und Schiffsbaus, beruht weitgehend auf der Nutzung des recht billigen Bauholzes der Umgebung. Außerdem gibt es dort eine Sägemühle, zwei ziemlich neue Möbelfabriken, die Türen und Fensterrahmen produzieren, und eine andere neue Fabrik, die Freizeitboote für den internationalen Export baut.

Das gesellschaftliche Leben in Hemnesberget zeigt eine ähnlich fließende Klassenstruktur wie die, die Barnes (1954) für Südnorwegen beschrieben hat. Die Mehrzahl der Bevölkerung stammt aus ähnlichen kulturellen Milieus und identifiziert sich sehr stark mit der Gemeinschaft des Ortes. Es gibt aber einige bedeutsame innere Unterschiede. Wir unterscheiden vier sozio-ökonomische Gruppen; 1) Handwerker (die ihren eigenen Laden haben oder nicht) und Arbeiter; 2) Ladenbesitzer, die einen rein auf den Ort beschränkten Einzelhandel treiben; 3) Groß- und Einzelhändler (wholesale-retail merchants), die am Ort produzierte Boote kaufen und verkaufen und Bauern und Fischer mit Vorräten und Lebensmittel aller Art versorgen; und 4) Regierungsbeamte und Fabrikdirektoren.

Wir werden den Terminus *verbales Repertoire* benutzen, um die Gesamtheit der Sprachformen zu bezeichnen, die die Einwohner von Hemnes in sozial relevanter sprachlicher Interaktion anwenden. Wir können uns dieses Repertoire als eine Reihe lexikalischer, phonologischer und grammatikalischer ÜV vorstellen, woraus die Sprecher in Übereinstimmung mit den in Hemnes geläufigen Regeln sprachlicher Etikette auswählen. Auf dem einen Ende der Skala finden wir Formen, die gewöhnlich als Teil des Ortsdialekts, *Rana målet*, identifiziert werden. Es ist dies die Muttersprache, die von den Eltern auf die Kinder tradiert und allgemein in nachbarlichen Spielgruppen und in Freundschaftsgruppen angewandt wird. Auf dem anderen Ende der Skala befindet sich als Standardsprache die nordnorwegische Spielart des *bokmål* oder – um den älteren Namen zu gebrauchen – des *riksmål*.

Riksmål oder *bokmål* ist nur die eine der beiden offiziell anerkannten Standardsprachen Norwegens (Haugen 1959), gilt aber in Nordnorwegen allgemein als einzige Standardsprache. Die Kinder lernen diese Sprache in der Schule und in der Kirche und hören sie ständig im Radio. Da eine allgemeine Schulpflicht besteht und die Einwohner in hohem Maße des Lesens und Schreibens kundig sind, kann *bokmål* als wesentlicher Teil der sprachlichen Interaktion der Gemeinschaft betrachtet werden.

Obwohl *bokmål* als Sprache der Literatur und der Religion anerkannt wird, halten sich die Dorfbewohner einiges zugute auf ihren Dialekt als eine wirklich gesprochene Sprache. Wie in vielen bäuerlichen Gebieten Norwegens sind sie stolz auf ihre örtlichen Traditionen, und der Dialekt symbolisiert diesen Lokalstolz. *Bokmål* in einem alltäglichen Kontext zu gebrauchen, würde als unhöflich und als Vornehmtuerei gelten. Viele Einwohner versichern sogar, daß sie ihren Lokaldialekt in ihren Geschäften in der Stadt gebrauchen, um – wie sie es darstellen – zu zeigen, daß „wir uns nicht unserer Herkunft schämen".

Die grammatischen Unterschiede zwischen *bokmål* und *Rana målet* sind so groß, daß diese beiden Dialekte von den Linguisten gewöhnlich als getrennte Einheiten betrachtet werden. Doch offenbart eine kontrastive Analyse auch beträchtliche Ähnlichkeiten. Wenn sie innerhalb desselben Rahmens nach den gleichen Kriterien analysiert werden, bieten sie eine Skala für die Messung sprachlicher Interaktion. Da eine detaillierte kontrastive Analyse den Rahmen dieses Aufsatzes überschreiten würde, verzeichnen wir hier nur einige der wichtigsten phonologischen und morphologischen Kennzeichen dieser internen Differenzierung.

Auf der Ebene der Phonologie können die gemeinsamen und die nicht gemeinsamen Merkmale des verbalen Repertoires durch die Unterscheidung zwischen dem phonemischen Höchstinventar und dem gemeinsamen Kerninventar dargestellt werden. Phonemische Unterschiede im gemeinsamen Kerninventar finden sich in allen örtlichen Sprechvarianten. Andere (die hier mit einem Sternchen ausgezeichnet sind,) kommen nur in einigen, aber nicht in allen Varianten vor. Es werden unten nur ungefähre phonetische Korrelate angegeben; zusätzliche phonetische Details werden in der Besprechung des Sprachverhaltens genannt werden.

Das Vokalsystem unterscheidet drei Zungenhöhen: Helle Vokale sind: vorn ungerundet /i/, vorn gerundet /y/, im mittleren Hinterzungenbereich /u/ (centralized back), im hinteren Hinterzungenbereich /o/ (retracted back). Mittlere Vokale sind: vorn ungerundet /e/, vorn gerundet /ö/, hinten /ɔ/. Tiefe Vokale sind: vorn ungerundet /æ/, vorn gerundet/ɸ*/, hinten /a/.

Es gibt zwei Konsonantenreihen, unmarkierte und palatalisierte Konsonanten. Zu den unmarkierten Konsonanten rechnen: Explosiva /p, b, t, d, k, g/, Frikativa /f, v, s, š, j, ç /, Nasale /m, n, ŋ/, Vibranten /r/, Laterale /l/ und – einmal angeschlagen (flap) – /l̥/. Die Palatalreihe umfaßt /tj*, dj*, nj*, lj*/. Auf der phonetischen Ebene begegnen ferner eine Gruppe kakuminaler oder retroflexer Explosiv- oder Frikativallophone nach /r/.

Im Bereich der Morphologie sind die grundlegenden Flexionskategorien allen Varianten gemeinsam. So erscheinen z. B. alle Substantive in einer Indefinitform, die aus dem Stamm besteht, und in einer Definitform, die sich aus Stamm plus Suffixartikel zusammensetzt; bei beiden wird Singular und Plural durch Flexion unterschieden. Es gibt drei Genera: Maskulinum, Femininum und Neutrum. Im Falle der Verben und Verbalableitungen werden durch Flexionsmorpheme Imperativ-, Infinitiv-, Präsens-, Präteritum- und Partizip Präteriti-Formen unterschieden. Das Pronominalsystem enthält Personal-, Possessiv-, Demonstrativ-, Interrogativ-, Relativ- und Indefinit-Pronomina.

Morphologische Unterschiede zwischen den lokalen Sprechvarianten betreffen nicht die grammatischen Kategorien selbst, sondern das, was wir die morphonemische Realisierung gemeinsamer Morpheme nennen können. (Im folgenden werden die Dialektformen durch R, die *bokmål*-Formen durch B bezeichnet). In einigen Fällen können regelmäßige Entsprechungen angesetzt werden. B *-sk* in Finalposition kann als R *-sk* oder R *-š* vor Suffix-Anfangsvokalen erscheinen, z. B. *fesk* 'ein Fisch' (indefinit), *fesken* oder *fešen* 'der Fisch' (definit). B /e/ und /i/ werden oft zur R /æ/ und /e/ gesenkt wie in *men* vs. *mæn* 'aber' oder *til* vs. *tel* 'zu'.

In anderen Fällen beeinflussen Unterschiede die gesamte phonemische Realisation des Morphems. So ist bei Substantiven wie *hæst* 'Pferd' das Pluralallomorph R *-a*, B *-er*. Die Präsensform des Verbs 'kommen' erscheint als R *gæm*, B *komer*. Der Stamm des Verbs 'tun' heißt R *jæ:r*, B *jö:r*. Die Unterschiede sind besonders zahlreich bei Pronomina und bei häufig gebrauchten Funktionswörtern (Präpositionen, Konjunktionen, Ortsadverbien etc.). Einige Beispiele seien hier zusammengestellt:

B	R	
je	*eg*	'ich'
mej	*meg*	'mich'
dere	*dɔk*	'ihr' (NPl)

han	*hanj*	'er'
vem	*kem*	'wer'
va	*ke*	'was'
vordan	*ke. . .lesn*	'wie'
til	*tel*	'zu', 'nach'
fra	*ifrɔ*	'von'
mellom	*imelja*	'dazwischen'

Der formalen Untersuchung des Sprachverhaltens ging intensive Arbeit mit einigen Informanten und die Beobachtung verbaler Interaktion in verschiedenen sozialen Situationen voraus. Die ÜV und die DV wurden notiert, doch stellte sich heraus – wie auch schon andernorts beobachtet wurde (Hill 1958, Gumperz 1962) –, daß die beiden verschiedene sprachliche Korrelate besitzen. Der Unterschied ist frappierend auf der phonologischen Ebene. Hier offenbart sich die ÜV hauptsächlich durch die An- oder Abwesenheit spezifischer Kontraste wie z. B. des Unterschieds zwischen palatalisierten und nicht-palatalisierten Konsonanten. In formellen Interviews mit Fremden wie auch in einigen geschäftlichen Verhandlungen bestand die Tendenz, die Palatalisierung fallen zu lassen. Doch unterlag die phonetische Realisation bzw. der Allophonbereich (d. h. der Spielraum freier Variation, innerhalb dessen alle Vorkommnisse eines Allophons auftreten) einzelner Phoneme nicht einer solchen Variation. Individuen gebrauchten die gleichen phonetischen Merkmale, ganz gleich, ob sie *bokmål* oder Dialekt sprachen.

Auf der anderen Seite zeichneten sich die DV zwischen verschiedenen Individuen hauptsächlich durch phonetische Unterschiede aus. Wir erhielten ein ungefähres Bild der Verteilung solcher Varianten durch die statistische Untersuchung der Sprache einer kleinen Stichprobe von Informanten, die sowohl Bewohner entfernterer bäuerlicher Gebiete als auch Hemnes-Einwohner aus verschiedenen Altersgruppen umfaßte. Der Fragebogen enthielt eine Reihe einsilbiger Wörter, die entsprechend ihrer phonologischen Struktur nach dem Muster derjenigen Wörter angeordnet waren, die zur Prüfung der Unterschiede im Allophonspielraum angewendet wurden. Außerdem gehörte dazu eine zweite Gruppe von Wörtern und flektierten Formen, die allgemein als antiquiert gelten.

Beobachtet wurden einige systematische Dialektunterschiede, die die Bevölkerung annähernd in zwei Gruppen teilen: 1) Einwohner der bäuerlichen Gegenden und ältere Hemnes-Einwohner (Durchschnittsalter etwa 60 Jahre); 2) Hemnes-Einwohner mittleren und jüngeren Alters. Bei der ersten Gruppe tendierten die Allophone der Vokale

/i, e, y, o, u, ö/ zu einer tieferen Aussprache und die der Vokale /æ, a, ɔ/ zu einer sehr tiefen Hinterzungenartikulation. Bei der Gruppe 2 waren die Allophone gewöhnlich höher und weniger retrahiert. Der Unterschied wurde besonders deutlich artikuliert im Fall des /æ/ und des /a/, welche als [a'] und [ɒ] in der Sprache der Gruppe 1 und als [æ˅] und [ɑ] in der der Gruppe 2 erschienen. Obwohl ferner beide Gruppen palatalisierte und nicht-palatalisierte Konsonanten unterscheiden, ist die Palatalisierung bei Gruppe 2 schwächer und deshalb der phonetische Abstand zwischen kontrastierenden palatalisierten und nicht-palatalisierten Allophonen bei ihnen erheblich geringer.

Antiquierte Merkmale, die in der Untersuchung enthalten waren, umfaßten den Kontrast zwischen /ö/ und /ɸ/ – z. B. *lö:sa* 'Läuse', *hɸ:sa* 'Socken' –, die oben erwähnte Variation zwischen *-sk* und *-sj* und eine Anzahl älterer flektierter Verbformen, z. B. *ti:çe* anstatt *tat* als Partizip Präteriti des Verbs 'nehmen'. Es zeigte sich, daß die letzteren Formen nur schwer auf indirekte Weise hervorzulocken waren, so daß Informationen über sie hauptsächlich durch direkte Fragen gewonnen wurden. Der /ö/-/ɸ/-Gegensatz scheint nur noch in der Erinnerung zu bestehen. Ältere Informanten erinnerten sich auf Befragen daran, aber keinen von ihnen konnte man den Kontrast spontan produzieren hören. Die *-sj*-Formen hörten wir bei einem einzigen älteren Informanten; andere brauchten einen Hinweis, um sie ins Gedächtnis zurückzurufen. Es möchte scheinen, als seien all diese Laute und Formen im Aussterben begriffen, mindestens in Hemnes selbst, und würden ersetzt durch andere, die dem *bokmål* näher stehen.

Während die DV, wie sie oben definiert wurde, mit den Methoden der Sprachgeographie untersucht werden kann, haben wir bis jetzt keine Techniken für die formale Analyse der ÜV. Bernstein hat gezeigt (1961), daß verschiedene Subgruppen innerhalb derselben Gemeinschaft verschiedene Einstellungen zum Sprachgebrauch haben; und wir nehmen an, daß sich diese Einstellungsdifferenzen auch in der ÜV spiegeln. Aber die Definition der signifikanten Subgruppen, auf die unsere Untersuchung zu gründen wäre, birgt einige Probleme. Termini wie „Klasse" korrelieren kaum mit irgendeinem einzelnen meßbaren Parameter (index), schon gar nicht in Gemeinschaften mit fließender Klassenstruktur wie Hemnes. Da wir eher den Sprachgebrauch als die Sprechfähigkeit messen, gibt es auch keinen theoretischen Grund, warum Parameter wie „sozio-ökonomischer Status" und „Bildung" in irgendeinem Fall von unmittelbarer Relevanz sein sollten. Viele relativ arme und einflußlose Hemnes-Einwohner sind beträchtlich gewitzter als ihre reicheren Landsleute, während einige gebildete Leute bereitwillig die Verhaltensmuster ihrer weniger gebildeten Kameraden übernehmen. Bei der Bestimmung der anzuwendenden Kriterien betrachteten wir die ÜV als eine Weise, verschiedene soziale Beziehungen zu symbolisieren. Daraus folgt, daß man diesen Variationstyp mittels derjenigen Interaktionsmuster studieren muß, durch die soziale Beziehungen aufrechterhalten werden. Das kann man durch den Begriff des „sozialen Netzwerks" (social network) (Barnes 1954) erreichen.

Ein Netzwerk ist im wesentlichen eine Gruppe von Leuten, die einander kennen. Wir können jedoch weiter zwischen *geschlossenen* und *offenen* Netzwerken unterscheiden. Gegeben seien die Individuen A, B und C; dann ist, wenn A mit B und B mit C bekannt sind, das Netzwerk *geschlossen*, falls eine hohe Wahrscheinlichkeit dafür besteht, daß A auch C kennt. Wenn es dagegen sehr wahrscheinlich ist, daß A den C nicht kennt, heißt das Netzwerk *offen*. Netzwerke können auf verschiedenartigen Bindungen beruhen: Freundschaft, Religion, Politik, Verwandtschaft, Handel, Beruf usw. Da eine frühere Studie über soziale Dialekte in Indien (Gumperz 1958) gezeigt hat, daß sprachliche Ähnlichkeit sich am genauesten in Freundschaftsbindungen spiegelt, gründeten wir unsere Analyse auf Freundschaftsnetzwerke. Diese wurden in einer eigenen Untersuchung von einem norwegischen Anthropologen gesondert dargestellt (Blom 1964). Die Hemnesbergeter Einwohner aus der sozio-ökonomischen Gruppe 1 (Handwerker und Arbeiter) erwiesen sich weitgehend als Mitglieder geschlossener Netzwerke; das heißt, sie neigten dazu, ihre Freundschaften hauptsächlich innerhalb der Gemeinschaft zu schließen. Viele Mitglieder der Gruppen 2, 3 und 4 dagegen zeigten Charakteristika offener Netzwerke und unterhielten bedeutsame persönliche Beziehungen sowohl in als auch außerhalb der Gemeinschaft. Unsere Untersuchung erstreckte sich auf vier Diskussionsgruppen, von denen zwei aus Individuen mit Merkmalen offener Netzwerke (ON) und zwei aus Teilnehmern mit Merkmalen geschlossener Netzwerke (GN) gebildet wurden. ON-Gruppe a bestand aus Universitätsstudenten zwischen 20 und 30 Jahren, die den Winter über an einem anderen Ort studiert hatten und nach Hemnes wegen eines Sommer-Jobs zurückgekehrt waren. ON-Gruppe b enthielt einen Kaufmann des Ortes, seine Frau und einen Büroangestellten der Gemeinde. Zur GN-Gruppe c gehörten ein Geschäftsmann des Ortes und zwei Meister aus kleinen Industriebetrieben mit ihren Frauen. GN-Gruppe d bestand aus zwei Facharbeitern und ihren Frauen. Ein Teilnehmer der Gruppe c war ein gewähltes Mitglied des Stadtrats; der andere, ein früheres Mitglied, war immer noch aktiv in der Lokalpolitik.

Da die ÜV die interpersonalen Beziehungen in bestimmten Kommunikationssituationen spiegelt, konnte eine Sammlung von Fragebogendaten kaum effektiv sein, weil solche Techniken die Tendenz besitzen, die Individuen von ihren normalen Umgebungen und von den Stimuli abzuschneiden, die das zu untersuchende Verhalten herbeiführen. Die ÜV kann man am besten untersuchen durch direkte Beobachtung von Gruppen in besonderen Interaktionssituationen. Indem man die Arrangements und die Netzwerkeigenschaften der zu untersuchenden Gruppen verändert, kann eine Vielzahl von Testsituationen für das Studium des Sprachverhaltens erzeugt werden.

Die Arrangements können hinsichtlich des in ihnen dominierenden Interaktionstyps weiter differenziert werden. Bei dem einen Interaktionstyp, den wir *transaktional* nennen wollen, geht es im wesentlichen um gewisse begrenzte Ziele, also etwa um den Einkauf von Gegenständen wie Lebensmittel oder Kleidung, die Einlösung eines Schecks bei der Bank, die Vermittlung eines Telefongesprächs, den Besuch beim Arzt. Die Teilnehmer solcher Interaktionen geben in einem gewissen Sinne vorübergehend ihre Individualität auf und handeln kraft ihres Status, in dem Sinne, in dem dieses Wort (status) in der Sozialanthropologie gebraucht wird (Nadel 1954). Sie handeln mehr als Verkäufer, Kunden, Bankkassierer, Ärzte denn als Tom Hansen oder Inger Stensen. Jede Gesellschaft hat ganz bestimmte Normen der Verhaltens- und Sprachetikette, die an diesen jeweiligen Status gebunden sind. Man erwartet von den Status-Inhabern, daß sie ungeachtet ihrer individuellen Persönlichkeiten diesen Normen entsprechen. Ein Individuum kann natürlich im Laufe eines Tages mehr als einen Status einnehmen; es mag ein Minister, ein Vater, ein Bankkunde usw. sein. In jedem Fall signalisiert es seinen Status durch sein Verhalten, seine Kleidung, seine Haltung und seinen Sprechstil. Eine Abweichung vom erwarteten Verhalten würde in jedem Status das Risiko bedeuten, die Ziele der Interaktion zu vereiteln.

Transaktionale Interaktion steht im Gegensatz zur *personalen* Interaktion, deren Teilnehmer mehr als Individuen denn um begrenzter, leicht ersichtlicher Ziele willen handeln. Diese Verhaltensweise herrscht unter Freunden, in „peer groups“ und im Familienkreis in Zeiten der Muße. Sie gewährt allen Möglichkeiten der individuellen Persönlichkeit einen Entfaltungsspielraum.

Beide Typen der Interaktion können durch ÜV gekennzeichnet sein. In der transaktionalen Interaktion besteht eine Tendenz zu einer engen Beziehung zwischen der ÜV und den formalen Kommunikationsbedingungen (formal characteristics of the setting). Stilwechsel können aus einer Veränderung der physischen Umgebung resultieren; sie können auch die Folge eines Wechsels der Gesprächspartner sein, wenn etwa eine neue Person sich der Gruppe anschließt. Oder sie können eine

Änderung der Strukturmerkmale der Situation spiegeln, so z. B. wenn ein Ladenbesitzer in seine Geschäftsunterhaltung mit einem Kunden freundliches Geplauder mischt. Wenn er das tut, nimmt er eine persönliche Beziehung in Anspruch, die mit dem transaktionalen Charakter der Hauptinteraktion nichts zu tun hat, und suspendiert so zeitweilig die Ziele der Transaktion. Wenn diese persönliche Beziehung in Wirklichkeit nicht besteht, riskiert er ein Mißverständnis. Andererseits kann in der personalen Interaktion eine ÜV durch Themawechsel hervorgerufen werden, obwohl die allgemeinen Situationsbedingungen die gleichen bleiben. Wir gebrauchen die Termini *transaktionaler Übergang* (transactional switching) und *personaler Übergang* (personal switching), um die Stilwechsel in ihrer Beziehung zu den beiden Interaktionstypen zu unterscheiden.

Da alle Hemnes-Einwohner zweisprachig sind, nehmen wir an, daß sie alle transaktionale Übergänge vollziehen. Diese Annahme wird zum Teil durch die Beobachtung des Sprachverhaltens in Geschäften und öffentlichen Dienststellen bestätigt. Hier schien sich sowohl bei ON- als auch bei GN-Mitgliedern ein signifikant häufigeres Auftreten von *bokmål*-Formen und -Aussprachen zu zeigen. Ein ähnlich häufiges Vorkommen dieser Formen wurde beobachtet, sobald Teilnehmer der unten geschilderten Gruppendiskussionen separat unter relativ förmlichen Bedingungen befragt wurden. Da dies der Fall war, suchten wir dann bei der personalen Interaktion nach Sprachgebrauchsunterschieden zwischen den Gruppen.

Das folgende Verfahren wurde verwendet, um die Sprachdaten für die Untersuchung der ÜV zu evozieren (elicit). Alle vier oben aufgeführten Gruppen wurden in einem einzigen Situationstyp beobachtet: freundschaftliche Abendzusammenkünfte bei einem Glas Bier. Beide Versuchsleiter nahmen daran teil. Das Treffen mit jeder Gruppe dauerte fast den ganzen Abend, und in jedem Fall wurden mehrere Stunden Konversation auf Tonband aufgenommen.

Jede Gruppe wurde mit ähnlichen thematischen Stimuli konfrontiert; diese reichten von relativ abstrakten Fragen etwa zur Investitionspolitik der Regierung, zu lokalen Verwaltungsproblemen und dergleichen bis zu freieren Themen wie Fischfang, Ausflüge, persönliche Schwächen bekannter Mitglieder der Gemeinschaft usw.. Den Gruppenteilnehmern wurde gesagt, wir seien am natürlichen Sprechen interessiert; sie wurden ermutigt, frei zu sprechen. Die Themen führte einer der Versuchsleiter ein; er begann z. B. mit Fragen über gute Fischgründe. Anfangs wurden wohl die Antworten unmittelbar an ihn gerichtet, aber wenn sich das Thema als anregend erwies, wurden die Teilnehmer bald in eigene, interne Diskussionen verwickelt. Wenn dann ein genügend langer Abschnitt der internen Konversation aufgenommen worden war, wurde ein neues Thema eingeführt.

Nach jeder Diskussionssitzung wurden die Bänder redigiert, um die direkt an den Versuchsleiter gerichteten Passagen zu eliminieren. Da diese Abschnitte den Status der Versuchsleiter als Fremde spiegelten, konnten sie als transaktional betrachtet werden. Die Tilgung dieser Passagen erwies sich als relativ leicht dank visueller, während der Diskussion notierter Zeichen. In jedem Fall wurden die Übergänge von transaktionalen zu personalen Abschnitten sprachlich markiert durch ein deutliches Anwachsen der Satzgeschwindigkeit und die Leichtigkeit, mit der die Unterhaltung dahinfloß.

Eine Analyse der sprachlichen Resultate dieser Zusammenkünfte ist noch in Arbeit; ein detaillierter Bericht wird zu einem späteren Zeitpunkt vorgelegt werden. Unser vorläufiges Belegmaterial zeigt jedoch einige bedeutsame Unterschiede im Sprachverhalten zwischen Gruppen mit verschiedenen Netzwerk-Merkmalen. Alle vier Gruppen neigten dazu, sich auf Dialektformen zu beschränken, wenn das Thema Gegenstände wie Sport oder Ortsklatsch betraf. Wenn die Unterhaltung sich dagegen abstrakteren Fragen von überlokaler Bedeutung zuwandte, neigten ON-Gruppen dazu, viel häufiger *bokmål*-Formen zu gebrauchen. Ein personaler Übergang beeinflußte in diesen Beispielen sowohl den Wortschatz als auch die Sprachstruktur. *Bokmål*-Termini und -Ausdrücke, die man zur Mitteilung von Begriffen wie „Regierungsinvestition" oder „Arbeitsprobleme" benötigte, tendierten zur Kookkurrenz mit *bokmål*-Aussprache, -Flexionssuffixen und -Funktionswörtern. So traten dort häufiger unpalatisierte Formen auf, z. B. *han* (R *hanj*) 'er', ferner *bokmål*-Präpositionen und -Adverbien, z. B. *mellom* (R *melja*) 'zwischen' und Pluralendungen auf *-er* (R *-a*).

Unser Material zeigt ferner, daß der personale Übergang in ON-Gruppen unabhängig ist von den Einstellungen zur Sprache, denen diese Gruppen Ausdruck verleihen. Einige Mitglieder solcher Gruppen favorisierten den Gebrauch des Dialekts in allen Arten mündlicher Interaktion sogar noch stärker als ihre Landsleute aus GN-Gruppen. Als Bänder der einen ON-Diskussion einem Mitglied der anderen ON-Gruppe vorgespielt wurden, behauptete dieser zunächst, die Teilnehmer seien keine Einwohner von Hemnes. Als er dann einzelne Stimmen erkannte, drückte er seine Mißbilligung aus. Dieselben Bänder wurden später einer der Diskussionsteilnehmerinnen wieder vorgespielt; diese äußerte ihr Erstaunen und stellte fest, sie habe nicht gemerkt, daß sie in diesem Ausmaß ‚umgeschaltet' habe. Sie äußerte ihre Absicht, in Zukunft ausgiebige Übergänge zu vermeiden. Dennoch zeigten Bänder von späteren Diskussionen mit dieser Frau kaum eine Veränderung.

Schlußfolgerungen

Die vorliegende Analyse des Sprachverhaltens bietet eher eine kurze Erkundung als einen abschließenden Bericht; doch scheinen die Ergebnisse darauf hinzudeuten, daß ein Studium des (Sprach-) Wandels, das auf der analytischen Unterscheidung von Sprachverhaltenstypen basiert, uns erlaubt, reproduzierbare Techniken zu entwickeln, die in späteren Untersuchungen getestet werden können. Wenn sich unsere Entdeckung bestätigt, daß Unterschiede im Allophonbereich ein Produkt des persönlichen Werdegangs sind, würde das die Entwicklung von aussprachezentrierten Fragebogenmethoden ermöglichen, die mit einem Minimum an Kontextkontrollen gehandhabt werden könnten.

Die Messung von ÜV in Netzwerkbegriffen erlaubt es uns, ohne Begriffe wie „Klasse", „Prestige" und ähnlichem auszukommen, die man bekanntlich schwer für besondere Gemeinschaften definieren und mit Verhalten in spezifischen Kontexten in Beziehung setzen kann.

Wenn wir uns den umfassenderen Implikationen für die Untersuchung des Sprachwandels zuwenden, möchte es uns scheinen, daß die DV und ÜV-Unterschiede zwischen den Gruppen zwei verschiedene, aber gleichzeitig ablaufende Prozesse innerhalb derselben Gemeinschaft anzeigen. Die DV spiegelt eine langfristige allmähliche Anpassung von Sprachgewohnheiten. Die in Hemnes beobachteten Tendenzen führen uns zur Vorhersage einer allmählichen Reduktion phonetischer Unterschiede zwischen Dialekt und Standardsprache, wobei sich zugleich die dialektalen Formen der Grammatik dem Standard schrittweise assimilieren. Spezifische Symbole der Verschiedenheit können beibehalten werden, doch der Gesamtabstand der Sprachen scheint abzunehmen.

Während die DV der „Strömung" (drift) oder dem Sprachwandel im gewöhnlicheren Sinne verwandt ist, hängt die ÜV mit „Sprachwechsel" (shift) und Entlehnung zusammen. Ihre sprachliche Wirkung ist der Ersatz ganzer Wörter. Solche Ersetzungen können schließlich den Verlust phonemischer Gegensätze oder bestimmter Allomorphe verursachen, indem für den Dialekt charakteristische Merkmale immer seltener vorkommen.

Unsere Unterscheidung zwischen transaktionalem und personalem Übergang zeigt den Weg zu einer Lösung des von Emeneau aufgeworfenen Problems, nämlich warum Zweisprachigkeit in einigen Gemeinschaften fortdauert und in anderen nicht. Untersuchungen der historischen Linguistik und über die Zweisprachigkeit dürften uns zu der Hypothese führen, daß der personale Übergang mit größerer Wahrscheinlichkeit als der transaktionale zum Sprachwechsel (shift) führt. Je häufiger zwei Alternativen im selben Kontext zusammen auftreten, umso stärker ist die Tendenz, daß Konnotationsunterschiede zwischen ihnen verloren gehen. Wenn das aber geschieht, gibt es keinen gesellschaftlichen Grund mehr für ihre separate Existenz. Andererseits besteht beim transaktionalen Übergang die Tendenz, daß Konnotationsunterschiede durch die Bindung an klare Anhaltspunkte der Situation verstärkt werden. Wenn diese Hypothese stichhaltig ist, könnte man Voraussagen über Sprachwechsel ableiten aus der Prüfung der sozialen Merkmale von Gruppen, die den personalen Übergang bevorzugen. In Hemnes ist der personale Übergang auf ON-Gruppen beschränkt. Unsere ethnographische Analyse zeigt, daß diese Gruppen in der Gesamtgemeinschaft peripher sind. Wir möchten daher annehmen, daß abgesehen von den oben besprochenen allmählichen Veränderungen der Dialekt relativ beständig ist. Wenn andererseits der personale Übergang sowohl in ON-Gruppen als auch in GN-Gruppen innerhalb derselben Gemeinschaft vollzogen wird, würden wir folgern, daß das Sprachverhalten der Gemeinschaft einen Wandel durchmacht. Untersuchungen des Sprachverhaltens in Gemeinschaften mit verschiedenen Formen sozialer Schichtung dürften diese Hypothese bestätigen.

Dieser Aufsatz ist das Ergebnis einer kooperativen Untersuchung, die vom Autor und Jan-Peter Blom, Lektor für Anthropologie an der Universität von Bergen, Norwegen, durchgeführt wurde. Herr Blom ist verantwortlich für die unabhängige Untersuchung der Freundschaftsnetzwerke in Hemnes. Er assistierte in den Gruppendiskussionen und steuerte viele wertvolle und hilfreiche Vorschläge bei, um die Details des Forschungsprojekts zu formulieren. – Die Untersuchung wurde unterstützt vom Institut für Soziologie der Universität Oslo. Dank gebührt dem Direktor des Instituts, Professor Sverre Holm, für persönliche Ermutigung und finanzielle Unterstützung und Dr. Hallfrid Christiansen (Universität Oslo) dafür, daß sie ihre ausgezeichnete Grammatik des Rana-Dialekts zur Verfügung stellte. – Der Aufenthalt des Autors in Norwegen wurde ermöglicht durch ein Stipendium der National Science Foundation. Ich habe auch Herrn Basil Bernstein vom Institute of Education, Universität London, zu danken für anregende Diskussionen, die eine große Hilfe in der allgemeinen Formulierung des Forschungsprojekts bedeuteten.

Übersetzt von Helmut Rehbock

Zusammenfassung ausgewählter Beiträge der anschließenden Diskussion:

Ivič: In einer Gemeinschaft mit einem Nebeneinander von Dialekt und Standardsprache verläuft der Prozeß der phonischen Angleichung des Dialekts an den Standard als eine Abfolge struktureller Schritte: Angleichung der Vorkommenshäufigkeit, Aufnahme von Standard-Phonemen, Aufnahme distinktiver Merkmale – und schon zuvor: Abbau von nur-dialektalen Distinktionen.

Fischer: Würde in einer isolierten Gemeinschaft der themengebundene personale Wechsel (shift) mit der Zeit verschwinden?

Gumperz: Nein, im Gegenteil. Nur hinsichtlich der dem Wechsel unterworfenen Formen würde Homogenität eintreten, aber neue Formen würden entstehen, da kein Sprachkommunikationssystem ohne formale Situationen mit transaktionalem Übergang auskommen kann.

Bright: Auf welche Weise kommen neue Formen in eine Gemeinschaft wie Hemnes?

Gumperz: Erstens durch Übernahme unerklärter Innovationen nachbarlicher Spielgruppen in die Gesamtgemeinschaft, hauptsächlich aber zweitens durch die Aufnahme von Formen des Standard-Norwegischen und indirekt auch des Englischen. Problematisch bleibt, wie weit sich derartige an kleinen Gruppen gewonnene Ergebnisse generalisieren lassen.

Samarin: Los-Angeles-Russen der älteren Generation sprechen im Alltag eine englisch-russische Mischsprache, dagegen reines Russisch in formellen Situationen, z. B. im Gottesdienst. Die jüngere Generation besitzt keinerlei umgangssprachliche Kompetenz des Russischen mehr, vermag dagegen im gottesdienstlichen Kontext gut russisch zu sprechen. Es findet also ein deutlicher transaktionaler Übergang statt, dessen Auswirkungen auf die Umgangssprache noch nicht abzusehen sind.

Haugen: Bei der Untersuchung eines norwegischen Dialekts, der dem Rana-Dialekt sehr nahe steht, wurden ganz ähnliche Ergebnisse wie die von Gumperz erzielt. Deutlich war insbesondere die Annäherung der jüngsten Sprecher (8–9 Jahre) an die Standardsprache (Aufgabe des Dativ). Andererseits gibt es eine Gegenbewegung in Form einer konservativeren Erwachsenensprache, die durch die Generationen hindurch erhalten bleibt.

Die Wahl des phonemischen Gegensatzes ‚palatalisiert – nicht-palatalisiert' als Untersuchungskriterium ist glücklich, weil er einerseits eindeutig dem Dialekt angehört, andererseits durch fehlende Minimalpaarbelastung leichter aufgegeben werden kann.

Gumperz: Ein Konformitätsdruck der Erwachsenen zugunsten ihres den Dialekt favorisierenden sprachlichen Wertsystems war in Hemnes deutlich festzustellen. Trotz dieser Gegenbewegung, die hervorstechende Symbole des Unterschieds zu bewahren strebt, nimmt der Gesamtabstand zwischen Dialekt und Standardsprache ab.

Sjoberg: Die Gründe, warum die indischen Kota und Badaga nicht die Sprache der Toda angenommen haben, liegen in der Struktur dieser

Gruppen: Die Toda üben keine wirkliche politische Herrschaft aus; ihre Sprache hat nicht den Status einer Schrift- und Standardsprache und wird weder durch Heiratsbeziehungen noch durch literarische Bildung verbreitet.

Gumperz: Es gibt aber Beispiele dafür – etwa die Baluthi und Pathan –, daß Sprachen durch andere verdrängt werden können, auch wenn die letzteren kein Schriftsystem besitzen. Wie Fr. Barth (1964) gezeigt hat, sind die Machtverhältnisse in kleinen Gruppen dafür verantwortlich.

Ferguson: In Gegenden, wo neben einer Standardsprache verschiedene Dialekte gesprochen werden, kann es zwei Arten von Wechsel geben: Arabische Sprecher aus verschiedenen Dialektgebieten, die von H. Blanc beobachtet wurden, wechselten bei bestimmten „gebildeten" Themen zum klassischen Arabisch, sonst aber zu einer Sprachform, die eine Art gemeinsamen Nenner der Einzeldialekte darstellte; sie unterdrückten also in systematischer Weise die Formen, durch die sie als Sprecher eines partikulären Dialekts abgestempelt wurden. Andererseits findet oft nur ein sehr begrenzter Wechsel statt, wenn nämlich Sprecher verschiedener, aber ähnlicher Dialekte einander ohnehin verstehen können.

Gumperz: Es ist notwendig, einerseits den Bereich der linguistischen Untersuchungen auszudehnen (z. B. auf die Erforschung des Satztempos), andererseits die Definition der zu untersuchenden Gruppen und der Begriffe wie „Status" usw. zu präzisieren.

Labov: Welche Möglichkeiten gibt es, in größeren und komplexeren Bereichen, also etwa in einer Großstadt, eine repräsentative Stichprobe kleiner Gruppen zu bekommen?

Gumperz: Es kommt darauf an, Gruppen nicht durch ein äußerliches, sondern durch ein operationales Kriterium wie „Freundschaft" zu definieren. In einem größeren Bereich, z. B. in einer Großstadt, müßte eine Reihe von tiefgreifenden Mikro-Studien mit einer Reihe statistischer Makro-Untersuchungen kombiniert werden. Der Vergleich ihrer Ergebnisse würde eine produktive Basis für Generalisierungen ergeben.

Haugen: Da der von Gumperz untersuchte Wechsel zwischen Dialekt und Standard dem entsprechenden Wechsel im Falle der Zweisprachigkeit gleicht, andererseits aber die Abgrenzung zwischen Sprache und Dialekt sehr problematisch ist, da ferner zwar eine Veränderung des Sprachabstands, bei genauerem Hinsehen jedoch zugleich starke individuelle Unterschiede zu konstatieren sind, stellt sich der Soziolinguistik die wesentliche Aufgabe, von allen akzeptierte Kategorien zu entwickeln, die vom kleinsten bis zum größten Maßstab angewendet werden können.

Gumperz: Der Terminus „verbales Repertoire“ dürfte den Ausdrücken Dialekt und Sprache vorzuziehen sein. Wenn man ihn benutzt, kann man linguistisch zwischen bilingualem, bidialektalem und stilistischem Wechsel unterscheiden: Verschieden sind die in bezug auf soziale Situationen jeweils geltenden sprachlichen Kookkurenz-Regeln.

H. R.

Literatur

J. A. Barnes (1954), „Class and Committees in a Norwegian Parish“, *Human Relations* 7 (1954) 39–58.

F. Barth (1964), „Ethnic Processes on the Pathan-Baluchi Boundary“, in: *Indo-Iranica. Mélanges présentés à Georg Morgenstierne,* Wiesbaden 1964, 13–20.

B. Bernstein (1961), „Social Structure, Language and Learning“, *Educational Research* 3 (1961) 163–176.

J.-P. Blom (1964), „Friendship Networks in Hemnes“, unveröff. Manuskr. 1964.

L. Bloomfield (1933), *Language*, New York 1933.

W. Bright/A. K. Ramanujan (1964), „Sociolinguistic Variation and Language Change“, in: H. G. Lunt (ed.), *Proceedings of the Ninth International Congress of Linguists*, London/The Hague/Paris 1964, 1107–1113 [Diskussion 1113–1114].

H. Christiansen (1962), *Målet i Rana*, [Institutet for Sosiologi, Oslos Universitet] Oslo 1962.

M. B. Emeneau (1962), „Bilingualism and Structural Borrowing“, *PAPhilosS* 106 (1962) 430–442.

J. L. Fischer (1958), „Social Influences on the Choice of a Linguistic Variant“, *Word* 14 (1958) 47–56.

J. J. Gumperz (1958), „Dialect Differences and Social Stratification in a North Indian Village“, *AmA* 60 (1958) 668–682.

J. J. Gumperz (1961), „Speech Variation and the Study of Indian Civilization“, *AmA* 63 (1961) 976–988.

J. J. Gumperz (1962), „Types of Linguistic Communities“, *AnL* 4, 1 (1962) 28–40.

J. J. Gumperz (1964), „Linguistic and Social Interaction in Two Communities“, in: J. J. Gumperz/D. H. Hymes (eds.), *The Ethnography of Communication* (= *AmA* 66, 6, Teil 2), (1964) 137–153.

E. Haugen (1959), „Planning for a Standard Language in Modern Norway“, *AnL* 1, 3 (1959) 8–21.

T. Hill (1958), „Institutional Linguistics“, *Orbis* 7 (1958) 444–455.

D. H. Hymes (1962), „The Ethnography of Speaking“, in: Th. Gladwin/W. C. Sturtevant (eds.), *Anthropology and Human Behavior*, Washington, D. C. 1962, 13–53.

W. Labov (1964), „Phonological Indices to Social Stratification", in: J. J. Gumperz/D. H. Hymes (eds.), *The Ethnography of Communication* (= *AmA* 66, 6, Teil 2) (1964) 164–176.

Y. Malkiel (1953), „Language History in Historical Linguistics", *RomPh* 7 (1953) 65–76.

S. F. Nadel (1954), *Foundations of Social Anthropology*, London 1954.

Personenregister

Die Ziffern hinter den Schrägstrichen verweisen auf die Anmerkungen.

Sachregister

W DE G

Walter de Gruyter
Berlin · New York

Roland Posner (Herausgeber)

Grundlagen der Kommunikation
Foundations of Communication

Richtungweisende Erkenntnisse über menschliches Kommunikationsverhalten verlangen theoretische und methodologische Reflexion von Grundlagenfragen; überprüfbare Theorien sind nicht ohne die Benutzung abstrakter Modelle formulierbar.
GRUNDLAGEN DER KOMMUNIKATION
FOUNDATIONS OF COMMUNICATION
bietet Untersuchungen dieser Art ein geeignetes Forum.
GRUNDLAGEN DER KOMMUNIKATION
FOUNDATIONS OF COMMUNICATION
richtet sich an Studenten und Dozenten aller geistes- und sozialwissenschaftlichen Fächer.

Zuerst erschien:

David K. Lewis

Konventionen

Eine sprachphilosophische Abhandlung
Oktav. 236 Seiten. 1975. Kartoniert DM 28,—
ISBN 3 11 004608 3 (de Gruyter Studienbuch)

In Vorbereitung:

Georg Henrik von Wright

Handlung, Norm und Intention

Untersuchungen zur deontischen Logik
Herausgegeben und eingeleitet von Hans Poser
Oktav. Etwa 176 Seiten. 1975. Kartoniert etwa DM 28,—
ISBN 3 11 004930 9 (de Gruyter Studienbuch)

Yehoshua Bar-Hillel

Linguistik und maschinelle Übersetzung

Abhandlungen zur Sprachanalyse
Oktav. Etwa 250 Seiten. 1975. Kartoniert etwa DM 32,—
ISBN 3 11 004325 4 (de Gruyter Studienbuch)

Weitere Bände in Vorbereitung.
Ein Prospekt steht zur Verfügung.

Preisänderungen vorbehalten

W DE G

Walter de Gruyter Berlin · New York

ZGL

Zeitschrift für germanistische Linguistik

Herausgeber:

Els Oksaar, Hans-Peter Althaus, Helmut Henne, Peter von Polenz, Siegfried J. Schmidt, Herbert Ernst Wiegand

Jährlich erscheint ein Band in drei Heften. Umfang je Heft 128 Seiten. Bandpreis DM 68,—, Einzelheft DM 24,—. 1975: Band 3

Theoretical Linguistics

Editor: Helmut Schnelle

Board of Consulting Editors:

Yehoshua Bar-Hillel, Renate Bartsch, Noam Chomsky, Donald Davidson, Jaako Hintikka, Franz Kutschera, Hans-Heinrich Lieb, John Lyons, Solomon Marcus, Barbara H. Partee, Timothy Potts, Sebastian K. Saumjan, Patrick Suppes Richmond H. Thomason

Jährlich erscheint ein Band in drei Heften. Umfang pro Band etwa 288 Seiten. Bandpreis DM 78,—, Einzelheft DM 30,—, Doppelheft DM 60,—. 1975: Band 2

Preisänderungen vorbehalten